中国农民合作经济组织制度研究

李长健 等著

人民出版社

前　言

中国"三农"问题的关键是农民问题,农民问题的核心是农民权益问题。维护、保障和发展农民权益是中国社会发展和"三农"问题解决的关键环节。一国农业市场竞争能力的强弱与持续能力往往与一国农业的组织化程度成正相关关系。自中国加入 WTO 以后,中国的农业不仅面临激烈的国内市场竞争,还面临国际市场的激烈竞争。提高农业的组织化水平,是提高我国农业竞争力的基本要求。农民合作经济组织作为一种新的组织形式,将农民以一定的形式组织起来,发展农村社区经济,建设农村社区文明,其在落实农地三权分置改革、保护和发展农民权益、解决"三农"问题等方面都发挥着十分重要的作用,特别是在全面建成小康社会和实施乡村振兴战略的大背景下,农民合作经济组织对于提高农户组织化程度、深化农业供给侧结构性改革、推动城乡融合发展和实现农业农村现代化均起着至关重要的作用。本书的研究正是基于这样一个新时代的背景而展开。

农民的生存与发展问题是实施乡村振兴战略和建成全面小康社会的最基本、最核心问题。实践证明,农民通过联合形成自己的组织,有利于其在经济全球化、贸易自由化和农业现代化进程中更好地捍卫自己的权益,进而增强中国农业的竞争力。根据国内外经验,农民合作经济组织则是能较好解决农民生存与发展问题的组织载体,各国不同形式的农民合作经济组织最终目的都是为了保护农民的利益。农民合作经济组织的成长有其特定的社会、政治、经济和文化土壤。目前,我国

1

农民合作经济组织发展面临着农民权益保护欠缺的根源性问题、质性规定模糊的本质性问题、组织发展不规范的内生性问题和组织环境较恶劣的外生性问题,仅有的《中华人民共和国农民专业合作社法》已经不足以解决农民合作经济组织发展所面临的问题和满足新时代下自身发展需求,只有探究一套以《合作社法》为基本法,以《供销合作社法》《信用合作社法》《农民专业合作社法》等为部门法,以各类型化的合作社条例或行政法规为配套制度的农民合作经济组织法律体系才是根本解决之道。

本书在研究上运用法学、经济学、管理学、政治学、社会学等多学科理论,以马克思辩证唯物主义和历史唯物主义为基本方法论指导,以文献分析法、历史分析法、比较分析法以及实证分析法为研究方法,在进行大量实证研究的基础上基于中国国情和国力考察,借鉴国外经验,以农民权益保护、利益与利益机制、生存权与发展权、社区发展权、社会责任机制为理论基点,以农民权益保护为实践基点,以农民合作经济组织发展中各主体间的基本权利与义务为内容,对中国农民合作经济组织制度进行透视,剖析其发展存在的法律问题,对农民合作经济组织的发展进行制度安排和模式的多维度分析,努力构建一套以农民权益保护为核心的中国农民合作经济组织发展的理念原则体系、权利义务体系、法律制度体系与运行保障机制体系。

全书的研究内容、研究思路、框架结构及最后定稿由李长健完成,并主要负责撰写第一、四、五、六章,参与了第二、三、七章的撰写;冯果参与了第一、六章的撰写;李胜蓝参与了第三章的撰写;朱梓其参与了第三、六章的撰写;茅友生、宋哲庆参与了第一、三章的撰写;茅友生、李玲玲参与撰写了第二、七章。团队的时润哲、李曦、张慧瑶、赵田和陈佩瑶等其他成员参与了本研究的调研活动与部分书稿的文字校对工作,感谢他们的辛勤付出。全书共分七章分述如下。

第一章,农民合作经济组织发展的基础理论。运用法学理论、经济学理论、政治学理论、农业产业理论对农民合作经济组织的概念和本质以及与农民权益保护之间的理论契合和实践耦合进行分析、论述,创新性地提出以农民权益保护为基点研究农民合作经济组织发展的理念原则体系、权利义务体系、法律制度体系与运行保障机制体系的新逻辑。

第二章,农民合作经济组织发展的现实背景与作用。分析了中国农民合作经济组织发展的政治、经济、社会、文化和生态背景,并从农民权益保护的组织载体、发展途径、制度保障和权益实现方面论述其现实作用。

第三章,农民合作经济组织发展历程与典型类型。分别对国外和中国的农民合作经济组织发展历程进行系统化、逻辑化、层次化、类型化梳理,通过国外和中国农民合作经济组织发展差异与共性的对比分析研究,归纳总结出政策支撑、立法供给、利益导向、科学理论和多元配合五个方面为内容的经验与启示。

第四章,农民合作经济组织发展中主体间的权利与义务分析。首次系统围绕农民合作经济组织的内部和外部关系,论述了类型化的农民合作经济组织与农民、政府、其他农村主体在行政、经济、社会、文化和资源环境方面的权利与义务关系。

第五章,农民合作经济组织发展面临的问题。基于中国改革开放的大时代背景分析农民合作经济组织发展所面临的不同层次、不同性质的问题,总结归纳出农民权益欠保护、质性规定不明确、组织发展不规范、组织环境待优化四个发展性法律问题。

第六章,农民合作经济组织的基本法律制度。基于农民合作经济组织发展所面临的法律问题,围绕农民权益保护从价值取向、基本原则、基本内容、配套制度、保障机制维度重新进行制度安排,创新性提出和谐、竞争、合作的新价值取向和"民管""民有""民本""民治""民享""民务"的基本制度内容。

第七章,农民合作经济组织发展的多维度保障。明确提出从农民合作经济组织发展主体的多元保障、内部的多元治理、外部的多种培育三个维度实现中国农民合作经济组织的未来发展。

本书研究注重以农民权益保护为研究基点，以多元理论为基础，建立起农民合作经济组织发展与农民权益保护之间的内在联系；立足于中国农民合作经济组织发展法律问题，通过与国外农民合作经济组织发展制度对比分析并总结其经验，着力分析了农民合作经济组织发展中各主体间的基本权利与义务，从理论上重构了中国农民合作经济组织发展的理念原则体系、权利义务体系、法律制度体系与运行保障机制体系，创新性地提出中国农民合作经济组织发展的多维度实现，最终通过农民组织化制度体系的完善实现农民权益的保护。

本书研究和出版得到国家社会科学基金重大项目《深化基层矛盾纠纷化解共建共治机制及风险预判研究》(项目编号:18ZDA166)、教育部哲学社会科学研究重大课题攻关项目《新型城镇化进程中农民土地权益保障研究》(项目编号:14JDZ014)、教育部人文社会科学研究基金规划项目《我国农民权益保护与合作组织发展基本法律问题研究》(项目编号:06JA820015)的支持。

感谢人民出版社各位编辑老师在本书出版中付出的辛勤劳动和大力帮助。

目　　录

第一章　农民合作经济组织
发展的基础理论

第一节　农民合作经济组织发展的历史溯源

在 20 世纪 70 年代末期,中国农民自发地组织起来,创立了一种全新的农业生产责任制度。作为一种制度安排的家庭联产承包责任制经历了近 30 年的演变与发展,至今已经释放了巨大能量。正是依靠这种制度变迁,才使得无数农民告别了饥饿,步入全面建设小康社会的道路。但是由于改革的不彻底,也遗留下了一些问题,如农业生产规模过于狭小导致生产经营成本过高、农民收入水平不高、农民就业不充分、农产品流通不畅、农民负担过重、农村社会化服务体系建设滞缓,等等。这些问题与改革后农民的组织化程度过低有着密切的关联。农户家庭经营构成的"小农经济"在开放的农业环境中难以抵抗巨大的自然风险、市场风险和社会风险。相对落后的农业生产方式又必须在"谁来养活中国"的疑问中寻求新的突破口。这也是促进中国乃至世界全面实现现代化的必然要求。因为正如美国农民学家丹尼尔·托尼所说:"即使在当代发达工业国家,'农民与农民的子孙'仍然构成人口的多数,而在中国,他们可以说构成了人口的全部。"农民通过联合形成自己的组织,有利于在经济全球化、贸易自由化的进程中更好地捍卫自身的权益,增强中国农业的竞争力。

一、农民合作经济组织的界定与类分

(一)合作组织的内涵

合作组织,从其字面意思看,"合作"是一群人聚集起来,基于同样的需求共同去做一件事。通过"合作"可以形成合力,提升办事的能力,提高办事的

效率。"组织"是为了某种共同利益而结合在一起的群体成员之间的关系结构，是在某个群体中维系相互关系和谋求利益最大化的复杂模式，是人类社会整合度较高的一类群体。由此推知，组织的功能在于为其成员沟通信息、维系相互关系，开拓市场，寻求发展机会，激励技术创新和制度创新，从而增强竞争力。组织作为一种社会集合体，为了满足自身运作的要求，必须有共同的目标、共同的行为准则（王勇，2010）。合作组织正是在这个原理的基础上逐渐形成并发展而来的。

学界关于合作组织的内涵还未有明确具体的界定，笔者认为，合作组织是基于一种合作关系而产生的有着某种共同利益的群体成员之间权责明确、协同合作的组织化结合体。目前，国内外绝大多数的合作组织主要是基于经济方面的联系结合形成的。

（二）合作组织与农民合作经济组织的类型

合作组织的外延即其所包括的基本类型。合作组织的发展在国外已有100多年的历史，在其发展历程中，由于不同国家的政治、经济、社会文化背景以及资源禀赋各不相同，合作组织的发展也呈现出多样性的特征。

由于分类标准的多样化，合作组织的表现形式也呈现出多样化的类型特点。从目前国内外实践情况来看，典型的合作组织主要包括：合作社、合作经济组织、农民合作经济组织。[1]

---

[1] 根据不同的标准，我们还可以将现存的合作组织归纳为以下几类：（1）根据合作组织的性质的不同，可以将其分为专业性合作组织与社区型合作组织（高晓巍、左停，2008）。专业性合作组织主要存在于以德国和法国为主要代表的欧美等发达国家。由于这些国家农业经营规模较大，农业生产发展要求农民在一定程度上进行合作；此外，工业发展将大量劳动力由农业领域转向非农业领域，农业生产人数锐减，为合作组织的产生与发展提供了条件。这类合作组织的主要特点是专业性强，以某项农产品的生产或者某个功能的提供为内容，如水稻合作社、农机合作社等；社区型合作组织是一种集多功能于一体的综合性服务组织，主要存在于东亚和广大发展中国家或地区，比较成功的是日本的农协。在日本，农协主要从事信用、贩卖、购买和共济四种基础事业，以及与农业种植技术、食品加工技术、病虫害防治、住宅改建、道路修建等和其生产生活服务相关的活动。社区型合作组织相当于一个综合性的平台，承载着与农民生产生活相关的多项内容。（2）根据合作组织所涉及的范围的不同，可以将其分为区域内合作组织与跨区域合作组织两大类。区域内的合作组织主要指在同一个区域内形成的农民之间的合作性组织。区域内的合作组织以区域发展为载体，能集中利用区域内部的各种资源，促进区域内农业资源的高效利用，获取最大利益，以促进区域农业的发展，农业经济水平的提高，农民收入增加等目的；跨区域合作组织主要是跨地区的合作和联合。这种划分方式主要是针对合作所涉及的范围来

（1）合作社。合作社是"自愿联合起来的人们通过联合所有与民主控制的企业来满足共同的政治、经济和文化需求与抱负的自治联合体"。根据合作社的七项原则：自愿和开放原则、自治和独立原则、社员经济参与原则、社员民主控制原则、合作社间的合作原则、提供教育培训与信息原则和关心社区原则，学术界对合作社作出了自己的定义：合作社是劳动群众为了改善生产和生活条件，为谋取或维护自身利益，按照自愿、民主、平等、互利等原则建立起来的一种经济组织和社会团体。合作社与一般社团组织和企业的不同在于：第一，合作社是一种企业组织，而普通的社会团体是一种非企业组织；第二，合作社与其他商业性企业不同，合作社是由它的成员共同拥有、民主管理，收益公平地进行分配，而其他商业性企业往往根据投资股份的占比或合同约定开展管理，进行分配。

（2）合作经济组织。合作经济组织是在经济活动中弱势产业的从业人员，为了改善自身的生活和生产条件，增强竞争力，维护经济利益，通过口头或书面契约的形式，以自身拥有的资源作为纽带，在平等自愿的基础上建立的一个以维护全体社员的经济权利为宗旨的，有自身特定章程和规则的经济组织。合作经济组织与合作社不同，因为合作经济组织不具有政治合作或文化合作的功能，而合作社可以是经济功能和政治功能兼具的自治组织。

（3）农民合作经济组织。关于农民合作经济组织的定义国内外学者的观点各不相同。根据国际劳工组织（International Labour Organization，简称ILO）的定义：农民合作经济组织是一个自愿组织在一起的民主组织形式，是一个由成员同等出资，共担风险，共享受益并积极参与其活动的具有共同目标的协会。中国学者在研究农民合作经济组织时，将其界定为：农民依法自愿联合组

界定的，至于合作的性质方面还是存在着交叉的。跨区域合作组织的特点是通过跨地区的农业合作加快不同发展水平地区之间的农业发展，利用地区农业发展的互补性和不平衡性，依靠农业发达地区带动农业欠发达地区的经济增长，促使不同区域农业协调发展。（3）根据合作组织产生的动因的不同，可以将其分为以市场为导向的合作组织和以政府推动为导向的合作组织。以市场为导向的合作组织主要是农民在共同的市场需求下，为了增强他们在市场上的竞争力而组织起来，以降低市场交易成本获取利益的合作组织。这类合作组织的主要的特点是农民在自愿的基础上自由联合；以政府推动为导向的合作组织主要指的是政府为了贯彻农业发展战略，利用政府行为号召农民联合起来，并且具体指导和帮助农民组成具有合作性质的农村经济组织的一种发展模式。此类合作社相关的功能和组织体系都是在政府的推动下形成的。政府的推动在这类组织的发展过程中起到主导作用，这就使得这类合作组织或多或少地带有官办的色彩。

成的,不以营利为目的的,实行民有、民管、民享原则并为其成员提供生产经营服务的一种经济合作组织。这里的"农民"指的是直接从事农业生产的劳动者。在西方市场经济国家,农民合作经济组织也称为农业合作社、农场主合作社、农业生产者合作社或农业合作公司等。他们将农民合作经济组织与农业合作经济组织、农业合作社等同。将"合作组织"这一概念置于"三农"问题研究的范畴下,其应当涵括在政治、经济、文化和社会生活中代表农民利益的各种形式的农民、农村合作组织。农民合作经济组织只是其中的重要组成部分,其在增强农民的话语权,对改善农民的弱势地位、保护农民权益中发挥了重大作用。

实践中,农民合作经济组织的主要表现形式有三类:一是农民专业合作社。农民专业合作社是同类产品的农业生产经营者自愿联合起来维护和发展成员利益、自主经营、自我服务、自负盈亏的合作经济组织。农民专业合作社以其成员为主要服务对象,提供农业生产资料的购买,农产品的销售、加工、运输、贮藏以及与农业生产经营有关的技术、信息等服务(李胜蓝,2007)。二是农村合作金融组织。农民合作经济组织与农村合作金融组织的衔接,在一定程度上能够降低农户的分散性以及金融机构的交易风险和交易成本,促进农民合作经济组织发展和农村合作金融组织的支农力度。三是土地流转合作组织。农村土地流转合作组织能够有效促进土地流转,也能够代理农民土地流转的具体事宜,提高土地流转的成功率,降低交易成本,提高农村土地合理流转的速度与效益,减少因土地流转不规范引发的土地承包纠纷,有利于农村社会稳定。

在中国,在社会主义市场经济条件下开始发展起来的农民合作经济组织,学界普遍称之为"新型农民合作经济组织",我们有时将其简称为"新型合作经济组织"。中国农业农村部对新型农民合作经济组织的表述为:新型农民合作经济组织是在社会主义市场经济条件下,广大农民为解决生产经营中的信息、技术、资金、供销等方面的实际问题,在家庭经营基础上,按照自愿、民主的原则组建而成的经济组织。我们认为:新型农民合作经济组织泛指中国农村市场化改革以来在家庭联产承包经营制度上新发育成长的,由农民按照自愿、民主、平等、互利原则而自发组织的,以为其成员的专业化生产提供产前、产中、产后服务为宗旨,谋求和维护其成员的社会经济利益的各种经济组织和社会团体。这些组织的具体形式包括农民专业协会、技术研究会、专业合作社和各种农民专业合作联合组织等。由于中国农民在市场经济条件下开展互助合作起步较晚,中国的新型农民合作经济组织与国际上公认的真正的合作经济组织还存在着一定的差距,因此中国新型农民合作经济组织的内涵比国际合作经济运动中的农民专业合作经济组织更宽泛,它既包括规范的农民专业合作社,也包括各种松散的、不完全具备合作社特征的、以农民为主体的、围绕农业专业化生产进行合作经营和服务的农民专业合作与联合组织。事实上,当前中国正在蓬勃发展的农民合作经济组织都属于新型农民合作经济组织。新型农民合作经济组织是市场经济条件下农民权益的最佳保护者,是统筹城乡经济社会发展的组织载体。在农民权益保护和新农村社区发展的过程中,必须发挥农民合作经济组织的利益功能机制,坚持以农民利益的实现为本,以农业的发展为基础,以农村社会的利益和谐为最终目标。

随着社会经济的高速发展,新型合作经济组织的表现形式也日渐多样化,范围更加广阔。例如地理标志合作经济组织就是典型的新型合作经济组织,2010 年 4 月 27 日,国家质检总局科技司负责人在成都召开的地理标志保护产品合作组织建设指导性意见研讨会上谈到中国地理标志的发展方向时,特别强调要充分发挥地理标志生产合作经济组织的作用,建立和完善地理标志产品合作经济组织。这种合作经济组织是在现代社会经济发展下产生的一种典型的新型农民合作经济组织。目前中国很多地理标志的申报主体大多是农民专业合作组织,地理标志产品的保护关系到特定地理范围内居民的共同利益,是一种共有的知识产权。地理标志产品保护的关键在于建立和完善生产者组织,通过集体力量的壮大来保证地理标志保护工作落到实处。同时合作经济组织还是进行标准化生产的载体,合作经济组织能指导生产者在产前、产中、产后按照标准组织生产,确保地理标志产品的质量。实践证明,合作经济组织在加强地理标志保护方面发挥着重要的桥梁纽带作用。另外,合作经济组织在包装标准化方面发挥的作用也非常突出;优异的产品包装不仅体现了产品的形象和价值,而且对产品的保质、保鲜、存储都起着至关重要的作用,合作经济组织能够克服以往分散农户粗放的包装方式导致的"一等产品、二等包装、三等价格"的弊端。随着专业合作组织集中度、规模化经营的提高,他们对产品包装和加贴地理标志专用标志的重视程度也越来越高。

二、农民合作经济组织的功能定位

农民合作经济组织是一种农民自我联合、自我管理、团结互助、利益共享的组织形式,它在增强农产品的市场竞争力,促进政府与农民的联系,保护农民利益方面发挥着积极的作用。实质上,合作组织是一种高度异质性的组织制度。它既可以是一种经济组织,也可以是一种政治组织,还可以是一种社区组织,不同的合作组织根据其性质的不同在农民的生产生活的不同方面发挥着不同的作用。具体而言,作为合作组织表现形式之一的农民合作经济组织在实践中发挥着政治建设、经济建设、社会建设、文化建设和生态文明建设功能。

(一)政治建设功能

农民合作经济组织是农民的联合体,是构建政治民主社会的组织载体,反映着农民的组织化程度、社会政治地位、利益和权利。首先,农民合作经济组织实行入社退社自愿原则,其章程、管理和组织规则由社员通过民主协商制定;内部实行社员民主管理和控制,社员享有平等的投票权,农民合作经济组织的重大政策制定和决策作出由所有社员或是其代表民主参与,保证了区别于基层自治组织和其他企业法人的相对独立性,在内部实现了农民民主。其次,对外平衡了农民与基层政府之间的关系。农民合作经济组织弥补了由农民的弱质性与传统地方政府的强势性所导致的缺陷,作为联结农民和政府的桥梁。其一方面为社员传递政府信息并执行政府政策;另一方面为社员从事农业产业化生产与经营提供技术、市场、生产资料等信息,并且农民还可通过农民合作经济组织向政府反映政治经济诉求(张行生,2008)。因此,农民合作经济组织有效地推动了基层民主政治建设,保障了农民一定程度的政治经济权利。

(二)经济建设功能

农民合作经济组织作为农民实现经济目标的联结体,在农民增收和农业供给侧结构性改革中发挥着重要推动作用。农民合作经济组织是农民在社会主义市场经济体制下为强化自身竞争力,实现自身经济利益最大化而自愿形成的劳动和资本联合的组织体,是联结农民、农村与市场的关键纽带。其具体的经济建设功能主要体现在以下几个方面:(1)通过给农业生产的各个环节提供服务,使分散的农业生产成为一个有机整体,提升农业的综合生产力。首先,为农业种植提供信息,降低市场风险。根据经济学"蛛网模型"理论,产品的当前市场价格是由本生产周期的产量决定的。但是农民通常以上一个周期产品的市场状况来决定本周期的生产规模,而且生产规模一旦确定,在一个生产周期完成之前,是不能中途发生改变的;因此,农产品的生产流通往往面临着极大的市场风险,通过发挥合作经济组织联系广泛的优势,避免陷入蛛网模型之中,从而规避农产品市场风险。其次,为农业生产提供服务。目前,中国农业产品(特别是大宗农业产品)在国际市场上缺乏竞争力,这与中国农业产品质量参差不齐,缺乏品牌影响等有很大的关系;要改变这一状况,就应该大力推广农业的标准化生产、扩大优质农作物的播种面积、注重农产品的知识产权保护,而合作经济组织是实现农业标准化生产和农产品知识产权保护的重要组织力量。最后,提供农业机械服务。受长期小农经济的影响,目前中国大部分农村地区的农业生产还未走上规模化和产业化的发展道路,农业生产规模小,农民收入低、自我积累能力弱,一般农业家庭根本无力购买农业机械,农业机械化的推广受到很大的阻碍;合作经济组织建立后,可以由合作经济组织购买必要农机,农民租赁使用,实现在农业家庭小规模生产情况下的机械化生产。(2)提高农业市场化程度,转变农业经营方式。首先,合作经济组织为农民进入市场创造条件、架起桥梁。中国目前农民出现的增收困难的现象,就是农业家庭联产承包责任制这种过度分散的经营模式制约中国农业的进一步发展的直接表现;由于市场信息不畅通,高额的市场交易费用导致单个农户往往被排斥在市场之外;农民经济合作组织能够促使农业企业和农民在合作组织的联系与协调下,形成稳定的合同关系,减少农产品流通环节,降低农产品进入市场的相关费用,减少农业企业和农民的市场风险,这对增加农民收入和稳定农业生产具有重要的意义。其次,合作经济组织的市场风险屏障和约束功能。合作经济组织的屏障和约束功能主要体现在对市场交易中机会主义的防范;由于合作经济组织是一个独立的、具有法人资格的经济实体,在市场中承担着与企业同样的权利与义务,能够与企业形成两个对等竞争对手的博弈;因此,合作经济组织可以成为农民抵御市场风险的屏障。同时,合作经济组织对农户具有约束功能;对农户来说,合作经济组织就像一个"俱乐部",加入这个俱乐部或需要交纳一定的保证金,或做出一定的承诺,违纪者将受到相应的惩罚,这样可以约束农户的机会主义行为;可见,化解市场风险、保护农户的合法合理收入是合作经济组织的一个新的职能。最后,合作经济组织能为农民提供市场信息服务,引导农民进入市场(黄大学、刘国炳,2005)。在中国现行的农业家庭联产承包责任制的生产经营体制下,分散的农户往往不能很好地掌握市场信息,不能与市场实行对接。合作经济组织可以在农产品生产、流通等环节为农户提供所需的信息和其他专业化服务,真正成为农业生产的服务者和农产品商品化的引导者。农民合作经济组织的建立与发展,加快了新型农业经营主体的培育,促进了市场在资源配置中决定性作用的发挥,调动了多种市场主体的积极性、创造性,实现了产权和利益结构的多元化,引导了不同产权和利益主体围绕市场规律进行良性竞争,推动了农村生产力向高质量水平发展,为最终实现农业农村现代化起到了重大功能作用。

(三)社会建设功能

农民合作经济组织是构建产业兴旺、生态宜居、乡风文明、治理有效、生活富裕的农村社会的必然选择和重要组织载体。乡村振兴战略是新时代下我国现代化建设的重大历史任务,当前我国农村人口较多,农村社会"空心化"程度高,劳动力结构失衡严重,违法犯罪问题仍然突出,这是现阶段不可忽视的重要国情。实施乡村振兴,深化农村体制改革,建立城乡融合发展体制机制和政策体系无疑是全面建成小康社会,实现农业农村现代化的必由之路。实践证明,大力发展各类农民合作经济组织已经成为农业产业化、规模化、集约化经营的重要组织形式。农民合作经济组织对发展现代农业,繁荣农村经济,增加农民收入,提高农民、农业组织化程度和稳定农村社会发挥着重要作用,是实现富强、民主、文明、和谐、美丽社会的不可或缺的组织力量。

(四)文化建设功能

农民合作经济组织不仅承载着政治、经济、社会建设功能,在农民文化素质提高以及社会主义合作与竞争文化培养方面也发挥着重要作用。首先,是提升农民素质方面,实践中,各国合作组织都将教育培训和信息服务作为其工作的重要方面,帮助农民改进生产技能,普及推广新品种、新技术,借助科技力量,减少农业风险和损失。中国当前新发展起来的各种合作社、专业协会、研究会等合作组织都已具有了引进、消化、传播、推广农业实用技术和最新科技成果的功能。有的合作组织还与大专院校、科研机构挂钩,将农业最新科技成果迅速传递给农民。其次,农民合作经济组织的文化建设功能主要还体现在:

建设生态文化,促进人与自然和谐发展;建设公益文化,促进农村社会和谐发展;建设法制文化,为新农村建设创造良好环境;建设乡土文化,保护和弘扬民族民间文化;建设健康文明文化,努力塑造乡村文明新风,走出农村文化的冲突困境,构建农村可持续文化动力,实现农村文化现代化。最后,农民合作经济组织的建立和发展还培养农民的合作文化和合作意识,二者相互促进。农民合作经济组织为政治、经济、社会和生态文明建设提供了精神动力和智力支持。

(五)生态文明建设功能

生态文明建设包括生态文明制度、生态文明意识、生态文明行为等方面建设。当前我国环境问题突出,环境污染严重,如雾霾天气、土壤污染等,特别是农村环境污染问题,近年更有愈演愈烈的趋势。农业污染因为其污染程度深、污染范围广、治理恢复难等原因又被定义为"面源污染",农业污染影响到生产和生活的各个环节,其对生态系统、人类社会及其所有成员的财产和生命健康都带来了极大的危害。故农村环境问题必须引起重视并不断探寻治理机制。农民合作经济组织作为新兴市场主体和农村社区成员组织,其有能力也有义务承担生态文明建设责任。

三、农民合作经济组织发展的理论基点

(一)农民权益保护理论

人的一切行为都是与利益相关的,而人的需要以及由需要所表现出的利益追求就成了权利的动向之源和动力之源。人的需要是人之本性,这种需要导向对"需要满足"目的性利益追求,在利益追求与冲突中演绎着社会的变迁(李长健、伍文辉,2006)。农民作为一类社会主体,其在社会进步中发挥的作用是不容忽视的,中国历史上农民为争取权益而进行的一系列斗争以及新中国成立和发展的历史也说明了这一点。作为一个社会主义国家,在当前经济社会发展不平衡、农民权益流失较严重的情况下,要实现社会主义"每一个个人全面而自由的发展"的理想,必然要把保护和发展农民权益、实现社会和谐发展作为其本职工作。当前,在我国社会不断现代化发展的过程中,农民更加边缘化,在社会地位、经济收入、利益保护、社会竞争力、就业和社会保障等方面,农民处于困难和不利的弱势地位(李长健,2005)。农民权益保护理论通

过对保护对象与保护客体即现实社会农民的具体范围与农民权益的实质内容这两个层面进行分析、界定以明确农民权益保护的具体意蕴和基本内涵(宋哲庆,2011)。

保护农民权益的利益机制体系包括以下三个方面的内容:(1)利益代表与利益表达机制;(2)利益产生与利益分配机制;(3)利益协调与利益保障机制。农民权益问题是中国"三农"问题的实质。农民权益问题解决的好坏,关系到"三农"问题解决的好坏。在农民权益保护的利益机制体系中,利益代表机制的中心是依法确立能真正代表农民利益,维护农民权益的代表者。利益表达机制的中心是依法确定农民利益代表着通过制度规定的多种渠道表达农民真正的利益诉求。利益产生机制的中心是用制度依法促使可持续的农民利益产生,源源不断地为解决农民问题提供增量利益。利益分配机制的中心是依法合理地对农业经济活动中产生的利益进行分配。利益协调机制的核心和实质是对利益关系进行重新合理定位,通过利益协调缓解农民与其他利益主体之间的矛盾和冲突。利益保障机制的中心是依法保障农民利益,包括利益受保护和救济补偿(李长健,2010)。

(二)利益与利益机制理论

利益作为人类一切经济活动的直接目的和最终目的,赋予了以人类经济活动为中心的所有社会活动全过程以指向性和生命力。任何人类社会活动,特别是经济活动都可以找寻到利益的作用和影子,因此从利益角度研究农民合作经济组织发展是非常重要的。人类利益的基础是需要,当人们的需要在一定的社会关系中与其他人发生关系时就产生了利益,因而只要有不同需要就有不同的利益,也就有利益分歧。利益是民生的核心内容,利益分歧是社会矛盾冲突的核心。利益格局的失衡源于制度下的社会权利失衡。要化解人们利益冲突,就要给予他们相对公正的权利与利益。和谐社会最根本的就是要尊重和保护每个社会成员的合法权利,尤其是社会弱势群体的权利,克服社会权利配置的失衡。企业利益相关者理论认为企业是所有利益相关者实现其权益主张的载体,并非仅仅追求股东利润的最大化。利益相关者理论认为企业的生存与发展并不只是依赖于股东资本的投入,而且同样依赖于企业管理者、雇员、消费者、供应商、社区等企业利益相关者的投入。农民合作经济组织作为与企业同等的市场主体,同样依赖于雇员提供的人力资本,消费者对其产品的消费,以及所在社区提供的其他公共设施,等等。离开种种利益相关者,农民合作经济组织是不能生存与发展的。农民合作经济组织同样应是所有利益相关者实现自身权益主张的组织载体(李胜蓝,2007)。

中国正处于转型期,在地区差距和不同利益集团之间的收入差距不断加大的形势下,作为初级产品生产者的农民群体成为社会最大的相对弱势的群体。开展各种形式的联合和合作以保障他们自身的利益成为当前该弱势群体的重要任务。建立新型合作经济组织是以利益为纽带结成的互惠互利共同体,作为农民利益集团的代表,合作经济组织为其成员带来的利益不仅包括直接利益或间接利益、短期利益或长远利益,还包括了社员的个人利益和组织的整体利益,它是实现社会利益均衡和农民权益保护的重要组织形式。

(三)生存权与发展权理论

权利是现代法治社会的基础,是人在社会中运行的条件,权利的平等实现是现代文明社会的重要条件。随着社会发展步伐的加快,社会向人提出的要求越来越高,在解决了适者生存、不适者也生存的问题之后,发展权成为人权发展的必然要求,这也是社会发展的需要,促进农民权益从平等生存权向平等发展权转变的保护思路成为中国现代化建设的全新课题。

生存权作为法律概念是基于特定的物质生活条件而提出的,其不仅是指人的生命不受非法剥夺的权利,而且还包括每个生命得以延续的权利。在现时的中国,农民的生存权具有两大特点:生存权的弱者身份性与生存权的脆弱性。显然,农民作为人而应该享有的权利,是为保障人之生存而需要享有的权利。对农民生存权的保障需达到这样一个水平,即农民能够"像人那样生存";只有实现了农民的生存权,并且是像人一样的生存,才谈得上"人格和尊严",这是许多人权学说或宣言所追求的目标。农民权益保护和农民合作经济组织发展的基本理念就是通过国家(政府)的积极作为,凸显对农民群体的倾斜性保护,以保证其有尊严的、体面的人类基本生活,进而最终实现社会的实质正义。同时,"人的尊严必不可少的一部分是,人要使自己及其家庭获得作为人应有的生活水平的能力。只有借助发展,人的食物权、衣着权、庇护权、医疗权、就业权和教育权才能得到充分实现"(李林,1996)。

人是人类社会发展进程的主体,发展政策应尽量使每个人成为发展的主要参与者和受益者,而非造就一批"边缘人"和"牺牲品"。具体到农民发展权中,就是农民的生活状况不至于恶化;农民作为社会中的平等人格不至于被贬低和否定(余劲松、李长健,2009);农民作为追求自由的私人性和参与公民政治生活的公共性不至于被束缚和扼杀。在现时社会,农民只有不断提高自身的社会化程度,增强在实践活动中满足自身生存和发展需要的能力才能适应日益发展着的社会对人的整体素质和能力的越来越高的客观要求。只有这样,农民才能与经济社会相协调,才能不断满足自身日益增长的对生存权与发展权的需要(李长健,2007)。

(四)社区发展权理论

发展权利的实质是弱者权利,社区发展权是发展权的重要组成部分,是建立在主体发展权与客体发展权融合实现的时空载体基础上,以社区形式享有的经济、政治与文化各方面发展权利的总和。社区发展权属于集体人权,但它又区别于一般发展权,是主客体时空载体融合而成,其表面上是社区所享有的经济、政治与文化权利,实质上是社区成员所享有的现实发展权利,是个体发展权在主客体融合的时空载体下实现的一种集体形式。

社区发展权主要从两个层面实现:一方面是外部发展权的实现,即通过法律实现社区所享有的政治、经济与文化发展权利;另一方面是内部发展权的实现,即通过内部民主治理形式,按照民有、民享、民管原则,实现社区成员的发展权利(李长健、伍文辉,2006)。社区发展权的创设改变了传统主体权利与客体权利实现的静态、平面思维,形成了一种动态、立体的权利构建,其主要是以社区发展的形式促进人的全面自由发展的集体实现。中国农民仍属于相对弱势的群体,促进农民群体的自由全面充分的发展是中国现代化建设的重要内容。从社会治理与公民社会之间的相互依存关系出发,需要以农村社区的构建来促进农民权益的保护。建立新型合作经济组织是发展农村社区的重要力量,在促进农村社区经济发展、实现农民权益的保护上发挥着不可替代的作用。

(五)社会责任理论

社会责任理论最初属于新闻传播理论范畴,它强调自由须以责任为前提,新闻媒介在享有自由权利的同时应克尽其对社会、公众的义务和责任。政府不仅要允许自由,而且还要促进自由。社会责任理论者认为,新闻机构在享有新闻自由的同时,应当承担道德责任;既追求积极的自由,扩大以及发展新闻自由的权力,又要建立与社会"分享共同价值"的大众传播体制。从根本上来说,社会责任论并不是新闻学理论的新发明,而是心理学新学说的普遍应用。"相关利益人"理论认为:企业对所处社会的责任应包括对职工、消费者、债权人、环境和社会等方面的责任以及慈善行为,企业要履行对外界利益相关的义务和责任,即企业对所处社会所要尽的必要责任。农民合作经济组织作为社会成员的重要组成部分,在其发展过程中,应当根据阶段性发展特征承担相应的社会责任。在过去的几年里,社会责任已经成为竞争性农业合作社战略议程中的一个关键问题(Francisca Castilla-Polo 等,2017)。

　　社会责任理论先后产生三种主要的理论说学。一是独立责任说。在社会责任理论研究初期,独立责任说对唤起人们对企业社会责任的重视无疑是有重要作用的;随着社会责任理论的发展,独立责任说吸引人们注意的程度开始逐渐下降,社会责任中如何促进企业切实履行对利益相关者的责任,促进企业与社会的和谐发展正逐步上升为更重要的主题。独立责任说的最大缺陷是不能系统完整地理解社会对企业的期望,割裂开来看问题;表现为从内容上将经济责任与其他责任对立起来,从对象上把股东与其他利益相关者相分离并可能走向对立(独立责任认为:经济责任的对象是企业股东,社会责任的对象是企业股东以外的利益相关者)(周祖城,2005)。二是混合责任说。把社会责任理解为经济责任、法律责任、道德责任等各种责任的混合体;混合责任说认为社会责任只是相对责任主体发生了变化,其责任本质仍分别属于经济责任、法律责任、道德责任等;如一个企业对另一个企业的经济责任,相对于企业而言是经济责任,相对于企业组织组成的社会而言就成了社会责任;混合责任说的严重不足是明显的,将社会责任看作是对象置换与内容相加,其本身就否定了人们对社会责任理论的智慧创造,使人感到社会责任理论的提出是连"新瓶装老酒"还不如的"旧瓶装老酒"。三是综合责任说。把社会责任视为企业对社会承担的全面的综合责任;该学说最有代表性的观点由阿基·B.卡罗(Archie B.Carroll)提出。他认为:企业社会责任是社会在一定时期对企业提出的经济、法律、道德和慈善的期望(Archie B.Carroll and Ann K.,2000)。美国经济发展委员会用三个同心责任圈来说明社会对企业的期望,即对企业的社会责任,从某种意义上也是对综合责任说的形象说明;他认为:在三个同心责任圈中,最里圈是企业明确的有效履行经济职能的基本责任;中间一圈是企业在执行这种经济职能时对社会价值和优先权的变化能够承担的一个持积极态度的责任;最外圈是新出现的还不明确的企业责任(Edwin M.,1987)。综合责任说为人们提供了一种新的认知社会责任的思路;事实上,其与独立责任说的差别只是在形式上,它仍然没有回答"社会责任是什么"的本质问题。正如有的学者所说:在独立责任说中,社会责任是经济、法律以外的责任;在综合责任说中,社会责任是在经济、法律责任基础上还要加一种责任,如果独立责任说中经济、法律以外的社会责任和综合责任说中经济、法律责任基础上要加的责任是同一种责任,那么独立责任说和综合责任说便没有本质区别。不论是独立责任说还是综合责任说,其关键在于要明确经济、法律责任以外的第三种责任是什么。

第二节　合作经济组织发展的思想渊源

一、西方早期合作经济与合作社思想

合作经济思想源于早期空想社会主义思想,其中欧文、傅立叶是最有影响的合作经济思想家(王景新,2005)。约翰·俾勒斯(1654—1725)在他的著作《产业大学设立方案》一书中提出了有钱出钱、有力出力,通过互助合作道路为穷人建立300人组成的合作共产村——理想村的合作社思想①;俾勒斯的合作社思想深深体现在理想村的方案中,对欧文形成自己的合作思想及其和谐新村的构想影响很大(俞家宝,1994)。佛朗西克斯·约瑟夫·朗吉(1743—1793)则在其著作《法朗斯台》中提出建立由消费者与生产者自愿联合起来组成的合作体——法朗斯台。② 圣西门(St.Simon,1760—1825)在其著作《论实业制度》中提出了以制订清楚、合理、联合的工作计划为主要任务的实业制度,并以此设计出理想社会制度(王景新,2005)。

罗伯特·欧文(Robert Owen,1771—1858)是英国伟大的空想社会主义

---

① 在约翰·俾勒斯的理想村里,用招股的方法筹集资金,使贫困者获得工作和合理报酬,使富者得到合理的利润,生产运输、销售由合作社统一安排,青少年、儿童都受到教育,废除商品货币关系,实现按劳分配。由此可见,这种合作经济思想不是简单的劳动合作,而是一种劳动与股份的结合。因而,有的学者将其思想称为股份合作制思想的渊源。

② 在法朗斯台中,消费者可直接从生产者那儿购买廉价物品,免去了中间许多环节,使生产者、消费者都得到好处。同时,还可以对组织中的农民发行股票筹集资金,对团体外农民发行贷款与进行保险,并建立中心仓库、医院和学校,领导人由民主选举产生。可见,法朗斯台不仅是一个生产单位,而且是一个交换单位和管理物品单位,还是一个银行和保险公司。

者,被后人尊称为合作经济之父①;他在许多著作中提出组建合作社或合作公社的理论;在《新世界道德书》中,系统地阐述了合作社的理论。他指出:由500—1500 人或 300—2000 人组成的合作社(公社),是建立在生产资料公有制基础上的集体劳动的生产单位和消费单位,是理想社会的基层组织,是"全新的人类社会组织的细胞"。② 作为合作社的实践家,欧文还从 1817 年开始宣传"统一合作社新村",1821 年组建"合作社经济协会",1824 年他与自己的学生在美国印第安纳州购置了 3 万英亩土地,进行建立"新和谐公社"("合作新村")的"新和谐共产主义移民区"试验,1839—1845 年在英国进行了一次"和谐大厦"、"共产主义公社"试验(王景新,2005)。欧文的合作公社思想的重要内容有:管理民主化;财产公有制;各尽所能,按需分配;工农、城乡、脑体等工农商学大结合;尽管两次试验均以失败而告终,但罗伯特·欧文的合作经济思想和实践是合作经济发展史的宝贵遗产,对今天的合作经济和合作组织发展仍有指导意义。

沙利·傅立叶(Francis Marit Charles Forier,1772—1837)亦在他的著作《论家务—农业协作社》(1829)、《经济的新世界或符合本性的协作行为》(1829)等著作中全面系统地阐述了合作经济思想;他认为:人类就是为了协调与各种协作而被创造出来的生物,协作应该成为唯一的社会制度,主张要组织新的理想的和谐社会;傅立叶倡导的"法朗吉"(Phalange)③就是一种以农

---

①　罗伯特·欧文,出生于英国蒙哥马利郡的一个手工业家庭,9 岁开始谋生,当过学徒、店员、职员,20 岁(1791)开始任纺纱厂经理,1800 年任拉纳克棉纱厂经理。为改善工人生活条件和劳动条件做了大量工作,提出了建设没有剥削和压迫,没有阶级对立和三大差别,人人平等、财产公有、各尽所能、按需分配、使用先进机器和科学技术、人们生活富裕幸福为特征的公社制度。其许多主张和天才般设想为科学社会主义产生提供了丰富的思想材料,成为科学社会主义的直接思想来源。其主要著作有:《新社会观》(1813)、《新道德世界书》(1842—1844)、《人类思想和实践中的革命或走向理性社会》(1849)。其关于合作社思想的系统阐述集中在《新道德世界书》中。

②　参见《欧文选集》第 1 卷,商务印书馆 1979 年版,第 179 页。

③　每个"法朗吉"占地一英亩,用招股的办法,集股组成。人人参加按专业分成劳动单位的劳动,劳动中开展竞赛,收入按劳动、资本、知识分配,各法朗吉之间存在商品、货币关系,组织内外商业由行政机构垄断,不准私人经营。(王景新:《乡村新型合作经济组织崛起》,中国经济出版社 2005 年版,第 4 页)"法朗吉"作为和谐社会的基层组织,其主要特点有:(1)法朗吉的所有制是一种合作所有制;(2)人人都要参加劳动,同时也保证人人都有工作;(3)以农业为主业,工业为补充;(4)全部生产收入平均分配给成员。(程同顺:《中国农民组织化研究初探》,天津人民出版社 2003 年版,第 64—66 页)

业生产为主,兼办工业,工农结合的合作组织;其实施的是一种合作所有制,是一种各尽所能参加劳动、全部收入平均分配给成员的合作经济组织。

英国人威廉·金(Willian King,1786—1865),其合作社思想和实践与欧文齐名,被称为"合作社之父"。威廉·金于1827年创办布莱顿合作社(The Brighton Co-operator Association),并首先创办了消费合作社(Union Shop,又称"共同店")。从1827年至1834年,他一共组织了近500个合作社,掀起了"布莱顿合作社浪潮"。其思想成为其以后各种合作思想渊源的基础(俞家宝,1994)①。欧文、傅立叶、威廉·金的合作经济思想和实践是一种旨在反对人剥削人、弱肉强食的资本主义制度,试图通过合法手段构建理想的平等、民主和公平社会组织形式的理论与实践。从某种意义上说,此时期西方发展起来的合作社实践是在资本主义环境中维护以劳动者为主体的弱势群体共同利益的社会共同体运动。

早期的空想社会主义者注意到资本主义制度存在的剥削和工人贫困的残酷现实,对资本主义的这种不公平、不道德的制度进行了严厉的批判,并提出以合作经济组织的结构形式来取代资本主义企业,实现劳动者的民主自治和共同劳动,逐步甚至完全消除资本制度,构建理想社会。以傅立叶和欧文为代表的空想社会主义的合作经济组织思想主要有以下几点(孙亚范,2006):(1)深刻批判早期资本主义的财产制度,提出未来社会财产组织制度的天才设想;(2)公平分配、共同劳动的思想;(3)合作经济组织是人们依据自身需要而自愿联合而成的进行生产、分配、消费活动的互助性经济组织思想;(4)以取消商品经济关系为前提的合作经济组织实验失败的教训。虽然早期空想社会主义者关于合作经济组织的思想比较粗糙和不成熟,但它们对后世合作经济组织理论的发展依然产生了深远的影响(宋哲庆,2011)。

二、马克思恩格斯关于合作经济与合作社的思想

马克思和恩格斯对资本主义社会出现的每一种经济现象都进行了批判性的研究,当然不会放过对合作经济及合作经济组织的研究。马克思、恩格斯的

---

① 威廉·金与欧文主张不同的是:他不主张合作社的创办资金由政府和慈善家捐赠,不主张一开始就成为合作社,而主张从小做起,先由劳动者自筹资金,创办小合作商店,积累劳动为资本,逐步扩充实业,办各种工业、农业合作社,然后再组织公社。

合作经济思想主要体现在《资本论》《国际工人协会成立宣言》《法兰西内战》《哥达纲领批判》《法德农民问题》等论著中;马克思在论述资本主义企业资本家对劳动的监督和管理时,谈到合作工厂(中央编译局,2001),马克思说:"工人自己的合作工厂是在旧形式内对旧形式打开的第一个缺口。"(中央编译局,2001)并随后对合作工厂的内涵、性质、意义作了科学的说明。在《法兰西内战》中,马克思指出:"如果合作制生产不是作为一句空话或一种骗局,如果它要排除资本主义制度,如果联合起来的合作社按照总的计划组织全国生产,从而控制全国生产,制止资本主义不可避免的经常的无政府状态和周期的痉挛现象;那么,请问诸位先生,这不就是共产主义吗?"(中央编译局,2001)马克思认为:生产经济领域合作经济组织的发展最能实现人类社会更替的宏大政治目标。生产领域的合作经济组织与社会生产力、生产关系联系最密切。生产领域合作经济的发展将在促进生产力发展的同时,加速资本主义生产关系的变更,从而加速资本主义社会的瓦解,促进社会主义社会的建立和共产主义社会的最终实现。由此看来,马克思的生产合作思想构成马克思合作经济思想的重要组成部分。马克思还认为合作制这种经济形式对资本主义制度或社会主义制度都是适用的,只是在不同制度下的作用不同,不存在姓资姓社问题。这是马克思对合作经济思想的巨大发展。

恩格斯对合作经济的看法在与马克思保持一致的同时,特别强调了合作制在向共产主义过渡时的地位和作用,并注意到了合作社利益同整个社会利益之间存在着矛盾。他说:"至于在向完全的共产主义经济过渡时,我们必须大规模地采用合作生产作为中间环节,这一点马克思和我从来没有怀疑过;但是事情必须这样处理,使社会(即首先是国家)保持对生产资料的所有权;这种合作社的特殊利益就不可能压过全社会的整体利益。"(中央编译局,1972)恩格斯在关注合作社一般性问题的同时,还关心以农业合作社为中心的具体问题;恩格斯在《法德农民问题》中,在论述农民问题的革命重要性之后,提出了合作制是引导农民走社会主义道路的根本途径的思想;并指出对于小农只能采取引导的办法走合作制的道路,而绝不能搞掠夺式的办法,要给他们考虑的时间;"我们预见到小农不可避免地要灭亡,但我们决不应该以自己的干涉去加速这种灭亡。""当我们掌握国家政权的时候,我们根本不能设想我们会像我们不得不对大地所有者那样,去用强力剥夺小农(不论有无报偿,都是一

样)。"(中央编译局,2005)

　　马克思、恩格斯的合作经济与合作社思想是基于工人运动的实践经济总结,是建立在社会化大生产背景下产生的工厂制度基础上的合作思想;马克思、恩格斯的合作经济组织思想可以概括为以下几点:(1)通过合作经济组织的道路促进土地私有制向集体所有制的过渡;(2)合作经济组织必须贯彻自愿互利的原则,以及坚持不剥夺农民财产和采用示范的原则;(3)合作经济组织应当按劳分配;(4)必须贯彻民主管理原则。马克思、恩格斯将合作经济组织从资本主义制度中脱离出来,认为社会主义制度也可以使用合作制,并认为这是引导农民走上社会主义道路的根本途径。马克思和恩格斯的合作经济思想是在资本主义的基本矛盾已经初步暴露的特定历史时期形成的,其内容的核心在于如何由资本主义制度向社会主义制度过渡;马克思和恩格斯的合作经济思想中坚持自愿互利和民主管理原则,以及按劳分配为主,允许其他分配方式并存的思想,奠定了当代社会主义国家合作经济思想的理论基础。"但由于他们的合作思想是基于消灭商品经济的认识而产生其主张的合作指生产合作,而忽视产前、产后部门的合作,如商业合作。这种合作的基础是产品经济,而不是商品经济"(李长健,2005)。在这种思想的指导下,试图建立全国性大生产合作社的构想,由于缺乏社会发展的物质基础和对社会发展状况的过高期望,使合作经济发展在一定程度上偏离了本来的方向(宋哲庆,2011)。

　　马克思、恩格斯将合作经济组织的发展从空想转变为科学,解决了社会主义合作经济发展的问题,为社会主义合作经济组织的发展奠定了基础。其后的列宁则更加全面系统地阐述了合作制理论,包括社会主义的合作社的性质、根源及原则、方法、环境等,形成了体系化的合作经济理论,较之以前的合作制思想有进一步的发展和完善。列宁的合作制思想主要有以下几点:(1)文明的合作制度就是社会主义制度(彭大成、吴春生,2005);(2)高级合作化需要一定的物质基础,单靠合作组织自身力量非常有限,因而国家必须从财政、金融等多方面对合作社给予积极的支持;(3)发展合作社必须尊重农民的意愿;(4)重视对农民的教育和发挥文化教育的作用;(5)社会主义合作社应当以发展流通领域的合作社为主。这些思想为后来社会主义国家合作经济实践提供了重要思想理论依据和指导(宋哲庆,2011)。

　　马克思、恩格斯的合作经济思想是在特定历史时期形成的,围绕着资本主义如何向社会主义过渡的核心展开;其坚持自愿和示范的原则,重视生产合作和多种合作形式与分配形式并存的思想,在一定程度上构成今天社会主义国家合作经济的思想理论基础;但由于他们的合作思想是基于消灭商品经济的认识而产生,其主张的合作指生产合作,而忽视产前、产后部门的合作,如商业合作;这种合作的基础是产品经济,而不是商品经济。在此基础上形成的建立全国性大生产合作社的构想,深深地影响后来社会主义国家合作经济的发展,使合作经济发展在一定程度上偏离了本来的方向。

三、列宁关于合作经济与合作社的思想

如果说马克思、恩格斯为科学社会主义的合作制度奠定了理论基础,完成了合作制理论从空想到科学的话,那么列宁则是社会主义合作制理论科学原理的揭示人。他创造性地运用和发展了马克思主义农民运动理论与合作经济理论,并全面领导了俄国社会主义农业合作运动的伟大实践;在"战时共产主义"时期,列宁的合作制思想基础是他的无产阶级革命与无产阶级国家学说;他始终站在无产阶级革命和建立无产阶级专政的高度看待农民合作社运动问题(王景新,2005);列宁认为:无产阶级胜利后,小农经济向社会主义经济转化的过程只能通过社会主义合作化的方式才能完成;土地国有是苏俄小农经济走向社会主义的前提,农业合作化则是实行土地国有后个体农民走向社会主义的必然趋势。列宁在对旧苏俄留下的消费合作社进行改造的同时,通过建立一批示范性国营农场和集体农场为样板,推行以农业公社为主的各种农业集体经济形式。①"新经济政府"时期,以1921年3月8日召开的苏共第十次代表大会通过的关于从余粮征集制过渡到粮食税的决议为实行新经济政策的重要标志,这也成为列宁合作制思想发展的转折点;列宁通过合作社的实践认识到:合作社不是国家资本主义的一种形式,而是苏维埃社会主义建设事业的有机构成部分,是把分散的农民变成社会主义的有组织的经济建设大军的

---

①　这里的农业公社是:劳动人民的自愿联盟,旨在根据共产主义原则进行生产和分配的共耕制农业,在农业公社里不允许私人经济成分存在,采取平均分配方式。由于农业公社组织形式不适应当时苏联农业生产力发展水平,加上实践过程中的工作错误,这种组织形式没有得到大发展。1918年组建了950个,1920年发展到1892个,入社农民仅8万人,土地10万公顷,入社农户占农户总数的0.5%。

最好形式。在社会主义建设中,代表劳动人民根本利益的国家与劳动农民个人之间不但存在利益的一致性,也存在经济利益的矛盾。农民的个人利益不能随意侵犯和取消;国家的共同利益更应得到维护和加强;国家与农民之间、农民与城市居民之间、农民与农民之间的商品买卖不仅非常必要,而且应相当发展,并且交易各方的利益应当得到保护,整个交易活动应当置于国家和劳动农民的监督之下。总之,我们需要有一种恰当的形式沟通城乡之间的经济联系,在自愿互利的基础上使农民生产者的利益与国家利益相一致,并在服从整体的共同利益基础上使劳动者个人利益得到满足;合作社就是最恰当的形式(王景新,2005)。通过合作社我们"找到了私人利益、私人买卖的利益与国家对这种利益的检查监督相结合的尺度,找到了使私人利益服从共同利益的尺度。"(中央编译局,1995)列宁认为:在资本主义制度下由工人创造的合作社,只有在社会主义制度下,才能充分体现出它的职能作用,并爆发出新的生命力。

列宁在《论合作制》中详细地阐述了社会主义合作经济发展的性质、途径、条件、趋势(王景新,2005):

第一,关于合作社制度的性质。列宁认为:合作社制度是社会主义制度的重要组成部分,在资本主义条件下是集体的资本主义组织,"在生产资料公有制条件下,在无产阶级胜利的条件下,文明的合作社工作者的制度就是社会主义制度。"(中央编译局,1995)社会主义合作社是劳动农民组成的集体企业,它使用的土地和主要生产资料都属于社会主义国家所有。因此,它的性质就是社会主义的。

第二,关于改造农民的长期性问题。小农经济是汪洋大海,改造小农,不仅是一个经济问题,而且还包括建筑在小农经济基础之上的资产阶级上层建筑以及一切因小私有制的狭隘性造成的陈规陋习问题。"改造小农,改造他们整个心理习惯,是需要经过几代的事情"(中央编译局,1995),"为了通过新经济政策使全体居民个个参加合作社,还需要经过整整一个历史时代,在最好的情况下,我们渡过这个时代也要一二十年。"(中央编译局,1995)可以说,改造农民是一个长期性工作,因而合作经济发展也不能一蹴而就。

第三,关于合作经济的基本原则。自愿互利原则是社会主义合作经济的基本原则。合作企业是集体企业,农民个人的利益是通过商品交换的方式与国家发生经济上的联系。正是通过合作社,工人阶级为推翻剥削者统治而进行的政治斗争才得到农民的完全赞同,农民参加合作社应尊重农民个人的意愿,即体现农民的"自觉性和诚意"。对农民"要想用某种加速的办法,下命令从外边、从旁边去强迫改造,是完全荒谬的"(中央编译局,1995)。"任何强迫手段都是苏维埃政权所不能采取的,任何法律都不能强迫这样作"(中央编译局,1995)。

第四,关于国家对合作社的支持问题。社会主义国家必须从财政等方面支持合作社的发展。列宁一贯重视国家对农民组织的支持和帮助。早在"战时共产主义时期",他多次签署给农业公社拨款的法令,从而使财政拨款和国家银行的信贷支持成为苏维埃俄国农业合作经济发展的强大支柱。"新经济政策"时期,列宁更是如此。他认为:"任何社会制度,只有在一定阶级的财政支持下才会产生。"作为社会主义制度组成部分的合作社制度是国家应该"特别加以支持的"。这种支持不应仅是一般性的宣传鼓励和行政措施,而且还须有各种经济政策方面"名副其实的支持","在政策上要这样对待合作社,就是使它不仅能一般地、经常性地享受一定的优待。而且要使这种优待成为纯粹资财上的优待(如银行利息的高低等等)。贷给合作社的国家资金,应该比贷给私人企业的多些(即使稍微多一点也好),甚至和拨给重工业等等的一样"。"在经济、财政、银行方面给合作社以种种优先权,我们社会主义国家应该对组织居民的各个原则采取这样的支持。"(王景新,2005)

第五,关于合作优先发展的领域问题。列宁认为应优先发展流通领域的合作。列宁对支持农民为发展生产组织的消费中的供销合作社给予了很高的评价,把流通领域的合作看作农民经济与国营经济联系的纽带,认为其是把农民经济引向社会主义经济的过渡形式。[①] 列宁在《论合作制》中认为:流通合作在社会主义建设中具有重要作用,是"建成社会主义社会所必需而且足够的一切。"(中央编译局,1995)

第六,关于文化教育在农村合作化过程中的特殊作用问题。列宁曾有一个政治名言:"在文盲充斥的国家里是不可能建设社会主义的"。合作社作为

---

① 事实上,从中国目前内需不足的原因看,近几年来农村供销合作社的撤、并、散、瘫等原因导致农村供销合作社组织数目急剧减少,也是其不能拉动农民消费需求的、将工业与农业联系起来的主要原因之一。

农民走上社会主义大道的最好形式,没有文化知识是无法从事一系列的生产经营活动的。使农民有了文化,就有了完全合作化的条件,没有整个文化革命,要完全合作化是不可能的,我们必须让全体人民群众在文化方面经历整个发展阶段(中央编译局,1995)。提高农民的文化水平,在农民中进行文化教育工作也是苏维埃政权划时代的重要任务之一,对合作化至关重要。

列宁的合作经济理论比较全面系统,他主要从如下六个方面对合作经济理论进行论述:文明的合作制度就是社会主义制度;不同的社会制度合作社具有不同的性质;完全合作化需要一定的物质基础,国家必须从财政、金融等多方面对合作社进行积极的支持;发展合作社要尊重农民的意愿;要重视对农民的教育和发挥文化教育的作用;社会主义合作社应该以发展流通领域的合作社为主等。这些科学论述成为后来社会主义国家合作经济实践的重要思想理论基础。列宁的合作制思想和理想在他逝世后没有得到实施,斯大林采取以行政力量强行发动的农业集体化运动代替尊重农民意愿的自愿互利的合作化过程。在行政权支配下,通过集体经济对基本生产资料和主要生产工具的严格控制,限制了农民的经营管理自主权,忽视了市场规律的作用,最终导致其农业走向衰退。

四、毛泽东关于合作经济与合作社的思想

中国合作经济思想来源有三:一是 19 世纪末 20 世纪初从西方传入的经典的合作经济思想;二是马克思列宁主义的合作经济思想;三是以毛泽东同志为主要代表的中国共产党人在总结中国合作经济组织历史实践的基础上所形成的不同时期的合作经济思想。早在革命战争年代就非常重视合作运动,他们就提出了用合作经济组织发展促革命、促解放的正确思想。1927 年 3 月,毛泽东在《湖南农民运动考察报告》中提出"合作社,特别是消费、贩卖、信用三种合作社,确是农民所需要的"主张;对生产合作的形式,他主张多种形式;其"合作社运动可以随农会的发展而发展到各地"及坚持发展多种形式的生产、消费和信用等合作社的思想,在后来的《共同纲领》中得到更加完整、确切的表述:"鼓励和扶助广大劳动人民根据自愿原则,发展合作事业,在城镇中和乡村中组织供销合作社、消费合作社、信用合作社、生产合作社和运输合作社,在工厂、机关和学校中应尽快组织消费合作社。"在革命胜利后,由于受斯

大林错误合作经济理论的影响,在只重视生产领域的合作社的同时,形成了自己的人民公社理论,使合作社,特别使农业合作社走入了歧途。

马克思主义的这些经典合作经济思想,其最大的特点和不足就是赋予了合作经济组织太多、太大的政治任务和目标,并将其作为消灭资本主义制度、建设社会主义和实现共产主义宏大政治目标的工具和手段。基于这样的特点和缺陷,他们对合作经济组织的基本特征、组织原则和形式关注不够,研究不深,从而使背负超越合作经济组织自身功能的组织发展不堪重负而失去其发展的基础。

第三节 合作经济组织发展的历史实践

在对合作经济与合作社的思想进行归结后,我们有理由将视角转向更为丰富多彩的合作经济思想与合作社的具体实践;一些经典的实践将会为我们正在进行的农民合作经济组织立法起到重要的借鉴作用。[①]

一、西方国家合作社与合作组织的历史实践

西方合作组织起源于何时,到现在还没有一个权威的结论。[②] 自欧文1817 年在英国开始宣传"统一合作社新村",进行合作社运动到 1844 年 10 月前,合作社经历了由产生——发展——高潮——低潮的阶段。至 1844 年 10 月,在欧文的学生胡瓦斯和柯柏尔协助下,世界上第一个比较规范的消费合作社——"罗奇代尔平等先锋社"(Rochdall Sociaty of Equitalle Pioneers)诞生,才真正宣告一种制度化的经济组织——现代合作社的产生。[③] 罗奇代尔平等先

---

① 这里的经典实践,既包括合作社组织的实践,也包括各国相关立法的实践。

② 类似现代合作社的组织有:14 世纪瑞士优拉地方产生的农民联合制造牛乳饼的组织;1769 年,苏格兰芬维克地区纺织工人购买合作社(购买纺织原料和食品供应社员);1795 年,英格兰荷尔地区贫民组成的共同磨面粉供应社员组织。参见俞家宝主编:《农村合作经济学》,北京农业大学出版社 1994 年版,第 21 页。

③ 罗奇代尔平等先锋社是由英国纺织中心曼彻斯特二十英里的苏格兰北部小市镇、罗奇代尔镇法兰绒厂织工 28 人发起。他们受欧文,特别是受威廉·金合作商店运动的启示,决定合资组织一个合作商店,借此得到价廉物美的货物。他们决定每人每星期节省二三个便士。到 1844 年 12 月积累了 28 镑,在以 Willian 为首席发动人的努力下,租赁了 2 间地下室为营业所,成立了"罗奇代尔平等先锋社"(有人译作"罗虚代尔公平先锋社")。

锋社主要经营乳酪、白糖、蜡烛等商品,每天营业 2 小时,由 28 位发起人轮流担任售货员。到 20 世纪 30 年代,成员发展到 4 万多人,有了自己的合作大厦、工厂、屠宰场及上百个分店,获得了巨大成功。

在此推动下,英国合作商店大大兴起,1851 年达 130 个,1881 年超过 1000 个。1863 年英格兰合作商店联合在曼彻斯特成立英格兰批发合作社,1866 年英格兰在格拉斯哥成立苏格兰批发合作社。从此,推动英国合作社运动蓬勃发展(王景新,2005)。罗奇代尔平等先锋社的成功得益于其营业中贯彻的原则,①该社最早制定的办社原则后来被誉为"罗奇代尔原则",成为国际合作制度的经典原则,成为国际上公认的合作制原则的源头,为后来的国际合作运动奠定了坚定的基础(朱若峰、夏英,2000)。英国不仅是合作社的发源地,也是第一个制定合作社法律的国家。在罗奇代尔平等先锋社创立第八年的 1852 年,英国就制定了《工业和储蓄互助社团法案》,同年奥地利颁布了《信用合作社法》。英国合作社法与罗奇代尔原则一样对其他国家的合作社立法产生了重要和深远的影响。

法国亦是农业合作社有悠久历史的国家,1848 年就有 170 多个农业合作社,1867 年出现了全国性法国农业公司,1883 年成立第一个为农业服务的供销合作社,1886 年创立了农业工会中央联盟;"二战"后,特别是近 20 年,法国农业合作组织规模和内容均发生了巨大而深刻的变化。法国目前有 13000 多个农业服务合作社,4000 多个合作社企业,90%农场主都是农业合作社成员。合作社由单一走向农、工、商综合,由地区联盟走向全国性合作社集团。法国合作社的立法主要体现在商业法典和与商法配套的各种合作社法律中,俗称"法国模式"(或称"拉丁式")。

德国第一个由农民和贫民联合组以互济有无或共同向外贷款的合作社是 1862 年前后成立的信用合作社;农民合作社运动则起源于 1876—1877 年,此时,普鲁士国通过了《关于经营和经济合作社私法地位法》(1867);1871 年,

---

① 罗奇代尔平等先锋社的营业原则是:自愿入社,允许退社;社内一切重大事务都必须由社员大会讨论决定,合作社管理人员由社员大会选举产生;社员不论股份多少,每人仅有一票投票权;以社员集股的办法筹集资金,股金不参与分红,股金利息不得超过市面通行的利率,营业盈余按照社员每年与社的交易额来分配;货物按照市价销售,不能和私商一样的涨价,售货保持现金交易,不赊账;货物要分量十足,品质真实,排除一切虚伪及欺诈行为。

德国统一后成为全德意志帝国的法律,该法先后经历数十次修改,但基本框架仍保持不变。德国现行合作社法适用所有类型的合作社,包括农业、信贷、供销、生产、消费、住房合作社等。

美国合作社最早可溯及 1810 年在康涅狄格州农场主组织成立的加工和销售的农业合作社,也称农场主合作社;1824 年欧文和他的学生进行了"新和谐公社"的实验,美国农业合作社至今也已有 190 多年历史,其规范农业合作社的基本法是 1922 年《卡帕—沃尔斯坦德法案》和 1926 年合作社销售法案。除此之外,美国还包括:联邦收入税法、证券法、反托拉斯法、信贷法等法中涉及合作社的条款;联邦农业信贷法等专业合作社法;各州的农业合作社法;①法院在审判涉及合作社案件时形成的判例。由此看出,美国没有统一的合作社法。

日本是发展综合性合作经济组织的典型,采取的是对各种合作社立法形式进行综合运用的混合模式;其提供综合性服务的日本农业协同组合,简称"农协",做得很成功。其源头可追溯到 1897 年的农会和 1900 年的产业组合,农协的直接前身为 1943 年战时统制经济时期的农业会;它可以根据社员需要为其提供各种各样的服务,日本现有 2500 多个综合农协、3515 多个专业农协,全国 100% 的农民及部分地区非农民参加了农协,现有正式会员 546 万人,准会员 350 万人。日本是亚洲第一个颁布合作社法的国家,先后于 1900 年、1943 年、1947 年颁布过三部有关农业合作社的法律,现行的 1947 年农协法先后修改过 19 次,已成熟和稳定下来。

19 世纪上半叶开始,消费合作经济组织、农业合作经济组织、信贷合作经济组织等类型的合作经济组织在西欧各主要资本主义国家中产生并发展,实践的日新月异,带来合作经济组织理论的改变和丰富;合作改良主义和"合作资本主义"是当时影响较大的两个合作经济组织流派,前者是早期空想社会主义合作思想的进一步发展,他们把合作经济组织当作是改造资本主义、建设新社会的有效途径;后者是站在资本主义制度的修正立场上倡导合作经济组织运动。"合作资本主义"是对资产阶级自由主义的合作经济组织理论的概

---

① 实际上,美国对合作社的州立法要早于联邦立法。1865 年,密歇根州通过了第一部承认合作购买和销售方式的法律,从而确立合作社的合法地位。美国几乎每个州都有合作社立法。

括;早期的"合作资本主义"思想把合作经济视为保护小资产阶级和小生产在大资本经济的资本主义制度下生存和发展的一种组织形式;后来发展为将合作经济组织视为资本主义企业制度的一部分,并希望以此来削弱资本主义垄断,缓和阶级对立和社会矛盾,实现资本主义制度的自我完善和健康发展(宋哲庆,2011)。

20世纪20年代后,美国产生了合作经济组织思想的"进化派";他们认为合作经济组织是资本主义体系的有机组成部分,是资本主义内部的一种进化发展形式;根据研究对象和观点内容的不同,进化学派内部也存在不同的分支,主要有以合作经济组织为尺度来衡量资本主义体系功效的竞争尺度派,以农民合作经济组织为研究对象的萨皮罗派,以及将合作经济组织视为一体化与分化、独立与合并间中介的埃米里扬诺夫派等;进化派的思想成为当代合作经济运动的主流。纵观西方合作运动发展的整体脉络,是由激进转为温和、由认为对资本主义制度的取代转为有机组成部分两者的并存(宋哲庆,2011)。

二、中国合作经济组织的历史实践

在西方合作组织实践经历了半个多世纪发展后的清末民初,西方的思想和理论通过学校教育和书刊等媒体在中国开始传播;五四运动后,合作经济思想得到进一步传播。朱进之通过《东方杂志》《新教育》杂志等刊物积极宣传合作思想;徐沧水从日本学习研究合作经济后也介绍和倡导合作经济;系统介绍合作经济思想,被称为中国合作导师的西方合作理论在中国的最早传播者是薛仙舟先生(1878—1927),1910年他从美、德、英留学回国后到复旦公校教书,积极传播合作经济理论,培养相关人才,其《中国合作化方案》一文,提出了"合作共和"的设想;中国第一个消费合作社是在北京大学胡钧指导下,由其学生于1918年8月创办的消费公社,1919年薛仙舟创办了中国第一个合作银行;1922年广东省成立了汕头米业消费合作社;1922年7月,在李立三、易礼容和毛泽东等人筹建下,成立了中国共产党领导下的中国第一个工人消费合作社——安源路矿合作社;此后,合作经济组织在中国如雨后春笋般涌现出来。

中国共产党继承了马克思主义关于合作经济的思想,在革命和建设时期均十分重视合作经济的发展,特别是农民合作经济组织的发展;只是由于历史的原因,在运行中、在建设早期严重地违背了合作社的原则,将合作社的目标异化成实现政治目标的手段和工具。改革开放后,中国合作经济走向健康发展的新轨道;中国合作经济组织形式在经历由互助组初级合作社——"政社合一"的人民公社——新型农民合作经济组织后进入蓬勃发展的新时期。①合作制经济,特别是将合作制与股份制结合的股份合作制,成为中国合作制从经典走向现代的最具代表性的形式;中国农民合作经济组织发展中也体现了当今世界各国合作经济运动的新发展;中国农民的创造性使有中国特色的合作经济组织模式不断涌现,出现了许多新型农民合作经济组织,产生了如山东"莱阳模式"、河北"邯郸模式"和广东"横岗模式"等,但很难找到一个符合国际合作组织基本原则的农民合作经济组织。在立法实践上,中国还没有统一的合作社法,没有农民合作经济组织法等规范农民合作经济发展的专门法。法律的缺失,使农民合作经济组织的规范性受到破坏,缺乏约束和保障。长此下去将产生不可预料的后果,将严重损害农民权益、农村稳定和农业发展。

三、国际社会合作经济组织的历史实践

发端于英国的现代合作运动在迅速传入西欧、北欧、北美、东欧、南斯拉夫国家后,往东进入了日本,传入了中国,往南传入意大利、西班牙等拉丁国家,自 19 世纪中叶到 20 世纪,世界主要工业国及其殖民地的合作运动不断高涨;1895 年 8 月在英国伦敦,世界各国合作运动实践家们基于发展合作社、开展相关国际合作的目的成立国际合作社联盟(International Co-operative Alliance,简称 ICA),其已是世界上历史最悠久、规模最大的一个独立的非政府性社会经济组织;它团结、代表并服务于全世界的合作社,并成为联合国经社理事会中享有第一咨询地位的 41 个机构之一(牛若峰、夏英,2000);1934 年 ICA 确立了四大纲领,1937 年又将合作社原则归纳于 11 条,并命名为"罗奇代尔原则",1966 年第 2 届代表大会将其修订为 6 条,1995 年又通过了《关于合作社

---

①　此时期有关资料较详尽,且很容易查到,本书不再赘述。从目前看,中国大致有十种类型的集体合作经济组织:(1)农村联产承包以后的新型合作经济;(2)农村各种类型的专业合作社;(3)乡镇企业中包括农户之间联合体在内的集体企业;(4)劳动服务集体企业;(5)无主管部门"民办集体企业";(6)供销合作社;(7)信用合作社;(8)住宅合作社;(9)消费合作社;(10)合作医疗组织。我们称之为"十路大军",前五种属以生产性为主,后五种属以服务性为主。

界定的声明》。ICA确立的基本原则是:自愿与开放原则、社员民主控制原则、社员经济参与原则、自治和独立原则、提供教育培训与信息原则、合作社间的合作原则和关心社区的原则。

国际劳工组织(International Labour Organization,简称ILO)是1919年根据《凡尔赛和约》成立的国际联盟附属机构,1946年12月14日,成为联合国的一个专门机构。ILO于2002年6月20日在第90届国际劳工大会上通过了《合作社促进建议书》(Promotion of Cooperatives Recommendation,2002),向世界各国政府系统提出了发挥和促进合作社发展的政策与立法建议,其核心是建议政府给合作社提供一个支持性的政策与法律框架;ILO在其《合作社促进建议书》确认的ICA《关于合作社界定的声明》所阐明的合作社定义、价值与原则,是ILO《建议书》的灵魂。

第四节 农民合作经济组织的发展趋势

随着政治、经济、社会、文化和生态的多维发展,和现代化、市场化、国际化和法治化进程的不断推进,农民合作经济组织应有更加多元化的发展模式,呈现出丰富多样的发展样态。

一、农民合作经济组织集约化发展

当前我国农业自然资源刚性约束不断增强、农业劳动力日益紧缺,促进农业发展方式由粗放型向集约型转变,依然是当前转变农业发展方式的基本途径。农业发展方式由粗放型向集约型转变的实质就是农业集约化发展,即通过采用现代农业生产技术的集约化经营活动不断提升农业集约化水平的农业发展过程(罗富民、段豫川,2013)。其中,农业集约化经营活动一方面通过政府公共部门的技术推广、财政扶持、媒体宣传等行为得以扩散;另一方面则依赖于农业生产经营者之间的相互影响,因此从某种程度而言,农民合作经济组织的技术服务功能直接影响农业集约化经营活动的扩散。农民合作组织的蓬勃发展,为农业生产经营者间的相互影响提供了很好的载体和平台;对于农民合作经济自身发展而言,也需要通过现代化的农业科学技术武装自身,实现自身的集约化发展;这不仅是农业集约化发展的时代要求,亦是农民合作经济组织发展的现实必然。

二、农民合作经济组织专业化发展

农业人口的分散性和流动性使农民合作组织的专业化分工无法像企业那样以权威命令形式实现,相比之下,农民合作经济组织的专业化分工协调则较为可行。农业生产力的提高将会产生与之相适应的农业生产组织形态,而随着农业生产组织化程度提高又将进一步引发农业生产的专业化分工,建立在农业生产组织化程度提高基础上的专业化分工可以充分发挥资源禀赋优势,把规模经济和范围经济的优势叠加进而形成竞争优势,这对于提高农业生产质量和效率、巩固农业基础地位、提高农业市场竞争力、增加农民收入和推进农业农村现代化建设有着重大意义。故提高农民合作经济组织内部专业化分工和农民合作经济组织之间的专业化分工更有利于降低农业专业化分工所产生的内部和外部交易费用,提高农业生产效率(王留鑫、何炼成,2016)。

三、农民合作经济组织规模化发展

规模化发展的实现一般有两种途径:一是增加农民合作经济组织的数量进而达到规模化程度;二是通过提高农民合作经济组织的质量以达到规模化的效果。结合现实经验可以发现,不少村镇通常采取第二种途径实现规模化发展,即控制农民合作经济组织的数量、提高其质量,既可防治"空头"农民合作经济组织的出现,亦可优化当地产业结构。例如农民合作社的发展,为提高服务能力和市场竞争力,发挥资源集聚效应,往往采取联合社的形式进行"再联合",实现强强联合,促进了农民合作经济组织经济、社会、文化功能的充分发挥。通过横向一体化实现规模经济、范围经济,并最大限度地降低合作社的交易成本,提高合作社的议价能力,解决专业合作社依靠自身力量无法解决的问题,巩固和增强合作社的市场地位;现阶段,专业合作社联合社已经在我国各个地区运用并取得了良好成效(王山等,2016)。因此,质量型规模化发展是农民合作经济组织未来的发展路径之一。

四、农民合作经济组织产业融合化发展

"三产"融合是指农业、工业和服务业相互渗透、相互交叉逐渐形成新产

业的动态发展过程。一般产业融合可分为产业渗透、产业交叉和产业重组三类。农业的外部规模经营或农业产业化经营的实质是农业和外部相关产业的融合发展,这种产业融合发展体现了现代农业生产经营市场化、专业化基础上的社会协作性质,引起现代农业产业内涵扩展和现代农业产业体系的纵向深化(席晓丽,2008)。农民合作经济组织产业融合化发展体现为多种类型的农民合作经济组织的出现,如旅游农民合作经济组织等,以及产业链价值链的扩展,发展模式的创新与转变,如合作经济组织体系网络化。

第二次世界大战结束以后,西方市场经济发达国家的农民合作经济组织走向成熟,为了在政治经济上与工商业资本抗衡,各国以基层农业合作社为基础,建立了各种各样的联合组织。目前,欧美国家各种类型的农民合作经济组织都有本行业的联合会和全国性组织;这些联合会和全国性组织可以从地区或全国的角度,或从整个行业的角度出发,协调各基层合作社的经营活动,促进合作社间的交流,提供技术和市场指导,开展人员培训和教育活动,代表合作社与政府和大企业谈判,维护合作社经济权益等。无论是全国联社还是地区联社,他们与基层合作社之间一般都不是领导与被领导的关系,而是一种协作关系(孙亚范,2006)。如法国农业合作社总联盟(CFCA)作为农业合作社方面专门的全国性统一组织机构,其成员主要包括全国农业行业合作社联盟共17个,以及27家大型合作社企业集团。中国农民合作经济组织的发展虽与国际水平有一定的差距,但发展速度快,也越来越体现了这一趋势;农民合作经济组织产业融合化发展有利于充分挖掘当地特色资源、人文等优势,有利于科学技术成果的转化,从而增强农民合作经济组织自身的实力。就宏观层面看,全国农民合作经济组织的业务范围虽然还是主要集中在种植业、养殖业、农产品销售等行业,但已经开始向农产品初加工、民俗旅游、传统手工艺品生产等第二、第三产业拓展;合作领域涉及农户生产、流通的方方面面;同时,农民合作经济组织向成员提供的服务已经开始涉及技术、市场信息、农业投入品采购乃至资金、保险等领域(郭晓鸣,2008)。

五、农民合作经济组织社会化发展

农业社会化服务体系指以农业生产为中心,专业经济部门、合作经济组织和社会其他方面为农、林、牧、渔业等提供的服务(潘茜,2017),包括为农业生产提供产前、产中、产后全过程社会化服务的各种活动和组织的总称。建立健全综合高效社会化服务体系是农业农村现代化的必然要求,由于历史的原因,我国农民分散的程度较高,农民、农户之间缺乏各方面的合作,农村、农民综合性的社会化服务程度较低。农民合作经济组织是农民根据自愿原则而形成的联合体,代表农民自己的利益,是新型农业社会化服务的重要组织形式,其在提供信息、种子、资金、技术辅导、生产资料加工、储运、销售等产前、产中、产后等方面发挥的作用日益显现,逐渐成为不可或缺的组织力量。这使得农民合作经济组织的社会化发展成为可能。

第五节　农民合作经济组织发展的基本理念

在对农民合作经济组织发展与规范上存在如下三种态度:一是先规范后发展;二是先发展后规范;三是边发展边规范或边规范边发展。三种不同态度的存在主要源于对"三农"问题不同程度的认识,特别是对中国当前农民问题的不同认识。此外,还有一个对农民合作经济组织发展与规范的理念问题,表现为对农民合作经济组织的态度问题。从某种意义上说:理念决定态度,态度决定行为。农民合作经济组织立法树立和实现什么样的理念,将直接决定我们在现实中对农民合作经济组织发展与规范的态度,决定我们在实际工作中对农民合作经济组织发展与规范过程中所采取的措施。我们知道,农业是中国国民经济的基础,农业是弱质产业,农民是中国人口最多、处于相对弱势地位的群体,中国的发展需要农业发展作基础,中国社会稳定需要农村社会稳定作条件,中国走上繁荣富强需要农民富裕作前提。我们可以说,在今天的中国,稳定农村就是在稳定全社会,发展农业就是在发展全中国,重视农民就是在重视我们自己。

一、重发展与促规范

和平与发展是当今世界的两大主题。在农民合作经济组织立法中,我们要树立的第一理念就是重发展。在市场化和世界经济一体化的双重压力下,我们不断发现农户或农民的小规模生产与大市场的矛盾更加突出,农产品的比较优势越来越小,农民增收与农业发展更加困难,其主要原因之一在于:农民的组织化程度太低,没有或不可能形成强有力的竞争力。尽管农民利用一些产业化组织模式解决了一些问题,但这些松散的组织无法与巨大的市场利益冲击抗衡。松散的组织永远不是组织,松散的组织不可能带来持久的效益。这句话尽管过于绝对,但它确实道出了这几年来农民不增收的深层原因;对农民合作经济组织,我们就应当采取先着重发展再规范、边发展边规范、用发展促规范的做法,在发展中解决农民合作经济组织的规范问题。在相关制度的设计上,就应做到能粗就粗、能放就放、能活就活,内容尽量精简,为农民合作经济组织的创新发展留够制度空间。

促规范是依法治国、建立社会主义法治国家的基本要求。对于农民合作经济组织的规范问题,主要表现在两个方面:组织化和法治化。一方面通过立法促进组织的生长和发展,提高其组织化程度,从而为促进其规范化发展打下坚实的组织基础;另一方面通过对其组织和行为的规范化、制度化、法治化,在遵循WTO《农业协定》要求下建立起中国农业及农民合作经济组织发展的国内支持的法律保障体系。目前,家庭承包经营的分散性限制了补贴机制的建立和运行,特别是限制了补贴机制的效率,使《农业协定》的"绿箱政策"不能很好地落实;使得中国对农业基础设施建设的补贴,以及对种子、农药、肥料等农业投入品的补贴因组织程度低下和不规范而不能有效进行,农业发展、农民增收的目的也不能顺利实现。"立法的目的不只是规范,更重要的是促进农村合作经济组织的发展。因此,农民合作经济组织的界定应宽泛一些,不仅能容纳传统的合作经济组织,更要包括新型的农民专业合作经济组织;不仅涵盖为农民生产提供技术、农机、灌溉等服务的合作经济组织,更重要的是吸纳引导农民进入市场、提供市场信息和营销服务的流通合作经济组织;此外,还要考虑到一些龙头企业和涉农组织,特别是企业协会转化为农民合作经济组织的可能性,如何予以鼓励和支持。考虑中国当前的国情,不必过分拘泥于传统的合作制原则,追求纯而又纯的合作经济组织,如果严格按照国际合作经济组织和国际合作社联盟对合作社的定义,恐怕现实中也没有几个是够标准的"(王如珍,2004)。

二、重公平与促效率

公平是法的基本价值,法律往往通过保证机会公平来实现公平,通过缩小贫富差距来实现公平。正如约翰·罗尔斯所说:"为了平等地对待所有人,提供真正同等的机会,社会必须更多地注意那些天赋较低和出身较不利的社会地位的人们"(约翰·罗尔斯,1988)。效率也是法的基本价值,法律通过确立和保障市场经济制度来保证经济效率,通过解决市场失灵来提高经济效率,通过法律的可确定性为经济效率提供动力,通过确立和保障市场经济制度来保证经济效率,通过降低市场成本来提高经济效率,通过确定科学的方法(如科学的管理方法)来提高经济效率(李龙,2003)。在社会主义制度下,公平与效率本质上是统一的,相互联系的,是一对既相互矛盾,又相互适应的社会价值。公平与效率之间在主要存在异向负相关变化的同时,在一定条件和范围内也存在同向正相关关系,即公平程度的提高伴随着效率的增加,效率的增加伴随着公平程度的提高。

在农民合作经济组织立法中,公平原则应是我们遵循的原则。因为,从世界上第一个合作社产生起,公平原则就是架构合作社一切制度的首要原则,合作社以公平为生存基础,以追求公平为己任,合作社不得以追求利润最大化为目的。随着历史的演进,伴随着经济市场化和世界经济一体化的进程,竞争空前激烈,竞争在更广泛的时空中演绎。在实力作为市场竞争根本的同时,效率也同样为竞争提供动力,提供壮大实力的动力。为适应这些发展的需要,为提高效率、实现公平,世界各国纷纷对合作社法进行修订。如德国1973年修订合作社法时,作出如下变化:为降低交易成本,理事会成员可以不再由社员大会直接选举,而由小规模的专业委员会产生;为提高决策效率,理事会业务管理权限不再受社员大会决议的约束等(喻文莉,2002)。合作社制度的修正降低了交易成本,提高了组织效率,增强了合作社的市场竞争力。

农民合作经济组织对公平的追求应是组织存在的主要目的之一,但这里的公平不仅是形式意义上的公平,还应是结果意义上的公平,是实质意义上的公平;不仅体现组织内的公平,还应体现组织外的公平。在架构中国农民合作经济组织制度时,一些对经济效率的追求制度,从表面上或一段时间或一些层次上对少数人的平等权利会造成损害,牺牲了他们的利益,似乎造成对公平价值的贬损,但从长远来看,从整体利益来看,这些提高效率的制度安排将为增加组织整体利益和可持续发展的长远利益作出贡献,使合作经济组织在更广的空间、更长的时间里用更多的财富实现可持续均衡分配,从而真正实现全体社员最大化的个人利益。

对公平和效率的追求都是必要的。在配置农民合作经济组织的具体制度时,对合作经济组织的设立条件、组织结构、议事规则、成员权利义务进行合理的制度安排,最优的选择是公平与效率兼顾,促公平发展,促效率提高。

三、重服务与促协调

这里重服务有以下三层含义:其一,促进合作经济组织为其成员服务。"一切为社员服务"成为合作经济组织的基本宗旨,立法时可在社员权利与义务、组织的运行规范和要求上作出有利于组织成员得到很好服务的制度安排。要防止合作经济组织异化成剥削其成员,侵害其权利的力量。其二,促进政府为合作经济组织服务。立法中要对合作经济组织与政府的关系进行制度安排,要强化政府对合作经济组织的服务功能,政府对合法的农民合作经济组织要做到无限服务、有限干预,防止合作经济组织异化成政府的附庸;当然,合作经济组织也应成为遵纪守法的模范,成为政府联系农民的桥梁和纽带,成为政府好政策的坚定执行者,为政府提供社会服务而尽合作经济组织的社会责任。其三,促进合作经济组织为社会提供优质服务。在市场经济竞争条件下这不仅是合作经济组织求生存、求发展的需要,而且也是法治社会对一切市场活动主体的要求,是为了实现社会整体利益的需要。

促协调,是指农民合作经济组织法立法时,要根据科学发展观的要求,以实现人的全面发展为目标,合理安排制度,实现城乡、区域、经济社会、人与自然、国内发展与对外开放的全面协调和可持续发展。法律制度的安排理念上要考虑协调,是因为利益的存在,是因为利益冲突与协调的存在,"人们奋斗所争取的一切,都同他们的利益有关"(中央编译局,2002)。利益问题一直是人类社会生活中的根本问题,它构成人们行为的内在动力;人们在追求各自利益的过程中,不可避免地存在着这样或那样的冲突。利益冲突是人类社会一切冲突的最终根源。利益协调是人类社会和谐发展的基础,是社会能够整合且能全面发展的关键。因此,利益问题,特别是利益矛盾及协调问题是文明社会的制度焦点,是人类设立制度的原点问题;人类社会的各种制度和社会生活中的各种规范,说到底都是对利益矛盾和冲突进行协调的产物,其内在本质地体现着人们之间的一定利益关系,任何社会制度的原生力量均来源于利益的矛盾、冲突和协调;在对农民合作经济组织的各项制度安排中,肯定会有与其他法律规范或制度(如政治制度、经济制度、社会制度等)相冲突的规范,有时法典本身所含的规范也会有冲突,这种冲突并不可怕,关键是要在矛盾和冲突发生后能有制度安排进行协调;农民合作经济组织要协调的关系,既包括组织内部各种关系,又包括组织外部各种关系;前者如理事会与会员大会的协调,后者如组织与农户、政府的协调,等等。利益协调要靠规范的制度安排来实现,更要靠发展的制度安排来促进。

为实现上述六个理念,在指导思想上还要实现"三个转变":从过去注重政治取向向以促进农民社员共同发展的经济文化需要为主的经济取向转变;从以生产领域为主的合作向以生产领域合作为基础,以流通和服务领域为主的合作转变;从以多经验指导为主向以法律规范指导为主的法治化管理转变。在财产权上落实"民有"原则,在经营权上落实"民管"原则,在利益分配权上落实"民享"原则,努力架构有中国特色的农民合作经济组织法。①

四、重绿色与促经济

农民合作经济组织的发展必须要坚持重绿色与促经济相协同的基本理念。党的十八大报告提出了五大发展理念,指出以绿色破解资源环境与经济发展的矛盾问题。绿色经济,也就是美丽经济,追求的是环境与经济相均衡的高质量增长,是以经济与环境协调发展起来的一种新的经济形势,是指国家经济和社会与环境相适应、可持续增长的一种生态化的经济,追求的不是静态而是动态的发展,强调对自然环境与资源的永久可利用性。重绿色要求在农民合作经济组织发展中大力发展低碳与可循环经济、推行节能减排型产业、创新绿色科技、倡导绿色消费,淘汰一些能耗高、污染高、收益低的传统工艺设备,运用先进技术提高核心竞争力,实现其平稳健康可持续发展。

经济发展仍然是发展的重中之重,是提高国家综合国力,维护国家安全,保障人民生产生活的重要手段和物质基础;无论处于发展的哪种阶段,都不能忽视经济的发展。根据经济人假设原理,每个人都在追求自身利益最大化,有

---

① 如果说中国农民的政治特征影响中国政治走向的话,那么中国农民的法律特征同样影响中国法律的走向。我们不能忽略这一点,制定农民合作经济组织法更不能忽略这一点。

着天生的趋利避害的本能,当这种经济理性人的思想出现,若不加以规范和约束,则会导致他人合法利益受损,环境受到污染,结果就是污染者获得所有利益,却损害他们生活的环境,让其他人共同承担成本。经济学观点认为社会最优产量只有在社会成本与社会收益均衡时才会出现,所以我们要通过法律、行政和经济手段相结合,将污染严重的企业关停并进行转型改造,通过引进先进科技,发展绿色、环保产业,最终达到社会最优产量,实现生态效益和经济效益的双赢;此外,还可以运用一些经济手段诸如价格、税收和补贴来促进节约资源、调整能源结构等。

在生态环境与经济发展之间有长远意义和短期矛盾,辩证统一的思想指引我们寻求一个均衡点,那就是追求经济利益的最大化,要以良好生态环境为基础,才是可持续的、长远的。同时,也不是所有东西都是可以用货币、用经济来衡量的,要以绿色理念引领农民合作经济组织发展,引领国家社会全方位发展(韩天舒,2017)。

第六节　农民合作经济组织发展的基本原则

国际合作社的基本原则是在罗奇代尔原则基础上,经国际合作社联盟(ICA)代表大会多次修订而确定的。ICA已是世界上历史最悠久、规模最大的一个独立的非政府性社会经济组织。它团结、代表并服务于全世界的合作社,并成为联合国经社理事会中享有第一咨询地位的41个机构之一(牛若峰、夏英,2000)。ICA确立的基本原则是:自治和独立原则、自愿与开放原则、社员民主控制原则、社员经济参与原则、提供教育培训与信息原则、合作社间的合作原则和关心社区的原则。由于ICA提出的合作社组织原则得到了普遍的认同,理论界对中国农民合作经济组织的组织原则并没有太大的争议,只是在表述上稍有差异。在此,我们将合作经济组织发展的原则归纳为:一是合作、服务、教育原则;二是市场主导与政府鼓励扶持相结合原则;三是因地制宜与循序渐进原则;四是典型示范与多元化发展原则;五是农民权益保护原则。

一、合作、服务、教育原则

合作、服务、教育原则是合作经济组织富有特色的运行原则。

合作是指合作经济组织对内要强化合作意识,体现合作精神;对外要积极加强合作经济组织间的联系和交流。合作除了自愿外,追求公平和效率是合作的基本动因,也是合作的基石。按照国际合作社的原则,建设和规范合作经济组织,是保持合作精神本质和生命力的必然所在;合作经济组织不是农民个体劳动、资金与技术的简单相加,它有着较系统的运行机理,需要成员依法或依章程履行合作的义务;要实现合作,就要加强经济组织与社会的协调与合作。

服务是指合作经济组织要重视对其组织成员的服务,要强化组织对成员的服务功能,做到一切为农民服务;合作经济组织将依托其组织体在生产、交换、流通、消费等环节为农民提供服务,通过各种服务将分散的农民与市场有机地连接起来,同时还可提升农业生产力水平。

教育作为合作经济组织的一项重要任务,在罗奇代尔平等先锋社①建立开始就受到重视;随着经济的发展,罗奇代尔平等先锋社先后创办了图书室、儿童学校、成人班等,成立了教育委员会,并规定盈余中的 2.5%作为教育基金,大力发展文化教育事业。在中国的新型合作经济组织中,教育原则,就是指合作经济组织要重视对组织成员,特别是农民的文化教育和培训工作;要承担起相应的义务,通过对农民进行互助合作思想和道德的教育,使农民克服"恐合"心理;通过对农民在合作素质、能力上存在的缺陷予以弥补,使农民成为关心组织和社会、掌握知识和能力的新一代劳动者。

二、市场主导与政府鼓励扶持相结合原则

中国新型合作经济组织的发展是社会主义市场经济发展的产物;新型合作经济组织是广大农民在市场经济条件下为弥补市场缺陷,防止政府对市场缺陷的过度干预而组织起来的社会共同组织体;它可以增强抵御强势集团影响的能力,防止公平和效率的双重损失。新型合作经济组织既是市场经济的必然产物,也是农民面对市场竞争通过提高自己组织化程度来提高竞争力的重要途径;在法律制度的安排中,架构一套面对市场,尊重生产发展规律,以市

---

① 世界上的第一家合作社,于 1844 年产生在工业革命的发生地英国罗奇代尔镇,也被称为"罗奇代尔公平先锋社"。

场为主导的新型合作经济组织运行制度应是法律规定中的基础性原则(李长健、冯果,2005)。中国经济发展的阶段性特征,WTO 对中国农业发展的压力,以及中国合作经济组织发展的现状,决定了我们要坚持政府鼓励扶持的原则。虽然新型合作经济组织产生于市场经济,但是,我们应该考虑到中国农业的发展水平,要看到中国农民自身的政治、经济、文化特征,并由此注意中国农民的法律特征。

在中国新型合作经济组织化进程中,政府既不能强化对新型合作经济组织的行政领导和控制,也不能放任不管,而是要在坚持"引导不领导,扶持不干预"基本准则的前提下,立足于科学发展观,加强理论研究和实地考察力度,从而完善基本发展政策和配套政策,健全和规范合作经济组织的基本运行制度。要把对新型合作经济组织的支持坚定地落实在"民有、民管、民享"的发展原则上,坚决扭转政府在城市经济和工业经济的全面退出,而对农村经济和农业经济过度介入的现象。政府要在观念上、制度供给上积极主动地鼓励、扶持农民组织的发展,理顺与新型农民合作经济组织的关系,要相信农民、依靠农民、发动农民,以实现农村和农业的发展。

政府对新型合作经济组织的支持包括经济、社会和政治上的支持,其中以经济上的支持最为有效;政府的经济支持包括财政、税收等诸多方面。为了提高中国农民参与国际竞争的能力,提高中国农产品的国际竞争力,我们应该在WTO 允许的范围内通过减税、免税、农业补贴、资金扶持、农业基础项目投资、人才、教育等多种途径加强对农民组织化的支持力度,并将其制度化、法律化。坚持市场主导原则是新型合作经济组织存在和发展的基础性、内在性要求;而坚持政府鼓励扶持原则则是新型合作经济组织存在和发展的环境性、外应性条件,两者是相辅相成、缺一不可的。

三、因地制宜与循序渐进原则

中国幅员辽阔,各地自然环境和社会经济条件存在着很大差异,这一点决定了在发展农民合作经济组织时不可能采用统一的模式。因此,要因地因时制宜,充分发挥农民的创造性,积极探索合作经济组织的各种形式,避免"一刀切";只要有利于提高农民的组织化程度,促进农村经济的发展,农民合作经济组织的组织形式可以是合作社、农民协会,也可以是其他形式。

由于目前中国新型农民合作经济组织的发展尚处于初级阶段,尚未形成成熟的经验和完整的理论体系,例如生产要素市场发育不完善、法律法规制度不健全、农民的文化教育水平低、民主意识浅、经营管理能力差等,与国际接轨尚有一定的差距。因此,应该充分考虑到各地农村发展的实际情况,提高农民组织化程度,培育新型农民合作经济组织,不能一蹴而就,而要循序渐进。

要在尊重农民意愿的前提下,在条件具备的地区,帮助农民组建合作经济组织,争取"建立一个,成功一个,带动一批",由少到多、由点及面,发挥典型合作经济组织的辐射效应,推进中国农民合作经济组织的发展。

四、典型示范与多元化发展原则

现阶段的新型合作经济组织是一项新生事物,与原来农业合作化运动有本质的不同,其发展要有一个让农民逐渐接受的过程。

发展新型合作经济组织不能靠政府的行政命令,要让农民自觉自愿地接受,必须通过典型示范和宣传引导;通过发挥典型示范作用,靠典型引路,不断增强合作经济组织对农民的凝聚力和吸引力,从而正确引导和促进新型合作经济组织健康发展。农村情况千差万别,自然条件、经济基础、农民觉悟和思想认识水平、产业结构、群众需求等都各不相同,应根据各自的实际情况来发展新型合作经济组织。

坚持多元化发展的原则,就是要因地制宜,坚持从各地实际出发,从农民需要出发,尊重农民的创造,鼓励多种形式发展,鼓励多种经济主体参与新型合作经济组织建设,不搞统一模式。要紧紧依托当地资源优势和主导产业,多层次、多形式地发展合作经济组织。在合作形式上,既可以积极引导成员以入股形式成立经济实体,也可以采取协会形式松散半松散的合作;在合作范围上,既可以在本地、本行业范围内开展合作与联合,也可以跨地域、跨所有制开展合作与联合;在合作主体上,既可以由农民自办、联办,也可以由农民与国家技术经济部门、事业单位、涉农企业、公司联办;在合作类型上,既可以是服务型的,也可以是实体型的。只要能解决农民的实际困难,有利于农村发展和农民增收,都应该积极引导、大胆尝试。

五、农民权益保护原则

合作经济组织的重要功能之一是代表农民利益,保护农民利益是合作经济组织的终极目标。从合作经济组织的产生来看,合作经济组织是农民为了自身利益而联合起来的,自我管理、团结互助、利益共享的共同体;因此,合作经济组织的各项工作都应以保护农民利益为出发点和落脚点,对内为农民提供各种服务,对外代表农民参与谈判,提高农民的话语权。

实践证明,只有最大限度地满足作为合作经济组织成员的农民的需要,并保障农民利益的实现,才能为合作经济组织发展提供不懈的动力;在社会主义和谐社会建设与新农村建设过程中,合作经济组织更是应该为保护农民权益、提高农民收入、发展农村经济发挥出其应有的功能。在现实发展中,由于受市场发育不成熟、法律规范缺位、政府介入不当等诸多因素的影响,合作经济组织出现了"异化"现象,不少合作经济组织的章程虚化,缺乏民主管理,利益分配机制不当,导致农民利益得不到很好的保障;此外,中国农民合作经济组织大多是由政府推动或龙头企业带动,作为合作经济组织成员的农民与农业企业等主体相比力量比较薄弱,在很多情况下利益容易受到侵害。因此,我们在具体制度安排中应秉持农民权益保护的原则,完善合作经济组织法律制度,建立健全合作经济组织发展的利益机制,在对策建议中应从自治权益、经济权益、文化权益以及纠纷解决方式等多方面探讨农民合作经济组织发展的具体对策,并为合作经济组织的发展提供良好的外部环境。

马克思曾说过,人是社会关系的总和,人的所有行为都与利益有关。中国"三农"问题的关键是农民问题,农民问题的核心是农民权益问题,维护和保障农民权益是中国新农村建设和"三农"问题解决的关键环节,需要法律对权利进行界定,以确认与维护主体利益,规范主体行为,这是从主体出发通过制定法律进行农民权益保护的重要路径。农民合作经济组织作为一种新的组织形式,将农民以一定的形式组织起来,发展农村社区经济,建设社区文明,在落实农地三权分置改革、保护和发展农民权益、解决"三农"问题等方面都发挥着重要作用。在全面建成小康社会和实施乡村振兴战略的大背景下,农民合作经济组织对于提高农户组织化程度、深化农业供给侧结构性改革、推动城乡融合发展和实现农业农村现代化至关重要。

第七节　农民合作经济组织发展的基石:农民权益保护

世界人权大会于 1993 年通过的《维也纳宣言和行动纲领》强调:"所有人权都是普遍的、不可分割的、相互依存和相互联系的。"农民权益是农民作为社会主体存在的条件,农民权益保护则是对农民基本人权的真切关怀与核心诉求。中国是个农业大国,农村人口占全国总人口的近 50%,这一基本国情决定了农民的利益亦是最广大人民群众的利益。中国要实现长期可持续发展,必须让农民更多地享受到发展的成果,这不仅是公平问题,也是发展问题。就这一角度而言,中国的问题主要是"三农"问题,而"三农"问题的核心是农民问题,农民问题首要是其权益保护问题,只有农民权益得到保护,其他的问题才可能得到很好的解决。党和政府高度重视"三农"问题,自 1982 年至今,党中央发布的一系列"一号文件",表明了其对农民利益的真切关心,彰显了其解决"三农"问题的坚定决心。这些"一号文件"的重点是解决农民增收问题,赋予农民平等的权利,统筹城乡融合发展,深化农业供给侧结构性改革,推进农业农村现代化转型。"一号文件"主线由工业反哺农业、城市支持农村向农业供给侧结构性改革深化和现代化推进的转变,充分体现了习近平新时代中国特色社会主义思想指导下的新"重农"思想。党的十九大提出了实施乡村振兴战略和 2020 年全面建成小康社会的目标,战略实施和目标实现的重点、难点都在农村。可以说,没有农民的小康就没有全国人民的小康,没有农业农村的现代化就没有中国的现代化。因此,从某种意义上说,农民权益保护是整个社会稳定和可持续发展的前提与条件。

一、农民权益保护的基本内涵

权益是权利与利益结合,农民权益是农民主体的权利与利益诉求,而农民权益保护则是对农民各项权利与利益的综合保护与发展。因此,我们研究农民权益的保护问题,首先要明确农民权益保护的具体意蕴和基本内涵,这就有必要从保护对象与保护客体,即现实社会农民的具体范围与农民权益的实质内容两个层面进行考量。

首先,现实社会农民的具体范围。农民是享有农民权益的应然主体,中国是农业大国,农村人口约占全国总人口的50%,农民是人数最为庞大的群体;然而,并不是所有持有农村户口的群体均为农民。因此,研究农民权益保护,首先要弄清楚什么是"农民",究竟哪些人应当成为农民权益保护制度的保护对象。明确农民权益保护制度的调整范围需要从农民的特征入手对其作清晰的界定。一方面,从职业特征上看,农民是从事农业生产经营活动的劳动者;根据《中华人民共和国农业法》(以下简称《农业法》)的定义,农业是指种植业、林业、畜牧业和渔业等产业,包括与其直接相关的产前、产中、产后服务。一般认为,农民就是从事相关农业生产的劳动者;另一方面,从收入特征上分析,农民以农业收入为主要收入来源,与《农业法》中"农业"的概念相一致的是,这里的"农业"也是一个广义的概念,但不延伸到农民投资兴办的企业,也不延伸到主要劳动力长期从事稳定的非农产业的情况。综上可见,我们研究的农民权益保护的对象,就是以广大农业收入为主要经济来源的农业生产劳动者。在当前中国的户籍制度背景下,明确农民权益保护的主体的范畴对于农民权益保护实践有着重要的推动作用,有利于使农民从各项保护制度中受惠。

其次,农民权益的实质内容。权益是公民应有的不容侵犯的各种合法权利和利益的总称。农民权益的内涵相当广泛,法律上的权利与利益是两个紧密联系而又相区别的概念。农民权益从宏观上而言,是指农村居民作为社会成员、国家公民所享有的政治、经济、法律、文化、教育、卫生及社会保障等各种权利和应得的利益。正如权益表征着权利和利益两方面的内容,农民权益也包含着农民权利与农民利益两方面的内容。其中,生存权和发展权是农民作为社会主体应当享有的基本权利,而来自政治、经济、文化、社会、生态等各方面的利益则是农民主体应当享有的具体利益。综合基本权利和广泛的利益两方面的内容,结合当前中国社会政治经济发展背景下"三农"问题表现出来的特性,我们将当前的农民权益体系分为政治权益和经济权益两个基本方面。经济权益在农民权益中处于基础性、决定性地位,政治权益又深深地影响着经济权益,成为经济权益实现的保障。长期从事"三农"问题研究的法学家李昌麒教授则从政策层面对"农民权益"的内涵做出了深入解读,他认为农民、农业抑或农村问题一直是党中央、国务院长期致力于解决的至为关键的问题。农村的改革、发展与稳定,从根本上说涉及三个基本问题:一是农业经济的改

革、发展与稳定;二是农民生活的保障和改善;三是农村精神文明水平的提高
(李昌麒,2001)。农民生活稳定和生活水平的提高是农村改革、发展与稳定
的一个重要的表现。他主要从减轻农民负担的角度,倡导建立起一套科学、公
平的,规范农民负担的法律机制来进一步深化对农民合法权益的实质保护。
较早地对"农民权益"含义做出较为清晰界定的是任大鹏教授,他在充分调研
的基础上于 2004 年撰文提出:权益是指作为社会成员、国家公民应享有的权
利与应得到的利益。

　　农民作为一般公民应当享有宪法和法律所确认或赋予的一切权益,同时
作为相对弱势群体,理应在法律制度上为其架构一个更为公平的生存和发展
平台;农民的权益包括农民的财产权利、人身权利、民主政治权利以及参与社
会、经济事务的权利,也应涵盖获得司法救助等的程序性权利(任大鹏,
2004)。还有学者从中国近现代乡村建设发展变迁的视角,比较、总结出农民
权益所具有的鲜明时代特征。通过专家、学者以及政府官员从经济学、政治
学、社会学和历史学等不同学科视角的审视以及宏观经济社会政策层面的解
读,我们可以看到:"农民权益"是一个全面、综合、动态的范畴,需要在具有中
国特色社会主义现代化建设的伟大实践中去不断加以充实、丰富和升华。

　　20 世纪以来,中国农村有过两次飞跃性变化:第一次是以毛泽东同志为
代表的共产党人通过实行革命使农民获得土地,第二次是 20 世纪 70 年代末
开始在农村推行的以家庭联产承包责任制为核心的农村经济改革;两次变化
都以让农民获得一定的权利为起点,使农民利益得到了部分保障,调动了广大
农民的积极性,从而使"三农"问题得到一定程度的缓解。近年来,中国农民
权益及其保护问题受到社会各界的广泛关注,农民权益的保障程度在整体水
平上得到了提高;但是,和谐社会所要求的公平、公正和平等的社会待遇在农
民身上尚未得到完全体现,农民权益保护任重而道远。

二、农民权益保护的基本理念

　　导致中国"三农"问题产生的历史与现实原因具有高度综合性、普遍关联
性和现实复杂性。农民权益保护问题的形成并非一朝一夕,其产生原因错综
复杂,不仅各个问题相互联系、互为因果,而且还富有更深层次的体制原因。
因此,保护农民权益必须从深入研究保护农民权益的指导理念开始。法律理

念作为法的精神和法的实在的客观统一,相对于法律感觉和法律情感而言,属于法律意识中最深刻、作用和影响最为深远的法律思想体系部分。农民权益保护的基本理念作为一种哲学、一种实践的理性,是指导农民权益保护制度设计和程序运作的理论基础和价值导向。

(一)平等公平理念

权益是公民应有的不容侵犯的各种合法权利和利益的总和。从宏观上而言,农民权益是指农村居民作为国家社会成员享有的政治、经济、法律、文化、教育、卫生及社会保障等各种权利和应得利益的总称,包含经济权益和政治权益两个基本方面。经济权益是农民权益最基础、最本源性的权益,政治权益又深深地影响着经济权益,成为经济权益实现的有力保障。在文明社会中,平等权的真正实现是两者实现的共同前提。公平权是宪法确定的公民的基本人权,农民权益的平等包括法律制定的平等以及法律适用的平等;法律适用的平等是指农民作为一种社会主体,在适用法律方面要受到和其他主体平等的待遇;除了其在法律适用上的平等外,还需要法律制定的平等权,即在立法中要对农民这一社会主体予以平等对待,禁止立法歧视。

除此之外,还应该处理好机会公平与结果公平的关系,社会赋予公民参加某种社会活动的权利相对平等为机会公平。结果公平是指通过分配和再分配而使得当事人之间的财富、权利实现相对平等,又称分配公平。在农民合作经济组织发展过程中,应当坚持机会公平与过程公平并重,而不是片面或者过分强调和倚重结果平等。一般而言,机会公平比结果公平更具有价值的优先性。布坎南(1988)认为:"地位平等和结果平等是公正的两个阶段,而这具有相互依赖的关系,但是,竞争和规则的平等重于结果的平等。"罗尔斯(1971)认为:"当立法者被禁止在其立法中进行不合理的分类时,这就在平等的阶梯上前进了一大步。"中国农民权益保护的主要问题就是二元经济结构下实施的对农民的种种不平等待遇。如财税体制上的索大于予,尤其是在乡镇财税体制上的财权与事权的严重不对称;教育体制上的城市偏好及近乎失控的教育高收费、乱收费;国家的财政资金投资上与产业发展导向的非农偏好,这一切都妨碍了农民权益的具体保护。可以说,现在的结果不公平,其根源可以归结于起点和过程不公平。所以,治标更要治本,反映在法治理念上,就是要树立平等保护特别是机会平等的思想,让农民和其他社会主体在平等的规则下参与竞争、谋求发展。

（二）法治理念

所谓法治理念，就是要以法治来保障农民的合法权益。实施社会主义宪政是法治的最高境界，将保障的农民权益上升到宪政的高度，通过宪政的方式予以规范，农民合法权益的保障才能真正实现。农民权益保护的法治理念主要体现在以下几个方面。

首先，农民权益的有效保障最终取决于法治保障特别是宪法制度的运行保障。无论是基于历史的回顾还是现实的考量，我们都不难发现中国农民权益未能得到及时有效全面保护的重要原因就是缺少法治保障；从中国漫长的历史来看，减轻农民负担的"轻徭薄赋"政策，曾经在不同的时代得到必要的重视；但是，为什么中国历史发展无法摆脱农民负担"先减后增"的恶性循环？其中不可忽视的原因之一是中国历史上实施的种种以"仁政"为基础的"轻徭薄赋"的减轻农民负担的政策，都没有和制度建设相联系，虽然有将"宪政"和法治作为其服务和追求的终极目标，但只是当作争取民意以获取政权的手段，是稳固政权的权宜之计；所以，农民负担的周期性反弹就是不可避免的。

其次，对农民权益的特别保障需要用法治特别是用宪政来规范。社会主义宪政已成为保障人民权益的基本制度保证，特别是在弱势群体权益保护方面。但是，对农民予以特别救助或者帮助理念和制度应不断地顺应时代的需要向前发展，不能仅仅局限于传统的理念与制度。对农民权益的保障不仅要求树立真正的法治理念，还要求尽力做到制度化、规范化，使其有法可依、有章可循。

最后，坚持农民权益保障的法治化也是 WTO 规则的基本要求。根据中国目前的国情，农民尚处于弱势地位，应予以特别关照，在 WTO 规则的透明、非歧视原则的指引下，我们必须保证农民权益保护措施的公平化、法制化，不能采取如不合理的技术壁垒、市场封锁、补贴政策等有悖于其基本规则的保障措施。中国在农民权益保障的法治化进程中的有些做法恰恰是不适应市场经济的要求，传统农业和计划农业依然存在巨大的惯性，从技术、体制到理念上都与现代化的市场农业要求相差甚远。因此，适应国际规则，依法保障农民权益的任务依然十分紧迫和艰巨。

(三)利益和谐理念

利益是社会发展的前提、基础和动力;任何社会变革归根结底都在于调整人们之间的利益关系,以促进和推动社会生产的发展,进而满足人们对物质文化利益的追求。经济社会发展的内在动力源于人们对利益的不断追求,人们的一切经济活动都根源于利益,人与人之间的关系,说到底就是利益关系。在哲学层面,利益是利益主体对客体价值的肯定,它反映客体满足主体的某种需要。从本质上来讲,利益是社会主体的不同需求在特定历史条件下的具体转化形式,它体现为某种社会主体对客体的主动关系,构成人们行为的内在动力。可见,利益对于人类社会的发展起着至关重要的积极作用,在人类历史的发展进程中,人们所追求的一切都与利益分不开,某种意义上讲人类活动的根本目的在于追求利益。社会发展是一个由无数的社会个体以及利益群体不断博弈的过程,发展总是要伴随着新的利益分化与重组,旧的博弈均衡会不断被新的均衡所代替,整个过程呈现出一个由均衡到非均衡再到均衡的动态的博弈过程(李长健、李昭畅,2007)。

利益机制是社会主体在一定制度前提下为追求自身利益,以利益为动力从事社会、经济等相关活动,改造社会、经济活动的具体对象,并使创造物质财富的各要素相互作用的动态过程。在利益机制作用的过程中,如何实现利益的和谐成为建设和谐社会的关键点;制度作为社会的规范系统,对调整利益秩序、协调利益冲突、减少利益分配的不确定性等方面都将起到重要的作用。利益机制作用的有效实现就是在制度的框架下完成的,社会成员最大限度地发挥其主观能动性,人们在制度对逐利行为的鼓励——利益机制的激励下,在制度所创设的行为规制体系内,达到个体利益之间、个体利益与公共利益之间的均衡、和谐发展,减少社会各主体之间的利益冲突与矛盾,最终促进社会的和谐发展。在中国现阶段,社会利益主体在利益关系上发生了重大变化,在现有的制度体制安排下,利益机制被扭曲、异化了,导致社会利益主体之间的距离拉大,出现不平等非均衡发展的现象,再加之利益结构分化的弱质性、不平衡性以及利益整合机制的缺失性,利益表达机制的软弱性,造成不同的社会利益群体之间呈现出矛盾和冲突态势,这种利益矛盾不仅表现在不同的利益群体之间,即使在同一利益群体内部也存在,如处理不及时,就会导致大量的非和谐因素的出现(李长健、李昭畅,2007)。

利益和谐是指在相应制度的安排下,利益的产生、分配、代表、表达及保障等环节和谐有序运行,各利益主体的需求能够得到有效供给与满足。利益和谐是人类社会和谐发展的前提条件,是社会能够全面发展的关键。人类社会的进程总是处于利益和谐——利益非和谐——利益和谐这样的动态的过程中。因此,要有效地利用利益机制,在利益调整中找到新的平衡点,在其作用之下,进行合作、博弈,最终实现利益的和谐,这就需要我们通过制度创新,构建良性的适合社会需要的法治化、市场化的利益机制。具体到农民权益保护和合作经济组织发展中,就必须协调好各个利益主体的关系,减少和避免农民权益保护和合作经济组织发展中的矛盾冲突,加快建立和完善相关的利益机制,让一切有利于农民权益保护和合作经济组织发展的资源都充分发挥作用(李长健、李昭畅,2008)。

(四)倾斜性保护理念

对权利的平等配置和平等保护是和谐社会对权利保障的核心要求。但对基本权利的配置实行无差别的平等对待,对所有人的权利都给予同等的尊重似乎存在自身的缺陷,这种形式上的平等的缺陷就在于它从假设出发,对待所有的权利都不加以区别。这种仅适合于形式上和理念上平等的法律制度,不能反映弱者权利对公共权力和公共政策的实质性需要。

倾斜性保护在一定程度上体现了针对不同对象和在特定时期内"实质公平"优先于"形式公平"的思想。农民在某些层面暂时只享受权利,不需要履行义务,看起来对非农业相关主体造成了"不平等",看起来是权利、义务并在分配与组合上存在不对等,没有统一起来;但回顾历史,新中国成立以来长期实行的工农业剪刀差,工业建设优先于农业发展,农业支持工业发展的事实导致大量农业利益向城市流动,从农业相关主体在没有享受权利的情况下,最终亦需要履行其义务来看,不可能存在绝对的权利和绝对的义务,权利和义务是相对概念,二者是辩证统一的关系。因此,无论是农业相关主体在农业发展、农村稳定、农民富裕等方面暂时性的"权利优先",还是非农业相关主体在城市支持农村、工业反哺农业方面现实性的"义务优先",最终必须回归于权利义务的一致性和统一性上来。倾斜性保护还是农业在国民基础体系中的基础性地位所决定的,农业是人类社会活动的重要基础和起点,是人类社会存在、发展的基础,是人类的衣食之源、生存之本。

倾斜性保护与"不同情况不同对待""共同承担区别责任"本质上是一致的。它所蕴含的权利义务差异性主要体现在以下方面:就城市支持农村、工业反哺农业而言,非农业相关主体目前属于"义务优先",非农业相关主体理应"率先"承担义务并且在这方面履行符合自身实际的义务,这与非农业相关主体的财务实力、技术能力、经济先发、人力资源优势以及其历史和现实背景等因素是基本一致的;而就农业发展、农村稳定、农民富裕来说,农业相关主体(主要指农民)目前理应属于"权利优先",具体表现在那些欠发达、需要国家支持和重点扶持的农业及其相关产业享有的权利而暂时不需要支付相应对价或不履行相当义务。这就意味着允许农业相关主体在特定的时期内依然可以享受合理的倾斜性保护,而同时至少在一定时间里农民不应承诺和承担与其财务实力、技术能力、经济先发、人力资源优势等不相适应的义务,倾斜性保护为农业相关主体(主要指农民)提供了一个受到法律认可和保护的适度发展空间。

三、农民权益保护的基本原则

法律原则是在一定法律体系中作为法律规则的指导思想和基础,或作为本源的、综合的、稳定的法律原理和准则。通过法律原则可以深切领悟法律制度的本质和特征,准确把握法律规范中所蕴含的法精神及法价值。探究法律保护农民权益的原则时,首先应从其原则确立的宪法、法律和经济、社会依据去考量基本原则确立的依据。其次应注重其确立的标准,主要有四项:规范标准、高度标准、普遍标准和特色标准。最后应掌握科学的确立方法问题,如应采用系统法、结构功能分析法、效益分析法等基本方法(李长健,2005)。从这些角度出发,我们认为,农民权益保护的原则应当有以下四项:最小限制与最大促进原则、公平优先兼顾效率原则、兼顾农民利益与平衡协调原则、生存权与发展权平等原则。

(一)最小限制与最大促进原则

任何法律制度都可能为了某种特定的目的而对人们的利益进行必要的限制。通常来看,这种限制必须有合理的界限和标准,这里的限制应该是有限的和合理的。最小限制原则就是指任何政策和法律制度在限制农民权益时应尽可能采取最小范围、最小程度、最小代价的限制手段。必须以让利于农民,还利于农民,生利于农民作为解决农民问题制度设计的逻辑起点。最小限制原则要求我们在涉及农民权益时应进行利益衡量,即在限制农民的权利时,将因限制而得到的利益和失去的利益相比较,只有当得到的利益远大于失去的利益时方可进行限制,否则就不能限制。需要注意的是,这里利益大小的比较,不仅要考虑到利益的数量,利益质的差异性亦不容忽视。对于那些因制度性歧视而影响农民权益,事关国家和社会根本利益的限制(李长健,2005),不论其可以产生多大的利益,都应该从制度上予以取消。最大促进原则主要是基于中国农民利益的历史状况而提出来的。

最大促进原则的核心是通过制度和措施最大限度地把农民利益增加起来,长富于民,藏富于民。党的十一届三中全会揭开了农村改革序幕,围绕土地制度、农村经营制度和农业产业化、工业化、城市化及现代化而制定的富民政策,使农民逐步富裕起来。党中央先后发布的一系列"三农"问题的"一号文件"是最大促进原则运用的生动体现。让农民"有其田""有其利",从而"有其产""有其权",再而实现"富民强国",成为推进农业和农村工作的基本出发点,成为最大促进原则的基本目标。

(二)公平优先兼顾效率原则

在社会主义制度下,效率和公平本质上是统一的,是相互联系的,是一对既相互矛盾,又相互适应的社会价值。公平原则是利益与利益机制的基础性原则和首要原则,以利益与利益机制为基点,建立公平合理的制度是最为重要的内容。在农民权益保护方面,就是应该通过制度安排让农民普遍受益的同时,让农民所付与应付、所得与应得相称,做到机会平等,实现程序公平,充分体现机会平等与效率提升的正相关关系,最终实现结果公平。要让与农业生产相关的既得利益者付出相应的代价,且不能让没有得到利益或者得到很少利益的农民承担更多的成本。

调整农民合作经济组织的法律主要包括宪法、行政法、民商法、经济法、诉讼法等部门法,经济法是其规制的主要法律部门。如果说建立在社会整体利益基础上的经济与社会可持续发展是法律,特别是经济法目的性价值体现的话,那么实现实质公平就成为法的工具性价值之一。注重社会整体利益的公平,注重社会总体的公平,是要求绝大多数个体和群体间必需的公平。经济法上的公平包含地区公平、产业公平、代际内和代际间公平,强调机会公平,重视分配公平,实现绝对公平,体现社会公平,最终实现实质公平;因而经济法的公平观是建立在社会整体公平、长远公平、发展公平基础上的高层次的公平观。对农民权益保护的经济法律制度安排中要体现经济法的公平观。

农民权益保护中的效率原则主要体现在国民收入的分配与再分配上,即我们所说的初次分配注重效率,再次分配注重公平。从农民权益的利益特征来看,存在增量利益和存量利益的分配问题。在对社会增量利益的分割中,我们仍主张坚持效率优先;在对社会存量利益的分割中,对农民权益的分配,我们主张坚持公平优先。总之,公平优先兼顾效率原则符合中国农民发展的现状和农业是弱质产业的实质要求,能较好地利用制度杠杆的作用尽可能快地解决农民权益保护中农民权益缺失、流失和受侵的问题。实践中,贯彻这一原则应在农村基层政权建设、组织创新和制度创新等方面开展工作。通过宏观调控法和社会保障法等法律制度的架构,通过产业政策、税收措施、计划安排、财政转移支付、强制社会保险等多种措施对农民权益进行经济法保护(李长健,2005)。

(三)兼顾农民利益与平衡协调原则

从本质上来说,在中国,个人利益与群体利益、国家利益和社会利益在根本上是一致的。当国家稳定、社会经济快速发展时,我们要重视农民利益,提高其生活和收入水平。可以说,农民社会经济地位的高低可以直接反映出一个国家的社会进步和文明程度,它也是全面建设和谐文明社会的基础。在兼顾农民利益时要正确认识和处理农民的眼前利益和长远利益、局部利益和整体利益、代内利益和代际利益之间的关系。涉及农民权益的保护的制度要尽可能兼顾农民利益,做到制度规则能够落到实处、体现实际效果。

兼顾农民利益并不是无原则的利益妥协,也不能无原则地进行利益协调。平衡协调原则是基本原则,是作为调整特定经济关系的手段性基本原则,是社会效益优先、社会整体利益至上价值要求的体现。这里的平衡是一种旨在缩小农民与其他利益主体之间的利益差距,以社会整体利益为出发点和最终归宿的平衡,是实现以农民权益为中心多方利益相互促进、共同发展的平衡。这里的协调是指在理顺社会、国家、集体和农民四者之间的利益分配关系的基础上的,保障各利益主体在利益分配活动中和谐基础上的整体分配协调与统一。平衡协调是对利益主体作超越形式平等的权利义务分配,以达到实质上的利益平衡。在实践中,法律在承认一定的利益差异的同时,采取适当的调节措施进行利益平衡,逐步缩小利益差距,从而最终实现社会公正的终极目标(李长健,2005)。

(四)生存权与发展权平等原则

生存权与发展权平等,不仅体现在国际社会中的发展中国家和发达国家之间、发达国家和发达国家之间、发展中国家和发展中国家之间,也同样体现在一国国内的不同阶层、不同主体之间,其中最为重要的是实现发展不同主体之间生存权与发展权的平等。随着社会的发展,农民权益保护应进行相应理念的转变,不仅仅保护农民的生存权问题,而是促进农民发展权的实现,以发展促保护,因此应以农民权益与农民发展、农民发展与物质资料和客体环境相联系,促进农民权益可持续、系统保护;而农民权益受到了深层次的保护也必将进一步推动农村社区的繁荣与发展。

生存权凸显了社会弱势群体的主体地位,作为一种"积极权利",生存权为社会弱势群体权利的实现提供了强有力的支撑。在实质平等理念的指引下,生存权将以关怀社会弱势群体的福祉为价值目标。发展权的发展是全人类的共同发展而不是某一部分人与国家的发展,只是发展权尤其关注被边缘化、被掩盖、被遮蔽的弱势群体与发展中国家的权利(汪习根、涂少彬,2005)。中国农民个体发展权内容上还较缺失,个体发展权实现的基础还较薄弱。农民发展权的缺失导致了农民进一步贫困,发展权的贫困限制了中国农民的发展机会和空间,发展权剥夺的影响比其收入低下的影响更重要。随着社会不断进步,农民这一庞大的弱势群体,在满足基本生存权利后,应让农民真正平等地参与到社会建设中,并平等地享受社会发展的成果,保障农民权益应从传统单纯的保障农民基本生存权向实现农民生存权与发展权平等保障转变,以促进农民的全面自由充分发展来促进农民基本权益的可持续实现。

四、农民权益保护的法理维度

著名法学家杰里米·边沁(1776)认为,政府的职责就是通过趋利避害来增进社会的幸福。如果作为社会成员的个人是幸福美满的,那么整个国家就是幸福和昌盛的(博登海默,1999)。让每一个人机会均等地参与社会的发展并公平地分享社会发展的成果,从而使人人达到物质上免于匮乏、精神上免于恐惧的生活境地,是人权追求的最高境界。显然,在一个层级立体化而非单层平面化的社会中,人权首先指涉的是社会弱势群体的人权(齐延平,2000)。平等生存权、尊严权与平等发展权是人在人权意义上的三项最重要、最基本的权利,它们在人权体系中处于母体性的、基础性的地位,是其他人权产生的基础,是社会弱势群体权利的来源。在人本主义价值观的引领下,将广大农民的权利纳入平等生存权、尊严权与平等发展权的视野下,就等于找到了透视农民权益保护全景的视窗。

(一)平等生存权维度

法律权利的重心从自由权到社会权的转移是人权发展的客观历史现象,以生存权为代表的社会权实质上是社会弱势群体的权利,蕴含着对社会弱势群体权利重要性的凸显。作为一种基本的人权,生存权有以下两个理论内涵,即生存权的权利主体与权利内容。

首先,生存权的权利主体。自由权的权利主体,是作为普遍的、抽象的存在的市民,是等质地存在的"人"(Person)。只要对这样平等地存在的市民的基本权利和自由进行了保障,他们各自就能自由地去追求自己的幸福,责任全部归结于个人自己。而与此相对,以生存权为首的各种社会权的权利主体,是指生活中的贫困者和失业者等,是存在于现实中的个别的、具体的人,即带有具体性、个别性这样属性的"个人"。与此同时,社会权的权利主体只能是一定限度上的、对自由权权利主体所具有的普遍性和抽象性的法律范围的修正,而并非是现实生活中具体存在的个人。一般来说,不管是近代还是现代,自立原则均是市民社会的基本原则。这种原则的重要根基,是最大限度地尊重个人的主体性和自立性的理念;因而,国家(政府)在进行保障之时存在着一种基本制约,即在消除那些社会弊病、恢复市民的自由和权利这样的限度上,国家才助市民一臂之力(大须贺明、林浩,2000)。

其次,生存权的权利内容。把生存权放在与自由权的对比之下来理解,就较为容易得其精髓。所谓自由权,实际是一种旨在保障应该委任于个人自治的领域而使其不受国家权力侵害的权利,是要求国家权力在所有的国民自由领域中不作为的权利。相比较而言,生存权的目的,在于保障国民能过像人那样的生活,以在实际社会生活中确保人的尊严;其主要是保护帮助生活贫困者和社会的经济上的弱者,是要求国家有所"作为"的权利。目前,对于农民生存权问题国内外研究并不深入,原因在于发达国家很少有将农民生存权作为一个特定对象研究,他们认为农民生存权和其他居民生存权理应一致,而在国内长期的法学研究中忽略了农民的存在。我们的研究也往往囿于二元经济结构,认为农民生存权具有两大特点:农民生存权的弱者身份性与农民生存权的脆弱性。对于农民生存权的法律保护要加强社会法和"三农"法的建设,特别是农村社会保障法的专门保护。总而言之,生存权作为一项"积极的权利"凸显了社会弱势群体的主体地位,并为社会弱势群体权利的实现提供了强有力的支撑。在实质平等理念的指引下,生存权将以关怀社会弱势群体的权益为价值目标。

（二）人的尊严权维度

人的尊严是一个有着悠久历史和丰富内涵的概念,其作为人的一种类似本能的需求和渴望,伴随着人类的产生而产生。在人有限的生命形态中,人的尊严是人之所以为人最为重要的价值,也是大多数价值的逻辑基础,必须得到很好的维护。正是基于物质生活与精神生活的和谐统一,人类才由分散走向群体合作,组成人类社会,创造人类文明。之所以人群中的弱者与强者能共存于自然界且大体能和谐相处,是因为人类对个体生存价值的认同,对个体尊严的维护。

在现实社会中,弱势群体作为社会的一员,具有基于人权被平等对待、过体面生活的权利。弱势群体有权享有个人尊严和人格的自由发展所必需的政治、经济、文化、社会、生态等方面的权利,有权享有一个符合人的尊严的生存基础。从法理上讲,人的尊严的概念源于现代人权思想和康德的哲学学说,与人本身固有的价值相联系。人的尊严是每个人之为人的固有属性,具有普遍意义,它与人的出身、地位、身份、权势、财富等因素没有法律上的必然联系。因此,从维护人的尊严视角出发,从无社会差别的每个个体人的自然属性出发,去研究社会弱势群体的权利保障问题,特别是他们的权利构成与权利状态,能使我们更加全面、深刻地诠释弱势群体权利的法理学底蕴,更加清晰地剖析人的尊严与弱势群体权利之间的辩证关系,更加凸显社会弱势群体的主体性价值。

保护人的尊严,就保护了作为一个人的最起码权利。正如马克思所强调的,人与人之间在作为人的意义上是平等的,都有维护尊严、实现人性的自由和权利;尊严最能使人高尚起来,使人的活动和一切努力具有高尚的品质。农民权益保护直接将农民的"人性"作为对象,是维护广大农民人性尊严的具体表征。如果对农民权益进行实质保护并将国家社会作为保护农民权益的义务主体,广大农民将不会再有生活无着的忧虑和窘迫,农民的人格和尊严也将得到切实的维护。

(三)平等发展权维度

发展权最初是由塞内加尔首任最高法院院长、联合国人权委员会委员凯巴·姆巴耶于1970年正式提出。发展权的形成经历了一个从发展要求、发展原则到发展权利的过程。按照《发展权宣言》的宣告,发展权是一项不可剥夺的人权,由于这种权利,每个人和所有各国人民均有权参与、促进,并享受政治、经济、社会、文化的发展,在这种发展中,所有人权和基本自由都能获得充分实现。发展权的主体既是集体也是个人,这种双重性的主体特征使其成为一项独立的新型人权。个人发展权的实现,是以人人平等地参与发展的决策,分享发展的成果,并实现个人的充分自由为内容(李长健,2009)。人的类本质在个人那里的全面发展,实际就是人的能力的充分发展;人的社会本质在个人那里的充分发展,实际就是人的社会关系的全面丰富。个人在"类本质""社会本质"和"个体本质"三个层面上的充分发展都是以个人的内在本质需要为源泉的。人的全面发展无论是作为人的本性的复归,还是作为历史本身的完成,都是以共产主义作为终极指归,因为共产主义是将每个人自由而全面的发展作为最高目标和基本形式。

发展权是一种新型的人权。其有如下几点特征:首先,主体兼具特殊性与普遍性。发展权作为后现代社会的人权,其对现代人权具有极强的矫正性与重构性。其次,发展权以公正、公平为内核,将形式正义与实质正义结合起来,使权利主体享受到真正具体切实的利益。再次,人类社会整体的全面发展。发展权的主体是个人与集体,个人既包括发展中国家的个人也包括发达国家的个人;发展权的集体主体内容丰富,既包括特定的弱势群体也包括民族与国家。总之,发展权的发展是全人类的发展,是全人类的基本权利(李长健,2009)。中国农民个体发展权内容上缺失还较严重,难以全面实现个体发展权。农民发展权的缺失导致了农民进一步贫困,发展权剥夺的影响比收入低下的影响更重要(李长健,2007),发展权的贫困限制了中国农民的发展机会和空间,发展权对贫困主体具有内在的价值功能。

五、农民权益保护的理论意蕴

"三农"问题直接关系到国家稳定与社会的可持续发展,农民权益保护是解决"三农"问题的核心与关键。农民权益是农民应该享受的不容侵犯的各种权利和利益的总称,从第三代人权角度看农民权益主要包括农民的生存权益与发展权益。随着社会的发展,从农民生存权向农民发展权转变是农民权益保护的重要理念转变,实现农民权益的可持续保护,建构基于农民权益保护的系统理论是现实发展的必然要求,有着重要的意义和价值,既是现实的需要,更是理论的呼唤。

(一)发展的意蕴

随着计划经济体制向社会主义市场经济体制的转轨,经济结构战略性调整,工业化、城市化进程的加快和对外开放的扩大,中国的经济社会发生了深刻的变化,综合国力和人民生活水平显著提高。与此同时,伴随着发展所带来的增量利益不断被侵蚀,农民更加边缘化,在经济收入、利益保护、社会竞争力、就业和社会保障等方面处于困难与不利的境地,农民成为当今中国社会相对积贫积弱的弱势阶层。新形势下,经济社会的发展与新农村建设的历史实践对农民权益保护提出了全新的理念与要求。农民权益保护制度要改革不适应现代社会发展趋势的旧体制,进一步着力构建促进广大农民平等生存权、人的尊严、平等发展权实现的保护体制与运行机制。显然,认识新农村建设与农民权益保护之间的内在关联及契合之处,在宏观上建构起二者之间良性互动的理论范式,自觉地把和谐新农村的理想目标与农民权益保护的精神理念熔铸于现实的制度设计与实践中,必将成为推动中国经济发展、建设与发展社会主义新农村的强大动因(李长健、李伟,2006)。

(二)和谐的意蕴

构建社会主义和谐社会,是在一个新的历史高度谋划中国特色社会主义,它与建立社会主义市场经济一样,是中国特色社会主义理论的一个重要组成部分(李长健、李伟,2006)。现代和谐社会对权利保障的核心要求,就是对权利的平等配置和平等保护。其一,对基本权利的配置实行无差别的平等,即对于不同的人给予同等待遇。其二,对所有人的权利给予同等的尊重,当权利被侵害时予以同等的救济机会,无论这种侵害是来自个人、群体,还是公共机构。农民权益保护制度与和谐社会的价值耦合以及保护农民权益与社会和谐发展的正相关关系,要求我们在构建和谐社会进程中必须高度重视农民权益保护,并通过健全完善农民权益保护制度来化解现实社会问题和社会矛盾。农民权益保护制度的发展和完善,不仅是为构建和谐社会创建基础性的社会和谐机制,更是为经济社会发展营造更具持续力的动力机制。构建社会主义和谐社会的伟大实践必将为农民权益保护制度的建立提供难得的历史依据,并对农民权益制度的发展完善及其理性定位产生深远的影响,而农民权益保护制度的变革与创新也将为社会和谐提供重要的制度支撑。

(三)稳定的意蕴

中国目前正处于工业化中后期,在这一关键时期,要防止出现贫富差距悬殊、城乡和地区差距拉大问题,否则会导致经济社会长期徘徊不前,甚至出现动荡。党中央提出实行"多予、少取、放活"的方针,并迅速出台了一系列重农、惠农政策,提出了建设社会主义新农村的历史任务。社会矛盾是引发社会问题、导致社会不稳定的重要因素。当前,农村出现的各种社会矛盾,大量的是涉及利益关系的人民内部矛盾。因此,必须坚持在代表农民利益、保护农民权益的基础上处理农村社会矛盾的原则。调处矛盾的政策方案只有充分考虑农民的合法权益,才会得到农民群众的支持和拥护,使发生在城乡之间、农民与城市居民之间以及农民相互之间、农民与政府之间的矛盾得到有效化解。保护好农民权益对于维护城乡稳定至关重要。没有农村的稳定和全面进步,就不可能有整个社会的稳定和全面进步。

在改革开放前,中国城乡关系的基本特征是:工农产品不能平等交易;城乡之间要素不能自由流动;城镇居民与农民权利和发展机会不能平等。针对这种状况,党中央及时调整政策、采取一系列保护农民权益的措施:减轻农民负担,加大农村基础设施建设,改善农民基本生产条件和基本生活条件;实行真正的义务教育,保障事关农民发展机会的受教育权;改善农村医疗条件,提高农民医疗保障水平,提高农村社会保障覆盖面,保障农民享有宪法赋予的社会权益;以城带乡,妥善处理城乡关系,切实维护农民合法权益,逐步改变城乡二元结构,为农民进城就业创造更多的机会;依法保护进城务工农民的合法权益,提高农民的就业能力,清除农民进城的障碍,为农民工提供平等的社会保障和子女受教育的机会;加强城乡之间要素的流动,让农民工逐步融入城市,促进城市各种服务业的发展,实现城乡社会的和谐。其目标是通过对农民权益进行保护促进城乡社会稳定,构建和谐的新型城乡关系。

(四)创造的意蕴

马克思主义唯物史观强调,历史活动是群众的事业。人民才是创造世界历史的动力,人民群众是社会物质财富的创造者,也是社会精神财富的创造者,更是推动社会变革的决定性力量。"所有人权都是普遍的、不可分割的、相互依存和相互联系的。"正如 1993 年世界人权大会通过《维也纳宣言和行动纲领》所强调的一样。农民权益是农民作为社会主体存在的条件,农民权益保护则是一种对作为社会主体的农民的基本人权的真切关怀与核心诉求。

人的需要是经济利益的自然基础,人类实现自身的需要,要通过各种各样的经济活动来实现。农民以土地为载体进行农业生产活动,生产农产品的农业经济活动应该是人类最基本的经济活动。农民生产的农产品,不仅为人类提供了生存必需的有机物生活资料,同时农业生产活动也是人类生存和进行一切活动的前提。以农民为主体力量的农业发展是社会分工的前提,是国民经济其他部门得以独立和进一步发展的基础。农民在农业生产中生产的农业剩余是人类经济社会文化发展的原动力。农业的发展、农业剩余价值的创造需要调动农民积极性,而这种积极性又与农民利益紧密相连。

要激发农民建设的创造性就需要赋予广大农民平等的发展机会,使其拥有平等的发展能力、平等的创造财富、平等的享有发展成果,从而弥合城乡差距,实现共同发展,走向共同富裕。农民知道自己想要的是什么,因此农村建设的根本动力在于激发广大农民积极性。要从农民最愿意、最迫切需要而又能实现的事情做起。如果农民的"话语权"不受尊重,其公共参与意识淡薄,缺乏参与建设的内生动力,对建设社会主义新农村没有一种主人翁意识和归属感,没有一个良性与稳定的心理预期,就不可能有农村真正的变革与发展。当然,党的领导和政府的财政转移支付对于构建社会主义新农村也是必不可少的。但如果仅仅靠政府的一己之力,社会主义新农村的目标只会变成一纸美丽的画卷。要调动广大农民的积极性,就必须把尊重农民的意愿,调动农民积极性贯彻于新农村建设全过程。党和政府则必须继续坚持农村基本经营制度,尊重农民的主体地位,不断创新农村体制机制;必须坚持以人为本,着力解决农民生产生活中最迫切的实际问题,维护好、实现好、发展好农民利益,让农民在建设新农村的过程中切实得到实惠,包括经济、政治、文化、社会和生态等各方面的权益得到保护和实现。农村各项事业发展要以让农民拥护、让农民满意、让农民受惠为最高标准,从而通过对农民权益进行保护调动其积极性、创造性,使其真正成为社会主义建设的主体力量。

第八节　农民合作经济组织发展与农民权益保护的联结原理

一、利益联结:多元利益的博弈

在市场经济条件下,农民合作经济组织与农户都是"理性的经济人",他们都追求个体利益的最大化,而农业产业化要求农民合作经济组织与农户之间结成利益共同体,只有存在共同的利益。在农业产业化经营中,农民合作经济组织与农户的利益联结机制是多形式、多样化的,既有松散型,也有紧密型的(郭嘉,2010)。积极引导农民合作经济组织通过"公司+农户""公司+基地+农户""公司+合作社(基地)+农户"等多种形式,与农户建立紧密的利益联结机制。通过新品种推广、农技服务、最低收购价保护等措施,调动农民积极性,带动当地农户进行农业结构调整。农民专业合作经济组织内部主要有产权联结和服务联结两种利益联结方式。首先,产权联结主要是成员向合作经济组织提供资金,这是农民加入合作经济组织并享受合作经济组织各项服务和优惠的必要条件;其次,服务联结主要是向组织成员提供生产资料、信息等服务,这些服务贯穿产前、产中、产后,并且是低于市场价格或者这些服务是完全免费的。其中服务型合作社最具典型(袁淑娟,2014)。因此,建议政府部门加快理清农业生产全程社会化服务的利益联结机制,通过建立农科教产学研一体化农技推广联盟等途径,完善相关资源要素流动和利益分配机制,保障农民和社会化服务组织的经济利益,推动农业生产全程社会化服务的持续良性发展(徐长春,2017)。

二、目标联结:乡村振兴的实现

党的十九大报告提出了实施乡村振兴战略。农业农村农民问题是关系国计民生的根本性问题,必须始终把解决好"三农"问题作为全党工作重中之重。要坚持农业农村优先发展,按照产业兴旺、生态宜居、乡风文明、治理有效、生活富裕的总要求,建立健全城乡融合发展体制机制和政策体系,加快推进农业农村现代化。巩固和完善农村基本经营制度,深化农村土地制度改革,完善承包地"三权"分置制度。保持土地承包关系稳定并长久不变,第二轮土地承包到期后再延长三十年。深化农村集体产权制度改革,保障农民财产权益,壮大集体经济。确保国家粮食安全,把中国人的饭碗牢牢端在自己手中。构建现代农业产业体系、生产体系、经营体系,完善农业支持保护制度,发展多种形式适度规模经营,培育新型农业经营主体,健全农业社会化服务体系,实现小农户和现代农业发展有机衔接。促进农村一二三产业融合发展,支持和鼓励农民就业创业,拓宽增收渠道。加强农村基层基础工作,健全自治、法治、德治相结合的乡村治理体系。培养造就一支懂农业、爱农村、爱农民的"三农"工作队伍。①

　　全面建成小康社会,实现乡村振兴,首先要处理好"人"的问题,"人"的问题中最突出最重要的则是农民问题。在农村建设中,实现人的全面发展就是要以实现农民的全面发展为目标,从农民的根本利益出发,让农民成为农村发展和农村经济增长的主体;成为收入不断增加,日益增长的物质、文化生活需要不断被满足的主体;成为思想道德素质、科学文化素质和健康素质大大提高的主体;成为切实保障自身的经济、政治和文化权益的主体。农业是国民经济的基础,没有农民的小康,就不可能实现全面小康;没有农业农村的现代化,就不可能有全国的现代化。因此,促进合作经济组织的健康发展是落实乡村振兴的必然要求,而保障农民的权益更是全面实施乡村振兴战略的应有之义。

　　乡村振兴战略对权利保障的核心要求是对权利的平等配置和平等保护;对权利的平等配置和平等保护主要表现在:其一,是对基本权利的配置实行无差别的平等,即对于不同的人给予同等待遇;基本权利是最重要的、核心的人权,它为人的生存和自我完善提供了可资利用的资源和空间。而基本权利的配置只能以公民资格或者自然人的人格作为唯一依据。其二,是对所有人的权利给予同等的尊重,当权利被侵害时予以同等的救济机会,无论这种侵害是

---

　　① 习近平:《决胜全面建成小康社会　夺取新时代中国特色社会主义伟大胜利——在中国共产党第十九次全国代表大会上的报告》,人民出版社 2017 年版,第 32 页。

来自个人、群体,还是公共机构;在尊重权利和救济权利方面,权利主体是什么人并不重要,同等的尊重和救济才是关键。我们要振兴的乡村是权利得到普遍尊重和保障的乡村,建设是多方面的,毋庸置疑是保障农民这一弱势群体的基本权益,是实施乡村振兴的重要内容,是提高执政能力和领导水平的现实要求。党中央提出,要把广大农民群众迫切要求解决的问题,作为乡村振兴的工作重点,这其中必然包含了解决农民权益保护问题。促进农民平等占有发展资源,分享发展成果,实现城乡融合发展是乡村振兴战略的重要内容。

全力构建一个产业兴旺、生态宜居、乡风文明、治理有效、生活富裕的农村社会,必须充分重视合作经济组织在乡村振兴中的重要作用。乡村振兴是政府、社会组织和全社会成员的共同责任。合作经济组织作为重要的市场主体,其作用不仅表现在促进经济社会财富的增加上,也应该体现在促进农业农村现代化以及人的全面发展上,这是作为社会中间层主体而存在的合作经济组织应尽的一种义务。合作经济组织作为一类重要的市场主体,其重要地位决定了合作经济组织有义务和责任来促进整个农村生活质量的提高,促进农村的发展与进步。合作经济组织作为主要向农民提供产品和服务的组织,是农村社区建设重要主体,是组成社会并促进社会发展的重要组织形式。合作经济组织的发展离不开整个社会的协调发展,要促进农村与城市之间的融合,进而实现农业农村现代化,就需要在习近平新时代中国特色社会主义思想指导下,建立起合作经济组织与社会之间的和谐关系。要用创新、协调、开放、绿色、共享的发展理念来引领合作经济组织的发展,使合作经济组织自觉担负起促进人与自然、人与社会、社会与自然的协调发展的历史使命和社会责任。在实施乡村振兴战略背景下,合作经济组织的发展与农民权益保护之间具有目标上的内在联结性,无论是合作经济组织的发展还是农民权益的保护都是乡村振兴的重要内容之一,两者之间的互促互动关系的终极目标是实现农业农村现代化。

三、经济联结:集体力量的壮大

中国正从单一性社会向多样性社会转型,在这一过程中整个社会利益结构发生了分化与重组,原有的社会利益格局被打破,新的利益群体和利益阶层逐步形成,并且分化组合成特定的"利益集团"。这里的利益集团,是指一部分人或一个阶层为了维护自己的特殊利益而结成的利益共同体,具有维护群体特殊利益的共同目标和明显的群体特点。利益集团是宏观政府与微观个体之间的桥梁,属于中观层次的范畴,其目的在于建立一个常态的制度化的利益聚合与代表机制。正如奥塔·锡克所言:"当私有财产、私人土地占有者和手工业者产生了,特别是当不再通过自己的亲手劳动而获得所需要的生活材料并变得正在形成的奴隶的剥削者的大土地占有者分离出来了,社会中便开始出现不再有共同基础的根本对立的物质利益。"奥尔森(M.Olson)认为,一个社会中的某些利益集团若想对政府的政策施加影响,保护自己的利益,必须采取一定的行动,即所谓的"集体行动"。集体行动要想有效,则需要一个能代表该集团成员利益的良好的组织进行活动。在这个组织内,集体成员能进行有效的沟通和协调,使之一致对外,从而增强该集体的谈判能力;同时,集体的成员还要有足够的激励,以克服"搭便车"的现象。

在经济发展程度较低的情况下,农民集体行动能力相对较弱;原因主要有两方面,一方面农民分散居住在广大的农村,交通和通信手段落后,面对不利于农业的发展战略和扭曲激励的农业价格政策,农民束手无策,集体行动十分困难;而与之相反,工业企业家和城市居民虽然所占人口比重较小,但居住集中、联络便利、免费搭车现象不如农村那么严重,其集体行动最容易对政策产生影响,因而它们具有较强的游说能力。另一方面,在落后经济中,人们食品支出占生活费用支出的比重较高,为了保持工业发展的低成本,工业企业家希望维持农产品低成本,同时,领取低工资的城市居民也不能忍受食品的高价格;与此同时,伴随农村的交通和通信等状况的改善,使农民组织的集体行动成本降低,免费搭车的程度也相应减少。更重要的是,随着经济发展和人们收入水平的提高,城市居民生活费支出中用于食品支出的比重大大降低,因而无论是工业企业还是城市普通居民,他们对于食品价格的提高不再过分地抵制,这样政府对农业征税的政策才有可能转向对农业的保护政策。

因此,农民只有组织起来,在市场经济活动中充分发挥集体的力量,才能争取到谈判权;而中国人数占优势的农民缺乏的正是这样一个能代表其利益、表达其意愿的组织。农业基础性的地位和弱质性的特征决定了其本身必须受到保护,特别是在加入WTO后,一方面中国政府将根据相关农业协定取消对农产品的出口补贴和减少关税保护,国外优质农产品会对国内市场造成一定的冲击;另一方面新的农业保护体系尚未形成,按照 WTO《反倾销条例》第17条规定:反倾销诉讼的实施必须得到占国内同类产品总产量25%以上的生产者的支持,如果农民的组织化程度不提高,类似的维权行动根本无法顺利实施。同时,政府在农民权益保护方面,也存在着公共物品供给不足和服务缺位的问题。农民在进行集体行动时,由于组织程度低,相互沟通与协调比较困难,很难一致对外,再加上其成员又具有强烈的"搭便车"倾向,因而致使农民的谈判能力低下,无法有效地维护自身的正当权益。在这种的形势下,农民必须进一步建立和完善自身的组织形式,走联合与合作的发展道路,寻找代表自己利益的集团和契约结构,对公共产品供应不足和市场失灵进行自我补偿和救济,以维护自身权益。

中国合作经济组织能够代表农民利益进行集体行动,壮大农民集体经济实力,在一定程度上解决农民组织化程度低的问题,对农业经济的发展具有十分重要的意义。因而,在经济上,集体力量的壮大对合作经济组织发展与农民权益实现所带来的影响,促进了合作经济组织与农民权益保护经济上的联结性。集体经济力量的壮大可以有力保障合作经济组织的发展,同时也可以有效促进农民权益的实现。合作经济组织发展与农民权益保护对集体经济的发展具有很大的依赖性,而集体力量的发展壮大也促进了二者在经济上的内在联结性。

四、社会联结:农村社区的发展

农村社区的发展是以社区发展权为理论基础的,1969 年,阿尔及利亚正义与和平委员会发表的《不发达国家的发展权利》报告中第一次出现了发展权的提法;1972 年塞内加尔最高法院院长凯巴·巴耶在法国国际人权研究院演讲时指出,人类享有的各项权利都与自由、生产和不断提高生活水平的权利相联系,即和发展权相联系。人类得不到发展就不能生存,因此,发展权是一项不可剥夺的人权,其实质是社会弱势群体的权利。发展权的正式提出是在1979 年的联合国大会上形成的《发展权决议》,具体可以解释为(参与)发展进程的权利(the Right to Process of Development),(基于)人权方式的发展(Human Rights Approach to Development),从而以人权标准来规范发展的模式。发展权是经济、社会、文化权利与公民和政治权利的综合,以此追求人的全面充分自由发展,并在发展中一步步的实现;发展权是人权现代化,也是社会发展和重新阐述的重要尝试,更是人权领域的一次深刻变革。社区发展权是发展权的重要组成部分,其是建立在主体发展权与客体发展权融合实现的时空载体基础上,以社区形式享有的经济、政治与文化各方面发展权利的总和(李长健、伍文辉,2006)。从哲学角度思考,物质世界的主客体是对立的,同时又是统一的,社区发展权正是这种对立统一发展中的现实载体。马克思主义哲学以实践为基础来理解人与世界、主体与客体的关系。并指明,主体现实的本质力量对外部世界的有效掌握达到什么范围和程度,外部世界就能够在这个有效的范围内和程度上成为对主体有意义的现实客体,反之外部世界在何种范围和程度上成为对主体有意义的现实客体,就相应地表现和确认主体的本质力量对外部世界的有效掌握达到什么范围和程度(李长健、伍文辉,2006)。

社区发展权是主体发展权在客体物质世界实现的重要载体,也是人类发展权全面实现的重要条件。它以促进主体发展权实现为内涵,在社区关系中体现为社区居民平等参与社区活动、平等分享社区发展成果两个层面上。社区发展权以社区发展的形式促进人的全面自由发展的集体实现,其创设改变了传统主体权利与客体权利实现的静态、平面思维,形成了一种动态、立体的权利构建。社区发展权属于集体人权,但它又区别于一般发展权,是主客体时空载体融合而成,其表面上是社区所享有的经济、政治与文化权利,实质上是社区成员所享有的现实发展权利,是个体发展权在主客体融合的时空载体下实现的一种集体形式。社区发展权主要从两个层面实现,其一是外部发展权的实现,即通过法律实现社区所享有的政治、经济与文化发展权利;其二是内部发展权的实现,即通过内部民主治理形式,按照民有、民享、民管原则,实现社区成员的发展权利。作为21世纪的一项新型权利,发展权利其实质是弱者的权利;当前,中国农民仍属于弱势群体,促进农民群体的自由全面充分的发展仍是中国现代化建设的重要内容;在社会全新发展时期,应以农村社会主客体的和谐发展,彼此互为整体和统一,来促进农民发展权的实现,而去实践这种和谐发展需要的相应时空载体,就是农村社区。法国思想家托克维尔认为:"政治的、工业的和商业的社团,甚至科学和文艺的社团,都像是一个不能随意限制或暗中加以迫害的既有知识又有力量的公民,它们在维护自己的权益而反对政府的无礼要求的时候,也保护了公民全体的自由"(李长健、伍文辉,2006)。

农民群体是社会主义建设的重要力量,保护好农民这一特殊群体的权益是社会发展的重要内容。随着经济社会的发展,从平等生存权向平等发展权转变成为农民权益保护的重要需求;实现农民权益的可持续保护,建构基于农民权益保护的系统理论是现实发展的必然要求。当前我们要从实际出发,以系统的思想和可持续发展的视野,致力于理论支撑与实践指导之间的中层理论架构,即社区发展权理论,以促进农民权益的可持续保护。正如马克思所说的"人们奋斗所争取的一切,都同他们的利益有关",经济权益是农民权益的重要内容,经济的发展是利益实现和社区发展的原动力,是社区发展权实现的重要内容,又是农民权益实现的重要基础,同时社区建设反过来促进农村经济的发展,二者相辅相成。

乡村振兴中要实现新农村社区建设的利益发展功能,必须大力发展社区经济,以经济的发展为构建现代化农村社区提供强大的经济基础和物质保障,社区经济发展的质量、速度、结构、规模和效益是构建新农村社区的内在原动力,新农村社区构建的落脚点也是通过促进社区经济的发展来推动农民权益的实现。农村社区治理的复杂性需要农民以组织机制来发挥主体作用,当前农村社区治理主体呈现多元化,需要多元主体之间在利益博弈和目标冲突中取得均衡,才能达到善治。单个农民虽有善治的要求,却无法形成治理目标,必须靠组织机制来发挥作用。合作经济组织是联结单个农民的社会网络枢纽和利益聚合体,在维护农民权益、组织生产经营、提供公益服务、沟通政府与社区关系等方面,具有政府组织和其他社会机构不可替代的重要作用。合作经济组织是推动农村社区发展的重要力量。

农村社区自治可以通过村民委员会、基层组织等正式组织实现,同时也离不开合法的非正式组织的推动和协助,如以技术、劳务、资本等自愿联合为基础的合作经济组织或其他以自律、避险和公益为目的的民众组织在社区发展中发挥的重大作用。中国农村经历了几次大的变革,组织形式从分田、分地到合作化,再到家庭联产承包,虽然组织形式以及产生的效益不同,但基本上遵循了通过明确不同产业形式来调动劳动者积极性,激发农民的主动性;纵观农村社会发展历史,农业产业化是发展必然,而单靠目前松散的农户个体是无法实现农村经济跨越式的发展,因此加快发展合作经济组织,壮大农村集体经济就显得非常重要。

合作经济组织在促进农村社区经济发展,实现农民权益的保护上发挥着不可替代的作用;农村社区的发展为合作经济组织发展和农民权益的实现提供了一个良好的时空载体,合作经济组织发展和农民权益保护的实现也推动着农村社区的发展完善。农村社区是合作经济组织与农民权益保护的现实联结点,合作经济组织与农民权益保护的现实要求就是农村社区要更好、更快发展(李长健、伍文辉,2006)。

五、制度联结:多层制度的协同

农民合作经济组织制度包括产权制度、分配制度、治理制度、组织制度、经营制度等,各个制度的协调发展必然与农民权益保护相联系。农民权益保护既是各项制度制定的出发点也是最终落脚点,农民合作经济组织的发展历程中,组织制度的重要性日益凸显。以产权制度为核心农民专业合作经济组织制度创新研究的合作组织制度的规范性,成为农民合作经济组织成功与否的必要条件。目前,一些农民加入组织时只是交纳了少量的会费,拥有股金的农民数量少,最终导致农业合作经济组织的产权模糊,产生了较为突出的内部控制问题(王晓云,2017)。故我国合作社产权不清晰、内部人控制严重使得社员权益的平等性和内部秩序的有效性难以得到实现,民主管理还有待加强(阴文清,2017)。从这一层面看来,我国农民合作经济组织的制度建设走的是一条"创新——规范——再创新"的道路;这种现象与我国独特的社会经济环境密切相关,国际上通行的合作社原则对我国农民专业合作经济组织的发展有着重要的指导作用,但又不是唯一的发展标准。适度借鉴,大胆创新,才是我国农业合作经济的发展之道。此外,农民专业合作经济组织的体制,还与其产权安排制度有着非常密切的关系。应该说,一个组织的产权安排是决定其组织性质与具体体制形式的主要因素。

第九节　农民合作经济组织发展的力量分析

合作经济组织产生和发展的根本原因在于农民权益发展的需要,它与农民权益保护在目标、发展、经济等方面存在着天然的联结关系,这种联结一方面归结其内部的一致性与协调性;另一方面则归结于多种力量因素的推动作用。合作经济组织发展与农民权益保护质量表现在以政府力量为主导、以农民力量为内生性力量、以农村社区力量为基础性力量、以农村集体经济组织为保障性力量、以农业企业力量为主体性力量、以农村基层群众自治组织为协调性力量的共同推动下协调发展的特性。

一、农民力量——农民合作经济组织发展的内生性力量

作为农民合作经济组织发展的主力军,农民能够发挥出巨大的内发性力量,而内发性力量是农民合作经济组织发展的根本动力,左右着农民合作经济组织发展的成败。因此,农民自身的作用对农民的利益的导向与保护至关重要,没有农民利益的保护,就会影响社会的安定,也不会有国家的稳定、繁荣和发展。农民利益是以经济利益为中心的,经济利益是农民最基础的利益。各社会主体作为"经济人"展开对社会利益的争夺,这就需要对利益争夺中处于弱势的农民及其利益进行特殊保护。法律对农民利益的导向与保护体现在对农民市场交易过程中利益实现的关注,我们需要在法律的框架下,架构利益的实现与保障层面的微观意义上的利益机制。首先,农民作为市场主体的法律地位得到应有确认;由于在中国当前的社会经济体制下,户籍制度中的不合理的利益因素与价值倾向实际上制造和巩固城乡居民之间的实质不平等;而在农村和谐社会与法制建设过程中,农民作为原发性力量的社会角色及其待遇应得到法律的明确承认,这就要求在法律层面推动市场主体地位的平等,进而实现在文化利益上的平等,实现人才回流,精英归位。其次,切实保障农民在市场交易和分配中的公平待遇;需要通过合同制度、价格制度和竞争制度等相关法律制度的有机组合实现对农民利益的保障。再次,确保农民参与市场运作的权利实化;农民的合法权益的实现是客观上推动政府决策的终极力量。最后,使农民行为得到恰当引导。正如前文所述,农民也是追求利益的主体,在利益机制下,要求我们用利益来引导农民的行为,政府可以利用税收、信贷、金融、投资等方面优惠政策,运用经济手段来引导农业的健康发展。

二、政府力量——农民合作经济组织发展的主导性力量

在社会公共利益和个体利益的双重作用下政府会采取某种选择,而这种选择以政府的相关政策或行为的形式表现出来,对社会公共利益和个体利益发挥着巨大的能动作用。这种双重利益模式是应在利益机制中加以恰当利用的互促形式,其作用方式可以从以下两个方面探析:第一,社会公共利益层面。社会公共利益反映的是社会与其环境中对其生存和发展具有一定意义的各种事物和现象之间的关系。一定社会的需要一旦具体化为社会公共利益,就会成为政府活动的基点与归宿,以实现其社会公共利益的安排。其中法律在这一层面的本质特征最为鲜明,这是法律的独特价值之所在。政府在现代的经济活动中是一种主导型主体,是一种领导性、管理性力量。在中国的经济社会发展中,为了达到社会公共利益的最优化,政府被赋予了宏观调控权和其他的经济职权,而恰当地行使这些职权,是政府对于社会公共利益最优化的追求,由此形成社会公共利益对于政府的利益作用。从另一个角度考察,政府作用的发挥是通过社会经济发展过程的参与,政府对实施对象的决策对于其他的利益主体具有巨大的驱动作用,甚至可以对社会的发展方向产生重要影响(李长健等,2007)。第二,个体利益层面。农民的利益,主要是个体农民利益的集合,会对政府的相关决策发生作用。农民通过其市场参与行为,就其参与市场的相关信息和利益实现状况对政府进行现实反馈,通过相应的"反馈——接收——评价"机制的运作对政府的决策产生影响。而政府作为新农村建设的发动者和主导性力量,其职权的恰当行使对于个体利益的实现与社会公共利益的最优化具有促进、强化和协调作用。

三、农村社区力量——农民合作经济组织发展的基础性力量

在西方,第三部门代表着公、私领域二元建构基础上的一种社会中介机构,既发挥着不同于政府的社会事务管理功能,又履行着异于一般商业经营的社会服务义务。它成为建立公民秩序(Civic Order)和维护社会公正的一股重要来源。有的西方学者认为,正是第三部门的强力出现,打破了传统的"国家——社会"的二元结构,形成了新的"政府——经济——社会"的三元结构;西方社会过去一百多年来第三部门社会福利活动的推展,反映了社会追求维护公共利益的共同价值取向,是一种私人性的行动和对公共物品的关怀的有效结合。

而作为第三种力量的农村社区具有以下特征：第一，公益性。农村社区的设立是为了实现和维护社区整体利益优化，在社区环境下，不以供给私人产品为主要取向，不以营利为主要目的，主要供给准公共产品，既没有私人主体的唯利性，也不像政府那样具有超市场性。第二，非强制性。社区的非强制性表明社区不能（或主要不能）像政府部门那样借助于政府机器的强制力量来开展活动，也就是说，它应当主要靠自愿和自治的方式来运作。第三，民间性。即社区在法律地位上不能是政府的附属物，在人员任免上不能是政府编制，在业务活动上不能是政府命令或包办，这也是独立性的要求和表现，即它必须同时既独立于政府部门之外，又独立于私人部门之外，以保证它的管理规范、公平、公正，平衡协调政府和私人之间的关系，使它的管理具有可执行性、可接受性。第四，非营利性。社区活动不以营利为主要目标。它不像私人部门以追求私利的最大化，也不像政府部门那样超脱于市场，它能较好地协调好政府与私人之间的冲突。第五，组织性。农村社区必须是一个组织，具有自己的组织章程和组织结构，可以是社会团体组织也可以是财团法人和非法人组织。显然，农村社区的产生是社会变迁、制度创新和组织变革的内在需要，是和谐社会发展、社会利益协调的内生变量。

在农村社区的推动下，在经济和社会发展过程中遭遇困难的弱势群体得以被社会各界广泛关注，在维护公平正义的同时促进了社会和谐稳定；农村社区大多关心的是社会弱势群体的生存发展问题和公共利益问题，因而农村社区在参与社会公共经济活动管理的同时，能够得到社会的广泛关注与支持，在一定程度上缩小经济发展中产生的贫富悬殊，深刻体现出社会公平正义的核心诉求。另外，农村社区还能营造社会和谐文化氛围。农村社区所倡导的自愿、自助、非营利等原则能在很大程度上减少社会中的腐败现象的发生，自愿性活动可以推动利他主义的深化并在潜移默化中影响行动者、受益者和旁观者，达到净化社会风气的效果。从而促使整个社会更加和谐安定，更具有向心力和凝聚力。

四、农村社区集体经济组织力量——农民合作经济组织发展的保障性力量

农村社区集体经济组织是一个以集体资产为前提、以地域为界限而形成

的特定群体组织,这个特定群体中的成员长期共同生活、生产,形成许多内在的地缘、血缘、人缘和亲缘关系。农村社区集体经济组织不同于各种民办专业合作经济组织,它以本社区的农民为成员,是社区集体土地的所有者代表,承担着社区土地的发包管理工作;同时,它往往还是政府与农民沟通的桥梁。这些独特之处,使其在发展农业产业化,组织农民进入市场方面所起的作用与各种民办专业合作经济组织不同:首先,在社会化服务方面,社区集体经济组织主要提供综合性社会化服务。在我国,小农户经营仍然是主要的经营方式,目前农村的商品经济并不发达,农户的生产规模小,商品率很低,但在一个社区范围内,生产的种类却很多,形成了提供的商品种类多、数量少,十分需要社会化服务,但在每种商品生产上又难以形成专业服务规模的情况;而综合性的社区集体经济组织能满足提供综合性服务的要求,社区集体经济组织在这方面的优势是其他组织所不具备的。其次,在提供社区公共物品的方面,道路建设、农机设备、农田水利建设等基础设施,往往具有投资金额大、公共性强、收效慢等特点,单个的农民不能单独建造,其他的组织按照市场经济原则也难以有效生产,这些设施又多为发展农业生产和农民所急需。所以,这些设施的营造和管理主要应由社区集体经济组织经过个体成员大会表决通过之后统一进行建设和管理。这些基础设施也有利于改善农村生活条件,改善农村生产经营环境。在目前政府的公共服务不能遍及农村的各个角落时,社区集体经济组织的这种职能显得更为重要(李长健,2010)。

五、农业企业力量——农民合作经济组织发展的主体性力量

农业企业是指使用一定劳动资料独立经营、自负盈亏,从事商品性农业生产以及与农产品直接相关的经济组织。农业企业与农业、农村、农民有着天然的血缘、地缘和利益关系,它们彼此依靠、互相促进。农业企业生产经营所需要的基地,原材料、种植、采购,产品的生产,市场销售,企业所需要的生产工人,都与"三农"密切相连。同时,发展态势良好的农业企业在科技服务、优良品种推广、实用技术应用和市场供求信息等方面能为农民增收提供全程的配套服务。因此,农业企业对带动农民增收、带动农村经济发展、农村社区发展有着不可忽视的重要作用,必须大力发展。农业企业是农民权益保护与新农村社区发展的主体性力量,目前,国内和国际环境都发生了巨大的变化,随着

市场经济的发展、我国加入 WTO 和不断推进的新农村建设,农业企业在迎来机遇的同时也面临着更大的挑战。要更好地发挥农业企业在农民权益保护与农民合作经济组织发展中的重要作用,就要进一步做强做大农业企业。为此要做到以下几点:首先,要以现代的经营理念进行农业企业的经营运作,建立现代农业企业制度。在完善的企业法人制度基础上,形成产权清晰、权责明确、政企分开、管理科学的新型农业企业。其次,要重视农业企业的品牌塑造。企业要有自己的品牌,知名品牌既是企业的无形资产,又是企业形象的代表;品牌包含着知识产权、企业文化,以及由此形成的商品和信誉;一般来说,有了品牌也就容易塑造企业的形象,反过来说,如果在品牌的基础上进一步推行企业的整体形象战略,也就更有利于品牌的扩展和延伸。最后,发展农业行业协会等社会中间层的作用。行业协会本质上是一种市场经济条件下某一行业或企业群体自我管理、自我规范和自我服务的社会性自治组织;在农业企业发展过程中要充分发挥行业协会等社会中间层的监督、管理、服务的功能,实现农业企业群体的自我管理、自我服务、自我监督、自我保护,让行业协会真正担当起政府与行业或政府与市场之间的桥梁作用,使农业企业真正成为新农村建设的主体性力量(李长健,2010)。

六、农村基层群众自治组织力量——农民合作经济组织发展的协调性力量

首先,提高农村合作经济组织选举的民主程度。合作社的领导人员由选举产生,成员代表大会代表、理事、监事都经过无记名投票产生,实行任期制,可以连选连任。要选择坚持原则、热心公务、联系群众、办事公道的人;监事会是代表大会闭会后的监察机构,被选监事应该正直冷静、立场坚定、熟悉政策。其次,提高农村合作经济组织管理的民主程度。成员根据民主集中制的原则,通过一定的民主形式决定合作社的重大问题;管理机构主要是成员代表大会、理事会、每一位社员在信用社内都具有平等的权利;民主管理既是合作组织的本质体现,也是合作社巩固和发展的重要条件。再次,提高农村合作经济组织决策的民主程度。现实中,大多数合作社实行了一人一票,但也存在一股一票、一人一票强调社员的权利,体现公平、社员收益最大化的原则,一股一票强调资本的效益、资本收益最大化的原则;由于资金不足是合作社面临的大问题,因此鼓励社员入股,这样出资多的会员就拥有更大的投票优势,并可以要求突出资本,这样就形成了重大决策是一人多票的情形,优势倾斜于有资本优势的会员。最后,提高农村合作经济组织监督的民主程度。监事会是合作社代表大会闭会期间的民主监督机构,要全心全意为合作社成员服务,接受他们的监督,全力代表他们和维护他们。监事会要建立健全监督制度,认真履行章程赋予的义务,保证合作社在规定范围内运行,监事会成员监督理事会成员行为的合法性,发挥他们的监督作用,进行充分的社务公开和政务公开,使社务、财务置于社员的监督之下(李长健,2010)。

第十节 农民合作经济组织发展与农民权益保护的实践耦合

一、农民合作经济组织和农民权益保护的互促逻辑

(一)农民合作经济组织是农民权益保护的主体性力量

各种合作经济组织的兴起和壮大,为解决农民进入市场、保护农民利益和提高农业的经济效益提供了保障。农民合作经济组织作为一种有效率的制度安排,其本质是处于弱势地位的农民在自愿互助和平等互利的基础上,通过经济联合的方式,将家庭经营的个体劣势转化为群体优势,在更大范围、更广空间实现资源的优化配置,实现外部利益的内部化和交易费用的节约,减少经济活动的不确定性,打破市场垄断,共享合作带来的经济剩余。合作经济组织是以利益为纽带结成的互惠互利共同体,作为农民利益集团的代表,其功能的发挥在很大程度上取决于社员农户利益以及各种合作要素利益的实现程度。组织为其成员带来的利益不仅包括直接利益和间接利益、短期利益和长远利益,还包括社员的个人利益和组织的整体利益,它是实现社会利益均衡和农民权益保护的重要组织形式。

第一,合作经济组织有助于推进农业产业化,促进农民利益最大化。合作经济组织以其特有的民办性、合作性和专业性等优势,把服务渗透到从生产到流通的各个环节,在企业与农民之间架起一座互利互惠的桥梁,解决了社区集体经济组织"统"不起来、国家经济技术部门包揽不了、农民单家独户又干不了的事项,完善了农业社会化服务体系,有利于推进农业产业化的实现。合作

经济组织在农产品加工、销售上的一体化经营,使加工、运销领域的增值利润,通过合作制度的剩余分享机制回流给农户,将外部利润内部化,切实提高了整体农业的比较利益,促使农业利润的平均化,建立起农民利益最大化的利益协调机制,实现农业效率与公平的合理平衡。

第二,合作经济组织有助于增强农产品的竞争力,改变农民的弱势地位。加入 WTO 以后的中国农业不仅面临激烈的国内市场竞争,还面临国际市场的激烈竞争。市场竞争能力的强弱与组织化程度成正相关,在中国农村经济分散式的发展经营方式,由于组织化程度和规模化生产能力低,农民在市场竞争中往往处于不利的地位,抗击市场风险的能力相当弱。伴随着市场竞争所产生的农民合作经济组织,通过一方连接市场,一方连接农户,有助于改变农民这种弱势地位,提高农产品的竞争力,应对国内和国际上的双重竞争。

第三,合作经济组织有助于提高农民政治素质,加强农村民主政治建设。农民合作经济组织是具有自治性质的社会团体,其管理形式是成员共同决策,而不是个人专断。它通过自我服务、自我管理的功能,在政府、农民及企业间架起了畅通的沟通桥梁。一方面,作为农民利益的代表,农民合作经济组织可以积极开展与政府机构的对话,反映广大农民的意见和要求,从而为政府开展工作提供可靠依据;另一方面,政府也可以依靠合作经济组织,把党的农业政策有效地传递到千家万户。这样使得政府与农民之间形成了良性的互动关系,政府在制定各项涉农政策时能及时听到农民的声音,而农民的要求也可以通过合作经济组织得到反映。农民合作经济组织作为政府对农村千家万户进行宏观调控和实施政策的组织载体和中间环节,是广大农民真正行使公民权利、维护自身合法权益的重要保证。

第四,合作经济组织有助于调整贫富差距,引导农民实现共同富裕。解决贫富差距过大和两极分化严重的问题,一直以来都是中央领导集体面临的艰难任务。实现共同富裕,不仅要靠国家财力的支持和政策的调控,更重要的是要有新的制度安排来引导农民走向共同富裕道路。由农民自愿联合起来的、建立在家庭经营基础上的农民合作经济组织,既能有效地推动农村合作经济发展,又能有效地帮助家庭提高经营能力。农民合作经济组织是引导农民实现共同富裕的最好的组织形式。

第五,合作经济组织是农民权益的最佳保护者。在统筹城乡发展的过程中,合作经济组织是城乡一体化发展的重要组织载体。发展合作经济组织,一方面要加强对合作经济理论的研究,包括学习借鉴国外的合作经济发展的理论和经验;另一方面要继续深入合作经济组织的实践活动,注意分类指导,注重典型示范。合作经济组织应当坚持"民有、民管、民享"原则。在指导思想上要实现"三个转变",即从注重政治取向向以促进城乡协调发展保护农民社员权益方向转变;从过去以生产领域为主向以生产、流通和服务领域结合的合作转变;从以多经验指导为主向以法律规范指导为主的法治化管理转变。在财产权上落实"民有"原则,在经营权上落实"民管"原则,在利益分配权上落实"民享"原则。农民合作经济组织法的相关立法,一方面要符合农民合作经济组织的合作经济特征;另一方面使其产权制度有现代性,满足建立现代合作制经济的需要(李长健,2005)。

(二)农民合作经济组织、农民权益保护与农村社区建设的互促关系

农民群体是社会主义建设的重要力量,对广大农民权益的保障是社会发展的重要内容;随着社会的发展,从平等生存权向平等发展权转变成为农民权益保护的重要理念。社区发展权是发展权的一个重要组成部分,它建立在主体发展权与客体发展权融合实现的时空载体基础上,以社区形式享有的经济、政治与文化各方面发展权利的总和(李长健,2006)。社区发展权属于集体人权,区别于一般发展权,它是由主客体时空载体融合而成。它表面上是社区所享有的经济、政治与文化权利,实质上是社区成员所享有的现实发展权利,是个体发展权在主客体融合的时空载体下凝聚的一种集体形式。社区发展权主要从两个层面实现:一是外部发展权的实现,即通过法律实现社区所享有的政治、经济与文化发展权利;二是内部发展权的实现,即通过内部民主治理形式,按照民有、民本、民享、民管原则,实现社区成员的发展权利(李长健,2006)。

实现农民权益的可持续保护,建构基于农民权益保护的系统理论是现实发展的必然要求。理论是客观实在的、人意识中的观念所反映的基本形式,它以有序的命题、系统的形态,作为有关客观实在或人的精神生活现象的一个领域的概括性知识而存在,因此理论构成了人们在实践活动以及理论活动中所进行的有意识、有目的以及致力于一定目标的行为的最重要基础(李长健,2006)。当前我们要从实际出发,以系统和可持续发展的思维方式,致力于理论支撑与实践指导之间的中层理论架构,即社区发展权理论,以促进农民权益的可持续保护,而去实践这种和谐发展需要的相应时空载体,就是农村社区。经济权益是农民权益的重要内容,经济的发展是利益实现和社区发展的原动力,是社区发展权实现的重要内容,又是农民权益实现的重要基础,同时社区建设反过来促进农村经济的发展,二者相辅相成。社会主义新农村建设中要实现新农村社区建设的利益发展功能,必须大力发展社区经济,以经济的发展为构建和谐新农村社区提供强大的经济基础和物质保障,社区经济发展的同时能够为合作经济组织的发展提供优越的条件,从而促进合作经济组织的发展。农村社区发展的复杂性需要农民以组织机制来发挥主体作用,当前农村社区治理主体呈现多元化,需要多元主体之间在利益博弈和目标冲突中取得均衡,才能达到善治。单个农民虽有善治的要求,却无法形成治理目标,必须靠组织机制来发挥作用,这个组织机制就是合作经济组织,农民合作经济组织是发展农村社区的重要组织力量。农村社区自治可以通过村民委员会、基层组织等正式组织实现,也可以通过合法的非正式组织来实现,如以技术、劳务、资本等为基础自愿联合的合作经济组织或其他以自律、避险、公益为目的的民众组织,同时也可能是二者的有效融合,而正式组织以这些非正式组织为条件可以得到更快发展。因此加快发展农村社区,农民合作经济组织也能得到长足发展(朱梓萁,2008)。

二、农民合作经济组织发展与农民利益的组织化表达及实现

解决中国农村问题的关键是农民的组织化问题,而农民组织化程度的提高又依赖于农民合作经济组织的发展。农民合作经济组织的创新与发展,是当前乃至以后很长一段时期内我们需要关注的问题;如何结合中国农村的具体情况,使农民合作经济组织更好地顺应现实需要,担当起破解中国"三农"难题的重要角色和使命,并成为提高农民组织化程度、保护农民利益、促进农村稳定和农业发展的主体性力量,成为统筹城乡经济社会发展、建立和谐社会的重要组织载体。从某种意义上来说,农民合作经济组织的发展是农民利益组织化表达与实现的关键环节。

利益是法律权利的前提和内容,是推动生产力发展的原动力,而利益机制是对利益带有原动性的有机系统。利益问题,是农民弱势群体问题解决的关键问题,而农民利益矛盾与冲突问题解决的有效途径就是通过利益机制对各

种利益予以协调,合理地安排相对利益的获取差距。良好的利益机制体系体现了形式公平和实质公平的统一,可以使人们在平等享有绝对利益的同时,公平、公正、合理合法地获取相对利益,逐步缩小相对利益的差距,从而真正实现和保护人们的利益。

人类社会是一个利益共同体,利益结构是社会构成的物质基础,并成为决定该社会和谐程度的重要因素。社会是否达到和谐,关键在于它是否有能力解决利益矛盾和化解利益冲突,并由此实现利益关系趋于均衡。利益格局的失衡源于社会权利的失衡。和谐社会的核心基础是对利益关系的认同,根本要求是尊重和保护每个社会成员的合法权利,尤其是社会弱势群体的权利,克服社会权利配置的失衡。

一个社会,如果弱势群体的利益长期得不到有效保护,就会导致社会整体的失衡。在中国的社会转型期,利益调整以及由其带来的阶层分化和多元结构决定要形成各个群体利益的均衡,关键在于实现权利资源的平等分配(甚至在某些方面对弱势群体加以一定的倾斜保护),进而使弱势群体与其他群体一样,能够在国家制度中拥有表达自己利益的畅通渠道和代表组织。当前农民权益之所以在某些方面得不到保护,农民利益之所以存在丧失和被侵蚀的现象,其中主要原因就是农民利益代表机制和表达机制不完善。单个分散的农民在市场经济的汪洋大海中无力维护自己的权益,在利益冲突中永远处于弱势地位。

在当前形势下,大力发展农民合作经济组织,使亿万农民在农业实践中有自己利益的代言人,为解决"三农"问题提供强有力的组织保证体是非常必要的。农民只有组织起来,在市场经济活动中充分发挥集体的力量,才能争取到谈判权。而中国人数占优势的农民缺乏的正是这样一个能代表其利益、表达其意愿的组织。农民合作经济组织能够代表农民利益进行集体行动,壮大农民集体经济实力,在一定程度上解决农民组织化程度低的问题,促进农业经济的发展(朱梓萁,2008)。

农民合作经济组织的成长有其特定的社会、政治、经济和文化土壤。但从世界范围来看,其发展历程也存在共性,各国不同形式的农民合作经济组织最终目的都是保护农民的利益。比如,美国农民合作社主要是农民在商业化过程中,为了抵制中间剥削、加强自我保护、提高市场谈判地位,自发建立起来的联合从事以农产品购销为主要内容的合作经济组织;德国农民或农业组织组成的各种农业利益团体更加重视整体产业利益和农民的政治、社会权益,它们将会员的具体意见适时反映给立法及行政机关,在政府与农业企业和农户间扮演着协调、沟通的角色。同时,这些团体还通过利益诉求在政治、经济和社会等层面产生影响力(徐旭初,2005)。中国正处于转型期,在地区差距和不同利益集团之间的收入差距不断加大的形势下,作为初级产品生产者的农民成为社会最大的弱势群体。所以,开展各种形式的联合与合作来保障自身的利益成为当前农民群体的重要任务。农民问题的解决离不开广大农民的积极参与,其问题解决的关键就在于"要使群众认识自己的利益,并且团结起来,为自己的利益而奋斗",即提高农民的组织化程度。

加强农民组织建设,无疑将在经济、政治、文化等多方面促进农民、农业、农村乃至整个国家的全面发展。从政治层面讲,建立农民组织,有利于促进农业、农村的繁荣和发展,有利于协调社会各利益集团间的关系,有利于切实保护农民利益,有利于促进民主政治建设,促进关于农业、农村问题决策的民主化。可以说,农民组织化是农民实现和保护自身利益的根本途径。从经济层面讲,在保持家庭联产承包责任制稳定不变的基础上,提高农民组织化程度,按照市场机制建立起农户之间和农户与产前、产后经营部门之间的联合与协作,是农民进入市场、参与市场竞争的需要,是促进农业决策科学化、保障农业政策顺利实施的需要,是应对农村经济战略转型、提高农民收入的需要。从文化层面讲,农民组织是对农民进行教育的最佳载体,也是丰富农民文化精神生活的有效载体。另外,提高农民的组织化程度还可以为农业的发展争取更好的国际环境,在国际谈判中处于有利的地位。因此,中国农民合作经济组织的发展已成为一种必然趋势,农民要维护自身的权益,就必须组织起来,建立自己的代言机构。要通过加快农村组织化建设,提高农民的组织化程度,建立起真正表达农民心声的各种农民组织,使其与各基层政府和农村社区一样承担起保护农民权益的责任,以促进农业产业化经营的持续发展和农村社会的繁荣稳定(朱梓其,2008)。

利益的组织化表达与实现,其核心的要义是:利益的创造和利益的分配。利益的创造是利益的分配的基础,利益的分配又影响利益的创造,是利益机制的关键(蒋旭平,2006),这两方面互动关系处理得好与坏直接影响到农民权益的保护问题。

合作经济组织利益的创造来源于流通领域和生产领域。首先,流通领域的利益创造就是通过降低农产品流通过程的交易成本得以实现,这些交易成本包括信息成本和履行成本等。合作经济组织的存在,使得若干的单独行为变为组织的一体化行为,从而降低了交易成本。其次,生产领域的利益创造来自规模效益、专业化水平的提高,以及产品科技附加值的增多而带来的利益。合作组织可以将单个的生产者组织起来进行专业化生产,生产规模得以扩大,交易成本降低,提高了产品的市场竞争力,交易量也会扩大,最终生产规模随之扩大。合作经济组织的规模效益主要体现为改善固定资产投资效益,降低了单位成本,提高了产品的科技附加值。合作经济组织专业化地经营,使得劳动生产率进一步提高,降低成本的同时,提高了经济效益。农产品科技附加值的增加,使得农产品竞争力得以提升,交易面临的市场更加广阔,产生市场效益,从而增加合作经济组织的收益和其合作成员的收入。

利益分配方式是指参与各方实现利益分配的具体形式。在合作经济组织的实践中,根据资本与劳动程度利益分配可以有三种方式:第一种是股金分红;第二种是按交易额返还利润;第三种是股金分红加按交易额返还利润。随着合作经济组织的不断发展,以及国际经济发展的变化使得合作经济组织的分配方式趋向多样化发展。利益分配比例是指各利益主体所得利益在利益总量中占的比例;合作经济组织利益分配的主体是农户,合作经济组织成员可以根据其交易额得到相应的返还利润,也可以根据其股金得到少量分红,由于合作经济组织的宗旨不以营利为目的而是以为农民服务为宗旨,所以只能以很小的比例分配给农户。合作经济组织本身的利益留成,虽然合作经济组织所形成的资产积累与增值归全体成员共同所有,即合作经济组织在产供销一体化经营过程中所创造的增值利润通过合作制的收益分配机制(通常按农户与农民专业合作经济组织的交易额)返还给农民专业合作经济组织成员,即使是用做公共积累的那部分利润,最终的受益者还是合作经济组织成员本身(蒋旭平,2006)。综上所述,利益机制是合作经济组织运行机制的核心内容,农户与合作经济组织的利益分配机制也是合作经济组织发展的关键。发展合作经济组织、创造更多利益来调动广大农户的积极性,要有好的利益分配机制,以实现农户增收,并促进社会和谐的可持续协调发展。

三、农民合作经济组织发展与农民权益保护的利益机制的关系表达

利益机制是农民合作经济组织运行机制的核心内容。正如上述所说利益是相对于一定的利益主体而言的,利益机制是对利益带有原动性的有机系统。不属于任何主体或者没有任何主体的利益是不存在的,没有好的利益机制,利益是无法得到真正实现和保护的(李长健,2005)。制度经济学认为,任何经济结构的发展都是由各种利益集体谋求利益的活动促成的,在经济发展的可能性中,永远存在着潜在的经济利益(蒋旭平,2006)。目前影响农民及相关合作经济组织经济行为的主要因素是利益偏向,因此,利益机制还是合作经济组织运行机制的核心内容。利益的创造贯穿于合作经济组织的运行。只有将其中的经济利益返还给合作经济组织成员,才能鼓励和吸收更多的成员加入,合作经济组织自身的阵容才会逐渐扩大。因此,合理的利益机制能够促进合作经济组织乃至一国农业的顺利发展,可以为农业现代化和农民权益保护提供更有利的条件。

合作经济组织的利益机制是运用一定的方式和手段来实现经营系统的共同目标和多元参与者主体利益的目标。它体现的不仅是合作经济组织内部利益与外部利益、直接利益与间接利益,还体现为短期利益与长远利益以及可持续发展的利益。利益是合作经济组织成员之间的纽带和桥梁,建立科学、完善的利益机制就成为合作经济组织生存和发展壮大的关键,是农业产业化的核心,关系到产业化经营的成败。目前,中国合作经济组织的利益分配通常由自身来完成,受外界干扰少。合作经济组织的利益分配是参与利益分配的各主体博弈均衡的结果。在分配过程中,需要考虑资本有限报酬,还要考虑惠顾额分配合作经济组织盈余;既要保持投资者的积极性,又要调动生产者的积极性。

在农民权益保护的利益机制体系中,利益代表机制的中心是依法确立能真正代表农民利益,维护农民权益的代表者。这些代表者可以通过宪法、经济法、行政法等法律制度的安排在各种经济活动中真正地代表和维护农民利益,形成能与其他利益主体集团抗衡的代表农民利益、维护农民权益的利益集团,提高农民利益集团在社会利益分割与制衡中的话语权和行动力;利益表达机制的中心是依法确定农民利益代表者通过制度规定的多种渠道表达农民真正的利益诉求;当农民权益受到侵蚀时能代表农民行使表达权利,表达农民心

声,从而使农民利益的代表者真正行使代表、表达、争取、维护农民权益的基本职能。利益分配机制的中心是依法合理地对农业经济活动中产生的利益进行分配。它既包括农民与农民之间、农业组织与农业组织之间的利益分配关系,又包括农民与其他主体之间的利益分配关系。利益保障机制的中心是依法保障农民利益。包括依法保障,即农民通过自己的合法行为直接实现自身利益;受害保护,即当农民利益受到侵害时予以保护;受损补偿,即当农民利益受损时,必须建立合理的利益补偿机制,给其提供一定的补偿(李长健,2005)。

第二章 农民合作经济组织发展的
现实背景与作用

农民是我国规模最为庞大的弱势群体,对其权益的保护直接关系到我国整个社会福祉的提升。重视农民是全面建成小康社会的必然要求,也是社会可持续发展的不竭动力。农业供给侧结构性改革,切不可"见物不见人",或者"顾左右而言他"。当前倡导农业供给侧结构性改革,不仅仅是促进生产力的发展,更需要关注生产关系的变革。在习近平"三农"思想中,农村市场化中的农民组织化特别是新型合作化理论,聚焦生产关系,具有突出的重要地位(陈林,2018)。而农民合作经济组织作为农民的集体组织,能够有效地将农民联合起来,是农民权益保护的主体依托。显然,发展农民合作经济组织是农民组织化进程中的重要一环,对农民合作经济组织展开研究需要从其发展背景以及纵横比较来进行深入探讨。

第一节 农民合作经济组织发展的现实背景

解决好"三农"问题,关键是要针对当前农业农村发展散、小、乱、低等组织化程度差的实际,探索完善以农村基层党组织为核心、农村专业合作经济组织为龙头、社会组织为支撑、村民自治组织为基础的"四位一体"组织体系,通过组织振兴为实施乡村振兴战略提供坚强保障(殷梅英,2018)。

"中央一号文件"是我国农村工作的重要指导性文件。2017年的"中央一号文件",在"深化农村集体产权制度改革"部分提出,"从实际出发探索发展集体经济有效途径,鼓励地方开展资源变资产、资金变股金、农民变股东等改革,增强集体经济发展活力和实力"。在"积极发展适度规模经营"部分,首次提出"积极发展生产、供销、信用'三位一体'综合合作"来加强农民合作社规范化建设。党的十九大报告中明确指出,"健全农业社会化服务体系,实现小农户和现代农业发展有机衔接",这显然需要明确以合作经济组织为本,追求服务带动型的规模经营。2018 年的"中央一号文件"进一步在"巩固和完善农村经营制度"中强调,实施新型农业经营主体培育工程,培育发展家庭农场、合作社、龙头企业、社会化服务组织和农业产业化联合体,发展多种形式适度规模经营;并在"深入推进农村集体产权制度改革"部分指出,"加快推进集体经营性资产股份合作制改革,推动资源变资产、资金变股金、农民变股东,探索农村集体经济新的实现形式和运行机制","研究制定农村集体经济组织法,充实农村集体产权权能,并全面深化供销合作社综合改革",以上阐释不仅表明了政府对于农民合作经济组织发展的重视,也进一步凸显出合作经济组织在保护农民权益和解决"三农"问题中的重要作用。

全面建成小康社会是政府、社会组织和全社会成员的共同责任。农民合作经济组织作为重要的市场主体,其作用不仅表现在促进经济社会财富的增加上,也应该体现在促进社会的和谐以及人的全面发展上。在统筹城乡经济社会发展和农业产业结构调整的大背景下,通过"公司+农户""公司+合作社+农户""合作社+农户"等多种组织形式,不但能够提高分散经营农户的组织化程度,充分发挥他们在农业产业结构调整中的积极性,还能激发农村市场活力,发展农村经济、增加农民收入、减少城乡差距,从根本上破解"三农"问题。目前各地农民专业合作社的发展势头强劲,合作规模不断扩大,合作领域不断扩展,对于提高农民的组织化程度、促进农业科技推广、帮助农民增产增收等具有积极作用(张璇,2016)。农民合作经济组织作为一个主要向农民提供产品和服务的经济组织体,不但是社会众多组织中的重要一员,更是农村社区建设的重要主体,它是组成社会并促进社会发展的重要组织形式。农民合作经济组织的发展离不开整个社会协调发展,要促进农村与城市之间的和谐,进而实现整个社会的和谐,就需要在科学发展观与和谐理论的指导下,建立起农民合作经济组织与社会之间的和谐关系。需要用全面、协调、可持续发展的科学发展观来引领合作经济组织的发展,使合作经济组织明确自己既是经济组织又是社会组织的双重角色,并自觉担负起促进人与自然、人与社会、社会与自然的协调发展的历史使命和社会责任。

一、政治背景:构建社会主义法治国家的制度要求

我国《宪法》明确规定:"中华人民共和国实行依法治国,建设社会主义法治国家。"即广大人民群众在党的领导下,依照宪法和法律规定,通过各种途径和形式管理国家事务,管理经济文化事业,管理社会事务,保证国家各项工作都依法进行,逐步实现社会主义民主的制度化、法治化。全面依法治国是中国特色社会主义的本质要求和重要保障。全面推进依法治国总目标是建设中国特色社会主义法治体系、建设社会主义法治国家。建设社会主义法治国家的首要任务,就是制定完善的法律,实现法治。只有有法可依这个前提存在,才能实现有法必依、执法必严,满足"法治"的内涵要求。因此在构建社会主义法治国家的制度需求下,要发展合作经济组织,保护农民权益,就必须对其进行应有的规范,通过立法的手段,使其在法律的区域内,以符合法律规定的方式,正确地发挥其应有的作用。

社会制度是社会运行的基础和保障,社会发展应与社会制度相适应,决胜全面建成小康社会,开启全面建设社会主义现代化国家新征程同样需要相应制度保障。中国台湾学者洪逊欣先生曾说:"研究个人自由与经济发展的关系,须以法为社会统制手段,并斟酌其经世济民(Administration of Affairs and Settlement of Civil Life)之职能,即兼顾维护社会秩序之形式安定与正当生活之实质秩序。"但维护社会实质秩序之法,须充分反映民众的意志,体现民众心声。哈贝马斯也认为政府的合法性取决于社会成员的认同,因此全民的知政参政率是一个重要标准。合作经济组织发展为提高社会民主、民众充分参与政治提供了必要的途径和制度供给(李长健、伍文辉,2006)。可见,农民专业合作社制度的发展,"有助于完善市场秩序和规则,不但对农民,而且对企业、政府和其他农村组织都会产生积极作用"(全国人大农业与农村委员会课题组,2004)。

首先,从法律的制定过程来看,合作经济组织将为农民群体的利益代表者提供参与机会。他们可以通过参加法律听证会,或者通过其他法定的渠道参与法律的制定等过程。其次,从法律的执行过程来看,农民合作经济组织有助于对广大农民进行规范的组织化管理,并通过遵循相应的法律法规制度保障其规范运作有法。最后,从法律的实施过程来看,农民合作经济组织有助于合作制经济的更加规范、有序,并通过相应的反馈机制吸引更多的农民参与进

来,不仅涉及相关的农业技能交流、培训,还包括相应的农村法治化程序的履行,有助于农村经济事务的法治化治理,也同样起到了衔接政府与公民的桥梁作用,传达彼此的心声和理顺沟通渠道的作用。

"合作社是人们自愿联合,通过联合所有和民主控制的企业来满足共同的经济、社会和文化需求与抱负的自治联合体"(唐宗焜,2003)。在国外,合作社与其他经济组织形式一样,都是很重要的民商事主体。目前世界上绝大多数国家、地区都颁布了关于合作社的法律规范或者示范章程(吕丝,2013),如日本农协在成立之初就有一个《农业协同组合法》对其发展予以规范;韩国合作社的主体法律是《韩国农业协同组合法》,并且有《韩国农业协同组合法细则》等与之相配套;美国的合作社法律体系是由联邦法律涉及合作社的条款和各州的合作社法构成的。除此之外,大陆法系部分国家在其民法典中对合作社作出了专门规定,如《俄罗斯联邦民法典》第一编"总则"中有关于生产合作社的规定,《意大利民法典》第五编"劳动"中有关于合作社的规定,《瑞士民法典》第一编"人法"中有关于合作社的规定。

改革开放以来,中国农业经济学界和政府部门对农民合作经济组织的发展问题从理论到实践进行了广泛而深入的研究,但法学界对这一问题却很少予以关注。应当看到,如果不能从立法上对农民合作经济组织做出明确的界定,那么合作社的法律地位就不能得到确认,国家对合作社的各种政策就不能得到真正落实,中国农村合作化事业就不可能有一个健康的发展。因此,农民合作经济组织的立法问题是一个亟待研究的现实课题。农民合作经济组织是在市场经济发展中产生和发展的,市场经济是法治经济,农民合作经济组织的发展离不开法律支撑和保障,其发展必须纳入法制化的轨道。2007 年 7 月开始施行的《中华人民共和国农民专业合作社法》(以下简称《农民专业合作社法》)作为我国第一部规范农民专业合作组织的法律,弥补了长久以来合作社立法上的空白,实施十周年以来,在促进和引导、推动农民专业合作社发展、合作社及其成员权益保护、规范合作社组织和行为、促进农业农村经济发展方面发挥了积极有效的作用。《农民专业合作社法》在实施十年后,特别是近年来,随着农村分工分业深化,合作社在发展方向和表现形式上均发生了一定变化,因原有的《农民专业合作社法》不管在章节上还是内容上,都无法满足现有合作社发展的需要。据此,为了广大农民的意愿和农业农村现代化的需要,经过多次修改讨论,修订草案于 2017 年 6 月 22 日在第十二届全国人大常委会第二十八次会议上审议,经修订,最终于 12 月 27 日在第十二届全国人大常委会第三十一次会议上通过,于 2018 年 7 月 1 日起正式实施。新的《农民专业合作社法》在调整范围、成员资格与构成、合作社成员出资范围上都有了重点改变,并且还新增加了关于联合社和内部信用合作的内容。

二、经济背景:农村经济结构调整与农村经济发展的客观需求

农村合作经济是在家庭承包经营的基础上,适应市场经济和农村改革发展的一项经营体制创新。它的发展,对于提高农民的市场主体地位,加快现代农业建设,促进农村生产力发展具有重要的作用,是现阶段推动社会主义新农村建设、加快全面建成小康社会进程的重要抓手(郭华敏,2018)。早在 2000 年,我国的中央农村工作会议就提出,为了适应农业和农村经济发展新阶段的要求,必须大力推进农业和农村经济结构战略性调整,全面提高农业和农村经济的素质和效益,增加农民收入。2016 年的中央农村工作会议正式提出 2017 年的农村工作要“以推进农业供给侧结构性改革为主线,围绕农业增效、农民增收、农村增绿,加强科技创新引领,加快结构调整步伐,加大农村改革力度,提高农业综合效益和竞争力”,2017 年的中央农村工作会议以及 2018 年的“中央一号文件”作出实施和推进乡村振兴战略的重大举措,并继续提及“必须深化农业供给侧结构性改革,走质量兴农之路”。可见,农村经济结构调整和农村经济的兴盛一直是党中央农村工作致力于优化、提升的目标。

农村经济结构包括农村生产力结构和农村生产关系结构,两者相互促进、相互制约,共同形成农村经济结构的整体。当前倡导的乡村振兴战略不仅仅是促进生产力的发展,更需要关注生产关系的变革。而习近平“三农”思想,是指导我们进行农村发展与改革实践创新的理论基础。在习近平“三农”思想中,农村市场化特别是要素市场化理论、农民组织化特别是新型合作化理论,聚焦生产关系,具有突出的重要地位,最富有时代感和创造性,已经构成习近平新时代中国特色社会主义思想的重要组成部分(陈林,2018)。

在农村经济结构中,生产力结构表现为农村各行业的构成和布局,以及参与经济活动各要素的地位和作用;农村生产关系结构表现为农村的社会经济制度结构,它贯穿于农村生产力结构中。农村生产力结构包括农村产业结构、农村劳动力结构、农村分配结构、农村消费结构和农村交换结构,其中农村产业结构是核心,其他结构的变化是以产业结构变化为原因或最终归宿。产业结构的变化规律一般是劳动力由第一产业向第二、第三产业顺次移动,导致劳动力在第一产业中的比例不断减少,在第二、第三产业中的比例不断增加,最终以第三产业为主的局面。在中国农村,这种趋势表现为农村非农产业的兴起,农村劳动力逐渐向非农产业移动,最终由以农业为主的结构转向农业和非农业共同发展的结构。

农村经济结构调整的结果可以实现农业现代化发展,促进农民持续增收。农民作为农村的主要成员,农村发展的直接受益者,理应直接享受到农村经济发展带来的硕果。历年来中央农村工作的重点也是以农民收入的提高为农村各项工作的目标和衡量农村发展状况的重要指标。在农村结构调整的过程中,政府并不是处于主导地位,而是处于一个服务者的地位。过去的经验告诉我们,管理型政府只会导致农村结构调整的缓慢、农民收入增长的滞缓和农民负担的加重。社会对政府发展的客观需要也是从管理型政府向服务型政府转变。因为归根结底,农村经济结构调整的基础是农民、农村的自我发展。

农村合作经济制蕴含着丰富的农村生产关系变革内涵,农民合作经济组织通过相关的服务功能,可以为不同的成员提供服务,包括技术和信息提供;以其纽带功能,成为市场和经营主体、农民和政府间的桥梁;以其保护功能,维护农民群众的权利和利益;以其教育功能,提高其成员的素质水平;等等,整个组织是农民利益代表与其他利益主体进行博弈的关系总和。

作为农村生产关系变革核心范畴之一,合作经济组织的发展对农村经济结构调整有着重要意义和作用。首先,通过合作经济组织团结起来的农民,才有能力成为农村产业结构升级的主导力量。一方面改变农民个体资金缺乏、技术落后、抵御风险能力低等弱点;另一方面形成起来的强大力量,可以有效推动农业向第二、第三产业的扩展。其次,合作经济组织通过交易的联结,形成一种规模经济,有利于实现农业产业化。合作经济组织发展壮大后,通过统一生产、统一经营、统一分配等形式,可以增强自身抵御自然灾害和市场风险的能力,发挥其"凝聚力"作用,能从生产和经营方面切实维护和发展农民的权益。"家庭经营+合作组织经营"的产业化经营模式是实现中国农业现代化的最佳方式。再次,合作经济组织的形成有利于农村产业的专业化经营。科学技术的应用对专业化发展来说是必要的,但农村科学技术水平相对较低的现实状况需要合作经济组织提供信息引导和技术支持。合作经济组织以其有效的"示范"作用,辐散性地推广农业科学技术。最后,合作经济组织发展有利于农村第三产业的发展。农民组织化程度的提高和农村生产力的发展,农业对于从业人员数量要求会不断减少,这样多出来的农村劳动力就会转向第二、第三产业。合作经济组织通过提供技术、信息咨询等一系列服务,同时也会促进农村地区相关服务业的发展,改善农村产业单一化的缺点。而且合作经济组织发展可以促进农民收入水平的提高,也会极大地推动农村饮食、商业、文化娱乐、旅游等行业的繁荣与发展。

三、社会背景:新时代加快推进乡村振兴战略的新型主体性力量

党的十九大报告和 2018 年、2019 年"中央一号文件"提出的实施和推进乡村振兴战略,就是要正视农业农村发展的阶段性特征和面临的突出问题,对新时代"三农"政策适时进行调整和完善,加快推进农业农村现代化,让农业成为有奔头的产业,让农民成为有吸引力的职业,让农村成为安居乐业的美丽家园。党的十九大报告还进一步指出:"要坚持农业农村优先发展,按照产业兴旺、生态宜居、乡风文明、治理有效、生活富裕的总要求,建立健全城乡融合发展体制机制和政策体系,加快推进农业农村现代化。"这显然是对乡村振兴战略的内涵高度概括,而其中"加快推进农业农村现代化"正是实施乡村振兴战略的目标。

乡村振兴战略表现在加快推进农业农村现代化目标层面主要有两个特点:一是强调其是继承新农村建设基础上的创新,经过 10 多年的发展,我国农业和农村形势发生了很大变化,面临的矛盾也有很大不同。此时适时提出乡村振兴战略,反映了农业农村发展进入现阶段后的新形势新要求,也反映了广大农民的热切期望。二是强调农业现代化和农村现代化同步推进。农业现代化一直是我国农业发展的追求目标。2017 年农业科技进步贡献率达到 57.5%,农田有效灌溉面积达到 10.2 亿亩,主要农作物耕种收综合机械化水平超过 66%,实现了由以人畜耕作为主向以机械化耕作为主转变。农业现代化水平的提高,成为实现农业稳产增产的最主要推动力。与农业现代化发展呈鲜明对比的是,我国农村发展滞后问题日益凸显。正是出于同步推进农业农村现代化的考虑,党的十九大报告明确提出农村现代化的任务,并将其与农业现代化一并作为实施乡村振兴战略的目标。因此,在全面建成小康社会的目标即将实现的大背景下,推进农村现代化任务必将成为"三农"政策的重要目标。当前和今后一个时期,要像重视农业一样重视农村发展,坚持农业和农村现代化一体设计、一并推进。在这个过程中必然离不开农村市场中核心主体——农民的组织化问题以及其竞争力问题,如此,开发和发挥农业新型的合作制经济以及建设农民合作经济组织在推进农业农村现代化中的贡献,便有了变革生产力层面的蕴意,更是其题中之义、现实需要。

乡村振兴的推进可以全面综合地反映社会文明进步的程度。它不仅是一个村镇建设的问题,还是一个村民发展的问题;不仅是一个经济建设的问题,还是一个包括社会、政治、经济、文化、科技、教育、交通、人民生活、社会治安和社会保障等,涉及社会生活方方面面的有机统一体,是社会综合发展程度的重要标志。实现乡村振兴是一个过程,具有动态性特点。乡村振兴,是目的和手段的统一。社会主义新农村作为推进农村经济社会全面发展的一种手段,必须以强大的合作经济为后盾,合作经济不仅是其中的一个具体内容,也是举办社会各类事业的基础条件,实现乡村振兴,必须发展和壮大合作经济。

实现乡村振兴的最重要主体是农民,而且是以经济利益共同体为纽带组织起来的新型农民。通过大力发展合作经济,提高农民组织化程度,调动农民的积极性和创造性,使农民真正成为乡村振兴的主体。乡村振兴虽然也包含城乡协调发展的含义,但外因只是变化的条件,内因才是变化的根本。乡村振兴最终还是要依靠发挥广大农民群众的建设主体作用。其中,关键是如何把农民组织起来,只有把一盘散沙的农民组织起来,才能凝聚成巨大力量,改变传统落后的生产方式,这也是乡村振兴的根本所在。把农民组织起来当前的主要途径是大力发展农村合作经济。发展农村合作经济是乡村振兴的动力之源,是把农民组织起来的有效途径,是推进乡村振兴和农民组织化的结合点。

可以说农民合作经济组织发展的衡量标准,在很大程度上来源于乡村振兴的评价,同样乡村振兴需要组织体的发展,并最终落实到农民权益保护的基础之上。

(一)农民权益保护与乡村振兴

在中国传统的意识中,重农思想占据了重要位置,但这种思想却是建立在职业与人格分离的基础之上。重视农业生产,特别是粮食生产,却容易忽略农民和农村发展,这种思维定式也并没有因为工农大众成为国家的主人而改变。新中国成立以来,特别是改革开放以来,中国农业和农村发生了历史性的深刻变化,农村经济社会发展取得了举世公认的伟大成就。新中国成立初期党中央提出"以农促工"的政策,在农业的支持下,国家加大对工业部门的投入,中国工业得到迅猛的发展,中国经济得到飞速的发展,中国综合国力也得到提高。这种"以农促工"的政策一直持续到20世纪90年代中后期。同时中国"以农促工"的政策束缚农业的发展,农业和农村发展处在艰难的爬坡阶段,农业基础设施脆弱、农村社会事业发展滞后、城市居民和农民的收入差距扩大,制约农业和农村发展的深层次矛盾尚未消除,促进粮食稳定发展和农民持续增收的长效机制尚未形成,统筹城乡发展的体制机制尚未建立。

20世纪90年代中期中国粮食供给结束了长期短缺的局面之后,农民与农村问题就似乎淡出了我们的视线。但随着经济全球化,国内外经济的波动,农民受到来自农业收入大幅减少,以及打工和非农经营收入减少的双重压力。然而,这些年农业的税收却是逐年增加的,并逐渐酿成了一个隐性的、严重的社会问题:一方面,工业化加速,意味着工农业比较利益差距进一步加大,也就是说,工业与城市对农业和农村资源的吸引力越来越强;另一方面,城乡二元结构松动,使得原来被行政力量束缚在农村的各种资源有了流动空间,在市场机制作用下,资源流向比较利益较高的部门也就顺理成章了。多年来流入农村的新增资源相当匮乏,而本属于农村的各种存量资源却在无序地大量流出,农村积累的财富有限,导致一些地方的农村还存在未通公路、群众看不起病、农民子女上不起学等现象,可以称之为农村"失血"过多,这正是中国广大农村缺乏活力的根源,在此情况下农民权益并没有得到保护。

实现乡村振兴是从"以工促农,以城带乡"出发,从统筹城乡的视野出发,提出的一项重要战略举措。通过推进乡村振兴,可以加快农村经济发展,增加农民收入,既能激活亿万农民的潜在购买意愿,转化为巨大的现实消费需求,又能拉动整个经济的持续增长。加大对农村基础设施的投入,特别是通过加强农村道路、住房、能源、水利、通信等建设,既可以改善农民的生产生活条件和消费环境,又可以消化当前部分行业过剩的生产能力,促进相关产业的发展。通过推进乡村振兴,加快农村经济发展,有利于更好地维护农民群众的合法权益,缓解农村社会矛盾,减少农村不稳定因素,为全面建成小康社会打下坚实基础。

乡村振兴的核心问题是由"三农"问题决定的。"三农"问题的关键是农民问题,而农民问题的核心是农民利益问题(李长健,2005)。研究农民权益保护的问题,有利于乡村振兴,保护好农民权益是乡村振兴的重要基础。党和国家推动的乡村振兴,为中国农民描绘了一幅幸福、美好的蓝图,亿万农民为之欢呼,对此充满无限的期待。但是,乡村振兴毕竟不是在一张白纸上自由描绘蓝图,乡村振兴面临的任务十分艰巨。中国现阶段农业处于传统农业生产模式向现代化农业转变的进程中,相对而言农业不发达,农村整体还较落后,农村基础设施匮乏,农民整体处于弱势地位,农民权益整体上不能得到有效保障,这是乡村振兴的一个不可回避的现实基础。乡村振兴应当正视这一现实,从中国这样的实情现况出发,在积极部署面向未来的新的建设任务的同时,也积极地改善农民的现实地位,积极地维护农民的现实权益,才能把乡村振兴建立在一个稳固的基础之上。如果在乡村振兴中农民的正当权益依旧得不到支持,对农民的合法权益保护依旧不到位,农民依旧处于弱势地位,则乡村振兴也只是空想,建设社会主义现代化国家也只是一纸蓝图,实现中华民族伟大复兴的中国梦仍将遥遥无期。

(二)合作经济组织与乡村振兴

乡村振兴需要农村合作经济组织,乡村振兴最繁重的任务在农村。目前,中国农业生产力发展水平相对落后,农民整体生活不宽裕,农村面貌改变缓慢。深化农村土地制度改革,完善承包地"三权"分置制度背景下,中国农业发展依旧以家庭经营体制下分散的小农生产为主,这种经营模式不仅要直接面对国内竞争激烈的市场,还必须应对来自国外高度组织化的农业竞争,这使得农民面临的市场风险愈来愈大。近年来,随着党与政府加强对"三农"问题的关注,陆续制定了农业农村优先发展的政策,农业和农村发展随之出现了积极变化,迎来了新的发展机遇,但沉重的历史问题使得农民增收依然缓慢,农业和农村发展仍然处于缓慢上升期。

自20世纪80年代以来,农民专业合作经济组织在中国各地悄然兴起,对农户的带动作用逐渐增强,实践证明,发展农民专业合作经济组织是进一步提高农民组织化程度,增加农民收入,增强农产品市场竞争力,维护农民自身合法权益的有效形式,是推进乡村振兴的有效途径,是市场经济下中国农业发展的必由之路。市场经济条件下的农村合作经济组织,是在家庭承包经营的基础上,围绕信息、技术、采购、储运、加工、销售等环节,通过入股建立的一种互助合作经济组织。发展合作经济组织,是适应社会主义市场经济的要求,也是创新农村经济体制的重要内容。乡村振兴是一个系统工程,各方面都十分的重要,而发展合作经济组织在当中扮演重要的角色。同样,合作经济组织的发展也离不开乡村振兴。推进乡村振兴,可以引导农民在联产承包的基础上进一步组织起来,发展和完善包括社区和各类专业的合作经济。只有将农民组织起来,才能发挥其在乡村振兴中的主导力量,真正成为乡村振兴的主力军。

合作经济组织的充分发展为农民主体地位发挥提供一个载体,以合作经济组织为载体的农民必将在乡村振兴中发挥重要作用,并极大地促进新农村的和谐发展。总之,乡村振兴对农民合作经济组织研究起着重要的指引作用,而对农民合作经济组织展开研究,是符合中国乡村振兴,也是紧随国际步伐的时代需求。

(三)乡村振兴、农民权益保护与合作经济组织"三位一体"的互补互促发展

乡村振兴促进农民权益保护与合作经济组织的发展,农民权益得到很好的保护反过来促进乡村振兴与合作经济组织的发展,合作经济组织的有效发展也反过来促进乡村振兴与农民权益的发展。

乡村振兴是提高农民组织化程度和保护农民权益的有效途径,不仅可以推进农业产业化经营,还能积极发展各类农民合作经济组织。农业产业化经营能够在保持家庭承包经营的基本格局的基础上,将分散经营的农户通过适当的方式组织起来,根据市场需求变化发展规模经营,提高农业经济实体的竞争能力。积极发展各类农民专业合作经济组织,对农民权益保护更有积极的意义和作用。从当今发达国家的实际情况来看,建立农民合作经济组织可以说是一种比较理想的组织化形式,它更能体现农民自身的主导作用和创造性。

建立和发展农民合作经济组织,包括两层含义:一是从微观角度来看,将分散的农户通过适当方式联结起来,组成一个个分布在农村基层的经济联合体,由农民自身发挥主导和支配作用。二是从宏观角度来看,将已经建立的单个的农民合作经济组织通过适当方式联结起来,根据市场经济发展要求组成

跨越行政区域的甚至全国性的合作经济组织系统,同样由农民自身发挥主导和支配作用。这样,在乡村振兴中才能有效地提高中国农民合作的组织化程度,并且充分体现农民在组织化中的地位和作用,以及更有效地保护农民的权益。

探求完善与创新农民权益的保护机制和方法,既是实现乡村振兴的重要保障与条件,也是乡村振兴与合作经济组织的应有之义。依法健全民主选举、民主决策、民主管理、民主监督四项制度,实现从"村民他治"向"村民自治"扩大农村基层民主,健全村党组织领导的充满活力的村民自治机制,是搞好小康社会新农村民主政治建设的行之有效的重要途径。要实现新农村民主政治建设从"村民他治"向"村民自治"的转变,应根据《中华人民共和国村民委员会组织法》及相关法律制度,完善村民自治制度,着重抓好村级民主制度建设。要切实加强相关法律、法规与制度建设,为农民权益保护提供可靠的法律与制度保障,不断提高农民权益的自我保护意识与能力。积极创造条件以确立与提高农民在公共政策中的主体地位,为完善与创新农民权益保护机制提供公平、公正的社会基础。政府要加大对农村公共服务的供给力度,重点加强农村教育、医疗和保障事业建设,使农民真正享受改革与发展的成果,得到真正的实惠,确保农民权益得到更有效的合法保护,使之反过来促进乡村振兴与合作经济组织的发展。就目前来看,我国农民合作经济组织在精准扶贫中也发挥了重要作用,通过有效整合国家财政扶贫资源与合作社进行对接,再吸纳贫困农户的自有资源,一方面有助于依托合作社推动建立产业扶贫、资产收益扶贫、合作金融扶贫与农业科技扶贫相结合的精准扶贫体制机制;另一方面也有利于提高贫困农户在合作社中的股权份额,改善合作社的产权构成,使贫困农户能够更好地参与合作组织并逐步提升合作自治能力,推动合作社进一步完善治理结构,走上转型升级与可持续发展的道路(赵晓峰、邢成举,2016)。

发挥合作经济组织在乡村振兴和农民权益保护中的作用主要表现为:有利于提高农民的组织化程度以充分调动农民主体的积极性;有助于推动农业朝产业化经营方向发展;有效提高农民的素质和法律意识,增强农民维护自身权益的能力,有利于保护农民的合法权利;有益于尽快改变农村的贫穷落后面貌促进社会主义新农村的建设。农民合作经济组织在乡村振兴中的重要地位主要体现在以下方面:在促进农业产业化经营过程中,是链接龙头企业与农户的纽带;在完善村民自治制度过程中,是村支两委开展经济工作的"抓手"和积累集体经济的基脚;在利益主体多元化的格局中,是农民利益表达机制的主渠道之一;在市场竞争中,是帮助农民抵御风险的遮屏;在培育一代新型农民方面,是提高农民整体素质的课堂和熔炉;在民主选择过程中,有效培养和提高农民民主选举和政治参与的意识;在村容村貌的综合治理过程中,是兴办农村公益事业的助手;以至于超越行政区划的界限,弥补现行体制的不足,成为形成与"大市场"相匹配的"大农业"奠定基础的动力。正因为如此,要鼓励和引导农民发展各类专业协会、专业合作社、股份合作社等新型农民合作经济组织,提高农民的组织化程度和实现乡村振兴。但就目前现状而言,农民合作经济组织对政府的依赖性仍然过强,在向第二、第三产业拓展时对风险的估算有失偏颇,成员之间各自追求利益的最大化,还尚未建立起基于内生动力的利益共享机制,还有待加强其教育和培训力度,拓宽农户之间的利益表达渠道,提高对处于弱势地位的农户补贴力度,实现农民合作经济组织中各利益相关者的共存共享和互利共赢(潘斌等,2017)。

四、文化背景:适应信息化文化多样化发展的必然需求

在信息技术日新月异的时代,以互联网为代表的信息网络已经成为人们生活中不可或缺的一部分,并必然影响着农村经济体的重要组成部分——合作经济组织的生存及可持续发展。信息技术在农村地区的普及也进一步促进了农业发展。社会信息化的发展有着生产信息化,生产力系统信息化以及生活信息化这三个层次,对于农村地区社会信息化而言,这三个层次是一并进行、共同发展的。农业生产领域的信息化,是规模经营的技术条件之一,其通过自动控制、多方联动,形成了集约化一体化农业生产模式,这样的一种生产方式,促进与完善了农民合作经营,也催生了合作经济组织的发展壮大。生产力信息化与生活信息化,则是用信息技术将产业与生活结合,也就是中央倡导的"互联网+",这也对农民合作经济组织提出了新的营销方式与组织架构。对农产品销售渠道进行了线上线下拓展。可以说,社会信息化对于农民合作经济组织的生产、运营、销售等方面都提出了新的要求,也为其带来了新的变化。

农村信息化文化的作用主要体现在以下两个方面:一方面,农村信息化文

化发展的多样化有利于推动农村的进步,进而推动社会的全面进步。把科学知识的普及和教育与农民对知识的渴望和对财富的追求以及农村的发展紧密结合在一起,极大地推进了农村的发展和社会的全面进步。另一方面,农民信息化技术的运用的意识提升必然有利于提高农业劳动生产率。农民将学到的知识和技能运用到生产活动中,优化了生产的方式方法,大大地提高了生产的效率,促进了经济的快速发展。但同时,在实践中,农村当前的文化发展也表现出以下两个方面的问题,有待进一步的优化和提高:一是对农村文化重视不够。主要依靠政府主导,然而一些地方政府往往追求短期目标,比较强调短期内经济指标的提升。而农民文化水平的提高恰恰是一项周期长、见效慢,需要长期坚持和不断投资的工程,文化建设需要通过报纸、杂志、电视、网络等媒体或者是文化馆、图书室等媒介进行传播,政府在这方面的投入却明显不足。因此,一些地方政府对加强文化建设的重视并不够,主要存在着投资不足和不能坚持进行的问题。二是文化发展的针对性和实效性不足。政府及其他组织在文化建设中大多注重开展"扫盲"活动,注重正规的教育培训,注重提高基础性教育的普及率,相反,对于农民迫切需要的劳动技能上的培训不具有针对性和实效性。

在乡村振兴的战略背景下,农村地区要实现政治经济社会文化生态多方面全面发展,对于农村文化的引导与保存也有着新时期的需求。农民合作经济组织作为农民组织的一种,对于农民有着一定的组织管理职能,这样一种职能首先体现在经济上是为农民取得一定经济利益。与此同时,农民同样享有文化权益,这样一种利益的取得,也可以通过组织化的形式得到实现。综合性农民合作经济组织不仅承担着组织成员的利益增收的职责,也具有相互之间交流沟通、形成互帮互助的文化职能。在众多的组织活动中,农民的相互交往变得更为密切而频繁,其中传统文化中优质的集体主义、公共思想、公共文化、公共利益等也在交往中逐渐得以宣扬和稳定,乡村社会公共文化资源的空间逐渐拓展(叶海波,2018)。可见,借助农民合作经济组织这一桥梁,为农村地区进行优秀文化的输入,也能够同时发掘和保护植根乡土的优秀传统文化。

五、生态背景:人与自然和谐共生与发展生态农业必然要求

和谐是对自然和人类社会变化、发展规律的认识,是人们所追求的美好事物和处事的价值观、方法论。和谐社会,是人类孜孜以求的一种美好的理想社会,即"形成全体人们各尽其能、各得其所而又和谐相处的社会"。在党的十六大报告中第一次把"社会更加和谐"作为重要目标提出,紧接着又在党的十六届四中全会上,进一步提出了构建社会主义和谐社会的任务。十九大报告中明确提出建设生态文明是中华民族永续发展的千年大计,到2035年在基本实现社会主义现代化的基础上,生态环境根本好转,美丽中国目标基本实现。

自2014年以来,原农业部、国家发改委等部门印发了《农业环境突出问题治理总体规划(2014—2018年)》;2015年2月农业部制定《到2020年化肥使用量零增长行动方案》。党的十八届五中全会提出要加快转变农业发展方式,走产出高效、产品安全、资源节约、环境友好的农业现代化道路。目前有资料显示,我国农业生产中化肥、农药、地膜的过量投入和不恰当的处理使农业超过工业成为面源污染最大的产业。2016年5月26日,中国农药工业协会正式发布《农药工业"十三五"发展规划》。未来农药原药生产将进一步集中,到2020年,农药原药企业数量减少30%。同时,近年来农业产业的利益分配不均衡以及市场对食品安全的重视,也引起学界对农业产业链自身不合理的研究和探讨。显然,以家庭为单位的经营方式已不能适应现代农业发展需求,必须发展新型农业经营主体,而农民经济合作组织自2005年获得政府支持,截至2017年已达到179.4万家。经实践证明,农民专业合作经济组织能够提高农民的组织化程度,降低生产成本,实现产业链的连通和延伸,在农业产前、产中、产后阶段给予农户技术指导,调整农业投入种类和数量,实现农业可持续发展具有明显作用(黄祖辉、高钰玲,2012),且农民专业合作经济组织是推动农业污染防治的有效载体。

农民合作经济组织作为连接农户与国家、市场的重要载体,在其实现经济功能的同时,也是实现社会保障与生态功能的重要经营主体。科学管理、绿色经营、亲环境道路能够提升农产品价值进而促进合作社持续发展(刘翠玉、王伟,2011)。一些学者的研究还显示,生态补偿政策对养猪户资源禀赋——环境行为关系具有显著的正向调节效应(张郁、齐振宏等,2015)。农民合作经济组织实施一些生态行为的直接导向是经济效益的不确定性和生态效应,因此,此时借助制度政策导向、社会捐赠以及国家扶持力度是合作社获得归属感并坚定走生态农业道路的重要因素。学者们对于"为了激励合作社的生态行为,应当以经济利益诱导农民发展生态农业",也基本能达成共识。生态农业的发展不仅仅为了环境的改善,更大程度上可以降低生产成本,促进农户增收,而农村地区任何一个经济组织或农户实施亲环境行为在增加收入的同时还会给整个社会带来正外部性,而无论在理论上还是实践中这种外部性若得不到补偿,将导致生态农业行为的不可持续性。因此,政府需出台相应引导有机农业发展、生态补偿政策的扶持、减税免税免息等支持政策,在政策的总体框架下,各地政府需要结合经济发展水平、合作社规模、产业发展情况等制定配套政策。

农业现代化的实现不能忽视农民对农村生态环境的保护意识,面对乡村故土的严重破坏,他们力不从心。而实践证明,政府和合作社等新型经营主体通过生态农业行为的带动会提高我国农民对于当前农业发展态势的认识,能够培育其绿色、生态发展的理念。认知是指导行为的直接动力,引导农民选择生态农业是以诱导其放弃相对较高经济效益的非生态化农业生产模式,那么如何激励农民参与到生态农业、如何对农户的生态农业行为进行经济补偿是经营主体及政府所要解决的重点问题。再者,依靠补偿降低农户生态农业行为的不确定性带来的收益风险并不是长久之计,只有通过市场提高绿色产品的利润、改善农户的生活环境才是最根本的激励手段。

走绿色化发展方式的生态农业道路是农业经济可持续发展的根本出路。和谐的一个重要方面就是要实现人与自然的和谐,因此必须秉持和践行绿水青山就是金山银山的理念。农民权益保护是关系到中国农村改革、发展和稳定大局的重大课题。它不仅直接影响着农民的收入和农村社会的稳定,也关系到整个国民经济的健康发展。因此,切实保护农民权益,已经成为新一轮农村改革和当前迫切需要解决的重大课题。要做到这一点,最重要的就是使农民的各项正当利益需求通过合法途径得以维护,保护农村的资源生态环境,不使其成为农业单纯追求经济效益的牺牲品,统筹山水林田湖草系统治理,实行最严格的生态环境保护制度,建设美丽中国,为人民创造良好生产生活环境。而合作经济组织的建立和完善就是其中重要的一种组织化发展实践方式。

综上所述,社会主义和谐社会的建设,是当前中国政治、经济、文化各方面发展的全面要求,而实现和谐社会的总要求,建立一个民主法治、公平正义、诚信友爱、充满活力、安定有序、人与自然和谐相处的社会,又离不开解决好农业、农村、农民这个重大课题,切实保护好农民权益,这就需要通过合作经济组织的建设得以实现。

第二节 农民合作经济组织发展的现实作用

一、合作经济组织发展为农民权益保护提供了组织载体

农民专业合作经济组织是农民为了谋求、维护和改进其共同利益,规避经营风险,按照自愿、民主等原则建立起来的经济组织,它弥补和解决了农户家庭分散经营的小规模和大市场间的矛盾(苏昕、于仁竹等,2012)。农民权益之所以在某些方面得不到保护,农民利益之所以存在丧失和被侵蚀的现象,其中主要原因之一是组织载体的缺失。单个分散的农民在市场经济的汪洋大海中无力维护自己的权益,在利益冲突中永远处于弱势地位。在中国,代表工人、妇女、青年人等不同群体的法定组织分别有工会、妇联和青联,有各种各样的社团和协会,就连私营企业主都有自己的协会,并且做得很成功,而农民却没有代表自己利益的组织。西方社会中利益集团在社会事务的公共决策中发挥着显著作用,且数量多、涵盖面广。从农民利益角度看,西方发达国家农民的数量已大幅度下降,农业生产产值在国民生产总值中所占比例也不断缩小,但农民组织在国家政治生活和农业政策决定方面却一直发挥着巨大作用。美国有农民协会、农民联盟、农场局三大农民团体代表农民,对政府决策显示了强大的影响力;法国有农民工会、农民协会、农会等组织代表农民利益;日本则有全国农协联盟代表日本农民利益。

农民合作经济组织对于农民而言,有助于降低生产成本和交易费用、提高谈判地位和抵御风险的能力;对于其他市场主体而言,有助于降低龙头企业的交易成本,农村集体经济组织可与合作社相互促进;对于政府而言,有助于落实国家产业政策、了解农民意愿。我国农民专业合作社在实际运行过程中,普遍规模较小、实力较弱,带动农户能力差、竞争力不强,存在内部组织机构不健全、民主管理基础缺失等问题(李剑,2013)。必须强调的是,农村合作经济组织作为农民利益的代言人,要在成员构成中让代表广大农民的专业合作社占据主体,确保在实际运行中能够切实保障好农民的权益,同时要鼓励更多农民

通过参加合作社成为农村合作经济组织的服务享受者和利益分享者。要正确处理好工商资本和农民的利益关系,为确保农村合作经济组织发展方向不走偏、农民利益不受损,要坚持从制度上规范涉农企业成员的行为,确保任何时候农民群众都是农业发展、乡村振兴的真正主体。

转型社会下农村社会分层、社会流动加剧,农村社会结构也发生相应的变化,农村社会利益的冲突和矛盾日益尖锐和激烈化。我们在转型社会背景下进行乡村振兴,关键是协调好农村的各种利益,建立有效的利益机制。乡村振兴中利益和谐的实现,必须依托科学、合理、高效的组织推动,农民合作经济组织与农村社区是乡村振兴中不可或缺的组织体。在当前农村经济可持续发展需要的新时代发展背景下,必须发挥农民合作经济组织与农村社区利益机制的功能,坚持以农民利益的实现为根本,以农业的发展为基础,以农村社会的利益和谐为最终目标。农民合作经济组织实际作用的充分发挥,可以增强农民的经济收入,满足农村经济发展的多样化需求(王晓云,2017)。

二、合作经济组织的发展为农民权益获得提供了有效途径

早期国内多数学者从推进农业产业化经营的角度来讨论发展农民专业合作经济组织的必要性。在产业化经营中发育农民的专业合作组织有其经济和社会的合理性:降低、减少农民进入市场的交易行为和获取规模收益;提供服务;增加收入(张晓山,2003)。农民合作的必然性和普遍性在于农业生产的自然性、分散性和分散经营的家庭特性,描述了农民合作的新的变革态势,进而提出在农业家庭经营基础上,引导和推动农民的合作,尽快建立农业家庭经营制度与农民合作制度相融合的农业制度与组织体系,已是我国农业与农村发展的一个关键。农业企业化是21世纪初农业基本经营制度创新的新亮点,而农民专业合作经济组织则是农业企业化的有效组织载体。例如有学者通过研究农产品流通困境及其原因,发展在农产品流通环节建立高效率的流通合作组织是解决农产品流通困境的有效途径(陈阿兴、岳中刚,2003)。

组织资源是最有决定意义的资源,它能使弱小的个体汇聚成强大的团体,有效地表达、集中地表达和有力地维护自己的利益。从这一现实需求出发,应当加快发展各种为弱势群体服务的群众组织,使群众组织在代表弱势群体利益、建立弱势群体的利益诉求和利益协商机制中发挥积极作用。

为了规范弱势群体的利益诉求行为,维护其合法权益,需要建立弱势群体自己的组织。农民要成立农会(农民协会),工人要成立真正属于自己的工会,各行各业都要成立行业协会。它们是弱势群体利益的整合和表达组织,是与政府沟通协商的政治参与组织。但是现在存在的主要问题是,这些组织许多没有得到政府民政部门在程序上的认可,没有取得"正式组织"资格,甚至被称为"非法"组织;它们内部虽有一定的分工但缺乏系统性和支配性,成员之间没有建立明确的权利和义务关系。

由于成员的文化素质和法律意识较低,其行为目标和方式容易导致盲目性,甚至被人利用,进行一些非法活动。因此,政府在弱势群体组织建设的过程中,应从政策上予以引导,行政上予以合作,法律上予以规范,使其健康发展。培育和壮大社会中间层主体可坚持"扶持、帮助、引导、鼓励"的原则,因地制宜,放手发展。充分发挥社团、行业组织、社会中介组织和城乡基层自治组织的作用,使群众组织能够充分发挥代言作用,直接代表各社会阶层,引导群众以理性合法的形式向政府表达意愿,参与公共政策制定,协调公共政策和社会群体间的利益冲突,形成社会管理和社会服务的合力。

合作经济组织的发展为农民权益的获得提供了有效途径,农民可以通过合作经济组织有效地表达自己的意愿,在调查中,我们发现在以前没有合作经济组织的时候,大多数农民都通过与对方当事人和解或者请第三人出面调解,甚至还有少部分人放弃了保护自己的合法利益,导致农民利益大量流失。而现在随着合作经济组织的发展,更多的农民选择了通过合作经济组织这个载体来寻求自己利益的保护伞,实现自身的合理正当利益。合作经济组织作为社会中的第三种力量,所发挥出的力量和作用,不仅有助于解决农民权益保护的问题,而且也促进了社会的和谐进程,有利于建设社会主义和谐社会。

三、合作经济组织的规范为农民权益实现提供了制度保障

法律法规的不健全是阻碍和谐社会法制建设的首要问题。改革开放以来,社会法制建设取得了长足的发展,已经制定了多部特别法律、行政法规、部门规章制度,加上地方人大政府制定的配套法规、规章,已经形成了初具规模的社会主义法律体系。这些均为减轻群众负担,维护改革成果,推动社会经济的进一步发展,保障公民的政治经济权益以及建设社会主义和谐社会提供了

更多的法律和制度保障。但同时我们也应该看到,中国社会法治建设仍有许多缺陷和不足。第一,法律法规自身存在缺陷。在以前涉及合作经济组织的法律法规体系不健全,特别是有关农民合作经济组织的法规少之又少,且部分法律法规不能体现社会主义市场经济的要求,不能适应社会主义和谐社会建设的需要;基本法律的配套法规、规章不健全,且可操作性差,农民的应有权益得不到切实的法律保障。第二,法律法规宣传教育力度不够。

《农民专业合作社法》在实施过程中遇到了两个问题:一是农民专业合作社要继续发展,必须解决一些在发展中遇到的体制机制障碍问题;二是合作社自身也确实存在一些需要规范的问题(白剑,2018)。由于中国近几年切实注重通过立法的形式,对合作经济组织的发展予以规范,以保证合作经济组织最初的目的得以实现,即能够顺畅表达其所代表群体的利益诉求,并通过法律允许的渠道进行诉求,最终使其正当利益得以实现。因此,可以说合作经济组织的发展为农民权益的保护提供了有效途径,而合作经济组织的规范则是为农民权益的实现提供了厚实的制度保障,以制度化的方式予以体现。从社员、财产、治理结构等角度深入探讨农民专业合作社法律制度,将有助于改善农民专业合作社资本之不足,使其成为社员民主控制、组织机构健全、治理机制完善的经济组织,有利于真正实现为社员服务的根本宗旨,从而保障农民切身利益,推动农村经济发展。

当前,我们进行乡村振兴中需要完善农民合作经济组织相关法律、法规,处理好村民自治组织与基层政府和基层党组织间的关系,深化村两委与合作经济组织的合作,实现行政推动与内源发展相结合(阴文清,2017)。加强农民合作经济组织的组织建设和制度建设,大力发展农村教育文化事业,培育先进的农村文化和农村社区文化,真正实现村民自治,才能最终保障农民合作经济组织的利益功能机制发挥。我们期待在乡村振兴的过程中,通过农民合作经济组织与农村社区的利益功能机制的发挥,实现农村社会的和谐发展与法制建设的完善。而当前的农民合作经济组织壮大与农村社区发展在中西部仍然处于起步阶段,相比较于东部发达地区的差距很大,严峻的形势给我们提出了高的要求,需要以此为契机来促进农村和谐社会的发展与农村法制的完善。

四、合作经济组织的运行实践为农民权益的发展提供了保障机制

合作经济组织是第三类服务组织,它与其他从事商业服务的组织不同,合作经济组织不以营利为目的;它也不像政府部门那样提供公共物品和无偿服务。合作经济组织以为农服务为宗旨,对内坚持惠顾返还原则,对外坚持商品交换原则,能够较好地克服公司企业和政府两类不同组织形式存在的缺陷和弊端。合作经济组织以其合作属性,可以让服务对象以最低费用获得最高收益,可以有效地解决政府部门包揽不了、公司企业不愿承担、单个农户无法办到的事情。在这种状况下,中国农民合作经济组织基本形成全面蓬勃发展之势,并将进一步成为农业社会化服务的中坚力量。

作为为农民服务的组织,合作经济组织的主体是农民,由农民自己来掌握和支配。合作经济组织的服务对象具体、范围广泛、服务形式多种多样、服务内容与农村生产、生活密切相关,更重要的是合作经济组织具有其他服务组织所不具备的优势和条件,与农民组成利益共同体,利益共享,风险同担。主要有如下特点:一是与农户关系相对稳定。农村非合作性质的组织多半是以营利为目的,为了追逐利润可能会损害农民的切身利益。这类组织与农民的联合比较松散,很难与农民形成稳定的服务关系。合作经济组织则不同,它是农民利益的忠实代表,是由多个具有共同利益的农户自愿联合组成的利益共同体。合作经济组织与农户之间虽然也存在商品交换关系,但他们之间并非以市场为机制进行调节,他们更多地体现一种服务关系,属于农户的自助互助、自我服务性质(曾福生、李小卉,2002)。这种服务关系可以为农户提供相对稳定的服务,一般不会随生产的丰歉、供求的变化、价格的波动而产生较大变动,可以为农业生产的稳步发展提供有力保障。二是实行农民自我管理。合作经济组织是农民自我管理的组织,它带有鲜明的农民性。因为合作经济组织的主体是加入它的农民,农民可以掌控合作经济组织的经营管理权、决策权、剩余索取权。合作经济组织是农民自主、自治和自助的群众性经济组织。它的管理决策机构通常由成员大会、董事会和执行机构三级组织构成,有的还另设了监事会,实行民主管理和监督。关于人事安排、业务开展由成员大会讨论决定并接受成员的监督,不受行政的干预或利益的驱使。在合作经济组织中,农民实现了当家作主,集中体现在合作经济组织的事务公开、风险共担、利益均沾的特点上,农民可以有效实现保护自身利益的要求。三是对内不以营

利为目的。农民在合作经济组织中扮演着双重角色,一方面农民既是合作经济组织的拥有者,另一方面农民也是合作经济组织的服务对象,合作经济组织的生产活动完全是从农村生产和农民生活的实践出发,按照农户的需要和需求进行安排。合作经济组织坚持与农民休戚与共,寓经营于服务之中,寓道德于经济行为之中,无论组织亏损还是盈余,依然以为农服务为宗旨,尽力提供农民需要和对农民有利的服务,这正说明了合作经济组织的非营利性。但是合作经济组织对外交往坚持市场经济原则,努力追求盈利。然而这又与一般的经济组织不同,合作经济组织本身并非以营利为目的,对外追求盈余,目的也是为了更好地为成员服务,通过提高合作经济组织的经济效益和经济实力,推动自身发展的同时为成员创造更多的福利。正是因为合作经济组织为农服务的特性,决定着它比其他形式的组织更具有凝聚力和向心力。四是成员分享生产环节的增值利润。一般来说,非合作性质组织,尤其是经营性组织,参与农业生产过程的首要目的是获取利润,参与瓜分农业产前、产中、产后各环节中的利润,这样使得农业利润大量向非农产业转移。然而,合作经济组织通过自办实体,可以将农产品在生产环节中所取得的增值利益截留在农业部门,然后通过相应合理的利益分配机制或者各种优惠方式流向农户手中,保证农业和工商业,特别是农业共享工业化的利润,不断提高农业的比较利益和农民的收入水平,使得农民真正成为农业社会化生产的最终和最大受益者。

第三章　农民合作经济组织发展历程与典型类型

自世界上第一个合作社组织——罗奇代尔平等先锋社 1844 年成立以来，全球范围内的合作运动开始在总体上不断壮大。合作经济以其独特的制度安排、原则取向和运行机制，成为人们通过互助达到自助的一个重要组织手段，也为促进社会进步提供了一种重要的组织形式。农业是合作经济中最活跃的一个领域。在受市场经济支配的农业，存在着合作经济组织，而且这种组织形式已经成为推进农村发展的重要力量，是关系到中国农村改革、发展和稳定大局的重要组织载体，它的壮大发展不仅直接影响着农民的收入和农村社会的稳定，也关系到整个国民经济的健康持续发展。在全社会倡导全面建成小康社会与乡村振兴的历史背景下切实发展农民合作经济组织，保护农民权益，已经成为新一轮农村改革和当前亟待解决的重大课题(朱梓萁,2008)。

随着市场经济在农村的逐步建立和 WTO 政策的深入贯彻，中国农业发展问题、农村稳定问题和农民利益保护问题，日益成为中国整体走向全面小康的关键性问题。而合作经济组织较好地满足了解决这些关键问题的需要，承担起破解中国"三农"问题的重要组织载体所应该担当的历史使命。合作经济组织业已成为提高农民组织化程度和农民收入水平、保护农民权益、促进农村、农业发展的重要主体力量，成为城乡一体化发展、构建和谐农村的重要组织载体。合作经济组织作为一种改变单个农户和大市场之间不公平交易状况的组织形式，逐渐发挥着一种独特组织形式与众不同的作用。纵观全球合作经济组织发展的历史，西方发达国家在合作经济组织建设方面开始得比较早，经过长时期的发展和总结，积累了丰富的经验，这些可以为中国合作经济组织发展提供指导和借鉴。

第一节 国外农民合作经济组织发展的历程梳理

马克思和恩格斯认为,生产合作社对于从资本主义向社会主义过渡具有重要的意义。对于农业,1894 年恩格斯在《法德农民问题》中系统论述了无产阶级在夺取了国家政权以后,采取自愿、示范和国家帮助的原则,发展生产合作社。列宁继承和发展了马克思和恩格斯的合作经济理论。列宁从实践的挫折中认识到合作经济的重要性,提出在社会主义条件下合作社的发展就是社会主义的发展。列宁对流通领域的合作社进行了再认识,主张大力发展。在农业发展日趋市场化、国际化、一体化的经济浪潮中,加强农民间的合作,提高农民组织化程度,对于创新农业经营体制、加快传统农业向现代农业转变、推进农村现代化建设具有重要意义。纵观农业发达国家的农业发展历程,就是农民组织合作水平不断加强提高的历史。有效的农民合作经济组织体系的建立,对于加快从小农经济向现代农业的转变正起到日益明显的促进作用。但由于历史与文化的差异,各国农村、农民合作经济组织的发展呈现出不同的特点。因此,借鉴国外经验对中国新型农村合作经济组织的发展具有重要的理论意义与实践意义。国外农民权益保护、农民合作经济组织的发展基本上可以划分为以下四个阶段(李胜蓝,2007)。

一、国外农民合作经济组织的发展历程

(一)起源时期:存续时间短暂

人类合作的思想早在古希腊时期就出现了萌芽,但其真正的起源却是欧文以前的空想社会主义学说,其中最具代表性的是傅立叶的学说。傅立叶是第一个提出空想社会主义合作思想的人,他在其著作《新世界》和《论家务——农业协作社》中首次提出了社会制度的和谐以及"法朗吉"的设想。所谓"法朗吉"指的是和谐社会中的一种有组织的生产消费协作社,是社会的基层组织。之后,英国的欧文继承了傅立叶的这种空想社会主义的合作思想,并对其进行发展,设想建立合作公社,进行试验,尽管试验没有成功,但后来的合作社的发展却深受其影响。马克思对于欧文的试验评价颇高:"在英国,合作制的种子是由罗伯特·欧文播下的"(马克思、恩格斯,1972)。在欧文建立合作公

社思想的影响下,在 19 世纪 30 年代英国合作团体大量出现,合作团体的数量接近 300 个。虽然这些合作团体大部分由于种种原因而很快解散,但为以后合作社的发展提供了宝贵的经验教训。

这个时期合作社大多寿命很短,这主要归因于:合作社分布散、数量少,尚未形成规范的章程以及统一的组织原则,经营管理准则也很欠缺,仅仅处于试验和探索阶段。因此,大部分合作社建立后不久就解散了。

(二)产生阶段:基本原则确立

1844 年 12 月,在英国兰开夏郡的小镇罗奇代尔诞生了世界第一个真正意义上的合作社组织,名为罗奇代尔平等先锋社。合作的领域和范围不断扩大。从罗奇代尔平等先锋社成立以来,全球范围内的合作运动在总体上得以不断壮大,合作经济以其独特的制度安排和运行机制,成为农民克服自身局限性的重要组织形式。并且随着资本主义国家的殖民扩张,合作社也开始在殖民地半殖民地国家出现。

1895 年,第一个非官方的合作经济国际组织,国际合作社联盟成立,并提出了著名的罗奇代尔原则,即自愿,一人一票,现金交易,按市价售货,如实介绍商品、不缺斤少两,盈余按购买额分配,重视对社员的教育,对政治和宗教严守中立这八项原则。这个原则以后成为各国合作社原则的范本。合作社的扩大首先表现为社员人数的增多。

1913 年,参加国际合作社联盟的已经有 30 多个国家,70 个组织,近 2000 万社员(李胜蓝,2007)。在农业领域,合作经济发展更为迅速。目前,欧盟农业领域大约有 13.2 万个合作经济组织性质的企业,成员已超过 8000 万人。美国由合作社加工的农产品占农产品总量的 80%;而日本,市场销售的农产品绝大部分是由农协提供,其中米、面占 95%。这些国家的合作经济组织不仅数量众多,其市场份额也一直占据着相对优势。通过农民合作经济组织的发展,这些国家和地区的农民利益得到了保护,农业生产也走上了专业化、商品化和现代化道路。合作社的种类和数量繁多,几乎涵盖了农业的生产、销售,农民的生活,农村的公共产品供给等各个方面。

国外农村合作社的类型多样,包括农牧业生产合作社、消费合作社、教育合作社、卫生合作社等类型。而且国外农民与合作社的联系是非常密切的。合作社成为农民最主要最基本的组织。在欧美国家,绝大多数农民都是合作社的社员。国外的农业合作社大多遵循罗奇代尔原则,体系完整,组织严密,运行民主。在这一阶段,合作社的基本原则得以确立,这是这一时期合作社发展的最显著的特征。此外,合作社的组织形式实现了多样化;在合作社内部,分工被进一步细化,农民合作社开始出现并得到了初步的发展(肖哲,2005)。

(三)发展阶段:规模壮大

第二次世界大战之后,农业合作社的发展成为世界合作社运动的主流。在市场经济发达的国家,合作社制度不断得到发展和完善,合作范围越来越大,合作社之间逐步走向联合,出现了合作社的地区联盟和全国性的联盟。

目前,参加国际合作社联盟的成员包括 125 个国家的 235 个全国性组织、7 个国际性组织,它们代表 65.8 万个合作社、7.8 亿名社员。合作社的不断发展还表现在它的经济贡献不断增大。据统计,目前合作社的直接受益人口近30 亿人,占世界总人口的一半。各种合作社为 1 亿人提供了就业机会。合作社的产值在许多国家中已占到一定的比例。在以农业为主的发展中国家,合作社的产值已占国民生产总值的 20%。在美国,合作社遍布各个行业,使 1.2亿人受益(约占美国全部人口的 45%),其中,有 300 万人居住在住房合作社的公寓内,供销合作社每天提供价值 1.2 亿美元的商品,美国合作社企业的总产值达 1000 亿美元(潘劲,2004)。自 19 世纪 50 年代以来,德国"结构转换"的合作社规模日益扩大,1950 年联邦德国共有 23842 个农村合作社,而到1998 年这一数字减少到 4221 个,但同期的每个社平均成员数则由 137 个增加到 711 个,通过相互之间的联合与合并,德国的合作社规模明显扩大。二战后的日本农业相当落后,面临的形势非常严峻,食品短缺状况严重。为了应对这种严峻的形式,在德国莱费森理论的影响下,日本政府于 1900 年颁布了《产业组合法》,通过扶持农业协同组合,开展广泛的农业合作(张开华,2005)。

(四)变革阶段:新一代合作社

自 20 世纪 90 年代以来,许多国家的合作社发生了重大变革。随着社会经济的发展,合作社自身也在不断完善,如对农业合作社进行股份制改造,引入可交易股份,允许股份在成员内部转让,对外吸收股东,允许其他的合作企业、合作联合会和有关的单位机关或私人投资合作社。这种新型的合作社模式体现了一种公司化、企业化的倾向。这种合作社被称为新一代的合作社。这些新一代的合作社既继承了传统的合作社基本原则,同时也体现了许多新的特征(李胜蓝,2007)。

20世纪90年代初期的美国,在明尼苏达州和北达科他州创建了一种被称为"新一代合作社"或"增值合作社"的新型合作社。其目的就是通过对农产品的精加工和深加工,使农产品附加值大幅度增加,以增加合作经济组织收入,这种新型的合作社摒弃了把农产品推销到其他地方进行加工的做法。这种合作社无论是在运行机制方面,还是在制度特征方面,与传统的合作社相比都有了很大区别,它更接近于普通股份制企业。在德国早期的合作社中,合作社的社员自己经营自己的业务从而获取经济收入,社员通常是管理者,而这种管理者只是荣誉职务,并不计报酬。但随着合作社的发展,经营规模逐渐扩大,非社员业务也逐渐增加,同时新的经营领域也在不断拓展,从外面聘请高素质、全职的专职管理者成为必然(张开华,2005)。

二、国外农民合作经济组织的发展特点

发达国家和地区合作组织发展的历史较长,合作事业的发展也比较规范,已经形成了比较完善的合作事业体系。回顾其发展历程,总结其发展经验,结合中国国情做到"西为中用",能够很好地促进中国合作组织的发展。各国在合作组织发展上都有值得借鉴的经验,为增加可比性和借鉴性,我们选取了美国、德国、法国和日本、西班牙、印度的合作组织为典型代表,对各国的发展特点予以分析研究。

(一)美国:规模化经营的农场主合作社

美国农业以家庭农场的经营方式为主,农业合作社在农场主、政府与市场之间发挥着一定的桥梁和纽带的作用,推动了美国农业的发展。1922年,美国国会通过的《卡帕—沃尔斯坦德法》对美国合作社的性质、成员资格和经营原则等做出了规定,被誉为"合作社大宪章"。其主要精神体现为以法律确认合作社的目的是满足成员需要的,因此以实行一人一票的民主管理为主要管理方式并结合交易额对非社员交易进行限制,在具体利益分配上,要求合作社将所得盈利按交易量返还社员。美国的农业合作社是一种不同于其他私人企业的、劳动者按劳分配、民主管理和平等合作的集体所有制组织。美国合作社包括供销合作社、服务合作社、产业合作社三种形式,以法律保障、政府支持、合理分配、规模经营、股份联营、跨国经营为主要特色。

（二）德国：分级管理的"金字塔"式合作社

德国合作社按照国家、州和地方三级组织起来,进行金字塔式分级管理。国家级合作社协会中德国莱费森农业合作社联盟（DRV）,是代表农村商品和劳务合作社的联邦机构;州一级的合作社协会分别有各自的协会中心,包括商品供销、牛奶和鸡蛋、家禽家畜、酒类等。地方一级的合作社中,主要有监管商品供销的信贷合作社、商品供销合作社和服务性的合作社。德国《合作社法》第 1 条将合作社定义为:没有人数限制的,以促进社员的经营活动为目的,以共同的业务活动为手段的联合组织。德国最早提出的合作的组织原则是:自助、自我负责和自我管理、自愿的成员制度、管理人员名誉化以及不以营利为目的。此外,近几年德国的合作社发生了一些新的变化,与美国合作社的变化相类似,包括合作社向大型化发展、合作社的荣誉性业务领导逐渐被专职管理人员所取代、合作社向营利企业转化等。德国农业合作社法也是符合国际合作社立法的基本原则,实行一人一票制,有较为完备的组织机构,明确的社员权利和义务,不以营利为目的的法律性质。该法在德国农业生产过程中发挥了巨大作用,值得中国在制定合作组织法过程中予以借鉴。

（三）法国：以专业化为主的农业合作社

法国是世界上农业合作组织发展最早的国家之一,1848 年法国就已有农业合作社 170 余个。主要有生产资料供应合作社、农机设备合作社和农产品销售合作社。法国的农业合作组织之所以能够有较好的发展离不开法国政府的大力支持。法国政府从 20 世纪 60 年代开始,就特别重视,积极推动农业合作社的发展和完善,从财政、信贷、税收等多方面,对农业合作社的发展予以支持和鼓励。如对农业合作社的创办提供投资补贴,免收多种税费,提供低息贷款等。法国政府还制定了《农业指导法》,将国家对农业的扶持资金大部分用于扶持农业合作社,给合作社购买农产品加工和农业机械设备所需资金也予以一定比例的无偿资助等。此外,法国政府还允许和鼓励通过农业合作社组织的跨行业机构。1975 年,法国制定了跨行业立法,确认跨行业组织是农业中最具有代表性的组织,并且规定跨行业组织必须签订农业一体化合同。

（四）日本：综合性的农业协同组合

1900 年日本政府颁布了日本历史上第一部关于合作社的法律——《产业组合法》,1947 年又颁布了《农业协同组合法》,其宗旨是:"促进发展农民的合作组织,提高农业生产力和农民在社会上的经济地位,同时促进国民经济的发展。"目前,日本每个村镇都设有农协的基层组织,几乎所有农民都加入农协,在各县、都、府、道各设一个农协联合会,在全国设有一个全国联合会。为了顺应农村城市化的发展趋势,得到社区内所有人的支持,农协在吸收成员时,采用"准会员"制度,根据具体情况吸收非农户以"准会员"的资格加入农协。目前日本有社员总数为903万人,其中社员544万人,准社员359万人。日本农协主要发挥的功能在于指导农业生产、集中销售农产品和采购农业生产资料、开展信用合作及社会福利保险。日本农协的发展属于政府推动型。早期日本的农民合作社基本上不是农民的自发组织,而是在政府倡导、扶持下组织起来的。如日本政府对日本农协的子系统——农村合作金融体系管理极其严格,其成立时要接受审批,运行时要接受随机检查和常规检查,干部改选、解散、清算等都要由政府发布命令并接受其监督。而政府对农业生产的保护措施诸如价格补贴等以及先进农业生产技术的推广普及,低息贷款发放,都是通过农协的工作完成的。此外,日本政府对农协的补贴条件比其他法人更加优惠。在税制方面也推行不同于一般性营利企业法人税的"减税措施",规定农协各种税收均比其他法人纳税税率低10%左右,并且对农协开展信用事业给予贴息贷款或无息贷款等以确保其资金来源。由于农产品贸易自由化、经济全球化、市场国际化等宏观环境的变化,以及日本农业的发展和农协内部因素的改变,使得农协的发展面临着新的转折点。日本农协不适应新形势发展的问题也正逐步暴露出来,如妇女化、老龄化、农业兼业化等问题,这需要中国在合作组织的发展中加以注意。

(五)西班牙:产业化经营的合作组织体系

西班牙农民组织化程度是世界一流的,西班牙全国基本上建立了完整的"农民(农场主)+合作社+公司"产业化经营体系,这一体系的源头是农民(农场主),他们组成了合作社,合作社再出资组建合作公司,这是西班牙成为欧洲农业强国的体制基础。西班牙合作社具有如下特点:第一,民主决策和民主管理。第二,实行经理责任制。第三,实行内部成员管理同专家管理相结合的管理制度。第四,管理机构之间职能分工明确,制衡机制完善,管理效率高。第五,剩余索取权的转让具有限制性。值得注意的是西班牙著名的蒙德拉贡合作社曾有一个著名的3:1定律,即合作组织成员的最高收入不得超过最低收入的 3 倍,1987 年改为 6∶1。这体现了合作组织的公平性,有利于合作组织成员的团结与合作。对个人的分配部分,是根据每个合作成员的劳动贡献和股本投入的一定比例进行分配,但一般不得超过当地主要实行的利率基准的 3 个百分点,最高不得超过 6%。这样就尽可能地体现"按贡献付酬"和"按资分配"的有机结合,使公平和效率得以兼顾。

(六)印度:政府推动的综合合作社发展

1904 年印度成立了第一个合作社,迄今已有 100 多年的发展历史。早在 1904 年印度就通过了合作社法,以法律规范的形式推动了合作社在全国的普及,合作社走上了快速发展的道路。在印度合作社发展之初,由于合作社自身的特点和功能,成为广大弱势阶层改善自身地位的依托和载体,受到广大农民群众的支持和欢迎。合作社经济已与股份公司、私人经济形成鼎立之势,成为印度国民经济中的一支重要力量。印度政府非常重视农业合作社的发展,在 1950 年制订的第一个五年计划中政府就采取了一系列措施,促使农村合作社快速发展。随后根据合作计划委员会 1946 年、全印度农村债务委员会 1954 年、麦赫达委员会 1960 年的建议,印度政府通过了一系列重大决策,鼓励并支持在农业、小工业、手工业、金融和商业等部门广泛建立合作社,把合作社作为实施社会经济发展计划的基础。后来,合作社的发展计划得到进一步具体化。在 1956 年印度的第二个五年计划中政府还宣布:"主要任务——是采取一些必要的措施,为发展农业合作经营打下坚实基础","以便在十年左右的时间内使大部分农业土地按合作社方式耕种——每个村庄的土地经营规划都要把个体经营、自愿合作社和村社经营具体化"。目的是扩大合作社发展,直到这个村的全部土地都归村社的合作社管理为止。印度为了"公共目的"进行对私人土地的强制收购的法律体制一直被批评会滋生腐败,并削弱了对土地拥有者和当地社区的保护(Jenkins R.,2013),正是印度政府的极力推动,印度合作社迅速地发展壮大,并成为推动印度农业发展的一支不可或缺的力量。

第二节 中国农民合作经济组织发展的历程梳理

一、中国农民合作经济组织的发展历程

中国合作组织的思想和理论是在西方合作组织实践已经经历半个多世纪

发展后的清末民初通过学校教育和书刊等媒体才开始在中国传播,在五四运动以后得到进一步传播和漫延。其中,朱进之在《东方杂志》上发表的《促国民设平民银行》和其他杂志上刊文积极宣传了合作思想。还有曾任《民立报》编辑的徐沧水也是早期宣传合作思想的知识分子,他较系统地介绍了合作经济思想。被称为中国合作导师的薛仙舟先生(1878—1927)是西方合作理论在中国的最早传播者。1910年,他从美、德、英留学回国后以复旦公学(今复旦大学前身)为实践舞台,开设"合作主义"课程,积极传播合作经济理论。

1919年,薛仙舟联合部分复旦师生自筹资金,创办中国第一个信用合作社——上海国民合作储蓄银行,并任首任行长。此后其他合作组织也相继产生。1922年,广东省成立了汕头米业消费合作社。同年7月,在李立三、易礼容和毛泽东等人筹建下,成立了中国共产党领导下的中国第一个工人消费合作社——安源路矿合作社,此后,合作组织在中国如雨后春笋般涌现出来(李长健、冯果,2005)。中国农民权益保护、农民合作经济组织的发展基本上可以划分为以下四个时期。

(一)早期产生时期:民办合作组织

1949年前中国合作组织的发展。从历史上考察,中国农民合作经济组织的产生可以追溯到20世纪初。这是农民合作经济组织传入中国并得到初步发展的阶段。当时,国家政权衰败、内忧外患,在这样的时代背景下,梁漱溟、晏阳初等一批深受西方文化影响的知识分子本着"救国救民"的目的,把源自西方社会的各类合作组织引入了乡村,在中国创办了各种形式的合作社。同时,当时的国民政府为了配合救灾和发展农村经济,通过颁布《合作社法》,利用行政力量,开始把各类合作组织自上而下地推广乡村。由于这两种不同力量的推动,这个阶段引入乡村的合作组织也就区分为"民办"和"官办"两类。与此同时,中国共产党也开始了大量的合作社实践。

1923年,在中国共产党领导下海陆丰农民建立起第一个农民消费合作社。1926年,中共中央制定了《农民运动决议案》"提倡农村消费合作运动"。之后,合作社运动就在湖南、湖北、江西、广东等地迅速开展起来。

从总体上看,这个时期的合作社以民间力量创办为主,不仅数量少,而且覆盖面小。由于当时中国农业的商品化程度很低,农民还不具备作为商品生产者的独立地位,这些农民合作经济组织特别是农产品运输合作社的发展,没有受到广大农民的积极响应,相反一些以领导农民进行减租减息斗争为宗旨的农会组织,成为当时最具有广泛群众基础的农民合作经济组织(朱梓其,2008)。

(二)曲折发展时期:新中国成立初期的组织探索

1949 年后至改革开放前中国合作组织的发展。1949 年新中国成立以后,随着中国社会主义革命与建设的曲折发展,新中国农民合作经济组织也经历了不同寻常的曲折演变,大致可以划分为以下两个不同的阶段(李中华等,2007)。

第一阶段,从新中国成立后完成土地改革到 1956 年的互助合作。新中国成立之后,农业合作化的目的是完成对个体农业的社会主义改造,建立以公有制为基础的社会主义农业经济组织。领导农民建立合作社的合作化道路。在这个阶段,农民合作经济组织采取了"三步走"的步骤。第一步按自愿、互利原则,组织农民结成农业生产互助组。1951 年,中共中央召开了第一次互助合作会议,指出各级党委按照积极发展、稳步前进的方针和自愿互利的原则,逐步引导农民走集体化的道路,农业互助合作由此在全国开始建立起来。第二步,在互助组的基础上,成立初级农业合作社。1953 年,中共中央作出《关于发展农业生产合作社的决议》,明确提出从一家一户为一个生产组织单位逐步过渡到互助组、初级社直至高级社的指导思想。从此,农业生产合作社进入发展时期。第三步,在初级合作社的基础上,进一步建立高级合作社。这是农业合作化的快速发展阶段,随着合作化运动高潮的到来,广大农民开始积极加入农业合作社。1956 年底,全国有 96.3% 的农户和 90% 以上的手工劳动者都成为合作社社员(朱梓其,2008),合作的内容也从劳动合作最终发展到土地及生产资料的集体所有,从而极大地促进了社会主义改造的完成(朱梓其,2008)。在这一阶段,农业合作经济迅速发展,有效地推动了整个农业的恢复和发展。然而在这一阶段,政府对农业合作过程干预十分明显。

第二阶段,从 1958 年到改革开放前的人民公社化时期。人民公社是农民合作经济的异化,通过农村的人民公社运动,农民被高度地组织起来,广大农民从农业合作社发展成为人民公社的高级组织阶段,形成了"三级所有,队为基础"的经济体制。它在组织形式上是政社合一、以政代社;在所有制形式上追求一大二公、纯而又纯;在分配方式上搞平均主义、吃大锅饭;在管理上强调高度集中的管理体制。人民公社的政治功能压制了它的经济功能,单一地强调共同的集体利益而限制农民个人利益的追求,人民公社内部缺乏必要的激励机制,因而极大地削弱了资金调动能力和组织规模方面的优势,农民的生产积极性低下,整个农业发展速度并不高。所有合作组织都失去了合作的性质而演变成为政府组织或政府的一个职能部门。人民公社体制严重脱离了中国的国情,违背了合作社原则,侵犯了广大农民的根本利益,使得人民公社实际上成为国家工业化原始积累的组织工具,从而严重地束缚了中国生产力,制约了农业生产的发展(朱梓其,2008)。那段时期,中国农村普遍实行人民公社体制。

相比较而言,人民公社最大限度地组织了农民,是组织化程度最高的农民组织。然而,人民公社的高级组织形式过于超前,在人民公社体制下,合作组织只是政府组织或政府的一个职能部门,并不能适应当时的农业发展水平,甚至严重束缚了中国的生产力发展。人民公社体制过于依赖纯粹的政治运动和行政命令,违背了合作社的基本原则,同时也不能较好地将农民追求更高质量的物质文化生活的意愿反映出来,侵犯了广大农民的根本利益,在这样的组织制度下,人民公社的政治功能完全压制了其经济功能,在人民公社运动中,供销合作社和信用合作社逐渐走上了官办的道路,完全丧失了合作性质。人民公社运动的失败给我们留下了深刻的教训:农民合作经济组织的建立与发展必须充分尊重农民意愿,保护农民的根本利益。

根据合作社的基本原则,任何形式的互助合作都应当首先出自参加者的自愿,反对一切形式的强迫命令和对农民利益的各种侵犯,同时合作经济组织的建立与发展必须尊重客观经济规律,即根据生产力决定生产关系的基本原理,生产关系的变革必然适应生产力发展的要求,与生产力的发展水平相适应,也就是说,农民合作经济组织的发展过程,必须是一个与生产力发展水平相适应的历史的发展过程(李胜蓝,2007)。

(三)蓬勃发展时期:多样化发展

改革开放后中国合作组织的发展。改革开放以来,中国农村进行了两项重要改革,一是实行家庭联产承包责任制,二是推进农业生产的市场化,实现了农业改革和发展的第一次飞跃。但是在相对封闭的农村社会经济系统内部进行的改革,虽然解放了农村现有的生产力,却没有提高农民的组织化程度。随着农业生产商品化、市场化和社会化程度的提高,农村制度环境的变迁,农业发展由原来的资源密集型向资源与市场双重密集型转变,传统的流通组织远不能适应农村经济的变革。微观经济主体在从事家庭经营的过程中,由于缺乏实现利益表达的渠道,小生产化的家庭经营与社会化大生产之间的矛盾愈加突出,现有的组织制度安排已经显现出其运行效率低下的弊病。尤其在"入世"以后,WTO 给中国农业带来机遇的同时,也带来更多的挑战,而中国农民由于组织化程度低,加上服务于农户和市场之间的中介组织发育不良,农村社会化服务体制落后等原因,中国农村参与国际竞争的能力从根本上受到了限制。

在中国,农民权益受损的问题还大量存在。人民公社组织系统解体以后,由于适应市场经济发展的农民组织系统尚未能健全,大多数农民处于无组织状态,势单力薄,谈判地位低,农民缺乏力量同外来的侵权行为相抗衡,不仅进入市场困难,而且无法维护自身的合法权益。力量是获取利益的资本,失衡的力量结构必然导致农业发展利益分配格局的扭曲,而扭曲了的农业发展利益格局中,农民利益最不能得到保证。

一般来说,农民的组织化程度越高,其谈判能力就越大。目前,在中国各层的决策中,农民缺乏能够直接代表其利益的组织机构,无法与政府、企业和社会其他阶层进行平等对话,不能形成对损害农民利益行为的抗衡力量和制约机制,这些严重削弱了农户的生产积极性,影响了农业持续、稳定发展。而农民权益保障只能建立在农民组织与农民力量整合的基础之上。所以,提高农民的组织化程度,不仅是保护农民权益的需要,而且也是农民进入市场的组织保证。然而,随着农村生产力的发展、社会主义市场经济体制的逐步建立,习惯了单家独户传统生产方式的中国农民,由于技术水平低、生产规模小、资金实力弱,在激烈的市场竞争中难以取得优势地位。面对小规模的农户经营与国内、国际大市场的对接过程中暴露出的种种矛盾,农民有了联合和服务的需求,迫切需要一个能够表达和维护自己经济利益的组织。20 世纪 80 年代初期,中国出现了第一个农村专业技术协会。之后,新型合作经济组织在中国大地逐渐兴起,并以各种不同的形式发展起来。在这一时期,合作经济组织的主要功能在于生产技术的推广、研制和开发,合作经济组织多以专业技术协会或研究会的名义存在(朱梓其,2008)。

中国农民合作经济组织在这一时期的发展主要可以分为以下两个阶段。

第一阶段,20 世纪 80 年代末到 90 年代初,中国的农民合作经济组织由萌芽状态转入初步发展阶段。这段时期发展起来的农民合作经济组织多是由农民自发组建,以能人或专业大户牵头兴办为主,其主要目的是为了技术的交流与合作。随着农村经济体制改革的不断深入,越来越多的农产品由市场自主调节,农产品销售难的问题日益突出,农民对合作的要求日益强烈,因而以从事农产品销售为主的合作经济组织大量兴起,很多专业技术协会也把经营重点转向销售农产品方面。由于专业合作经济组织在技术协作的基础上又增加了许多服务内容,所以这一时期的合作经济组织多以农业技术经济服务组织的名称存在(朱梓萁,2008)。

第二阶段,20世纪90年代中期以来,中国的农民合作经济组织开始进入快速发展的阶段,特别是在《农民专业合作社法》出台以后,农民合作经济组织的兴办方式更加多样化,合作内容也逐渐拓广,主要表现在:首先,在兴办方式上,除了从前能人或专业大户牵头的方式,还产生了依托县乡两级的农技、畜牧、水产、农机等技术推广服务部门组建,依托供销合作社组建等方式。其次,在服务内容上,除技术服务,还产生了供销、加工甚至资金、信息等方面的服务,合作经济组织的作用深入到农业产业链的各个环节。同时,还出现了劳动联合、资本联合相结合的新型合作关系,合作形式也有了进一步的突破,更有利于各个地区因地制宜发展多种形式的合作经济组织。最后,在组织内部机制上,得益于政府的协助和规范,很多农业合作经济组织制定了组织章程、明确规定组织成员的权利与义务。这为中国新型农民合作经济组织进一步发展奠定了良好的基础(李胜蓝,2007)。

(四)组织法定时期:法治化发展

现代农民合作经济组织是在中国农村改革开放40年的实践基础上,在实现总体小康目标、全面构建和谐社会的宏观背景下,在农民自发组织、自愿联合、政府推动和大力扶持的基础上发展起来的。作为中国农业经济体制创新的农民合作经济组织,在组织农民进入市场、提高农业生产效益、保护农民的合法权益方面发挥着越来越重要的作用,人们也逐渐认识到农民的组织建设,特别是农村市场主体的建设是解决中国"三农"问题的关键。

我国农民合作经济组织经历了农户从以生产资料为基础自发组建到政府高度管控,再到农户以资金为基础自发组建的发展阶段,不同阶段的农民合作经济组织在我国农业发展历程中发挥了不同程度的作用(陆倩、孙剑,2016)。

2007 年制定的《农民专业合作社法》自实施以来,对我国规范农民合作社的发展起到重要保障指引作用。2013 年以后,国务院批复同意建立全国农民合作社发展部际联席会议制度,也进一步加强了对合作社自主发展的引导规范。2017 年 12 月 27 日第十二届全国人大常委会第三十一次会议修订了《农民专业合作社法》,立足于当前农民合作社发展所处的新时代背景新环境,在法律条文中明确赋予了联合社法律地位、取消"同类"限制等内容,以期在新时代背景下为农民合作的发展创造更好的发展条件。从图 3-1 中可得知,自 2007 年开始,我国农民合作社的数量呈逐步增加的发展态势,2007 年时我国的农民合作社仅有 2.64 万家,入社的成员为 35 万人。到 2017 年 7 月,我国农民合作社数量已达 193.3 万家,是 2007 年的 73.22 倍,实有入社农户超过 1 亿户,约占全国农户总数的 46.8%。由数据分析可发现,从 2017 年 4 月到 2017 年 7 月,我国农民合作社 3 个月的时间数量增加了 4.5 万家,增长率为 2.38%,体现出了供给侧结构性改革和农村集体产权制度改革对农民合作社发展的强大助推作用(夏英,2018)。

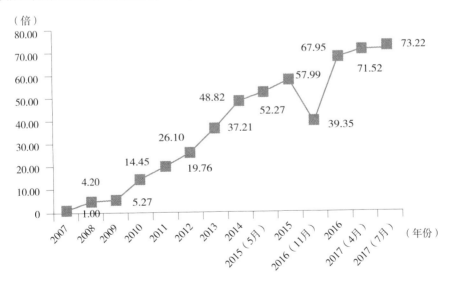

图 3-1　2007—2017 年以 2007 年为基期的我国农民合作社增长倍数

资料来源:夏英:《2017 年我国农民合作社发展现状、导向及态势》。

随着市场经济体制的进一步完善,中国农民合作经济组织发展进入新的时期,合作内容和涉及的领域不断丰富和拓展,合作经济组织之间的联合也有所加强。国内合作经济组织经过了较长的产生、发展和变革,在不同地区也形成了依据地方特色发展起来的合作经济组织。

1. 陕西:合作多样化发展趋势

陕西在合作经济组织的发展经营范围涵盖了农林水牧渔多个领域,涉及农民生产、生活的各个方面。陕西合作经济组织的发展特色在于其组建方式的灵活多样,包括依托农业大户及其产业而组建的、由当地能人组织依托本地主导农业产业组建的、与集体经济组织等相互集合组建的、依靠农业推广协会组建的、由乡镇政府主导组建的。合作经济组织发展的多样化还体现在合作方式的多元化上,合作经济组织与社员由开始时会员只交纳会费转变为会员投资入股、合作起来兴办经济实体,社员与专业合作经济组织的关系也相应地紧密化,其中少数专业合作经济组织已经发展成为与农民"利益共享、风险共担"的经济利益共同体。陕西合作经济组织主要依靠滚动式发展,多是由几十户联合并依靠技术合作起步,再逐步增加社员发展成为技术和资产合作为一体的合作经济组织。依靠多样化的合作经济组织以适应其当地主导产业的地区特色需要,实现农民利益的增长。

2. 山东:合作经济组织规范发展

在 20 世纪 80 年代初,随着农村家庭联产承包责任制的推行,山东省各地涌现出大量的具有合作经济性质的合作经济组织。进入 20 世纪 90 年代以后,随着农业市场化进程的加快和产业化的发展,1995 年山东省政府确立起以合作制推进农业产业化的工作思路以后,合作经济组织得到进一步的发展,出现了以莱阳等地为代表的一大批农民专业合作社。1999 年山东省政府出台《关于加快发展农村合作经济组织的意见》,2005 年山东省委、省政府根据新的发展形势要求,又出台了《关于鼓励和引导农民专业合作经济组织发展的意见》,农民专业合作经济组织进入了快速发展阶段。到 2006 年底,全省各类农民专业合作经济组织已发展到 25586 个,数量居于全国首位;入社(会)农户达到 349 万户,占全省农户总数的 16.6%,大大高于全国 9.8% 的平均水平。从总体发展态势上来看,主要呈现出以下特点:合作形式多样化;合作领域扩大化;兴办主体多元化;组织管理规范化;彼此联合不断增强。

3. 湖北:企业与政府推动发展模式

湖北是中部农业大省,合作经济组织在农民利益保护中的作用也呈现出一定的地区特色。作为湖北省经济较发达的仙桃地区,合作经济组织主要是以龙头企业为主导,发展企业与社区及农民相互集合的模式。这种模式充分体现了企业在合作经济组织发展与农民利益中的纽带作用,突破了以行政区域为合作经济组织划分标准的界线,强调了农业产业的划分标准。丹江口的合作经济组织发展更多的是在政府主导作用下组建部门、协会、基地与农户相互结合的发展模式。专业组织由相关政府机关予以领导,政府部门派管理人员参与,并利用政府的人员和资金优势等,对合作经济组织的发展方向予以引导。同时结合其他基层组织和专业协会,与其他协会功能互补,围绕当地特色农业发展以合作经济组织为依托的产业化发展。姊归县童庄河的合作经济组织发展主要是由农民自己牵头,形成以农民大户、普通农民与协会和生产基地相互结合的发展模式。合作经济组织主要依靠于一个农民大户,其他农民主要是起参与作用。实行产销一体、按股分红的经营方式。宜昌的合作经济组织发展则更重视政府主管部门及基层组织的作用。合作经济组织主要是由村委会根据本村实际发起成立的合作经济组织。由村委会、协会、农户共同管理,主要负责人由村民委员会指派。

4. 安徽:依托主导产业发展方式

安徽作为东部农业大省在合作经济组织发展方面取得了一定成果,并已建立成国家级示范组织。安徽省合作经济组织主要围绕其主导农业产业和特色农业进行,并积极探索多元化发展方式。通过专业大户、经营能人等主动组织农民利用其已有的生产、经营、购销等优势,根据农户需要自愿联合组建。而农业产业化的企业也可以联合协会及农户组建,利用企业的资金及技术优势,并在省内的不同区域根据实际发展情况的不同展现出不同特色。安徽合作经济组织发展的主要方向是提高组织化程度并扩大合作经济组织的覆盖面,在农业内部各个领域形成适合发展需要的特色合作经济组织。这种发展方式能够逐步增加农民参与合作的积极性,真正发挥合作经济组织在农业生产中的桥梁作用,改善农村文化环境和提高农民参与竞争的意识,从而成为增加农民收入和实现农民民主权利的重要途径。

5. 浙江：围绕优势产业和主导产品发展

浙江省是改革开放后中国最早出现新型农民专业合作经济组织的地区之一，是中国农民专业合作经济组织发展处于前列的地区之一。1980 年，浙江省第一家农民专业合作经济组织——临海市茶叶协会成立。随后，合作经济组织在浙江省逐步发展起来。1994 年《关于加强对农民专业协会指导和扶持工作的通知》和《农民专业协会示范章程》的发布，浙江省的合作经济组织随之步入了富有特色的推动发展阶段。浙江省各级政府特别是农业部门对农民专业合作经济组织日益重视，浙江省委、省政府、省人大及农业行政主管部门决定将农民专业合作经济组织发展纳入法制化轨道，以立法促进农民专业合作社健康快速发展。浙江合作经济组织的规范性不断提高；合作经济组织的持续发展能力不断增强。浙江省以围绕优势产业和主导产品发展合作经济组织，其发展模式主要有六种形式：能人依托型；村级基层组织依托型；基层农技部门依托型；供销社依托型；农业龙头企业依托型；农产品批发市场依托型。

二、中国农民合作经济组织的发展类型特点

改革开放后，中国合作经济走上了健康发展的新轨道。中国合作经济组织形式在经历了由互助组—初级合作社—"政社合一"的人民公社—新型农民合作经济组织后正处于蓬勃发展的新时期①。农民合作经济组织可以根据不同标准划分为不同的类型。如按组织发起的形式划分，可以分为农民自发兴办型、农村能人带头型、公司企业带动型、政府职能部门牵头型、政府推动型等专业合作组织。我们认为，可以依据起主导促进作用的主体不同对其特点进行归类，依此划分为政府主导型、企业主导型和市场主导型三种类型特点。这三种类型相互之间也是动态转化的关系。在政府主导型合作组织中，公有属性的生产要素占绝大比重；在市场主导型组织中，私有属性的要素占较大比重；而企业主导型组织中则是具有私人属性的公司占较大比重。

① 从目前看，中国大致有十种类型的集体合作经济组织：(1)农村联产承包以后的新型合作经济组织；(2)农村各种类型的专业合作社；(3)乡镇企业中包括农户之间联合体在内的集体企业；(4)劳动服务集体企业；(5)无主管部门的"民办集体企业"；(6)供销合作社；(7)信用合作社；(8)住宅合作社；(9)消费合作社；(10)合作医疗组织。我们称之为"十路大军"，前五种属以生产性为主，后五种属以服务性为主。

(一)政府主导型

此种类型的合作组织主要是依赖于政府的力量推动生成。在培育合作经济组织的初级阶段,依靠基层政府及有关部门的引导和支持,加强与农户之间的联合,是一种比较有实际效用的方式。这种类型合作经济组织的经验值得重视并提倡。政府主导型合作组织通常是由农村基层党组织或者相关涉农部门的成员来组织、领导参与建立与运作,并且提供重要的人力、资金支持。在组织管理上,此种类型的组织一般是由基层党组织或者涉农部门的行政领导作为合作经济组织领导者。它们有的是以原来农村的"七站八所"为依托,有的则是在农村基层党组织(村委会)的领导下建立的。这种类型的合作经济组织通常表现为"村支部(或者涉农服务部门)+协会+农户"。政府对政府主导型的合作组织在各种资源方面都将给予较大的支持,政府可以较大的影响合作经济组织的运作,合作经济组织建立的目的主要是成为政府提供公共产品的一条途径,并促进当地农村经济的发展,但政府并不能完全控制合作组织,也不对合作组织的行为结果负完全意义上的责任。盈利不是政府主导型的合作组织的主要目的,合作组织运作的资源部分来自政府所提供的资金、技术、政策等,而现代农业所需的主要资源如市场、信息等,在此种合作经济组织类型中资源所占比率很小。

鉴于过去的经验和教训,在政府主导型合作经济组织的建设中,要加强政府积极与合理的引导,同时也要避免政府不当的行政干预。政府的引导和支持还是应该以创造良好的政策环境和法律环境为主,要摆脱传统观念的束缚,充分尊重农民在合作经济组织发展中的主体地位,最大限度地激发农民参与合作经济组织的积极性,以及充分发挥在合作经济组织中的创造性。政策环境的营造也必须科学合理。第一,政府在制定政策的过程中,要通过实证调研和访谈的方式,充分听取农民的相关意见和建议,以保证政策制定的可行性、科学性、合理性和协调性,这样可以有效避免有关政策造成对农民组织创新能力的削弱或者抵制作用,进而达到优化政策环境的目的。第二,在政府引导和支持中,必须坚持发挥市场的调节作用。要遵循市场经济的基本规律来支持合作经济组织的发展,从而合理有效地促进合作经济组织的健康发展。第三,政府对合作经济组织的支持要有针对性与适当性,要实现政府政策资源、财政资源、人力资源、物力资源发挥最大的效益。

(二)企业主导型

企业主导型合作经济组织的形式表现为"公司+协会+农户"型,在这类组织中,企业以资金、实物、技术、土地使用权等作为股份,通过协会将农户组织起来(李胜蓝,2004)。这种合作经济组织主要以市场需求为导向,在某种程度上体现了合作公司的意愿。合作经济组织以实现企业利益最大化为目标,以开发当地农产品资源为主要目的。协会具有比较独立的组织形式,但它的作用应该主要是沟通公司和农户的桥梁。在公司的带动下,在自愿互利的前提下,通过签订合同的形式,以农户为基本单位,以公司企业与技术能手为合作经济组织骨干,民办、民营、民受益,以合同为合作经济组织联结载体。这种合作经济组织模式包括公司与农户合作经营,或者由农民出土地,公司出资金,最后收益按比例分成;农民出土地、劳动力,公司提供相应的生产资料,生产之后由公司按照预先约定的价格收购产品,扣除投入成本后统一进行销售;还有公司与农户挂钩经营,公司提供物资、技术、服务,收取一定管理费的合作形式。到目前,"公司+农户"这一合作经济组织形态还演变出了"公司+基地+农户""公司+合作社+农户""合作社+农户"以及"合作社+公司"等多种契约型的合作经济组织形态。在这种形式中,要着力建立健全合作经济组织内部管理和运行体制。要正确处理合作经济组织与企业之间的利益关系,实现利益均衡,使组织与企业之间结成利益的共同体,进而实现风险共担、利益共享、相互促进、共同发展的目标,同时理顺各类主体之间的分配关系。

(三)市场主导型

市场资源是市场主导型合作经济组织的主导性组织资源,围绕着某一产品的经营和服务,农民自愿投资进行联合。该类组织具有双重性质,在对外方面是参与市场竞争的独立法人,自主经营并且自负盈亏;在对内部成员方面,所有合作经济组织成员都享受平等权利,都参与民主管理。此类合作经济组织与其他两类组织相比,市场主导型合作经济组织在生产要素的整合方面更具备市场运作的能力。这类合作经济组织具有趋利性、开放性以及互惠互利、实行民主管理等特征。其活动经费主要来自会员的交费,同时采取有偿服务与无偿服务相结合的制度、以有偿服务养无偿服务的方法维持合作经济组织的运转。合作经济组织的目标是通过协会带领会员参与市场竞争,从而提高合作经济组织的市场竞争力。它是面向市场、以市场需求为导向,为会员提供产前、产中和产后等有关服务的农村专业经济合作组织。其内部的最高负责人为会长,下设各种职能部门,做到各司其职。它具有以下几个方面的特点:一是自我组织性。市场主导型农村专业经济合作组织是由农户自发形成的中介组织,成员自我组织与管理,没有比较固定的人员编制。二是自治型组织。因为它是具有相同或者相类似需求的、农户在自愿基础上的联合。因此,此类合作经济组织是加入自愿、退出自由,内部自拟章程、进行民主自治化的管理。三是以服务为目标。此类合作经济组织既对内服务,又对外经营。一般来说,会员在享受合作经济组织的服务时可以享受一定程度和方式上的优惠,而非会员则是基本上遵循市场定价的原则。

　　根据以上对农村专业经济合作组织规律的总结与归纳,对政府主导型、企业主导型、市场主导型三个模式的相对优势、劣势及适用范围作一比较分析。(1)政府主导型合作组织的优势主要表现在:政府可以借助其自身的行政组织职能帮助建立政府主导型组织与农户之间的联系渠道,而且可以更方便地受惠于政府发展农业的相关扶持政策。但是农户仍然是承担盈亏的基本主体,虽然拥有相对比较完的自主经营决策权,却没有或者很少有组织决策权,市场信息、技术等资源仍然被排除在组织的资源之外,或者说占有的比重比较低。此种合作组织类型比较适合中国生产力水平相对落后的地区。(2)企业主导型合作经济组织的优势主要是:依靠市场机制实现对相关农业资源的优化配置,一方面可以使公司在农副产品深加工、农产品品牌塑造和市场开拓等过程中获得较高的综合性的产业利润;另一方面也减少了农户生产与经营不确定性,在一定程度上降低了市场交易的风险,可以推动特色农产品资源的深度开发。其劣势主要表现在:由于龙头企业追求利益最大化的动机,再加上农民知识文化、技术、经营知识的缺乏所导致的信息不对称,合作经济组织比较容易被龙头企业控制和操纵,成为剥夺农户利益的工具,进而损害农民的利益。这样的合作经济组织适合于农产品集群度比较高、生产力发展水平较高的地区。(3)市场主导型合作经济组织优势主要表现在:通过对资金、技术、生产资料、劳动力等生产要素的优化组合,有利于统一采用和推广农业科学技术,可以促进推行行业标准的力度,提高农产品品牌,而且对于增强农民的自我教育、自我管理和合作意识也有比较重大的意义。劣势主要表现在于此类组织内部成员之间享有平等权利,承担的义务也相同,合作经济组织既为"会员服务",又对"非会员服务",使得合作经济组织在达成一项经营决策时需要较大的谈判成本。这类合作经济组织比较适合中国生产力水平相对较高的地区。

三、中国农民合作经济组织的发展模式

实现乡村振兴是中国新时代的重大任务。党在十六届三中全会上提出："支持农民按照自愿、平等的原则,发展各种形式的农村专业合作组织"。合作经济组织的产生、发展和创新,是农村和农民组织制度的一项重大突破,它顺应了农村社会经济发展内在规律,将加速乡村振兴的步伐。在乡村振兴中,由于每个地方经济、社会等条件的差异以及资源禀赋的不同,合作经济组织的发展呈现出了多种模式。根据不同的划分标准,可以将合作经济组织划分为不同类型。按服务的产业划分,可以分为种植业专业合作组织(如粮食、水果、蔬菜、中药材等专业合作组织)、养殖业专业合作组织(如畜牧业、水产业、特种养殖等专业合作组织)以及加工业专业合作组织(如运输业、仓储业、加工业等专业合作组织)。按组织发起的形式来划分,可以分为农村能人带头型、公司企业带动型、政府职能部门牵头型、农民自发兴办型、政府推动型等专业合作组织。按服务的内容划分,可以分为技术推广型、物资产品供销型、供产销一体化型等专业合作组织。按不同的组织合作模式划分,可以分为初级模式、中级模式、高级模式的专业合作组织。这些类型的合作经济组织在很大程度上带动和促进了当地农村经济的发展。但是,合作经济组织在针对农民权益保护方面仍显得不够,还存在着一些障碍和问题。因此,各个地方应当因地制宜地选择适合自身区域特点的合作经济组织发展模式。考察各地的实践摸索,整体而言,现阶段全国农民合作经济组织发展的实践模式主要有以下几类。

(一)政府部门领办型的合作经济组织模式

这种模式是指由政府有关部门发起的政府主导型专业合作组织。该组织在政府的主导下,根据当地农村地方特色,围绕当地支柱产业,充分利用政府部门的技术人才优势、设备场地、资金筹措能力以及行政管理经验,形成生产、加工、销售为一体的农业产业化经营模式。这种合作组织模式有它明显的特征:其一,单个农户与外部服务提供者的分工不同。外部服务提供者包括政府

部门和其他的外部团体,主要负责向农户提供设备、技术指导等服务,而农户只负责相应的农产品生产,最后仍然由服务提供者收获农产品进行加工、销售。这样导致了农户在合作组织中参与权严重不足,更没有实际意义上的话语权和决定权,在某种程度上不利于专业合作组织的推广和发展。其二,农户与外部团体的持股比例失衡。虽然也有些农户在专业合作组织中入股,但是其所占比例较小,有控股权和支配权的还是政府部门以及其他外部经济实体。因为这类合作经济组织实行的是持股分红制的盈余返还制度,而农户在合作经济组织制度中的持股率低,所以就无法从合作经济组织中实现自身经济权益的最大化。其三,管理主体单一。产权的所有决定专业合作组织管理主体地位,其他外部团体明显拥有专业合作组织大部分的管理权(马艳,2007)。这种模式还处在合作组织发展的初级阶段,政府作为农民权益保护的政策和法规的制定者和实施者,是各种与农民权益相关的经济活动的组织者、管理者和利益关系的协调者(李长健,2005)。因此,政府应给予农户更多的参与权、管理权以及决策权,进而实现专业合作组织主体地位的真正让渡,让专业合作组织真正成为"民办、民管、民受益"的农民自主管理组织。

(二)村级组织主导型的合作经济组织模式

作为最基层的农村组织的村参与到合作经济组织中来,是这种合作组织发展模式的主要特点。村实际上担负着农村统、分结合双层经营体制中"统"的功能,而在商品市场经济发展的条件下,"统"的本质就是为农户提供农户最需要的产前、产中和产后服务。考察湖北省宜昌市的村合作模式,主要是由村委会根据本村实际发起成立的专业合作组织。其特点是:合作模式为"村支部(村委会)+协会(合作社)+农户";村委会干部是合作经济组织的主要负责人。

(三)龙头企业带动型的合作经济组织模式

1."龙头企业+农户"模式

以协助农户进行农副产品经营为基础的"龙头企业+农户"的合作经济组织发展模式,对推动农村经济的发展发挥着重要作用。农业产业化经营是促进农村经济发展、增加农民收入的重要途径,而在该类型的合作经济组织发展过程中,其中一个核心问题就是如何确定龙头企业与农户之间的利益分配关系。在以往的合作经济组织发展实践中,由于自然风险、市场风险、制度风险等因素的影响,龙头企业的利益经常受到一定的损害,而处于弱势地位的农民更是受害者。因此,在乡村振兴过程中,如何构建龙头企业与农民之间"利益共享、风险共担"的利润分配关系,使两者成为真正的利益共同体,是推动生产发展、促进农民增收的重大课题。除此之外,在订单农业中,农户履约率不高、公司拖欠货款诸问题,使"龙头企业+农户"的产业化模式面临"双输"的危险。"利益共享、风险共担"的理想模式如何才能实现?通过在山东、安徽、江西等地的实证调查时发现,公司与农户这两个市场主体之间的关系,已经得到一定的修正、改造甚至重构。在新的利益关系中,定价方式避免了旧有弊端,技术从公司向农户延伸,公司把农民从土地上"解放"出来又使之以新的身份与土地结合。总之,两者联结得更紧密、更和谐,呈现出"双赢"的可喜局面。因此,该模式的优势正在得以不断显现出来。

2. "公司+农户"模式

当前,农业产业化比较典型的形式是"公司+农户"。公司一般是由所属县级二级的农产品加工和销售行业来充当。它们与农户之间联结或以契约的形式,或以市场为中介的形式实现。不管是哪一种方式与农户结合,都不改变公司独立于农户之外,是区别于农户不同的利益主体这一显著特点。在农产品加工增值利润的分配环节上,农户缺乏分享这部分增值利润的制度安排。从合同角度来讲,农户只是按合同出售农产品给企业,而企业按合同价收购,双方是买断型的完全买卖关系,交易完成后它们之间就没有经济关系了,农户就没有权利再要求分享农产品加工环节而增值的利润。如果企业与农户以市场来联结,农户出售农产品给企业的价格是随着市场的变化而变化的,企业处于支配地位、农户处于服从的被动地位,这个过程不存在利润返还于农户的制度安排。即使其间存在一定的利润返还,也只不过是缘于企业为了建立与农户的稳定关系,从而保证农产品供应的经营策略。所以,"公司+农户"型模式在带动农民进入市场方面具有一定的积极作用,有助于推动农业市场化的实现,但在利益分配上也很难形成"风险共担、利益均占"的格局,不能保证农民稳定地获得农产品加工利润。

3. "龙头企业+农民合作经济组织+农户"模式

在"龙头企业+农民合作经济组织+农户"模式中,农民合作经济组织发挥着中介的作用。目前,在乡镇机构改革的背景下,乡镇农技站、植保站等在农村的技术推广作用有弱化倾向。与此同时,另一支技术推广的组织却逐步活跃起来。这个组织隶属于龙头企业,在它的支持下,农民可以种养技术含量较高的名优稀品种,这个组织就是合作经济组织。在龙头企业技术人员的指导下,可以传授农民逐渐掌握基本的技术知识和经验。通过接受龙头企业提供的技术培训和指导,广大农户的种养技能有了明显提升,农民合作经济组织也不断壮大起来。在农业产业化链条中,农户生产原材料,居于上游;龙头企业深加工,居于下游,而两者之间的连接桥梁就是农民合作经济组织,虽然龙头企业与农户作为追求利益最大化的市场主体,利益存在不一致的地方,但在经受市场风浪考验的过程中,二者只有结成真正的利益共同体,才能实现双赢。目前,连接二者的桥梁还不是很牢固,存在的薄弱环节亟待弥补。

4.“社区+企业+农户”模式

虽然相对于“公司+农户”的模式而言,这种发展模式在某些方面有所改进,但是在发展中也暴露出一些问题。首先是资金问题,随着农村游客的增多,接待的规模需要相应的扩大,各种条件也需要提升,而且要不断开发新项目来满足农村旅游的需求。而该种模式的资金主要是来源于村办企业的投资,他们的资金实力毕竟有限,所以,在合作经济组织后续发展中,极可能会出现因资金不足而无法扩大规模的情况。其次是公司和农户之间的关系问题,从模式的设计来看,两者之间按照约定和各自的职责分工进行合作。但是,在实际执行过程中依然存在着一些不和谐的因素。比如说要公司来统一安排游客的接待,那公司以什么标准来决定应该安排给哪一家农户经营? 这些都是有比较大的弹性的,这就可能会造成农户之间以及农户和公司之间的矛盾和冲突,农户肯定都希望多往自己家安排,这样他们相互之间可能就会暗暗较劲,或者他们会认为公司的安排不合理、不公平,偏袒了某家,从而引起矛盾的发生。总体分析,在公司和农户的关系之中,公司在对资金、资源的掌握方面占有优势,有可能会导致合作经济组织的管理权过于集中,在进行利润分配时出现相互争执的问题。

（四）“能人大户创办型”的合作经济模式

这种合作经济组织是由农民中的能人牵头,农业大户合作而成立,并形成“能人大户+协会+基地+农户”的合作经济组织模式,具有显著的中介性。其特点有:农民大户合作,能人牵头,广大农户参加,合作经济组织挂靠某一能人大户。大部分地方都是由政府出面牵线搭桥,依托能人大户的资金、技术和管理经验以及销售网点优势。此种类型的合作经济组织,是乡镇基层合作经济组织的主导形式,合作经济组织的经营与服务形式,实行产销一体化,在分配上实行按股分红。由农业大户倡议建立,农户自愿参加,即农业大户或农村能人围绕某一农产品或产业,自发组建以"农户+基地+协会"为合作模式的合作经济组织。其特点主要有:农民自发创建,没有政府部门的参与,由参加的农户选举农业大户作为合作经济组织的带头人或者负责人,实现决策的民主化,以及利益、风险共享共担。这种合作经济组织完全体现出"自建、自营、自受益"的合作经济组织原则,因此这类合作经济组织发展迅速。对于合作经济组织的经营与服务形式,主要是农户用各自的土地种植或养殖同一品种,采取以劳力、土地、资金入股,按股份比例分红。在这种模式下,农户对于那些具有专业技术、经验的牵头人依赖性就比较强,一旦出现这种能人缺位,就很可能导致合作经济组织运行的不稳定。

(五)"农民联合组建型"发展模式

这种模式是由当地农民通过劳动、资本联合,依托传统产业,自发组建专业合作组织,把一家一户分散的生产经营,用合作制原则组织起来,形成规模生产经营。专业合作组织既开展生产指导,又开发加工、包装、销售,统一应对市场,增加农民收入。此种模式可以以民主的方式推选出合作经济组织的领导团体,但也离不开政府在各方面的引导,政府可以对农民联合组建的合作经济组织进行审查,评估政府在对它的政策以及财政的扶持上会产生多大的效应和辐射作用,通过审查测算来决定政府对该合作经济组织的支持力度。

(六)"民间力量推动型"发展模式

这里的民间力量不完全是 NGO(非政府组织),还有新乡村建设学派以及来自民间的志愿者。这种发展模式被庞晓鹏称为逆向发展模式(于敏等,2007)。这种模式主要由基层农技、农机等部门,利用自身优势,与当地优势资源和农民服务需求结合,组建专业合作社或协会,推广普及新技术、新品种,促进农业科技成果的转化,为农村提供技术服务,实现农业增效、农民增收。

目前理论界之所以在定义中国专业合作组织时多有不同,主要缘由是因为目前中国专业合作经济组织的组织形态表现各异而导致(杨继瑞等,2003)。通过对合作组织发展模式的考察,我们可以得知,合作经济组织是顺应社会主义市场经济发展的产物,是乡村振兴深入推进的成果。第一,合作经济组织是农民自发组成的经济组织,它能够切实维护农民利益。坚持从实际出发,因地制宜,循序渐进,并尊重农民的意愿和选择,是合作经济组织健康持续发展的必要前提。第二,必须建立和完善合作经济组织的内部管理和运行机制,充分体现合作经济组织是农民自己的组织这一根本特点。第三,必须加大对合作经济组织的支持力度,使得合作经济组织发展走上更大更强的道路,为乡村振兴与"三农"问题的解决提供强有力的支持。第四,合作经济组织的发展离不开政府的充分支持,政府要从法律和政策方面为合作经济组织发展提供良好的外部环境。

四、东、中、西部地区农民合作经济组织的发展方向选择

中国经济发展地区差异性巨大,东、中、西部地区经济、社会差距明显,地理位置上的差异也将在一定程度上影响到合作经济组织发展方向的选择。因此,我们必须遵循因地制宜的原则,顺应合作经济组织多样化的发展趋势,依靠农业经营规模化程度高、农业专业化程度高、入社入会的农民素质高的共同基础条件,探寻适合不同条件和区域的发展方向(田昕加,2017)。

(一)选择发展方向的原则及考量因素

随着农村经济市场化取向的不断深入,各类农村合作组织呈现出较快的发展势头,综合而言,合作经济组织的方向选择应该坚持以下几个方面的原则:(1)多样化原则。由于自然条件、资源环境、经济发展水平的不同,合作经济组织的发展程度、运行机制均有所不同,因此应遵循多样化的原则。(2)因地制宜原则。不同地区的产业集群、主要作物类型等均有所不同,应该因地制宜地探索符合该区域发展的合作经济组织模式。(3)重点借鉴原则。现有典型的主流合作经济组织方向为我们提供了很好的可以借鉴的经验,值得好好利用。(4)动态发展原则。各个地区的经济发展总是处在一个动态发展的过程中,不同经济发展水平下的合作经济组织模式是不同的。在发展初期需要外在力量的推动,在合作经济组织发展成熟后应更多地自主发展,选择企业和市场主导型合作经济组织。

在选择合作经济组织发展方向时,我们必须综合考虑以下不同的因素:(1)农民能够经营的规模;(2)农户的数量;(3)农民的文化素质水平;(4)农

户的收入;(5)当地农产品特色;(6)当地商品经济发展状况;(7)政府政策的扶持程度;(8)乡镇企业的发展状况;(9)当地农业技术推广情况;(10)农村金融发展状况;等等。

(二)不同经济发展水平下的中国合作经济组织发展方向选择

由于组织资源禀赋的差异,加上外部环境的复杂性,不同地区合作经济组织呈现出多样化发展的态势。各种不同的组织模式都有各自的优、劣势以及适用范围,不同地区的生产力发展水平、农产品特征、生产集群等因素反映出这些地区不同的资源禀赋。因此,从合理的角度出发,不同区域应该因地制宜地选择不同的组织发展方向。

1. 东部发达地区,可采取市场主导型的合作经济组织发展模式

农民组织化程度的提高也可以加强农户与政府之间的联系,使政府在了解农情和民意的情况下提高行政工作的效率。针对中国东部生产力发展水平相对较高的区域,这些地区农村商品经济起步比较早,农产品市场化已经具备比较深厚的基础,农产品外向性大,农业基础条件相对比较好,外围环境等也比较优良,还有许多的优质性生产要素,比如市场信息、先进技术等等。这些地区应着力引导创建市场主导型合作经济组织。应明确合作经济组织的运行机制,在遵循"民办、民管、民受益"原则的基础上,逐步健全合作经济组织内部的各项管理制度,提高合作经济组织的组织化、规范化水平。由于这些地区农民的素质比较高和接受新事物的能力比较强,加上合作经济组织的发展已经有了相当的基础,农民对合作经济组织的优越性有清晰的认识。因此,合作经济组织服务的内容不再局限在技术方面,就不需要再进行大规模宣传和发动,农民对合作经济组织提供生产、销售等环节的服务,以及配套服务。因此,可以大力引导规范农民自办、能人大户带动型的合作经济组织,政府主要负责规范合作经济组织各主体的行为。

2. 中部地区,可采取企业主导型的合作经济组织发展模式

在中国中部地区,市场经济的发展水平不是很高,介于东部沿海发达地区和西部贫困地区之间,但市场经济也有一定的发展,一体化经营、社会化服务、专业化生产和企业化管理相对西部地区更为健全,其区域优势资源相对比较突出,此类合作经济组织模式能够最大限度地挖掘中部地区的优势资源、特色资源。而且,通过龙头企业和标准基地的建设,能起到很好的示范和带头作

用,进而引导着农户走上合作发展的道路,带动中部地区经济的腾飞。

3.西部欠发达地区,可采取政府主导型的合作经济组织发展模式

西部地区生产力发展水平和经济发展程度相对一般或落后,市场经济水平不高,农户积累资金能力不强,合作经济组织的建设还处在初级阶段,组织发育有了一定的雏形,但大多是在政府行为主导下成立的,因此,政府的直接干预力度大。我们必须充分认识这样一个基本事实:由于制度安排的特殊性和市场经济发展的不平衡性,欠发达地区的合作经济组织仅仅凭借自身力量直接进入市场,进行平等竞争是十分困难的,如果任其自然发展,那么这个相对比较弱势的组织很可能会在严酷的市场法则下被其他市场强者扼杀在摇篮中。因此,它迫切需要政府给予恰当的指导和有力的扶持。政府可帮助农民合作经济组织建立纵向关系的农产品流通渠道模式、增强其在贸易往来中的报酬力,形成利益共同体,从而促进西部地区农民合作经济组织的发展(鑫颖、侯淑霞,2017)。

第三节　农民合作经济组织发展的国内外对比分析

合作经济组织作为农民权益保护与农村经济发展的重要载体,其业已承担起发展壮大农村经济的重要使命。基于国内外合作组织发展状况的不同,对比国内外发展的差异可以归结为以下几点(宋哲庆,2011)。

第一,产生基础不同。国外合作社产生的直接基础多是在经济危机或农业发展面临困境时的社会需求,并由此得到快速发展的,这也反映了合作社是弱者团结互助的组织这一本质。然而在中国,早期的"人民公社运动"是在政府主导的前提下进行,缺少合作组织发展的内在活力和合理的运行机制。后来新型合作经济组织的出现,在一定程度上是农民自愿联合的结果,但是在这种情况下产生的合作经济组织发展困难重重,在金融、组织形式、信息等方面存在诸多阻力和困境,严重制约了中国合作经济组织的发展。

第二,发展条件不同。农村商品经济的发展、农民文化素质和民主意识的提高是国外合作社发展的基本条件。在具备这些条件的基础上,政府对农业合作社只需稍加引导,甚至不用政府引导,合作社就会顺利发展起来,如美国、德国等。如果不具备这些条件,就需要政府的大力推动,如战后日本合作社的

发展。在中国,市场经济的引入,促进了农村商品经济的发展,然后从整体来看,农村商品经济的发展程度较低,与发达国家的农村商品经济发展水平还存在很大的差距;农民人口众多,农村教育资源匮乏,农民文化素质还有待进一步提高;农村教育的滞后和农村文化发展的缓慢,农民民主意识也还需进一步提高。总之,从中国实际情况来看,我们尚不具备合作经济组织自我发展的充分条件。

第三,合作社原则不同。合作社作为独特的组织形式,有着区别于其他组织的基本原则。这些基本原则是合作社得以存在和发展的生命线,能否坚持这些基本原则,是合作经济组织发展壮大的关键。世界各国在发展合作组织的过程中,虽然历史背景不同,内部制度各有特点,但总结起来它们在发展中都坚持了合作组织的基本原则,如所有者与惠顾者同一、成员民主控制、资本报酬有限、按惠顾额分配盈余等原则,从而确保合作社的宗旨不变,合作社的性质不变。中国合作经济组织在具体发展过程中,合作组织的基本原则有所扭曲,农民被强迫加入现象在"人民公社化"时期比较突出,现在由于政府的强制推行,在某些地区仍然存在农民非自愿加入的现象,以及"民办、民管、民受益"的原则在实践中也存在扭曲现象。

第四,发展模式不同。国外农业合作社的发展有着不同的发展模式,主要可以分成两种类型:自下而上的模式和自上而下的模式。美国农业合作社是在农村商品经济比较发达,市场法律法规比较健全,农民文化素质和民主意识已经得到较大提高的条件下自下而上发展的;而日本因为人多地少,合作社如果仅靠自身力量很难发展,他们的合作社多采用综合合作社的形式,基本上是靠政府的扶持发展的,因而是自上而下进行的,政府在农协中的力量非常大。在中国,由于缺乏合作经济组织自我发展的优势条件,单靠合作经济组织自己,难以实现又快又好地发展。从地方经验来看,政府在合作经济组织发展过程中起到了重要作用。

第五,经营基础不同。美日的合作社是建立在农户或家族农场经营的基础之上,合作社成员的生产资料和财产所有权并不改变,农户或家族的土地及其他生产资料仍归农民私有,他们是自负盈亏的独立经济实体,所有制关系仍然不变。农户或家庭农场在生产经营上拥有完全独立自主的经营决策权,不受合作经济组织的干预和支配,彼此间的农业合作只在需要的领域展开。合作社与其成员在经济上和法律上的地位平等,合作社对其成员不具有支配和掌控的职能,只能通过开展业务活动对其成员进行服务和指导。在中国,实行公有制的经济形式,土地归国家所有,农民享有的是土地承包经营权,农民可以以土地承包权出资。农民与合作经济组织之间是一种服务与被服务的关系,合作经济组织对农民不具有支配的权力。

第六,立法保障不同。由于合作社的特殊性以及它对农业、农村、农民的重要性,各国均以立法形式确立它的法律地位,以法律手段对合作组织予以扶持。美国密歇根州早在 1865 年,就通过了第一部承认合作购买和销售方式的法律,其后,美国其他一些州也开始效仿陆续制定合作社法。1914 年美国国会通过《雷顿补充法案》,1922 年通过《凯波—沃尔斯蒂德法案》作为对《雷顿补充法案》的补充,1926 年通过《合作社销售法》等法律对合作社予以保护;而日本政府先后颁布实施《农业协同组合法》《农林渔业组合重建整备法》《农协助成法》等多部法律来支持和规范日本"农协"发展。中国虽然已经实施《农民专业合作社法》,但范围局限,不能规范所有合作组织的发展,新的《农民合作经济组织法》尚在制定过程当中,立法不足也是中国合作组织发展的现实困境。

第七,政府政策不同。政府对合作社发展实施优惠的经济政策,主要是给予财政、金融等经济支持和税收减免等。如日本政府部门给农协开展信用事业的贴息贷款或者无息借款,以确保农协资金的来源;以及在税收政策上,规定农协享有较低税率,比其他法人税率低 10% 左右。又如德国政府对合作社税后利润进行投资的部分可以免征所得税;鼓励信贷合作社向农民提供低息借款;或者直接给予合作社一定的财政支持等。各种对合作社支持的政策使合作社的发展具有了强大的后劲。在中国,政府对合作经济组织的引导和扶持更加突出。因为缺少合作经济组织自我发展的基础条件,合作经济组织很难自我发展,因而更加需要政府进行扶持和适当地采取倾斜保护政策。

第八,多元化发展差异。美、日等国家合作社的发展经历一个经营范围的变化过程,由发展初期的集中在农产品销售、农产品粗加工领域,发展到不局限农产品加工销售领域,形成灵活多样、各具特色的合作经济组织,其涵盖范围几乎涉及了农民生活的各个领域和农业生产的各个环节。中国合作经济组织发展起步晚,发展较快,但合作经济组织的形式和业务范围与发达国家相比还有很大差距。

第九,发展趋势不同。发达国家合作社的发展趋势基本相同,主要有三种形式:一是横向一体化,通过合作组织的合并与改组,形成综合性的合作组织,提升了合作组织自身的竞争力;二是纵向一体化,通过延伸产业链,把农业产前、产中、产后都连接起来;三是营利性倾向趋强,各国产生的新型合作社,对传统合作社原则有不同程度的偏离,如增加非社员人数等,这使得合作社的合作性逐渐减弱,营利性不断增强。在中国,由于地方经济、政治、文化的不同和各地具体环境的差异性,单一的合作组织发展模式不可能实现普通的适用,各地因地制宜,结合自身发展特点,创新发展合作经济组织发展模式,合作经济组织发展呈现多样化特点。随着市场经济的普遍和商品经济的深入,合作经济组织发展涉及领域也不断扩展,涉及生产、分配、交换、消费的各个领域,但发展水平较之发达国家还存在很大差距。

此外,通过对国内合作组织的发展状况调查,我们了解到国内也存在合作经济组织发展较好的地方。这些地方的合作经济组织一般具有以下三方面特点:坚持民办、民管、民受益的原则;财务必须要公开、透明;理事会、监事会成员要有奉献精神。具体说来,一是从中央到地方各级主管部门不断增强对合作经济组织的支持,具体支持方式包括发布文件、提供资金补贴和实物支持、帮助组织在其他机构获得资金、减免税费等。其中的资金补贴,从400多元到20多万元不等;实物补贴,价值从600元到1万元不等,促进新组织的组建和已有基础的组织迅速发展壮大。二是不断拓宽农民合作经济组织的组建领域,已从蔬菜、瓜果等种植业范围扩展到粮食、养殖、旅游、农机、水电、科技服务、物业等各业,合作的深度也从单纯的生产环节扩展到生产、加工、销售全过程,涉及加工、销售领域。三是合作经济组织对优势产业的依托性。专业合作社突出主导产业,发展特色产品,较好地适应了市场的需求;综合服务社从服务农民生活出发,突出综合服务,较好地满足了农民的需求,也启动了农村消费市场。四是突破合作经济组织发展的行政区域界限,很多以市场为基础,以产品为依托,实行跨区域发展。如北京大发正大公司发展了很多跨乡镇、跨区县的肉鸡生产协会,其中顺义区张镇肉鸡协会不但有其他六七个乡镇的农民,而且还有平谷区的农民。延庆县的小丰营蔬菜销售协会,在帮助本县农民销售蔬菜的同时,还帮助外区县农民销售蔬菜,带动了区域蔬菜产业的发展。五是增加合作经济组织中的社与社之间、合作社与公司之间的合作。农民专业合作经济组织中,利益联结比较紧密的出资型农民合作经济组织占 60% 以上。这些组织中农户以土地、资金、劳力和技术等参股,形成以产权为纽带的新型经济共同体,风险共担,利益共享。六是加强农民合作经济组织的类型多样化、综合化、实体化,从协会型发展到生产经营型,从生产经营型发展到投资型,新一代投资型合作社已经出现并得到发展,显示出强大的生命力。

第四节　国内外农民合作经济组织的发展经验借鉴与启示

综观各国合作经济组织发展的历史现状及国内合作经济组织发展历程,不难看出,虽然不同国家和不同地区的农业合作化有不同特点,但它们发展合作经济组织的基本思路和做法有许多共通的地方值得我们借鉴和总结。

一、政策支撑:渐进计划性、差异性、实时性的出发点

合作经济组织的发展壮大,有效的政府政策支持是必不可少的外部条件。渐进性要求政府制订计划是符合实际的,不是冒进的不切合实际的,通过一步一步的小目标实现,最终实现大目标;计划性就是无论是大国还是小国、国家还是地区都必须有一个总的科学有效的发展计划。渐进性与计划性结合才能有效地实现良好有序发展。合作经济组织是连接政府与农民的桥梁,它介于政府和农民之间,一方面为会员提供各种产品的市场信息、农业生产资料供给、实用农业技术、农产品销售等服务;另一方面为政府传递政策信息、执行政府农业决策。合作组织作用如此之大,各国政府对此大多采取支持和鼓励态度。美国、法国、德国、日本政府对合作组织都无一例外地予以渐进性、计划性、差异化的政策支持。各国政府对合作组织的扶持与优惠政策有许多种,其中税收政策和财政资助政策是最普遍的:(1)在税收政策上,各国通常采用低税、减税或者免税的税收政策。例如美国的合作社纯收入按单一原则征收,或者合作社纳税,或者惠顾者纳税,绝不双重征税。(2)在财政资助政策上,各国通常采用财政补贴、优惠贷款、担保、合同订货、土地转让等形式来支持合作社发展。例如德国对合作社的管理费用补贴,逐年递减,但补贴总额仍可以达

到合作社投资贷款总额的 25%。以上的优惠措施和支持政策使这些发达国家的合作组织在竞争中处于有利地位,对合作社的发展壮大起到重要作用(郑建琼,2005)。发达国家的这些做法对中国如何促进合作经济组织的发展具有极大的借鉴意义。为此,在加快合作经济组织立法的同时,中国还要借鉴发达国家的经验,积极制定对合作经济组织的扶持政策,并且使制定的政策具体、系统、切实可行,以保障合作经济组织的快速发展。结合中国的实际情况,尽量减少政府对合作经济组织的不必要干预,给农民更多的自由发展空间。国家相关行政机关为农民合作经济组织提供良好的服务,积极引导农民合作经济组织良性发展,是合作经济组织健康发展的必要条件(温涛等,2015)。然而,如果干预过多则适得其反,不仅会增加组织的应对成本,而且会阻碍合作经济组织的发展。合作经济组织发展的实践证明,越给农民创设宽松的发展空间,合作经济组织就会发展得越好。

二、立法供给:以法律赋权保障合作经济组织利益

在合作社发展的初期,中国没有明确的法律规定农民合作社的性质。在发达国家,这一时期的合作组织形式多样,有农民合作社、农民协会、农民联合会等,其中最常见的是农民合作社。由于合作社地位的日益凸显及政府认识的不断转变,各国政府纷纷通过立法及一系列修正案来保证和促进合作社的健康规范发展,使得合作社在社会经济活动中的合法地位和权益受到国家在法律上的保护。各国通过立法的方式归结起来主要有两种形式:一种是订立专门的合作社法;另一种是在其他同类法规中制定关于合作的专门条款或章节。无论是哪种立法形式,都为合作组织的发展提供了法律依据和法律保障。如日本的《农业协同组合法》是日本政府对农协扶持的重要依据,也是日本农协稳定持续发展的前提和基础,其中就有规定任何行政部门或其他组织和个人都无权超越法律来指挥和干预农协的活动。又如意大利采取第二种形式,在民法中明确规定了合作社的性质,指出合作社的目的主要是互助,它向社员直接提供比市场上更优惠的物品、就业机会等。它与以追求营利为目的的公司企业不同,因此严禁无互助的企业命名为合作社。在意大利的民法中,还具体规定了合作社的社员人数、社员资格、组织机构、社员股金、分配方式等一系列内容。总之,发达国家对合作社给予的法律保障,具有极大的明确性和强制性,为合作社的发展创造了必要的内部条件和外部环境,使国家和合作社之间的关系在很大程度上得到协调。这给中国政府如何推进合作组织提供了经验启示和借鉴作用。我国第一部规范农民专业合作组织的法律《农民专业合作社法》至今已实施十余年,在当时背景下弥补了长久以来合作社立法上的空白,也极大地促进、引导和推动了农民专业合作社的发展,保护了合作社及其成员权益,对规范合作社组织和行为、促进农业农村经济发展方面发挥了积极有效的作用。但随着农村经济产业结构的分化调整,合作社的发展特点和表现方式上都有了新的变化,原有的《农民专业合作社法》逐渐滞后于社会经济的发展,呈现出和合作社的发展的不匹配性。因此,经过多次修订后,新的《农民专业合作社法》于 2018 年 7 月 1 日起施行,在调整范围、成员资格与构成、合作社成员出资范围上有了重点改变,并且新增加了关于联合社和内部信用合作的内容。合作经济组织的发展很大程度上受国家法律的影响。国家的制定法长期一贯是合作经济组织稳定发展的前提和保障,因此有必要通过修改配套的法律法规为农民合作经济组织的稳定健康发展提供适宜的环境。

三、利益倾向:以保障农民权益为立足点

从各国的发展情况看,国外的合作经济组织均是联结农民及其经济利益的有效利益载体。农民权益是指农村居民作为国家社会成员享有的政治、经济、法律、文化、教育、卫生及社会保障等各种权利和应得利益的总称,包含经济权益和政治权益两个基本方面,经济权益是农民权益最基础、最本源性的权益,政治权益又深深地影响着经济权益,成为经济权益实现的有力保障。许多发达国家在基层合作社的基础上,通过纵向和横向的集中和合并使合作企业的规模迅速扩大,规模化经营在降低成本、提高品质和增加产量,继而增强农民力量,保护农民权益方面发挥了重要作用。而中国由于农民居住分散,信息沟通难,把分散的农户组织成一个有效率的合作经济组织具有相当大的困难。除了供销合作社属于全国性组织,规模较大以外,其余的合作经济组织普遍规模偏小。合作经济组织力量的积聚和竞争力的增强需要合作经济组织规模的扩大,但这种规模的扩大也需要支付相当的组织成本。扩大合作经济组织规模可以从两个方面努力,一方面积极引导合作经济组织的区域联合和合作,特别是跨区域的专业协会的合作,引导和鼓励形成一种大型合作经济组织;另一

方面探索供销社改革的新路径,将供销社形成真正的合作经济组织,让它发挥类似日本农协的功能。而中国的农民合作社主要呈现出基层性和分散性的特点,规模化及与农业生产的结合不足。结合中国对合作经济组织认识存在局限性的情况,不仅要发展合作经济组织在数量上的规模化,更要发展其种类上的规模化。发展农民专业合作经济组织,将农民组织起来闯市场,更新观念,从争创实力品牌入手,以获得更多的经济收益(段红艳,2017);发展政治性组织,如成立农民协会,将农民组织起来增强与政府的博弈能力,以维护农民权益;培育各类社会文化组织,如老年人协会,将农民组织起来重建农村生活,以获得切实的物质与精神福利。农民只有在各个领域都合作起来,才能确保自身合法权益得到最大维护和保障,才能最终实现农民、农业与农村的现代化,才能实现乡村振兴目标。

四、科学理论:多种发展理论融合,实现农民合作经济组织全方位创新发展

从全球的农民合作经济组织发展过程来看,各国各地区从依靠单一的生存权理论发展本国或本地区农村事业到融合多种发展理论实现反贫困。比如美国融入"发展、赋权、收入分配"推进合作经济组织工作效率与公平兼顾,实现农民的收入水平提升,摆脱贫困,同时提升了农民的生存能力。首先,在针对发展上,美国制定了地区发展法和经济开发法,通过拉动经济发展,带动就业实现发展,不仅提升农民的收入水平,更加强了农民生存能力,给予其上升空间,从发展的视角给予合作经济组织面对未来变化环境的可持续的发展能力。其次,在赋权上,美国法律更注重农民合作经济组织权利赋予,平等的社会保障权等权利。最后,在收入分配上,美国也拥有较为公平完善的收入分配政策。

由于中国市场经济体制不健全、农民素质较低、农村合作经济正处于初级发展阶段等消极因素,要求中国在发展合作经济组织时必须严格遵循罗奇代尔原则,使合作组织真正成为民主管理的、农民自愿参加的、农民自己的经济组织。在中国农民合作经济组织的主体是农民,有没有建立农民合作经济组织的必要,建立什么样的农民合作经济组织都应该由农民来做主。无论是土改之后农民组建互助组或互助社,还是家庭联产承包责任制建立后的各地农民建立的专业技术协会或研究会、合作社等,都是出于农民的强烈愿望,所以得以不断发展。而超越农民的需求和生产力发展水平,强制农民合作而组建的合作经济组织则没有长期生存和发展的基础。随着社会主义市场经济的发展,中国农业、农村经济以及农村合作经济的发展,在适宜的时候,也可以根据具体情况,制订出符合中国国情的合作社原则。我国近年来逐渐转变理念,从"涓滴效应"理念逐步转变为"发展、赋权、收入分配"的发展理念,但是由于处于起步阶段,各项理念融入仍需要进一步的深入。

五、多元配合:科技、金融等制度推动农民合作经济组织发展

从各国农民合作经济组织的发展趋势来看,单单依靠国家、政府的财政政策或者是行政政策是不够的,还要依靠社会的力量、市场的力量、金融的力量、科技的力量等。科技作为第一生产力,在农业发展进程中发挥着至关重要的作用,比如我国西部或东北老工业基地一些地区主张的科技创新,通过提升制造业科技含量、发展科技农业、旅游业,通过产业集聚,加强对农村地区的辐射能力的科技带动农业发展政策。单纯依靠政府的科技政策发展推进农民合作经济组织发展已经远远不够,需要改变原来过度依靠政府的科技政策支持,转变为依靠市场和金融相结合的科技金融理念。比如日本、美国、韩国等为科技金融发展构建完善的证券市场体系(美国的 NASDAQ 市场、芝加哥的期货市场、日本的 JASDAQ 市场)、信用体系、风险投资体系(美国的硅谷银行)等,实现对农业等弱势产业、弱势人群的支持。发展农村二级市场以及开发农村股票资本市场有利于发展农村资本市场以扩大农村金融产品和服务的供给(Turvey,2011),农村金融市场的深化有利于解决发展中国家农村金融市场存在的经济主体的关系问题。

金融作为推进经济与社会发展的又一推动力,合作经济组织的发展壮大离不开农村金融的支持。同时,农村金融能够在农村生根发芽,更好地服务于农业、农村、农民和农村经济组织。合作经济组织本身正是提供农村金融支持的良好载体,合作经济组织的自愿合作性质能够吸收各方面资金用于农村,但其立足于农村的发展特点要求国家在其发展初期给予一定的资金支持和政策倾斜。国家对合作经济组织发展提供的金融支持能够促进合作经济组织的迅速成长,更能加速合作经济组织的多元化进程。农村熟人社会所形成的信息

和信用约束机制本可以有效地保障金融安全,但却不能为城市正规的商业金融机构所利用。要破解目前农村金融的困境就需要加快发展正规金融机构和非正规金融机构,解决农民合作经济组织在发展过程中的融资困难问题,创新投资形式,提升内源性融资能力,加大政府对合作经济组织的资金扶持力度(杨曙,2016)。依托合作经济组织开展的农村信用评级,则可建立相互监督的机制,有助于农村信用环境的优化和升级。依托合作经济组织开展联保、联贷业务,既强化了对农民的信用约束,亦降低了银行的信用风险,又拓宽了农合行的营销网络。建立起稳定而又庞大的客户群,深入发掘和培育农村金融市场,反过来又扩大了对农民的信用供给。只有充分的金融支持,合作经济组织成长依托的农业生产才有规模化的基础,农民经济利益才有迅速增长的可能性。

第四章　农民合作经济组织发展中主体间的权利与义务分析

第一节　农民合作经济组织中主体间的关系

法律是调整社会关系的行为规范,法律规范调整人们在社会关系中所形成的权利和义务关系就成为法律关系。部门法的不同主要体现在其所调整社会关系的不同。法律也是因为社会有需要其调整的社会关系存在而生的。因而梳理农民合作经济组织中主体间的关系,从复杂的社会关系中去把握现实的、特定的法律主体所参与的具体社会关系,是进行立法、正确实施法的必要过程,是进行理论研究和立法的重要环节。大凡立法质量的好坏、水平的高低无不与我们能否厘清所调整的复杂社会关系紧密相关。农民合作经济组织法所调整的合作经济组织是涉及面广、领域宽、主体数量庞大的社会组织。其社会关系复杂多样,在农民合作经济组织法调整下产生的法律关系也是复杂多样的。根据不同的划分标准,可以进行不同的分类:如按照法律主体在法律关系中的地位不同,可分为合作经济组织与有关政府机构之间的隶属法律关系、合作经济组织内部隶属的法律关系和合作经济组织外部的平权的法律关系;从法律体系所对应法律规范所属的法律部门的不同,可分为合作经济组织的民事法律关系、经济法律关系、行政法律关系等。本章以农民合作经济组织的内外部组织关系为标准探讨其存在的社会关系,将其划分为两部分:内部关系与外部关系,以相关法律法规对相关关系的恰当、适时、有效、规范的调整进行必要的技术疏理。

一、农民合作经济组织的内部关系
(一)农民合作经济组织与组织成员之间的关系
农民合作经济组织内部的基础性关系就是组织与组织成员的关系。农民合作经济组织的合作制特征决定了两者关系的特殊性。两者关系包括内容有：组织成员与成员大会或代表大会之间的组织关系，成员在组织中的劳务、经营或管理与管理关系，财产所有与利益分配关系。农民合作经济组织的这类关系是在组织的产生、发展、经营管理活动中形成的。这些关系实质上反映经济关系，其关系的核心是双方的权利与义务。法律规定中，要在体现和维护合作经济组织联合办社、民主控制等合作民主特点的基础上，明确并规范这类关系。

（二）农民合作经济组织内部组织机构之间的关系

这类关系主要与内部组织体系的架构有关，涉及其内部组织机构的类别、性质、职权、议事规程、任期等问题。主要包括两大类：一类是狭义的农民合作经济组织内部关系，该关系专指农民合作经济组织自身的内部关系；另一类是广义的农民合作经济组织内部关系，还包含有领导管理关系的上下级农民合作经济组织或农民合作经济组织的组织内部关系。立法中，我们应该对成员大会议事规程和职权，成员代表或合作经济组织代表的产生办法、比例和要求，成员代表大会或合作经济组织代表大会的议事规程、职权和任期，理事会和监事会的产生办法、议事规程、职责以及成员大会、成员代表大会或合作经济组织代表大会的关系，用具体法律规范进行确定。

（三）农民合作经济组织成员之间的关系

这类关系主要包括新组织成员与老组织成员之间的关系、组织成员与非组织成员职工之间的关系、不同类别的组织成员之间的关系。合作经济组织的入社自由使得其成员的数量处在一种增与减的变动中，新老成员对组织的贡献和作用是有差异的。对新老成员的权利和义务的规定应有所区别。一般而言，非成员职工不与组织成员发生直接的利益关系，但非成员职工的权利义务的设定会影响组织成员的利益。立法中，在规定对非成员职工权益进行劳动法律保护的同时，也应对其与组织成员的关系进行恰当的规范，保证合作经济组织成员地位平等，平等享有利益，并使其权利与义务对等。

立法中，要着重对合作经济组织成员的权利和义务进行规定。农民合作经济组织成员享有的权利应包括以下三类。

一是合作公益权。即合作经济组织成员享有为自身和合作经济组织的整体利益而依法或依组织章程执行合作经济组织的任务，参与合作经济组织活动的权利。其权利内容应包括:(1)选举权和被选举权;(2)知情权;(3)对合作经济组织开展业务、财务、组织及发展事项等工作的询问权、监督权、批评权、建议权和表决权;(4)合作经济组织成员大会召集申请权,决议取消请求权,解除理事、监事和管理人员职务请求权等权利。

二是独立自益权。即农民合作经济组织成员在法律和章程规定的范围内,为自身利益而行使的权利。其权利内容应包括:(1)收益权;(2)与合作经济组织进行购买和销售物产时的优先权、优待权;(3)自由退社权;(4)退出时的股金收回权等。

三是救助保障权。即农民合作经济组织成员为了保障自己利益的实现,在自己的利益受到侵害或需要组织帮助行使救助的权利。其权利内容主要包括:(1)获得帮助权;(2)获得救济权;(3)其他保障权。农民合作经济组织成员的主要义务有:一是履行组织章程规定的义务。农民合作经济组织成员应当遵守组织的章程和规定,维护合作经济组织的利益,不得侵犯合作经济组织利益,保护合作经济组织的财产,依章程和约定交纳加入组织的各项费用或股金的义务。二是依法承担合作经济组织损失的义务。一般而言,农民合作经济组织成员以其股本金为限对合作经济组织承担有限责任。

二、农民合作经济组织的外部关系

农民合作经济组织的外部关系包括:合作经济组织与政府的关系、合作经济组织与农村党组织的关系、合作经济组织与村委会的关系、合作经济组织与农户的关系、合作经济组织与其他合作组织之间的关系等。在这些关系中,前三种关系是农民合作经济组织外部关系中较重要的关系。其中,最重要的关系是与政府的关系。

(一)农民合作经济组织与非组织内农民的关系

农民是合作经济组织的主要成员,然而并非所有农民都加入了合作经济组织,那么合作经济组织与非组织内农民的关系也具有一定特殊性。作为社会中间层组织的农民合作经济组织对于组织内部成员具有一定的管理权,而这样一种权力却只可止步于其成员,对于非成员的农民,其无权进行管理。对于非成员的农民之利益,其也没有义务保障,但是非组织内农民的合法利益也不可侵犯。

（二）农民合作经济组织与政府的关系

传统的政府与公民的法律关系是一种管理与被管理的关系,但是随着政府理念的发展变化,传统的政府理念逐渐向"无缝隙政府"与"服务型政府"发展。合作组织在协助政府降低农民经济风险以及解决剩余劳动力的吸收方面都能发挥其特定功能。当前政府所要做的是发挥宏观层面的主导作用,为合作组织营造良好外部环境。合作经济组织在发展中需要政府更多的支持,政府推行各项惠农措施也需要组织体的参与。农村法制建设需要组织体的参与并发挥作用,乡村振兴的良好推进更需要组织体的贡献。可以说合作经济组织与政府之间的关系对推进农村法制建设、保护农民权益有着至关重要的影响。

（三）农民合作经济组织与集体经济组织的关系

集体经济组织是中国农村基本的经济单元,通常以自然村或行政村为单位,由政府牵头组建,其财产构成主要为村集体财产。农民合作经济组织则是由农民自发建立的合作组织,其财产构成主要是来自成员入股。农民合作组织的成员主体是农民,集体经济组织的成员主体也是农民,这一点上两个组织产生了一定重合。然而集体经济组织中的农民范围是一定地域内的全部农民,而农民合作经济组织的成员却并非该村所有农民。同时,这两个组织的职能也有所差别,虽然都是为了保障农民利益而产生的组织,集体经济组织主要是保障农民的基本经济权利不受侵犯,而农民合作经济组织主要是帮助农民实现其发展性利益。

（四）农民合作经济组织与其他新型农业经营主体的关系

农民合作经济组织本身也是新型农业经营主体的一员,其他农业经营主体还有家庭农场、经营大户与龙头企业。一方面,部分家庭农场与经营大户本身也加入了农民合作经济组织,是农民合作经济组织的一员。在这一层面上,农民合作经济组织与其他新型农业经营主体是互惠共赢的关系。另一方面,家庭农场、经营大户与龙头企业都是直接参与农村市场竞争的经营主体,其与农民合作经济组织之间还存在着一定竞争关系。

第二节 农民合作经济组织与农民之间的权利与义务

合作组织是人们在生产生活的实践中产生的,能使人们获得一定的利益价值的组织体。在中国,农村中的合作组织类型很多,主要是农民合作经济组织,同样农民合作经济组织也具有很多不同的类型,虽然其成立具有共同的要件,但是不同类型各具特点。农民合作经济组织能为农民提供很多有价值的利益保障,大陆农业经营方式必须坚持合作社的专业性与互助性(崔宝玉等,2017),在不同类型的农民合作经济组织中,合作组织与农民之间的法律关系既有共性,又有特殊性。

法律关系是法律规范在调整人们的行为过程中产生的权利义务关系,其要素有三:主体、客体和内容。法律关系的主体是法律关系的参加者,在法律关系中是一定权利的享有者和一定义务的承担者。在发生急剧转变过渡的社会,新政策和新的社会力量已经开始发挥作用,公民会采用新的方式应对这些变化,这种新的方式受到旧的社会形态、态度和方法的影响而展开调解,在正式的机构和机构内接受这种调解的人的期望和行为响应都留有这种印记(James D.,2013)。因此有关农民权利的政策制定、改革需要循序渐进,"换位"思考——考虑农民这一群体身份特征、可能的态度等。一言以蔽之,就是从融合国家、社会与市场元素的角度来看待农民身份。在具体法律关系中,主体的数量可能各不相同,但大体上都属于相应的双方:其一方是权利的享有者,为权利人;另一方是义务的承担者,为义务人。在中国农民权益保护与合作组织发展的法律关系中,法律关系主体涉及农民、各类国家机关、合作组织、农业企业以及农村社区等等,这些法律关系主体享有一定的权利,承担相应的义务。法律关系的客体是指法律关系主体之间的权利义务所指向的对象,它是构成法律关系的重要因素。法律关系客体是一定利益的法律形式,法律关系客体所承载的利益本身是法律权利和法律义务联系的中介,这些利益以各种形态表现出来。农民合作经济组织发展的法律关系中,农民利益表现为多种形态,包括政治利益、经济利益、文化利益、社会利益、生态利益等,而农民合作经济组织也有自己的利益诉求,从而使其能在新农村建设与农民权利保护中长足发展,发挥应有的功效。法律关系的内容就是法律关系主体间在一定条件下依照法律或约定所享有的权利和承担的义务。农民合作经济组织发展的法律关系中,其主体间的权利义务关系涉及多方面、多维度,只有全面地对此加以研究,才能得出对法律关系的完整、科学的认识,也才能更加准确、科学地认识理解农民合作经济组织发展的法律问题,继而充分发挥法律的功用和效能。

法律关系首先作为一种社会关系而存在,合作经济组织与农民之间存在广泛的社会关系,如合作经济组织对农民的服务关系、指导关系等,但并不是所有的社会关系都能成为法律关系,只有受法律规范调整的社会关系才是法律关系。合作经济组织与农民之间的法律关系是多种多样的,可能受到各种法律规范的调整。在此,主要从合作经济组织成立的目的——保护和发展农民权益和农村经济的角度探讨各种农民合作经济组织与农民的法律关系。根据合作的具体内容,我们将农民合作经济组织可分为融资型的合作经济组织、管理协调型的合作经济组织、资源开发型的合作经济组织以及专业指导型的合作经济组织。

一、融资型合作经济组织与农民之间的权利与义务

融资型的合作组织组成的目的是满足生产和生活发展的需要,为入股者提供融资服务的一种信用活动组织,如农村信用社、农村合作基金会等。农民加入合作组织使得农民获得了在合作金融组织中的成员权等权利。融资型合作组织提供的是融资服务,这种融资服务是基于信用产生的。

农民由于受到农业弱质性生产的限制和自身条件的限制,在进行农业生产和发展的过程中融资存在较大困难。融资型合作组织是为了解决这一问题而产生的,虽然在中国大部分的融资型合作组织还不是由农民自发产生的,但是这种融资行为很大程度上依然是取决于信用合作,融资型合作组织与农民之间有很强的基于信用而产生的法律关系。

党的十七届三中全会明确提出:"建立现代农村金融制度。创新农村金融体制,放宽农村金融准入政策,加快建立商业性金融、合作性金融与政策性金融相结合、资本充足、功能健全、服务完善、运行安全的农村金融体系。引导更多信贷资金和社会资金投向农村,积极支持农村改革发展,允许有条件的农民专业合作社开展信用合作。"农村金融作为农村经济发展中最为重要的资本要素、配置要素,农村金融兴,则农业兴;农村金融活,则农业活。乡村振兴必须依托于健全的农村金融市场。融资型合作组织是合作组织的重要组成部分,是农村金融市场发展的一个至关重要的因素,它对中国金融发展,特别是对农村金融市场发展发挥着重要作用。从其他国家农业发展经验来看,无论

是发达国家,还是发展中国家,都十分重视农村金融合作组织的建设。

合作金融组织是乡村振兴的持续动力,是促进中国农村走向富裕文明的力量源泉,也是现代金融发展的一种强大的内在驱动力。将成员闲散化的资金和信用联合,解决其实际的融资需求,有必要通过法制改进的形式促进农村合作金融的再生(段宏磊,2018)。融资型的合作组织与农民之间的权利义务关系是两者法律关系的核心内容。我们知道:某一社会关系之所以成为法律关系在于它是依法形成的、以权利义务的相互联系和相互制约为内容,权利义务从形态上包括应有权利义务、习惯权利义务、法定权利义务、现实权利义务。融资型合作组织与农民之间的权利义务关系有一些已经成为法律的明文规定变为法定权利义务,但更多的应有权利义务尚待规范,值得我们去研究探讨。具体来说融资型合作组织与农民的权利义务关系主要表现在以下几个方面。

(一)融资型合作经济组织对农民的权利义务

第一,融资的权利。资本充足对任何一个金融组织来说都是非常重要的,融资型合作组织在发展之初,力量薄弱,仅靠组织成员内部的资金供给难以维持其正常运转,政府虽可以有财政支持但不能成为组织的入股方,否则失去了民有性。因此,合作组织必须通过其他方式融资以保证资本充足。融资是合作组织法定的权利,应得到政策法律的大力支持。《农村资金互助社管理暂行规定》规定了合作组织可以接受社会捐赠资金和向其他银行业金融机构融入资金作为资金来源。当然,合作组织的融资形式应该是多种多样的,不局限于此,但应该保证融资型合作组织的融资权利,引导更多的资金流向农村,壮大农业,惠与农民。

第二,享受政策优惠的权利。纵观世界各国对融资型的合作组织普遍给予优惠政策,其原因在于融资型合作组织的非营利性,其运行目的是支持农业发展,对融资型合作组织的政策支持有助于社会的稳定和经济的发展,因此,在融资型合作组织的运行发展中有权要求政府给予政策支持,提供优惠待遇。首先是税收的减免,一方面可以全部减免融资型合作组织的营业所得税;另一方面要减免合作组织内部成员的红利、利息所得税,以鼓励农民入会,进一步壮大合作组织。其次,政府有提供补贴的义务,支持合作组织的正常运作。再次,在其他资金支持上,政府要给予融资型合作组织优惠,如向其提供低额贷款,在债券融资上给予优惠,保证融资型合作组织的正常运作。

第三,提供贷款的义务。融资型合作组织是在市场经济大力发展,农民为了避免支付高息贷款的背景下而自愿结合、自营自享的融资型合作组织,其成立发展的基本目标是缓解农民发展的资金要求,支持其低息的、小额的贷款需求。因此,融资型合作组织首先要满足入社成员的资金需求,这种资金需求是小额度的、短期的、周期的、低息的甚至可以是信用差的(相比商业银行的信用要求额度来说),融资型合作组织在这种情况下必须要发挥其作用,给予小额贷款农民资金支持,这是其发展的主要方向,也是其应履行的基本义务。而不能出现商业性银行那样只吸收存款,却很少发放贷款以致农村资金大量外流的情况发生。我国《农村资金互助社管理暂行规定》规定了其向社员提供存款、贷款、结算等业务的基本义务,且其发展要避免资本的嫌贫爱富状况,而以非营利性为目的,只有这样才能保证融资型合作组织长远的发展,满足农民的资金需求,从而促进农民在新农村建设中发挥其主体作用。

第四,接受监督的义务。融资型合作组织是单个农民向合作组织入股,合作组织向入股社员颁发记名股金证,作为社员的入股凭证,资金应主要用于发放社员贷款,在满足社员贷款需求后确有富余的资金可以存放其他银行业金融机构,也可以购买国债和金融债券。融资型合作组织当然需要接受农民的监督,农民有权查阅合作组织的章程和社员大会(社员代表大会)、理事会、监事会的决议、财务会计报表及报告,融资型合作组织要向其提供便捷条件,保障农民的监督权,健全财务管理制度与资金运作制度,如实地向农民汇报资金运转状况、发放情况,保证资金增值、保值。同时融资型合作组织的运作还要接受银监会的监督,合作组织的发展违背规定需要按照银监会的要求限期改正,并采取相应的完善措施。总之,融资型合作组织只有履行接受监督的义务,才能促进其运作的规范化、制度化,才能避免农民资金被盘剥,才能促使农民真正享受到融资型合作组织发展的利益。

(二)农民对融资型合作经济组织的权利义务

权利义务是对立统一的,表现为二者是相互对应、相互依存转化的辩证过程,权利义务关系在展现方式上体现了二者的价值一致性与功能互补性。一般说来,权利义务的设置目的等于立法目的,二者互促互生以满足主体的需求。融资型合作组织设立的目的在于满足农民的金融需求,合作组织与农民在供给与需求的动态互促过程中服务于农村金融的发展要求,合作组织承担着一定的权利义务,与此相对,农民也存在着一定的权利义务。

第一,民主管理的权利。我国合作组织发展的基本原则是民管、民享、民受益,合作组织的经营管理要由组织内的农民共同参与进行,农民是合作组织的主人。融资型合作组织在发展过程中要保证农民真正的参与管理。一方面要唤醒农民的自我意识、参与意识,激发农民的主动管理热情;另一方面农民通过参与管理使其个人价值得到充分实现,产生成就感。在融资型合作组织管理法律中应赋予农民最基本的法定权利之一即是民主管理的权利,保障农民表决权、选举权和被选举权、信息知悉权,监督合作组织的资金合理运作。同时健全合作组织内部管理机制,实行民主管理、民主决策、民主监督,充分保障成员对组织内部各项事务的知情权、决策权和参与权。

第二,获得贷款的权利。基于融资型合作组织的设立目标来说,使农民获得贷款,满足农民金融需求是融资型合作组织的重要任务。目前农村资金需求量大,已有的金融机构往往不能满足农民的金融需求。单个农户资金需求的最大特点是为了满足日常生活、生产的要求。这种资金要求量小、期限短、周期性强,且信用度差,缺乏必要的担保财产。也正缘于此,融资型合作组织才有了生存发展空间,确立了新的金融价值导向,丰富了农村金融市场,为农民发展资金创造了发展机遇。农民在生产生活中有权通过融资型合作组织获得资金支持,享受较低的贷款利率。

第三,出资的义务。融资型合作组织在发展之初的资金来源之一便是农民的资金入股,合作组织在此基础上才能继续运作,农民的出资入股是本源,也只有农民履行了出资义务之后才能享受到获得贷款的权利。同时,在农民入股出资成为合作组织成员之后才有权利享受其他的参与管理、民主监督、分享受益等其他权利。

第四,偿贷的义务。融资型合作组织提供的是融资服务,这种融资服务是基于信用产生的。农民加入合作组织使得农民获得了在合作金融组织中的成员权等权利,相应的也要履行义务。我国《农村资金互助社管理暂行规定》规定了成员按期足额偿还贷款本息的义务,否则融资型合作组织难以继续,农民也将在丧失信用的条件下承担法律责任。

融资型合作组织与农民的权利义务关系并不限于此,根据社会关系的本质和法律的精神将主体应承担和履行的权利义务通过法律明确规定或法律原则加以宣布,使融资型合作组织的权利义务关系更加明晰,为融资型的合作组织给农民创造更多经济利益条件的基础上,也为农村经济发展注入了新的活力,并促进思想观念的变革、增强人们认识客观规律的自觉性,整合各种思想并纠正认识偏差,在求同存异中达成共识,这些都构成了新农村金融市场的建设合力。

二、管理协调型合作经济组织与农民之间的权利与义务

管理协调型合作经济组织主要是对土地等基础设施的管理与协调,通过对土地资源、农村基础设施的管理与协调,使得合作组织成员能够在自身资源有限的情况下获得更多的外来资源帮助的合作服务。如农户以自己拥有的技术设备等加入该组织,由该组织进行统一管理与分配,保证加入农户都能完成田间工作。农户就不用再出资购买技术设备。这种协调服务,使得农户能够获得不同的资源,从而使得资源得到合理的利用,是一种协调合作型的法律关系。

党的十七届三中全会指出要"稳定和完善农村基本经营制度",其中主要的一项制度就是合作社的培养与发展,统一经营要向发展农户联合与合作,形成多元化、多层次、多形式经营服务体系的方向转变,按照"服务农民、进退自由、权利平等、管理民主"的要求,发展集体经济、增强集体组织服务功能,培育农民新型合作组织,发展各种农业社会化服务组织,鼓励龙头企业与农民建立紧密型利益联结机制,着力提高组织化程度。农民专业合作社就是管理协调型合作组织的一种典型形式。

同样,从法律关系的内容即权利义务角度探寻农民专业合作社与农民之间协调合作型法律关系,其权利义务关系具体表现如下。

(一)农民对管理协调型合作经济组织的权利与义务

第一,独立自益的权利。即合作组织的成员在法律和章程规定的范围内,为自身利益而行使的权利。其权利内容应包括:(1)分享收益与盈余的权利。农民专业合作社获得的盈余本质上属于全体成员,依赖于成员产品的集合和成员对合作社的利用。因此,合作社成员的参与热情和参与效果直接决定了合作社的效益状况。基于此,法律保护成员参与盈余分配的独自受益权,社员有权按照章程规定或成员大会决议分享盈余。中国农民专业合作社在盈余分

配制度上,一方面,为体现合作社的基本特征,保护农民的利益,在《农民专业合作社法》第四条第五项中确立了农民专业合作社盈余主要按照成员与农民专业合作社的交易量(额)比例返还原则,返还总额不得低于可分配盈余的60%;另一方面,为达到保护投资成员的资本利益目的,《农民专业合作社法》中规定了对惠顾返还之后的可分配盈余制度,按照成员账户中记载的出资额和公积金份额,比例返还于成员。并且合作社在接受国家财政直接补助和他人捐赠所形成的财产时,也必须按照盈余分配时的合作社成员人数平均量化,以作为分红的依据(李胜蓝,2007)。(2)与合作经济组织进行购买和销售物产时的优先权、优待权。(3)自由退社的权利。(4)退出时的股金收回权等。

第二,使用设施、服务的权利。农民专业合作社是同类农产品生产经营者或者同类农业生产经营服务的提供者、利用者,在自愿联合、民主管理的基础上组成的互助性经济组织。它以服务成员为宗旨,谋求全体成员的共同利益。作为农民专业合作社的成员,一旦加入合作组织,就有权利用本社提供的服务和本社置备的生产经营设施。这也是农民专业合作社这类合作组织存在的形式,农民在充分利用本社服务与设施的基础上,才能抵御市场风险,在市场竞争中获得更大的利益。我国《农民专业合作社法》明确规定了社员的权利包括利用使用本社提供的生产经营设施、服务的权利,为农民权利的合法行使提供了法律依据。

第三,民主管理的权利。农民专业合作社还赋予农民的权利包括:一是选举权与被选举权。二是知情权,合作组织成员有权知悉合作组织运作的情况,有权查阅本社章程、名册、成员大会或者成员代表大会的记录、监事会决议、理事会决议、财务会计报告和会计账簿的权利。成员是农民专业合作社的主人,对合作社事务享有知情权,有权查阅相关资料,特别是合作社经营状况和财务状况,以监督农民专业合作社的运营。三是对合作组织开展业务、财务、组织及发展事项等工作的监督权、询问权、批评权、建议权以及表决权。四是对合作组织成员大会的召集申请权,决议取消请求权,解除监事、理事和管理人员职务请求权等权利。五是章程规定的其他权利。上述规定是《农民专业合作社法》规定成员享有的权利,除此之外,章程在同《农民专业合作社法》不抵触的情况下,还可以结合本社的实际情况规定成员享有的其他权利(李胜蓝,2007)。

第四,依法承担合作组织损失的义务。合作组织成员以其股本金为限对合作经济组织承担有限责任,在合作组织经营不力遭受损失的情况下,农民以其参股资金为限承担损失。

(二)管理协调型合作经济组织对农民的权利与义务

第一,服务成员的义务。管理协调型合作经济组织应无偿为成员提供产前、产中和产后的各类服务。管理协调型合作经济组织是在农业的某些生产或经营环节上通过合作来取得规模效应,以降低成本,提高中小农户的市场竞争力。在发展过程中合作组织必须以服务农民为指导原则,为农民提供农业生产资料的购买,农产品的销售、加工、运输、贮藏以及与农业生产经营有关的技术、信息等服务。面对成员的求助保障,合作组织要给予最大程度的帮助,服务于民,惠与于民。

第二,接受监督的义务。合作组织应当建立健全财务管理、会计核算、民主议事决策、盈余返还、成员管理、档案管理、岗位目标考核以及购销管理等规章制度,同时各项运行制度要接受成员的监督,农民有权知悉合作组织运行中的情况,合作组织要为成员的知悉权行使提供便利。面对成员的批评建议,合作组织要及时改正,接受监督,保证合作组织的运行规范化、制度化、合理化。

三、专业指导型合作经济组织与农民之间的权利与义务

专业指导型合作经济组织主要是指一些专业协会组织,这些组织主要是为农民提供生产或销售等方面的专业指导服务。为了适应现代化生产方式的需要,农民需要提高自身的文化技术水平,专业指导型合作经济组织利用不同的农民不同的特长以及通过一些高技术人才的媒介作用,将技术推广和教授给农民,使农民学习新的技术职能。农民与农民之间通过这种组织互相学习,吸收新的知识与技能,为农业生产的现代化提供技能基础。

尽管当前中国的农民文化正在经历着趋向现代性的演变,但是其因循守旧、惧怕变革、拒绝接受新思想和新事物等保守性的一面在相当多的农民身上仍然保留着。传统农民文化的落后性还表现在对于他人的不信任和缺乏合作的态度。我们不能对农民文化的保守性予以简单的理解,这种保守性的实质是农民经济理性,有其经济基础和现实理由。总体看来,农民的保守性主要源自于他们过于弱小的承担风险的能力。之所以排斥新的技术、新的作物和新

的组织和制度,最主要的原因是这种变化和尝试经常会带来某种程度的危险及不确定性,有可能导致亏本甚至血本无归的结果。

专业指导型合作经济组织作为全面而深刻地塑造新型农民文化的重要载体,对于克服传统农民文化的这些缺点是非常有效的。组织的原则与价值取向都是现代文明所倡导和需要的,也是新农村建设中的新型农民所需要的。首先,合作组织的宗旨就是要摆脱农民个体独立经营所面临的困境,合作的精神体现了一种积极进取的意识,通过合作实现和增进农民的利益,这是对传统农民文化的一个重要突破。其次,合作组织在坚持农民独立自主经营的基础上,通过平等自愿的原则实现了平等合作,且成员资格是对所有人的无歧视性开放原则,传统上农民文化中存在狭隘的血缘思想,区别远近亲疏、讲究差序格局,而专业指导型合作经济组织对此有所突破,改变了农民的封闭意识。再次,合作组织的存在和运行的生命力在于成员的积极参与。专业指导型合作经济组织鼓励组织内成员的积极参与,包括经济和交易活动、组织内的民主管理和决策活动。因此要实现和增进农民的经济利益、培养民主意识最好的选择就是参加专业指导型合作经济组织。最后,对于塑造新型农民更要注重教育与培训,这是组织原则的要求与生存和发展的需要。因此,为了其自身的生存和发展,合作组织必须为成员提供技术支持与培训,进行技术、文化和合作理念的教育。

专业指导型合作经济组织与农民之间法律关系的内容主要表现为农民享有接受教育和培训的权利以及专业指导型合作经济组织对农民进行培训与教育的义务。

(一)专业指导型合作经济组织对农民的权利与义务

第一,组织农民培训的义务。专业指导型合作经济组织应该开展专业培训,保障农民接受培训的权利。不断加强对农民的教育和培训,建立起规范的农民培训制度,提高劳动者的综合素质和能力。推进农民的教育,保障农民的受教育权。专业指导型合作经济组织重视对农民的教育,这不仅仅是组织原则的要求,更是专业指导型合作经济组织自身生存和发展的需要。专业指导型合作经济组织为了其生存和发展,必须为组织内的农民提供技术支持和培训,进行技术、文化和合作理念的教育。

第二,培养农民民主意识的义务。合作组织的存在和运行的生命力在于成员的积极参与。专业指导型合作经济组织鼓励组织内成员的积极参与,包括经济和交易活动、组织内的民主管理和决策活动。因此要实现和增进农民的经济利益、培养民主意识最好的选择就是参加专业指导型合作经济组织。

第三,文化培育的义务。专业指导型合作经济组织除了在经济上给予农民扶持指导更要在文化建设上发挥其助推器的作用。专业指导型合作经济组织要丰富农民业余文化生活,培育良好的组织文化,务必要尊重职工,努力维护农民的各项合法权益。

(二)农民对专业指导型合作经济组织的权利与义务

获得培训与接受教育的权利是农民在专业指导型合作经济组织中享有的主要权利,同时,参与培训与接受教育也是农民在专业指导型合作经济组织中的一项义务。建立和发展专业指导型合作经济组织,是提高农民组织化程度、实现农业产业化经营的重要环节,也是引领农民进入市场,促进农民增收的有效载体。中国加入WTO、消费者对高附加值产品的需求以及一体化市场链的发展等因素,都使农业面临着前所未有的机遇与挑战,农业生产的任务在于如何使上亿小农户能够有效地参与和受益于这些变化。世界银行中国局农村部负责人指出:"一个关键的解决办法就是让农民自身采取集体行动,通过组建农民自己的社团或协会组织,来帮助他们应对这些挑战。"合作组织的发展为农民应对机遇与挑战提供机会,它大大提高了农民的组织化程度,在为农民提供市场信息、技术服务、组织生产销售等诸多方面发挥了积极的作用,促进了农村经济发展的同时更是得到了广大农民的认可。但专业合作组织正处于发展的初期阶段,作为新生的事物还需要进一步完善,增加发展活力,而这就需要农民的积极参与和配合。农民在专业指导型合作经济组织的发展中有积极参与培训教育的权利与义务。摒弃文化的保守主义,积极参与合作组织的培训和教育,增强自身素质,通过合作实现和增进自身利益。

四、生产经营型合作经济组织与农民之间的权利与义务

党的十八大报告明确提出,要坚持和完善农村基本经营制度,依法维护农民土地承包经营权、宅基地使用权、集体收益分配权,壮大集体经济实力,发展农民专业合作和股份合作,培育新型经营主体,发展多种形式规模经营,构建集约化、专业化、组织化、社会化相结合的新型农业经营体系。发展多种形式的农业规模经营和社会化服务,构建新型农业经营体系,培育专业大户、家庭农场、专业合作社等新型农业经营主体,可以有效化解当前农村农业生产率低下的问题,提高农村土地与劳动力的利用效率,保障农业健康发展。生产经营型合作社就是在这样一种背景下发展的以从事农业生产经营为主要工作的合作经济组织。

(一)生产经营型合作经济组织对农民的权利与义务

在这样的一种组织样态中,农民将手中的土地入股加入合作社,由合作社来进行统一的耕作生产,或者是由合作社统一标准来进行牲畜水产养殖。在这样一个过程中,生产经营型合作组织有着提供种苗,提供统收一体化服务的义务。对于收入有着与农民进行共享共赢的义务。

生产型合作社对农民有着协调管理的权利。合作组织通过协调管理使得合作组织成员能够在自身资源有限的情况下获得更多的外来资源帮助的合作服务。合作组织通过发挥其强大的组织功能、中介功能、载体功能、服务功能来组织农民展开规模经营,促进农民增收,发展农村经济。合作组织有权根据市场需求和农民的意愿以及国家产业规划信息,把分散的农民组织起来,建立各种专业合作组织,提高农副产品的竞争力,并将组织劳动力有序的流动到第二、第三产业,逐步实现农业规模经营,提高产业化经营水平。在合作组织发展运作时,法律要给予其充分的协调管理权,放开手脚,只有这样才能保证合作组织在市场化的大潮中脱颖而出,最终实现利益予民。

(二)农民对生产经营型合作经济组织的权利与义务

获得收益与保障的权利。所谓获得收益的权利,是指合作社用农民入股的生产资料经营得来的收入,农民有着分享其收益的权利。所谓获得保障的权利,即合作组织成员为了保障自己利益的实现,在自己的利益受到侵害或需要组织帮助行使救助的权利。农民在农业生产资料的购买,农产品的销售、加工、运输、贮藏同时不可避免地会遭受到损失或危害,此时农民有权向强大的组织求助以保障自身的合法权益。其权利内容主要包括:获得帮助权、获得救济权、其他保障权。

依法服从合作组织要求的义务。合作组织成员在享受权利的同时必须要承担一定的义务,否则合作组织的共生发展就失去了基础。根据《农民专业合作社法》农民专业合作社成员承担下列义务:执行成员大会、成员代表大会和理事会的决议;按照章程规定向本社出资;按照章程规定与本社进行交易;按照章程规定承担亏损;章程规定的其他义务。这些是根据法律的明文要求必须为或者不为一定的行为,也是合作组织成员的基本义务。但同时给予农民权益保护的原则,农民作为弱势的个体不能承载过多的义务,否则磨灭了农民参社的积极性,更不利于合作组织的长远发展。

第三节 农民合作经济组织与政府之间的权利与义务

多元化的需求满足是政府与市场自身的力量无法实现的,由于"市场失灵"和"政府失灵"的存在,合作组织应运而生并参与到社会提供公共物品的过程之中。确切地说,合作社是以一种"嵌合型自主性"的法团主义方式进入到与政府的关系框架之中的(徐旭初,2014)。合作组织的主要作用就是拾遗补缺,然而在实际运作中,人口、商业及工业用地持续向城市边缘迁移造就了大城市多中心的城市职能的强化(Geyer HS, Jr., 2012),其组织体也和其他组织形式一样,具有自身的局限性和失败的危险。可见,政府与合作组织之间的关系是农民组织体发展过程中必须首要解决的问题之一。而"政府影响"理论,就是围绕政府与合作经济组织体之间的关系而展开研究的,对合作经济组织的发展仍有重大借鉴意义。在中国,许多学者如张晓山、范小建认为,在市场刚刚起步阶段,国家干预对合作经济组织体发展是不可缺少的,可以作为"第一推动力"来弥补个人主动性的不足。但是国家不能不受限制地把行政干预扩张到合作社的内部事务中,必须建立国家与合作经济组织体的"适当"关系,等合作活动步入正轨后,合作经济组织体应以自力更生为立足点处理与政府的关系。只有政府、市场和合作经济组织这三个部门各自发挥其优势,互相合作,扬长避短,才能最大限度地满足社会中不同人群的不同需求,实现社会的公共利益。

一、行政权利与义务

行政法律关系,是法律关系的一种,指国家行政机关在行政管理活动中所发生的由行政法规范所调整的各种社会关系。同其他法律关系相比较,有以下特点:(1)行政法律关系的当事人其权利和义务等都是由有关法律、行政法规和规章等事先规定的,行政机关和其他当事人都不能自由选择。(2)行政法律关系的一方必须是国家行政机关或受其委托和授权的机关、团体或个人等具有代表国家从事行政管理的当事人。(3)行政法律关系中的当事人的地位往往是不平等的。在大部分行政法律关系中,国家行政机关作为当事人一方,其地位优于对方当事人。

(一)行政法律关系中政府对合作经济组织的权利与义务

行政法律关系中政府对合作经济组织的权利与义务突出表现为政府享有对合作经济组织资金进行监督的权利。对于已登记注册运作良好的合作经济组织可以对其进行财政补助,补助经费用于农民专业合作社开展信息、培训、农产品质量标准与认证、农业生产基础设施建设、市场营销和技术推广等服务,同时责成县财政局和县农合办加强对合作经济组织专项扶持资金的审计力度,确保资金使用到位。如《中央财政农民专业合作组织发展资金管理暂行办法》第八条规定:项目所在地的县级财政部门具体负责中央财政农民专业合作组织发展资金使用的管理,实行严格的现金报账制管理;县级以上财政部门对中央财政农民专业合作组织发展资金使用管理情况进行监督检查。对违反国家有关法律、法规和财务规章制度的,按照国家有关规定进行处理。第九条规定:项目所在地的县级财政部门及时对中央财政农民专业合作组织发展资金支持的项目组织验收和总结,县级以上地方财政部门对项目进行抽查复验,省级财政部门提出项目验收和总结报告,年终上报财政部。另外,"不以规矩,不成方圆",合作经济组织要保持健康、规范,持续的发展必须要有一套科学、完善、健全的章程和规章制度体系。国家立法与执法机构逐渐收窄执法尺度,在合作社的发展中规范核心社员与普通社员的利益关系(赵晓峰等,2016)。有利于实现合作经济组织的规范化运作,增强其内生活力、带动力和各方面的"自我造血"能力。

(二)行政法律关系中合作经济组织对政府的权利与义务

1. 合作经济组织享有对政府进行监督的权利

要确保政府相关政策法规得到有效的贯彻和执行,就必须对其进行严格的监督,也只有这样才能保证合作经济组织的健康发展。合作经济组织内部需要根据国家的法律法规制定运行方式以及表决机制,这种权利运行方式也为政府管理提供了着力点。合作经济组织内部成员通过合作经济组织对政府信息的公布以及对政策的宣传,也能及时了解政府工作的正确性,对其工作进行监督。首先,合作经济组织享有对政府行政管理进行监督的权利。有效的监督,可以建立结构合理、配置科学、程序严密、制约有效的权力运行机制,保证把人民赋予的权力真正用来为人民谋利益,这也是保障合作经济组织发展的重要手段。加强对权力的制约和监督,从决策和执行等环节加强对权力的监督,保障政府正确行使权力。其次,合作经济组织享有对政府财政收支进行监督的权利。对本级各部门及下一级政府预算、决算的真实性、准确性、合法性进行审查稽核,并根据本级政府授权对下级政府预算执行情况进行监督。有关财政资金的划拨关系到合作经济组织的长远发展,因此,合作经济组织可以对政府的预算执行情况及预算外资金收取、管理和使用情况进行监督;对政府财政资金的使用效益情况进行监督;对会计信息质量和社会审计机构贯彻执行财税政策、法律法规情况及其在执业活动中的公正性、合法性进行监督。除此之外,合作经济组织还拥有对政府其他方面的权力进行监督的权利和义务,合作经济组织也应全面地行使这些权利。

2. 合作经济组织负有严格执行政策法规的义务

中国农民合作经济组织是农村市场中重要的新型的市场主体,是重要的微观经济组织,更是政府宏观调控的重要对象。首先,落实政府对农业的各项经济政策、产业政策和技术政策。落实国家对农业有关的各项支持政策,积极落实国家有关的各种计划和任务。其次,积极有效地配合政府的各项宏观调控政策,主动地向农民宣传有关的各项政策法规,为实现农村经济的稳定发展作出贡献。最后,在农产品国际贸易环节,配合政府落实对农业的各项补贴政策,并在未来的农产品国际贸易纠纷中,协助政府代表农民进行谈判和协商。《农民专业合作社法》第六十四条规定,国家支持发展农业和农村经济的建设项目,可以委托和安排有条件的农民专业合作社实施。第六十五条规定,中央和地方财政应当分别安排资金,支持农民专业合作社开展信息、培训、农产品标准与认证、农业生产基础设施建设、市场营销和技术推广等服务。国家对革命老区、民族地区、边疆地区和贫困地区的农民专业合作社给予优先扶助。

3. 合作经济组织享有辅助政府履行公共管理职能权利义务

传统的社会契约论构建了"政治国家——市民社会"的二元架构,二元架构下出现了"市场失灵"和"政府失灵"的现象,于是人们对社会结构提出了新的需求,社会中间层组织应运而生。社会中间层是指以供给准公共产品为主要取向,不以营利为主要目标,不具有强制性,实行自愿和自治式运作,独立于政府部门和私人部门之外的民间组织机构。正是基于社会中间层在对农业生态效益补偿的监督工作中具有天然的优势,社会中间层的公益性、非营利性和民间性,使得其在农业生态效益补偿监督工作中更加公正,并且更容易取得广大农民朋友的信任,这有利于实现对政府机关的监督和协调农民与政府和其他社会阶层的利益平衡。

现代合作经济组织是在中国农村改革开放40多年的实践基础上,在实现总体小康目标、全面构建和谐社会的宏观背景下,在农民自发组织、自愿联合、政府推动和大力扶持的基础上发展起来的。作为中国农业经济体制创新的合作经济组织,在组织农民进入市场、提高农业生产效益、保护农民的合法权益方面发挥着越来越重要的作用,人们也逐渐认识到农民的组织建设,特别是农村市场主体的建设是解决中国"三农"问题的关键。随着市场经济体制的进一步完善,中国合作经济组织发展进入新的时期,合作内容和涉及的领域不断丰富和拓展,合作经济组织之间的联合也有所加强。

在实践中,由于种种历史以及现实原因导致农民乡"自治"失灵,乡镇的政府行政权力常常凌驾于村民的自治权之上,通常表现为直接控制村民委员会的选举,或是指派或选派候选人,或是随意免去村民直接选举产生的村民委员会委员,从而导致"自治"失灵。此外,村委会和党支部的权责不明,也是村民自治的一大障碍,致使村民对自己的自治权产生了疑问,进而导致村民对自治日益冷淡。在实际调查中我们发现,14.3%的人认为合作经济组织与党支部、村民委员会之间的关系是和谐的,29%的人认为它们之间的关系一般,不存在明显的冲突也不存在显著的合作,35%的人认为它们之间时而会发生冲突,21.7%的人认为它们之间经常会发生冲突,相互之间的关系十分不协调。但是,我们必须明确,这种状况只是在政府与组织磨合协调过程中的暂时性阶段,政府与合作经济组织的互动互促才是二者之间的基本趋向。

二、经济权利与义务

经济法律关系,指由于国家管理和协调经济活动而形成的,由经济法确认和调整的经济权利和经济义务的关系,是法律关系的一种。而在政府与合作经济组织之间,研究经济法律关系具有非常重要的意义,这不仅关系到合作经济组织自身的发展,更关系到整个农村经济的发展。

(一)经济法律关系中政府对合作经济组织的权利与义务

经济法律关系中政府对合作经济组织的权利与义务主要表现在财税优惠的权利与义务。从各国合作经济组织发展看,有效的政府支持是必不可少的外部条件。由于合作经济组织是介于政府和农民之间的中间层机构,主要职能是为会员提供各种产品市场信息、实用农业技术、农产品销售信息、农业生产资料供给等服务,同时,合作经济组织也是政府联系农民的重要枢纽,有传递政策信息、执行政府农业决策的职能,鉴于此各国政府大多采取了支持合作经济组织发展的态度。各国政府对合作经济组织的优惠与扶持政策有多种,其中最重要的当属税收政策和财政资助政策(刘珉等,2009)。

第一,提供税收优惠的义务。政府应该制定相关的税收优惠政策,鼓励合作经济组织发展。在税收政策上各国往往采用减税、低税或免税的优惠政策。在美国,经联邦所得税法认可,农业合作社的纯收入通常按单一原则征收,或是由合作社或是由惠顾者纳税,绝不双重纳税。在社会主义制度下,公平与效率本质上是统一的,相互联系的,是一对既相互矛盾,又相互适应的社会价值。中国对农民专业合作社销售本社成员生产的农业产品,规定视同农业生产者销售自产农业产品免征增值税。同时,增值税一般纳税人从农民专业合作社购进的免税农业产品,可按13%的扣除率计算抵扣增值税进项税额。此外,对农民专业合作社向本社成员销售的农膜、种子、种苗、化肥、农药、农机将免征增值税,农民专业合作社与本社成员签订的农业产品和农业生产资料购销合同,也免征印花税。合作经济组织对公平的追求应是组织存在的终极目的之一,但这里的公平不仅是形式意义上的公平,而且应是结果意义上的公平,是实质意义上的公平;不仅体现组织内的公平,而且体现组织外的公平。政府运用减税、低税或免税的优惠政策的手段来促进合作经济组织的发展壮大是实现实质公平、保护农民权益的重要方式。

第二,提供财政补贴的义务。加大对合作经济组织的财政资助,发展多形式合作经济组织。在财政资助政策上主要采用财政补贴、赠款、贷款、担保、订货合同、转让土地及建筑物等形式来支持和提倡合作社的发展。如德国政府就对合作社的管理费用进行补贴,第一年补贴费用总额的60%,第二年补贴40%,第三年补贴20%,补贴总额要达到合作社投资贷款总额的25%。美国、日本政府对合作经济组织同样都给予补贴、优惠贷款等政策。这些措施使发达国家的农业合作经济组织在竞争中处于优势地位,为合作社的发展壮大起到重要作用。发达国家的这些做法对中国如何促进合作经济组织的发展有极大的启示作用。为此,在加快合作经济组织立法的同时,中国还要借鉴发达国家的经验,积极制定对合作经济组织的扶持政策,而且使制定的政策具体、系统、切实可行,以保障合作经济组织的快速发展。

第三,促生的义务。政府应该积极引导合作经济组织的壮大发展,促进规模化经营,加快与国际的接轨。政府在合作经济组织的发展和完善中起着重要的引导作用。从各国的发展情况看,国外的合作组织发展规模有不断扩大的趋势,有些本身就是全国性组织,如日本农协和美国新奇士橙协会等。许多发达国家在基层合作社的基础上,通过纵向和横向的集中和合并使合作企业的规模迅速扩大,目前一些合作企业已跨入世界最大公司的行列。规模化经营在降低成本、提高品质和增加产量方面发挥了重要作用。政府通过政策引导和优惠政策能够提高规模化经营的程度,提高组织化水平以促进合作经济组织的成长。

(二)经济法律关系中合作经济组织对政府的权利与义务

经济法律关系中合作经济组织对政府的权利与义务主要表现为合作经济组织获得政府扶持与帮助的权利以及合作经济组织获得政府的承认并进行自主管理的权利。

一是获得扶持与帮助的权利。随着市场经济的发展,农民利益需求走向多元化,由于"市场失灵"和"政府失灵"的存在,要满足多元化的农民利益单独靠政府或者市场自身的力量是无法实现的。农民合作经济组织应运而生,参与到社会提供公共物品的过程之中。转型社会下农村的社会分层、社会流动加剧,农村社会结构也发生相应的变迁,农村社会利益中冲突和矛盾也日益尖锐化和激烈化。在转型社会下进行新农村建设,关键是协调好农村中各种社会利益,建立有效的利益机制(李长健等,2006)。因此,只有政府、市场和农民合作经济组织这三个部门各自发挥其优势,互相合作,扬长避短,才能最大限度地满足社会中不同人群的不同需求,实现社会的公共利益。多元化的需求满足是政府与市场自身的力量无法实现的。从西方发达国家发展实践来看,这一政府与市场之外的广阔领域需要一个"第三力量"来填补。在市场失灵和政府失灵之时,都会想到用各种组织来弥补不足。由于"市场失灵"和"政府失灵"的存在,农民合作经济组织应运而生参与到社会提供公共物品的过程之中。农民合作经济组织的主要作用就是拾遗补缺,然而在实际运作中,组织体也和其他组织形式一样,具有自身的局限性和失败的危险。当前政府所要做的是发挥宏观层面的主导作用,为农民合作经济组织营造良好外部环境。

二是自主管理的权利。合作经济组织在促进经济发展的过程中有得到政府承认与认可的权利。有权要求政府承认尊重其微观主体独立性、经济性。合作经济组织有权在法律法规规定的范围内自主发展、自主管理而不受政府的干涉。一方面,法律应赋予合作经济组织独立的人格,防止政府对合作组织经济活动的无端干涉,避免沦为政府的附属物;另一方面,法律也要赋予合作经济组织在经济发展的同时有权得到政府的保障与促进。

三、文化权利与义务

政府与合作经济组织的文化法律关系,主要表现在政府对合作经济组织所应享有的权利和应履行的义务方面,当然同时合作经济组织在文化发展方面对政府也享有一定的权利义务。

(一)文化法律关系中政府对合作经济组织的权利与义务

政府享有支持和尊重合作经济组织的文化权利的义务。合作经济组织作为全面而深刻地塑造新型农民文化的重要载体,对于克服传统农民文化的这些缺点是非常有效的。组织的原则与价值取向都是现代文明所倡导和需要的,也是新农村建设中的新型农民所需要的。实践显示,农民身上蕴藏着巨大的创造活力与创造潜能,在合作经济组织的建设发展实践中,将农民完全培养成为自主创新的主力军。政府要彻底破解"三农"难题,突破农业发展"瓶颈",就必须发挥文化引导职能,调动农民自主创业和创新精神,激发其潜能。而自主创业、创新并不是一味孤立,必须依赖于一定的客观物质条件。因此,政府在合作经济组织文化的发展中必须支持和尊重其发展,不能成为合作经济组织发展的绊脚石。

（二）文化法律关系中合作经济组织对政府的权利与义务

合作经济组织须履行提高农民素质的义务。合作经济组织要辅助政府不断提高农民自身的素质。农民与中国现代化历史进程共命运,培养和造就亿万新型农民,使之成为农民合作经济组织发展和现代化建设的主体力量,是中国目前面临的紧迫又根本的任务。新型农民是推动农业和农村现代化的主体。技术及其创新创意则是乡村营建的重要措施(陈彤,2017)。新型农民的培育和壮大,也就意味着农民自身现代化的发展。农民的现代化是推动农业和农村的现代化的决定性力量。合作经济组织是具有自治性质的社会团体,其管理形式是成员共同决策,而不是个人专断。它通过自我服务、自我管理的功能,使得国家与分散的农民之间有了新的联系方式与渠道,在政府、农民及企业间架起了畅通的沟通桥梁。对于辅助和促进政府提高农民自身文化素质有着重要的作用。

四、社会权利与义务

政府与合作经济组织之间的法律关系不仅在行政、经济、文化中有所体现,更应该体现在社会法律关系中,规范政府在其中的法律地位,明确其权利义务,支持合作经济组织的发展壮大,为合作经济组织保护农民权益、促进新农村建设奠定法理基础。

（一）社会法律关系中政府对合作经济组织的权利与义务

社会法律关系中政府对合作经济组织的权利与义务首先表现在政府的社会服务义务。合作经济组织的发展离不开政府的社会指引,2002年国际劳工大会通过《关于促进合作社建议书》提到关于促进合作社的公告政策的实施,2001年联合国大会通过的《旨在创造有利于发展合作社环境的准则草案》也专章对与合作和伙伴关系的机构做出建议指导。据此,我们认为政府与合作经济组织之间的社会法律关系还应包括支持与服务、教育与发展、示范与带动等多元发展互动关系。政府对合作经济组织的支持型服务内涵范围广泛,通常有人力资源开发计划、获得资金和投资、研究和管理咨询服务、管理信息服务、会计和审计服务、公共关系服务、有关技术和革新的咨询服务、法律和税收服务、销售支助服务等等(蒋颖,2009)。在教育培育方面,合作经济组织的专门人才培养问题不能忽视,政府在引导合作社发展的同时必须注重其所承担的教育义务,使合作经济组织学习先进建设理念,培育合作经济组织建设的综合人才,推广发展的实践经验并带动产学研的一体化发展。同时,政府有义务发挥其示范带动作用,不断增强合作经济组织对农民的凝聚力和吸引力,这也是政府在合作经济组织发展中必须支付的制度成本,不断正确引导和促进合作经济组织的健康有序发展。

(二)社会法律关系中合作经济组织对政府的权利与义务

社会法律关系中合作经济组织对政府的权利与义务首先表现在合作经济组织的配合义务。政府对合作经济组织提供法律制度支持,合作经济组织不可避免地对政府的支持承担一定的法律义务,才能保证各项措施联动和谐地发挥作用。合作经济组织有义务完善自身的各项制度,配合政府的政策和法规支持,健全各项配套措施来规范或者配合政府的积极支持,降低政府与合作经济组织的合作建设成本与运营成本,协调各部分利益关系,为合作经济组织进一步发挥其强大功效发挥巨大的推动力。

同样,合作经济组织在发展壮大的同时也要有一定的权利意识,主动寻求政府的社会支持,依法申请政府的支持与服务;要求政府提供一定的物质帮助以发展壮大合作经济组织的各项社会事务;要求政府提供培训人才的支持;有权要求政府提供政策咨询、信息服务;有权要求政府按其不同的发展模式提供必要的调控措施等等。

五、资源环境权利与义务

农民合作社以农民为主体,具有经济性和社会性双重属性,也意味着其具有经济价值与社会价值双重价值。农民合作社是经济组织,能为直接改善农户的经济利益而提供服务和进行经济活动,因此具有较强的经济性。农民合作社的成员都希望能够从合作社中得到过去在各自经济活动中所不能得到的好处。从这个角度来看,农民合作社是成员寻求经济利益的结果和产物。因此农民合作社的基本使命就是提高其成员的经济发展水平,同时也是农民提高自己经济、政治地位的有力保证。不同于其他新型农业主体,农民合作社更为注重的价值是社会价值与生态价值。这就对其所要承担的生态责任提出了较其他农业生产经营主体更高的要求。这也使得合作社作为农村环境责任的担责主体之一具备了功能价值上的可能性。

(一)资源环境法律关系中政府对合作经济组织的权利与义务

对于现有责任承担方式而言,其现实风险在于将本应由污染源直接来源者,亦为直接从事农业生产的农户所承担的义务转嫁给农民合作社承担,与此同时,这样一种责任之承担模式没有具体的法律规定加以法制化。然而由于缺乏立法层的支撑,这样一种泛行政化的国家行为将会造成法律价值本身的异化。基于效率价值而言,这样一种行为的价值导向表现为由法解释学向法经济学之让渡之趋势,其对于相关行为进行规制的法律裁判由基于具体的可解释的现有法律规范向基于公共政策、行政目的去考量。这样一种转变,在表现为考虑效率价值的法经济学思维的同时,亦是行政权向司法权之侵袭的表现。这样一种改变,会造成我国本就孱弱的司法权进一步弱化,进而对我国司法体制改革造成消极效果。

基于农民合作社资产组成形式的特殊性,环境赔偿作出时,由于出资较少,作为合作社股东的农户在资金上将承担极少责任,而同为合作社股东的投资者,其投入资本作为合作社资本主要来源,将用于进行环境损害赔偿。如此一来,资本不足的农民合作社可能会直接面临破产的危险,即便对于资金雄厚的农民合作社,这样一种责任承担方式,将会打击社会资本投入积极性。投资者出于对风险的规避,势必选择资本运营更为规范,责任承担更为明晰的农业企业进行投入。长此以往,将会造成农民合作社社会资本大范围退出,现有合作社规模大幅度减小的情况出现。

对于政府而言,应当尽快完善农民合作社法律中环保义务条款,对于合作经济组织的资源环境义务作出明确划分。主要考虑有以下两点,首先就是对于农民合作社之内涵与外延的重新界定。其次就是直接加入农民合作社的环保义务与责任。诸如合作社应当在生产项目初期进行环境影响评价,对于合作社之生产污染状况进行定期检测,以及该类责任的划分方式与区分标准,都应当在新的农民合作社法律中加以体现。

(二)资源环境法律关系中合作经济组织对政府的权利与义务

国家之所以在司法层面上推动农民合作社承担环境责任,是在于对之前一直不好得到治理的农村面源污染找到一个突破口与直接责任承担主体,以农民合作社为政府与农户之间的纽带,进而促进农村面源污染之治理。在这样一种环保义务担当模式下,农民合作社一方面是环境责任承担者,另一方面又是环保行为的管理者。这也是合作经济组织在资源环境保护中对政府所承担的义务。由于农民从事生产所造成的污染由农民合作社承担了责任,农户在从事农业生产时并不会有着环境保护之自觉。除非其所在合作社出于对环境侵权赔偿之规避,而提前将责任明确到各入社农户,否则对于促进农村面源污染之治理不会有任何改变。

由于我国政府对于农民生产合作社有着政策倾斜以及专项补贴,对于拿到国家补贴的合作社而言,由于国家补贴而来的款项已经作为合作社资产一部分,其进行环境侵权赔偿或者环境污染整治的时候,实际上是运用国家发展农业生产之补贴承担了其环境侵权责任。是以,农民合作经济组织还有有效运用国家补贴促进绿色生产之义务。

第四节　合作经济组织与其他农村主体之间的基本权利与义务

法律是用于调整社会关系的,法律规范在调整社会关系所形成的人们之间的权利和义务的关系就称为法律关系。部门法存在的主要依据是调整社会关系的不同。法律也是因社会有需要其调整的社会关系存在而生的。因而梳理农民权益保护中主体间的关系,从复杂的社会关系中去把握现实的、特定的法律主体所参与的具体社会关系,是进行立法以及法的正确实施的必要过程,是进行理论研究和立法的重要环节。立法质量的好坏、水平的高低无不与我们能否厘清所调整的复杂社会关系紧密相关。

前文已经论述,合作经济组织是一个以集体经济组织成员共同拥有土地及其他集体资产为前提,以地域为界限而形成的特定群体组织,农民合作出现了互助性合作、服务性合作和市场性合作的依次转换(王宇雄,2016)。其表现形式为自然村或行政村,在内部又可分为村民小组、生产队或生产大队等,其自治代表组织是村民委员会。其主要特点在于集体所有、合作经营、民主管理、服务社员。合作经济组织立足于社区,服务于社区,但同时农村社区又为合作经济组织的发展提供支持。

一、与农村社区之间的权利与义务

（一）管理协调型合作经济组织与农村社区的权利与义务

农村社区与管理协调型的合作组织的法律关系在权利与义务上,主要体现在管理协调型的合作组织参与社会管理的权利与义务上,目前中国正处于社会矛盾高发的敏感时期,改革开放以来积累的各种新旧社会矛盾极易引发社会冲突,造成社会秩序紊乱。我们必须认真分析对待多元社会主体的利益,尤其是新的社会主体的新的利益要求,努力疏导和化解新的历史条件下的人民内部矛盾。单靠某一种力量来疏导和化解新形势下日益多元化、复杂化的冲突和矛盾,已经力不从心,并且变得不切实际。既然社会是一个多元化的系统,社会参与也应该是多元的。多元社会参与的宗旨是根据社会公众的需要,通过多方参与、协同解决的方式提供公共服务与公共产品。与传统社会参与理念和方式相比,新的社会管理参与模式中,政府不再是唯一的价值存在,合作组织等同样可以成为进行社会管理、提供公共服务的价值主体。各种社会参与主体在协作的基础上彼此相互拾遗补缺,形成互相补充、共同管理社会、提供公共服务的格局。

第一,管理协调型合作组织具有监督农村社区民主实施的权利。农村社区建设是社会主义新农村建设的重要组成部分。处在经济转轨与社会结构转型交织的历史时期,我们必须大力发展农村社区,又必须强化对农村社区的控制,以避免权力被异化而导致侵害农民权益与社会公共利益的现象。目前农村社区容易出现农村个别精英主义歪曲民主,重视短期效益而无视长期效益,不利于社会的可持续发展。因此,管理协调型的合作组织在推进农村社区的民主建设方面应明确以经济效益、社会效益、生态效益的统筹协调发展为目标,促进人与社会、人与自然的和谐发展。首先,应坚持党的领导,发挥基层党组织在社区建设中的作用。其次,制定科学合理的农村社区民主治理制度,以强化运行程序。再次,建立健全民主监督机制,强化农村社区治理的透明度。最后,要提升农民的综合素质,强化农民的权利意识(李长健等,2006)。

第二,管理协调型的合作组织具有辅助农村社区管理的权利。管理协调型的合作组织为农村社区社会权利发展提供农村公共产品。农村公共产品包括大型农具、水利设施、文体教育、保健医疗等基础设施和公益事业,形成这部分公共产品的资金主要渠道来自公共财政,但又往往受地方财政财力的限制,导致对公共产品的投入数量严重不足。因此,建设好农村社区,保证农村公共产品供给,管理协调型的合作组织是重要力量之一。

管理协调型的合作组织还承担着农村社区社会管理、社会服务的职能。管理协调型的合作组织承担着对农村集体经济的调节,对村民遵纪守法、村庄治安、尊老爱幼、计划生育等社会事务方面的管理。由此,管理协调型的合作组织在农村社区管理中是不可或缺的。

(二)融资型合作经济组织与农村社区的权利与义务

党的十五大报告曾提出"劳动者的劳动联合和劳动者的资本联合为主的集体经济,尤其要提倡和鼓励"。党的十六大提出"尊重农户的市场主体地位,推动农村经营体制创新"的要求之后,党的十六届三中全会提出"农村集体经济组织要推进制度创新,增强服务功能",党的十六届五中全会再次强调"增强村级组织的服务功能"。这就把合作组织在农民权益保护与农村社区发展中的重要地位提了出来。

第一,农村社区给予融资型合作经济组织经济支持的义务。经济基础决定上层建筑,生产力是社会变革、发展和创新的根本动力。农村社区为融资型合作经济组织的发展提供强有力的经济支持。为融资型合作经济组织的发展提供一系列的物质支持。农村社区以社区组织体的完善和创新来促进融资型合作经济组织的经济利益的增加,以社区组织的变革来实现社会结构的变迁,尤其促进在三元互动的社会结构下社区对融资型合作组织利益的发展,使融资型合作组织在保持存量利益的前提下参与社会增量利益的分配,实现"罗尔斯"的分配正义。农村社区作为一个社会组织还可以参与农村社会公共产品的供给,其供给公共产品的针对性强、成本低、效率高等优点,能够高效地增进农村的社会利益,增加农村的增量利益(李长健、张峰,2006)。农村社区参与公共产品的供给增加了与政府的竞争,增加了政府公共产品创新的动力,提高了政府公共产品的质量、数量和价格,保证了融资型合作组织的发展,进一步促进社区农民利益的实现。

第二,融资型合作组织具有向农村社区经济发展提供支撑的义务。融资型合作经济组织同时为促进经济权利内容的全面展开和向纵深方向发展创造条件。融资型合作经济组织能够加强对农业基础设施的投资、建设和管理,是农业基础设施建设的主力。基础设施的投资、建设和管理是一项极为重大的系统工程,具有投资大、见效慢、回收期长等特点,不但受到资金的制约,而且还受到人力、观念及实施、管理措施等诸多因素的影响,农业基础设施表现更为明显。在这种情况下,仅依靠农户自行解决农业基础设施建设任务不但不现实,也难以完成,此时就需要融资型合作经济组织来承担这项融资任务。

第三,融资型合作经济组织具有分担农村社区经济发展风险的义务。融资型合作经济组织为农业生产提供融资及承担风险,以保证农村社区经济权利的发展。在融资方面,目前农村金融体系尚不健全,融资渠道不畅,不能满足农业生产的需要。一方面农业生产的大型设备的资金投入大,另一方面农民也难以取得商业性金融机构的贷款,在这种情况下需要通过融资型合作经济组织以法人身份向金融机构融资,解决农民个体融资难的问题。在风险承担方面,农业生产受自然条件的影响大,农村保险业务发展滞后,覆盖面狭窄、保障水平低,这就需要农业生产中的风险需要有一定组织和部门为其分担,在农业保险机构尚未健全、农业保险服务尚未完善的情况下由融资型合作经济组织予以分担,以规避农业风险,减少农民的经济损失是最好的选择。

第四,融资型合作经济组织具有促进农村社区经济发展的义务。融资型合作经济组织在农村社区建设中发挥了极为重要的作用。它通过促进农村社区经济发展,来促进农村社区经济权利内容的全面展开和向纵深方向发展。融资型合作经济组织不但在农民增收方面起到改善农业生产条件的作用,而且还可以促进农业技术推广,带动产业发展。当前农村实行双层经营体制,规模化的生产经营和对外销售等业务依然处在发展缓慢阶段,受市场经营知识的匮乏、技术力量薄弱、资金短缺、抵御风险能力差等诸多客观因素的影响,单独经营的农户情况下农业产业化的发展缓慢。而另外,农民致富的愿望是极为强烈的,他们亟须有组织、规模化且科学有序地与市场相对接,并以较低的成本进行生产和销售。融资型合作经济组织将农户组织起来,通过各种途径增加农产品技术含量,提高农产品的附加值,使之顺利进入市场,农民实现收入增长,也避免了农户各自为政,独自进入市场难的问题。正因为有这些客观因素和农民的致富愿望融合在一起,形成了农业产业化的基础力量(吕孝侠,2008)。

(三)专业指导型合作经济组织与农村社区之间的权利与义务

其一,农村社区负有促进专业指导型合作经济组织文化建设的义务。当今时代,城市中心主义导致了农村文化的断裂,以创新、进取、理性、开放为主要特征的城市先进文化与以落后、愚昧、狭隘、保守为主要特征的农村落后文化发生了冲突,导致农村出现各种各样的精神疾病,如焦虑感、失落感、漂泊感和缺乏归属感等,这些精神疾病的背后隐藏了组织内部中个体与其他主体之间利益观念的对立、差异与不和谐。而社区组织文化是人们在组织内部就共同关心的经济、政治、文化和其他一切社会问题展开讨论,形成的内部组织文化,能有效地协调和分散个体的经济利益、政治利益和文化利益以及生态利益,协调社区内的人生观、价值观、世界观。农村社区组织体通过培育社区组织文化,协调冲突利益和差异利益,在认同差异利益前提下缩减了差异利益与平衡差异利益,最终实现了利益之间的和谐(周丹等,2006)。社区组织文化具有群体性、参与性、共享性、公益性、公开性、一致性和整体性等特征,这些社区组织文化可以协调集体经济组织内部个体的政治、经济、文化、生态利益。农村社区通过培育社区的组织文化,实现社区组织内部中个体的归属感、认同感和使命感,提升内部个体的奉献精神,降低个体利益冲突的观念根源,使集体经济组织内部个体的利益冲突在观念上得到有效的溶解,使集体经济组织内部个体经济利益在社区内实现协调,避免利益冲突的扩大和激化。

其二,专业指导型合作经济组织具有通过农村社区正常表达意志的权利。农村社区作为政府和专业指导型合作经济组织信息沟通、对话、合作的桥梁和纽带,作为国家基层政权机构的延伸和补充,担负着政府准行政角色的职能,对于沟通政府与集体经济组织的联系,完成政府赋予的经济社会目标,巩固农村基层政权等发挥着巨大的作用。它可以有效地平衡协调政府和专业指导型合作经济组织的利益关系,十分有利于促进专业指导型合作经济组织的发展,对通过提高农民的组织性来实现农村共有利益与共同利益的表达参与的制度化、规范化和法制化,保障农民制度化参与政府公共政策的制定,由此带来政府的制度变迁,降低制度创新的成本、政策执行的成本、政策制定的风险,实现了农民权益的保护(李长健等,2006)。农村社区之所以能够保障专业指导型合作经济组织的政治诉求在于:第一,农村社区是农民基于自愿和公益的基础上组成的,具有相对共同的生活背景和价值取向的农民群体,其人生观、价值观、文化需求也相对趋同,这种认同感使农民能够在共同利益的基础上有效地组织起来,用一个声音说话,使得专业指导型合作经济组织及其成员的利益主张都能在社区内得到有效的表达、沟通、主张。第二,农村社区作为一个组织体系,有更强的信息收集、分析、判断与处理能力,能够更好地实现利益识别和利益判断,进而使专业指导型合作经济组织及其成员利益更加全面、广泛、系统。第三,通过社区来实现利益表达,能够有效地降低社会的交易成本。农村社区可以充分利用其组织优势,实现合作组织内部及其成员利益的整合,降低信息收集、分析、判断和处理的次数,既降低了个体利益代表的成本,又可以克服个体行为的机会主义倾向([美]J.C.亚历山大,2002)。

(四)生产经营型合作经济组织与农村社区之间的权利与义务

参与社会既是合作组织的权利,也是其一项神圣的义务。在农村社区中,农村社区能够提供管理协调型合作经济组织参与的广阔的时间、地理空间。管理协调型合作经济组织积极的社会参与,不仅是联系政府和农村社区成员的桥梁与纽带,而且是维护社会稳定的"安全阀"。由管理协调型合作经济组织来承担政府所不应承担的职能,就把"直接政府"变成"间接政府",把"无限责任政府"变成"有限责任政府"。政府和管理协调型合作组织之间是优势互补、良性互动的关系。从国家治理来讲,政府是主导;从管理社会来讲,合作组织是主力,二者缺一不可。

生产经营型合作经济组织具有参与农村社区民主建设的权利。农村社区发展必须建立在依法自治的基础上抓好村民自治的民主建设,发展农民的民主权利,生产经营型合作经济组织在推进农村社区民主建设方面发挥了重要作用。生产经营型合作经济组织推动了农村社区权力的合理配置,使农村社区治理在坚持基层党组织的领导下,从行政权力的单向制约转向多元权力互动转变,从政府型主导社区逐渐向社会型主导社区转变,形成了社区组织凭借社区公共权力对社区公益事业和公共事务进行组织与管理的活动,实现了社区的完全自治,完善了农村社区直接选举制度,达到了"自我管理,自我教育,自我服务"的目的(李长健等,2007)。我们认为农村社区权力主要包括以下基本自主权力:日常事务决策权、财务自主权、民主监督权、干部人事任免权、管理自主权、不合理摊派拒绝权。农村社区治理的优化,不仅强化了农村基层民主建设,更从制度上拓展了农民参与公共事务的能力与途径,从而最终保护农民的政治权益和经济权益,促进了农民发展权的实现(李长健等,2007)。

二、与村民委员会之间的权利与义务

村民委员会与合作经济组织之间的法律关系在权利义务上表现为村民委员会与合作经济组织之间的合作复合型权利义务关系。首先体现在村民委员会的管理协调权利与义务。村民委员会应当与合作经济组织合作发挥管理协调职能。对农村经济社会的管理协调仅仅依靠村民委员会与合作经济组织任何一方都难以有效实现,村民委员会是村民政治民主权利行使的载体,对农村社会的政治生活和社会生活起着稳定和引导作用。而合作组织通过多元化的组织方式和功能作用,在农村经济社会生活的各个方面体现其管理协调职能,不仅对参与合作经济组织的农民、其他主体进行经营活动上的组织管理,也通过互助合作经济组织等方式对农村社会生活予以协调。村民委员会只有与合作经济组织充分合作才能共同发挥对农村社会的管理协调职能,实现农民利益的积累。其次,在村民委员会与合作经济组织的复合方面体现在职能方面存在着诸多交叉层面。村民委员会具有浓重的民主政治色彩,兼有成员自治、公共管理、社会服务与保障和集体财产的管理与经营等多种职能,是目前中国社会主体中法律特征最复杂、职能最多的一类主体(罗猛,2005)。而合作组织中涉及经济、技术服务、中介等多个方面,在公共管理、社会服务以及一定范围内的集体财产管理上与村民委员存在职能范围重叠。

在村民委员会与合作经济组织对农村社会生活共同管理协调过程中,还存在着村民委员会对合作经济组织的监督的权利和保障其发展的义务。村民委员会通过民主决策的方式保障农村社会公共管理的有序进行,为合作经济组织成长提供良好的社会环境,而合作经济组织相应的可以弥补村民委员会部分公共服务职能,尤其体现在吸收公共资金和提供公共产品方面。

三、与农民企业之间的权利与义务

农业企业与合作经济组织之间的法律关系在权利义务上表现为农业企业与合作经济组织之间的平等复合型权利义务关系。主要体现在管理和地位上的平等独立以及经济利益上的复合。首先,农业企业与合作经济组织地位上的平等,体现在农业企业与合作经济组织在签订合同、参与市场竞争等方面享有同等的法律地位,均可作为一般的市场主体。其次,农业企业与合作经济组织在经济利益上复合体现在农业企业可以通过入股方式参与合作经济组织的管理经营,而合作经济组织也负有对入股农业企业分红的义务,并且合作经济组织通过农业企业的入股,也在经济利益上负有提高农业企业竞争力的义务。再次,农业企业与合作经济组织之间的平等复合型法律关系体现在农村公共事业上,表现为在维护公共安全上的平等地位作用,以及在功能发挥上的复合。具体来看即农业企业在生产经营过程中,负有与合作经济组织共同维护农村环境、生产安全、农民健康等义务。

此外,农业企业与专业合作经济组织之间互相负有遵从行业惯例、按标准生产的义务。农业企业在与合作经济组织签订协议或者入股之后,农业企业有获得合作经济组织技术和信息支持的权利,也有为支持合作经济组织发展提供便利的义务。而合作经济组织有通过协议要求农业企业按统一标准活动的权利,并有提供组织性力量以协助农业企业规模化、产业化、市场化发展的义务。

四、与家庭农场之间的权利与义务

同农民企业相类似,家庭农场与合作经济组织之间的法律关系在权利义务上表现为家庭农场与合作经济组织之间的复合型权利义务关系。主要体现在管理地位与经济利益上的双重复合。家庭农场民事主体地位的赋予,应当注意防止两种倾向:将家庭农场与农户等同以及将家庭农场法人化(肖鹏,2017)。

我国目前家庭农场的特征主要包括两个方面:一是以家庭成员为主要经营主体,家庭农场作为一种新型农业经营主体,是在家庭联产承包责任制上发展起来的,既吸收了现代农业发展的要素,又保留了传统农业以家庭为主要生产单位的特性。对于这样一种情况,大部分家庭农场本身就加入了农民合作经济组织,成为其中一分子。家庭是从事农业活动最适宜的单位,家庭成员之间的血缘牵系以及利益共通性使得其无需额外的监管和督促,即会为了自身利益而积极进行农业生产。加入适度规模经营,将零散化土地整合起来,统一经营管理,提高农业资源配置效率,实现生产活动的规模效应,提高土地产出率。此时农民合作经济组织与家庭农场之间的权利与义务将由《经济法》《农民专业合作社法》来进行约束与规范。

二是适度规模经营。家庭农场以家庭成员为主要劳动力的要求就决定了其生产规模不宜过大。规模太大,家庭农场的风险防控能力、经营管理能力难以同步。规模太小,又无法整合多方面资源,实现规模经济效应。部分家庭农场的机械化、专业化水平较高,也促进了土地生产率的提高(岳正华等,2013)。部分家庭农场虽然尚未加入农民合作经济组织,但也与其有着深入的合作,农民合作经济组织也为其提供部分生产服务。此时农民合作经济组织与家庭农场之间的权利义务则由民商法进行规范,以服务合同进行约束。

第五章 农民合作经济组织
发展面临的问题

我国农民合作经济组织的发展与我国的改革开放进程息息相关,在一定程度上,农民合作经济组织的发展可谓是改革开放历程在农业和农村的缩影。党的十一届三中全会之后,家庭联产承包责任制遍布在我国广袤的农村,使得农村现行的基本经济制度得以确立。这项农村基本经济制度的确立正是农民合作经济组织蓬勃发展的温床,随着改革开放的深入,社会、经济、文化、政治、生态都发生了一定的迁移,农民合作经济组织在发展中也面临着诸多的挑战与机遇。倘若把农民合作经济组织发展中面临的问题嵌入到我国改革开放的大时代背景之下,便会发现很多问题与改革开放所面临的问题具有共生性。而这些问题从其性质归属与发生层次可分为根源性问题与本质性问题,内生性问题与外生性问题。

第一节 根源性问题:农民权益欠保护

中国"三农"问题的关键是农民问题,农民问题的核心问题是农民利益问题。法律上权利与利益是两个紧密联系而又相区别的概念。将其结合在一起,就简称权益。① 农民权益含政治权益和经济权益两个基本方面,经济权益在农民权益中处于基础性、决定性地位,政治权益又深深地影响着经济权益,成为经济权益实现的保障。在文明社会中,两者实现的共同前提条件就是平等权的真正实现(李长健,2005)。中国农民合作经济组织所面临的问题也是

---

① 权利与利益结合起来,可以简称权益,是因为权利是指现行法律所承认和保护的利益,所有的权利都与利益有关;而所有的利益并不都可成为权利,只是现行法律所承认和保护的利益才是法律意义上的权利,权利与利益一样均需要争取才能获得并享有。

如此,其核心和根源问题便是农民的权益欠保护问题。从两个层面深入剖析,经济权益层面,农民合作经济组织起到小农户联结大市场的载体作用,更是农业现代化、乡村振兴、农民增收的现实载体;政治权益层面,中国各群体都组织起了相应的中间层组织为其发声,而唯独农民缺乏这样的组织。虽然,农民合作经济组织是以经济属性为主,但是经济属性的完整呈现离不开政治属性的帮衬与支持。其与村民委员会形成提升农民民主觉悟和提高政治追求的鸟之双翼,在村民委员会过度自治化、过度行政化的现状下,合作经济组织对于培养农民的民主意识与现代化法治思维略胜一筹。具体来讲,当前农民合作经济组织的"公司化""行政化"的问题便是农民权益保护不到位造成的。

一、农民权益保护的理念缺失

现阶段如何保护中国农民权益问题受到了社会的广泛关注,并被中央列入"三农"问题之一。是由于农民在经济上、政治上、法律上越来越成为中国社会中的弱势群体,"农民"一词竟然演化为无知和低贱的代名词,"给予农民国民待遇"成了解决"三农"问题的口号之一。农民法律处境上的尴尬使得其权益极易受到来自各方面的漠视和损害,其权益遭到漠视和损害的根源不但源于中国长期存在着的城乡二元结构,以及近年来农民问题上的政策偏差,而且源于对农民权益保护方面长期存在着的法律上的缺位。尽管党在政策上已连续 16 年以"中央一号文件"的形式对农业、农村、农民问题作出指示,但这毕竟属于政策层面,政策上的重视不能完全取代法律上的保护,政策只有上升为国家法律才能真正得到贯彻和落实。由于对农业、农村、农民问题法律研究不够,中国在"三农"方面的立法等法制工作滞后。如 2012 年修订的《中华人民共和国农业法》对农民权益的保护尚不够全面,2017 年修订的《中华人民共和国农民专业合作社法》对普通农民成员的权益保护不突出。立法上的不完善,行政执法上的随意性以及司法保护方面的欠缺,都是农民权益保护中的突出问题。农民权益保护关系到农村改革、发展和稳定的大局,关系到整个国民经济的健康发展,关系到中国民主与法治建设的成败。未来,无论是从政策层面,还是在法律层面,农民合作经济组织的发展应该立足于农民权益的保护。以农民合作经济为现实有效载体,注重农民经济权益的保障,辅之以农民政治权益的保护,实现农民的生存权与发展权平等。

二、农民基本权益的内容缺失

农民基本权益的内容是嵌入在整个时代的发展背景,随着时代发展阶段的变化,呈现出与时俱进的态势。正如当前农民合作经济组织呈现出的形态多样化、产业聚合化的特点,农民基本权益的内容也逐步趋于完整。然而,正因为其多样化、聚合化的特点,对农民基本权益内容的要求也越来越高。

首先,农民经济权益缺失。农民经济权益主要包括收入分配权益、市场主体权益、土地的承包使用权益和消费权益等各项权益。当前农民经济权益的缺失表现为:第一,农民的土地权益得不到保障。中央加快推进土地确权登记与农地三权分置工作,土地承包经营权分置出了承包户的使用权与流转方的经营权,必将在相当长的时间里不断增加农民的财产性收入。但是,从当前的实践来看,无论是使用权还是经营权入股农民合作经济组织或涉农企业等新型农业经营主体,农地的融资能力与财产性收入能力仍然无法很通畅地呈现出来。第二,农民在商品生产和商品交换过程中缺乏独立自主的市场主体地位,不能有效维护自己的权益。据专家测算,平均每位农民工一年给城市创造2.5万元左右的价值,而他们平均一年的薪酬却仅8000元。同时,工农产品"剪刀差"现象仍然普遍存在,也导致了农民权益的大量流失。第三,农民的消费权益无法保障。一方面体现在农村的日常生活用品方面上,有些地区农村小商店里就是假冒伪劣产品的天堂,假的"银鹭花生牛奶""统一方便面""舒肤佳香皂"等日用品层出不穷;另一方面,在生产资料上,有些地区假冒伪劣的农资,尤其是化肥、农药、农具等也非常普遍。这类消费性伤害事件层出不穷,农民的消费权益深受损害。第四,农业补贴利益流失严重。随着市场化的不断深入与经济新常态的形成,加之农业天生的弱质性,农业补贴政策供给不精准,补贴方式不到位,以及农产品需求价格弹性小于供给价格弹性等原因,农业生产者往往要承受较大的市场风险。为降低各种风险对农业的冲击,多数国家都实施了农业补贴政策,以保护、稳定国内的农业生产。然而,在国家给予广大农村地区农业补贴的过程中,由于农民利益代表主体缺失,没有能代表自己利益的农业利益集团,单个分散的农民在其他市场主体面前无力维护自己的权益,在利益冲突中往往处于不利的境地,农民的经济权益在很多方面得不到保护,农民利益也存在着丧失和被侵蚀的现象。

其次,农民政治权益缺失。农民政治权益是指中国宪法赋予农民作为公民所该享有的政治方面的权利。当前我国农民政治权益得到了巨大的发展,取得了巨大的成功。但一些地区、一些方面仍存在许多不足。农民政治权益的缺失主要表现为:第一,农民政治平等权益的缺失。众所周知,自中华人民共和国成立以来实行的城乡二元结构,造成城乡居民在户籍、身份、待遇、权利、义务等方面的人为分割,使被定义为"户口在农村的公民"的农民成为事实上的"二等公民"(李长健,2004)。一些部门和地方通过制定规范性文件更强化了农民的"二等公民"身份,强化了对农民的制度歧视,弱化了农民作为公民所应享有的权利。在劳动就业、接受教育、税费缴纳、社会保障等诸多方面,农民拥有着与城市市民现实中客观存在的不同的权利和义务。第二,农民政治组织权益的缺失。在历届全国人大代表的构成中,农民代表的人数及比例都明显偏低。中国社会各阶层都有自己的组织:工人有工会、学生有学联、妇女有妇联、商人有工商联,及众多工业产业协会和个体劳动者协会,而占中国人口比重较大的农民却没有自己的政治性组织。缺乏组织化、利益表达不畅使农民逐渐演变为社会改革成本的主要承担者。第三,在政治利益诉求方式方面。目前,上访尤其是越级上访似乎已经成为农民向上级反映问题、提出意见、要求解决问题的唯一途径。这是需要纠正的方式。一方面,我们要强化多元和谐的矛盾纠纷解决方式,形成自治、法治、德治融合的农村基层治理模式;另一方面,我们还应重视上访渠道的法治化建设。然而,在现实生活中,由于上访制度未理顺等原因,农民的上访得不到重视,遭遇重重阻力,很难让上一级政府了解事情的真相。一方面,有些基层干部对农民反映的意见、批评以及涉及农民利益的各种问题都认为是损害领导和部门形象的行为,进而对上访农民施加压力,堵塞了利益表达渠道,经常把维护自身合法权益的农民拒之门外;另一方面,农民的利益要求即使表达出来,往往也可能受到漠视,表达多、回应少,很难得到有效的反馈和解决,导致近年来农民上访等非制度化的激进表达方式频频出现。第四,在村民自治方面。虽然《村民委员会组织法》从法律上赋予了农民自治的权利,然而,实际上农民的自治权利并没有得到尊重和保护,在实际实施过程中存在很多问题如违法操纵选举、违法罢免和任命村委会成员、剥夺村委会或其成员的管理权等。从某种意义上来说,村民委员会实际上没有摆脱作为乡政府附属物或派出机构的性质,这在很大程度上增加了农民权益保护的难度。

再次,农民文化权益缺失。农民文化权益主要是指农民享有文化教育和参与各种文化活动的权益。农民文化权益的缺失主要体现在受教育权方面,平等地享有受教育权是公民的基本宪法权利,是基本人权的组成部分。在教育权益方面,从资源配置看,较之城市教育农村教育始终处于因分配不公而导致的资源严重缺乏的弱势地位。据有关部门统计,90%的中央教育拨款用于城市教育,而大多数的农村仅仅得到8%的中央财政支持。过去相当长的一段时间里,农村学校大部分都由农民自己筹建,其经费的近80%由乡镇负担,县、省和中央财政只负担不足20%。近十多年来这种情况有了较大的改变。此外,农民的公共影视权利也得不到有效保障。有线电视技术虽已经普及,网络数字电视技术也逐步成熟,然而,一些农村地区的有线电视覆盖率依然很低,宽带覆盖率也不高。

复次,农民生态权益缺失。农民生态权益主要是指在良好环境中生存和利用环境资源的权利。包括生态知情权、生态参与权、生态表达权、生态监督权和生态资源公平利用权。农民生态权益的缺失主要表现在:第一,农民生态知情权的缺失。在林权改革前后,村委会成员非法输出林权,农民在尚不知情的情况下,林权便丧失了。更为严重的在于林地的过度砍伐,对当地生活生产造成大量威胁,泥石流、干旱等自然灾害频频发生。第二,生态参与权的缺失。土地是自然生态系统的重要环节,是不可再生资源。然而土地财政的现象普遍存在,"国家公共利益"的内涵不明晰,征地流程不完善,使得农民无法参与到征地过程中。第三,生态表达权与监督权的缺失。农民发声的渠道一直都不通畅,表达自己权益、维护自己利益的方式存在组织载体缺失、方式失效等问题。农民一方面由于自身原因无法参与到生态监督,另一方面生态监督的渠道未能向农民打开。第四,生态资源利用权缺失。生态权益的利用权与土地权益密不可分,土地使用权的丧失,也从侧面反映出生态资源利用权的缺失。

最后,农民社会权益缺失。农民社会权益主要包括农民的社会尊重权益、教育权益、劳动权益和社会保障权益等方面。人权的核心和关键因素是对人的行为自由和价值的确认,其中包括受尊重权。在中国,"农民"一词除了代表职业概念外,很大程度上是一种身份、社会等级的表征。农民与市民相比就好像是"二等公民",有些人甚至把农民称作"乡巴佬""乡下人",农民连基本的社会尊重都得不到。第一,农民劳动就业受到歧视,在劳动力市场处于边缘地位。农民工权益受侵害已成为十分突出的社会问题,农民工遭受着劳动生产条件差、被恶意拖欠克扣工资、难以签订劳动合同、劳动强度过大等不公正待遇,劳动权益无法得到保障。第二,农民的社会保障权益难以享有,当前的社会保障制度大多面向城镇居民,对农民考虑较少,所以农民只能享受社会保障财政支出的10%左右,人均保障费用也只占城市居民的二十分之一,社会保障水平低于适度水平的下限,农村的社会保障状况远不及城市。目前中国农村社会保障仍主要由农村家庭来承担。在农村,土地既是生产资料,又是生活资料,然而,这种保障随着城市化进程的推进也面临着被征用的风险。受历史传统文化的影响,农村逐渐形成了"家庭供养、自我保障、家庭互助"的传统,但实际上"农村社会保障以家庭保障为主"既不符合社会保障的基本要求,也不符合农村人口政策要求。

三、农民基本权益的表达缺失

利益是相对于一定的利益主体而言的,利益机制是对利益带有原动性的有机系统。不属于任何主体或者没有任何主体的利益是不存在的,没有好的利益机制,利益是无法得到真正实现和保护的(李长健,2005)。农民基本权益的表达缺失主要存在以下三个方面:农民权益表达途径缺失、表达方式缺失、组织载体缺失。第一,农民权益表达途径缺失。农民基本权益包含经济、政治、社会、文化、生态各个方面,其涉及的相关主体多元且复杂。目前,农民权益体系还不成熟,农民在大多数情况下需要国家和政府代替其发声,表达途径略为单一。途径的不通畅,一定程度上意味着该权益的丧失。第二,农民权益表达方式缺失,绝大多数农民在自己权益受到侵害时都是以农民个人或小团体的形式自发地进行利益表达,如上访、向媒体投诉等。由于权益表达需要付出代价,有时要不断地进行表达,人力、财力的耗费对农民个体而言难以承受。再者,农民个体或小团体进行的权益表达往往被认为只是少数人,甚至是少数"刁民"的事,既难以引起有关部门的重视,也难以代表农民的整体利益。此外,通过越级上访、写小字报等不正当表达方式进行,这往往会扭曲或掩盖农民权益受侵害的真相(李长健,2005)。第三,农民权益表达组织载体缺失。社会各类群体都有与之相对应的中间层组织,唯独庞大的农民群体缺失了权益表达的组织载体。

四、农民权益保护中的制度失灵

制度是指"由人制定的规则,它抑制着人际交往中可能出现的任意行为和机会主义行为,制度为一个共同体所共有,并总是依靠某种惩罚而得以贯彻,制度对人们实现其个人、集团利益和其他方面的目标取向有着巨大的影响"(柯武刚等,2001)。根据制度理论的一般构架分析,制度失灵可以从以下三个方面展开:一是制度精神失灵,指制度的内涵精神没有在制度的具体表现形式中充分地体现出来,致使制度的某些目标没有表达到位,形成制度的盲区;二是制度供给不足,体现在制度不健全甚至尚未建立,存在一些制度的缺位;三是制度执行失范,体现在对已有制度在执行上落空,有章不循,有禁不止,甚至有法不依,存在制度的虚置状态。制度失灵很有可能导致功利化行为取向,即人们在情感体验、行为方式、社会交往等方面极力实现自身利益,导致极端个人主义和拜金主义。对于当前社会日益凸显的"三农"问题,使有些人对时下农民权益保护制度的有效性产生质疑。

按照制度失灵理论的逻辑思维进行分析,农民权益保护制度缺陷可以从以下三重维度进行考量:首先,制度精神失灵,在当前"二元"城乡结构的背景之下,农民权益保护的实质并没有真正贯彻落实于国家制度的具体安排之中,形成权益保护的盲区,存在着某些权益被忽视,某些权益空有其形的情形。换而言之,由于制度路径依赖过强①,致使农民今天的权益缺失源于原始的权益不足,或者可以说农民过去的权益缺失导致和强化了现在的权益不足;其次,制度供给不足,农民权益保护工作系统而又庞杂,需要多方面多层次的力量共同主导与作为。中国正处于社会转型期,农民权益保护的制度尚不完善,在制度层面存在着某些空白地带,这将直接导致农民权益保护制度的供给不足;最后,制度执行失范,制度必须具备自我强化的动力机制才能够真正地得到执行,具有了内在说服力和外在强制力的制度,才是有力、可靠的制度。某些制度在执行上存在不同程度的有章不循、有禁不止甚至有法不依的现象,这就造

---

① 路径依赖即一旦在开始的时候选择了某个路径,则它的既定发展方向会在以后的发展中得到自我强化。

成制度供给的虚置,进而影响其保护农民权益功能的发挥,当然,任何制度都不是万能的,我们只能在运用过程中不断地去完善。

五、农民权益保护中的市场失灵

一般认为,市场失灵的内在机理是经济人的利己动机和利己行为的双重作用,其具体表现为公共物品的缺失、外部因素以及垄断和信息不对称等几个方面。在此,我们循着市场失灵理论的内在机理逐一分析市场在农民权益保护中的缺位。

第一,市场机制无力实现公共产品的供给。公共产品指能够同时供多人共同享用的劳务或产品,并且供给它的成本与享用它的效果,并不会随着用它的人数规模的增加而增加、减少而减少。显然,农民权益符合这一特征,属于准公共产品的历史范畴。农民权益的准公共产品性决定了其非排它性和非对抗性的特征,在这里,一个人对公共产品的消费并不会导致别人对该产品的享用的减少。因此,一方面公共产品的供给需要成本,这种费用理应由受益者分摊;另一方面,"公共产品一旦被生产出来,生产者就无法决策谁来享用它",也就是说公共产品的供给一旦形成,也就意味着无法排斥不为其付费的其他消费者,不可避免地产生经济外部性,以及由此而出现的"搭便车"现象,更严重的是可能出现人人都希望别人来提供公共产品,而自己坐享其成,其结果便是大家都不提供公共产品,从而导致必要的公共产品缺乏,就不能满足社会经济发展的客观需要,这将大大降低社会资源配置的效率(金太军,2002)。

第二,市场分配机制还会造成收入分配不公甚至是贫富两极分化。市场能够提高经济效率以及促进生产力的发展,但其并不能自动实现社会分配结构的公正与均衡。市场分配机制虽然奉行等价交换、公平竞争的原则,但是由于各地区、各部门(行业)的不平衡发展以及各人的自然禀赋、教养素质差异及其所处社会条件的不同,都会造成其收入水平的差别,从而产生事实上的不平等。竞争规律会促使强者愈强,弱者愈弱,财富越来越集中的"马太效应",导致收入在穷人与富人之间、发达地区与落后地区之间的差距越来越大。此外,市场调节本身存在缺陷,不能保障充分就业,众多农民工失业返乡现象更加剧了贫富悬殊,过度的贫富分化"削弱了社会的内聚力,同时也培养了不公平因素"。如此,广大农民的积贫积弱的弱势群体地位将更加难以改变。

六、农民权益保护中的政府失灵

市场失灵为政府干预提供了基本依据,但政府干预也非万能,同样存在着"政府失灵"的可能性。一般认为,由于不完善的信息和市场、政府机构特有的寻租活动和官僚性职业需要等客观因素的存在,导致了政府失灵的产生。通常,政府维护社会公共利益的经济行为是社会公共选择的重要组成部分和表现,而公共选择理论认为,"政府官员是公共利益代表的这种理想化的认识与现实相距甚远,行使经济选择权的人并非'经济阉人'"(理查德·波斯纳,1997)。政府理性的行为在不健全的市场中被扭曲、变异,从而使政府在维护公共利益方面的努力消弭,并给公益维护带来消极的后果。官僚主义的效用最大化过程与社会福利最大化过程没有任何联系。官僚主义的各种模型都假定官僚的效用函数包括权力、声望、部门预算的规模、工作保障、津贴、未来的工资和工作条件等要素。而当追求的这些目标与社会福利发生冲突时,社会福利就因此而降低了(尼古拉斯·麦克罗,2005)。恰如林德布洛姆所说"政府只有粗大的拇指,而无其他手指"。政府失灵一方面表现为政府的无效干预,即政府宏观调控的范围和力度不足或方式选择失当,另一方面则表现为政府的过度干预,即政府干预的范围和力度,超过了弥补"市场失灵"和维持市场机制正常运行的合理需求,或干预的方向不对路,形式选择失当。由此,农民权益损害问题便从这里开始滋生和蔓延。

第二节　本质性问题:质性规定需明朗

农民合作经济组织发展受约束的根源是农民权益保护的欠缺,这是基于宏观层面的考察。具体到农民合作经济组织自身而言,其本质性问题是质性规定出现了一定程度上的漂移。当然,任何问题的形成都不是单一明了,影响其的因素错综复杂。农民合作经济组织所面临的问题也是如此,把问题分为根源性问题和本质性问题并不是想把问题的形成或者解决方式进行割裂,而是从多个维度对问题进行分析,以便通过多种渠道形成解决问题的合力。并且,随着国际合作运动的兴起,我国合作经济组织也受到了一定的影响,尤其是对于合作经济组织的质性规定方面,民主管理、盈余返还等制度都是从国外借鉴过来。当然,合作经济组织的发展更需要深入了解我国"三农"存在的真实问题,进而与我国国情有机结合,梳理和归结出契合我国的质性规定。目前,我国合作经济在质性规定上存在的问题主要是成员权利的虚化、产权结构的异化、民主管理原则的异化、利益分配机制的异化①。

一、组织章程的虚化

合作经济组织章程是合作经济组织开展活动的基本准则,它对合作经济组织的名称、宗旨、场所、基本业务,合作经济组织以及组织成员的权利和义务,合作经济组织的产生、变更与撤销,合作经济组织的清算和解散等都作了详细的规定,理应成为合作经济组织实际活动的基本宗旨,但是在实际调查的过程中,我们发现大部分合作经济组织的章程都被虚置了,从某种意义上已经变为做给外人看的"表面文章",并没有真正地贯彻和执行到实际运行中。

合作经济组织章程的制定往往是出于对法律、规章的遵从和对其他合作经济组织章程的模仿而制定的。一方面是为了应付合作经济组织登记设立时的流程,使得合作经济组织能够顺利通过登记设立;另一方面则是为了敷衍主管部门的检查,并且为了套取项目扶持以及申请相关荣誉做的"积极工作",并非从社员实际需要出发。此外,其制定者也不是合作经济组织的一般组成人员,而是合作经济组织中的某位精英或合作经济组织以外的人员。合作经济组织章程中规定的内容往往没有得到真正的贯彻落实。例如,合作经济组织章程都规定民主管理、成员代表大会是合作经济组织的最高权力机构、盈余按交易量分配等,但在实际运行中,很少有合作经济组织真正地照章执行。

二、产权结构的异化

产权结构是指产权的组合方式,一般有两种模式:一种是一元化产权结构,即经济组织的投资主体只有一个;另一种是多元化产权结构,即投资主体为两个或两个以上,它包括合伙、有限责任、股份制三种形式(王东彬,2005)。

① 异化:原本是一个哲学术语,指主体在一定的发展阶段,分裂出它的对立面,变成外在的异己的力量。目前学者们对合作社异化的研究深入而广泛,褒贬不一。笔者倾向于合作社是处于动态发展的经济组织,一成不变的合作社是不存在的,运用发展的眼光去看待合作社的异化问题,应鼓励其在合作经济本质属性范围内寻找"公平兼顾效率"的新平衡点和"帕累托改进"的路径,从而深化制度变革、实现合作社转型发展。

依据传统合作经济组织的原则分析,它是所有者与惠顾者相统一的经济实体,组织成员为合作经济组织资产的所有者,或者说是产权主体,因而合作经济组织是一个多元化的产权结构,按照合作经济组织的"成员经济参与原则",合作经济组织还可以采用股份制,但成员应提供等量数额的股本金,并且股金分红有限,其目的主要是确保合作经济组织的性质不会发生变化,另外还防止单一主体因股金数额过大而支配其他组织成员。

调查中,我们发现大部分专业合作经济组织的股权结构发生了明显的异化,有的合作经济组织是由股份合作制企业脱胎而成。然而现存的合作经济组织基本上都是采用了股份制式的多元化产权结构,社员和领办主体(能人精英、企业、涉农服务部门等)以不同的股金比例筹集合作组织的原始股本金,但大部分普通成员基本上都是一两股。显然合作经济组织的股权结构出现了明显异化,普通成员与领办主体相比明显地处于较低层次,他们因自身的股本金较少而依附于其他的领办主体,所有组织成员不再平等地享有管理和处理本合作经济组织事务的权利。虽然在合作经济组织的管理层面,大部分合作经济组织都已经建立了代表大会、理事会和监事会等机构,但在这些法人股或个别精英股占大头的合作经济组织中,法人单位(个别大股)往往担任理事会主任或副主任,并主持合作经济组织的日常事务,控制着合作经济组织决策权和经营权,普通社员处于一种无权和边缘化的尴尬境地,合作经济组织的"农民性"基本丧失。

三、民主管理原则的异化

民主管理是合作经济组织原则的核心内容,是否实行民主管理也经常被作为评价合作经济组织运行规范与否的重要标准。最能体现民主管理精神的是合作经济组织的最高权力机构——成员大会,合作经济组织的理事会、监事会都由成员大会选举产生,"一人一票"制,等等,这些内容已为大部分国家的合作组织所遵循,并写入各国有关合作经济组织的法律条文和合作经济组织章程中(周环,1994)。在研究中,我们发现民主管理原则在合作经济组织的章程中都有具体而详细的规定,但在实际运行过程中却发生很大变化,据调查统计接近70%以上的合作经济组织从未召开过成员大会。由此可见,民主管理原则有名无实。没有召开过成员大会,"一人一票"制表决原则也不可能落到实处。另外,很多合作经济组织主任由大户兼任,这样就容易由几个大户操纵合作经济组织的经营权与管理权,由此理事会、监事会的产生程序可想而知。再加之合作经济组织股权结构的明显异化,可以得知合作经济组织内部并不存在真正的民主管理。经营管理大权集于主任一人,普通成员根本就没有机会参与合作经济组织日常事务管理,从而形成了严重的"内部人操纵"现象。

四、利益分配机制的异化

合作经济组织利润分配原则为:其一资本报酬有限,其二合作经济组织盈余按成员与合作经济组织之间的交易额比例返还给成员,这两大原则普遍存在于发达国家的合作经济组织中(尤庆国等,2005)。研究中发现,中国的合作经济组织在股金分红以及盈余分配上与国外有着明显不同:首先,国际上合作经济组织原则强调限制股金的分红,即使进行分红也只针对很小一部分利润进行;而中国,合作经济组织特有的股权结构导致的不均衡决策权决定了很多专业合作经济组织将绝大部分盈余用于股金分红;其次,由于合作经济组织是所有者与惠顾者的统一实体,因此国际上通行充分考虑劳动者利益,追求效率并兼顾公平,将合作经济组织的盈余按照成员与合作经济组织的交易量多少进行返还,这种公平与效率偏颇容易引起异质性成员之间的合作目标与利益冲突(王图展,2017),而中国由于资本构成的压力,大部分专业合作经济组织很少有按照交易额返还合作组织盈余的,即使能够返还也并非真正的利润返还。合作经济组织一直对外宣称每年有大量的利润返还给组织成员,但实际情况远非如此,成员和非成员在待遇上并没有实质性的差异。甚至有的合作经济组织在一定程度上还存在虚假成分,利用组织的销售渠道打着帮社员销售产品的幌子,稍微抬高的价格被企业扣除为代办费,卖的价钱高就扣多点,低就扣少点,很少有返还的利润剩余。由于专业合作经济组织依靠成员股金投入和外来力量的介入,而后者的最终目标是追求自身利润最大化,因此这种产权结构上的变异必然造成利益分配机制的异化,使得专业合作经济组织的普通成员利益得不到有效保障。

第三节　内生性问题:组织发展不规范

截至 2017 年 9 月,我国合作社数量达到 193 万多家,平均每个村有 3 家,带动农户超过 1 亿户,占全国农户比的 46.8%。[①] 这组数据每年都在上升,合作社的数量已经是 2007 年的 74 倍了。合作经济组织数量则更为庞大,学术界最为关注的则是合作经济组织的发展质量,其评价似乎与这组数据相去甚远,围绕规范性程度对其发展质量评价一直是争议的焦点。如杜吟棠、潘劲(2000)对三个合作社案例的分析认为没有一个规范的合作社;应瑞瑶(2002)考察了 14 个合作社,归结出当前合作社出现了异化;仝志辉、温铁军(2009)提出了目前合作社发展中存在"大农吃小农"现象;潘劲(2011)通过调研发现 300 家合作社,有 10%没有开展活动,即"空壳社",惊呼合作社原则,最后还能坚守什么? 邓衡山、王文烂(2014)表明合作社发展中各种"假合作社""翻牌社合作社""精英俘获"现象层出不穷,提出了中国到底有没有真正的农民合作社的质疑;总的来讲,合作经济组织发展不规范问题已经成为共识。

一、规范化程度较低,发展质量不高

随着改革开放的深入,农民合作经济组织的数量节节攀升,已经成为农村经济发展的主要主体之一,农民合作社更是其中发展势头最为迅速的。与此同时,各种"空假虚"的合作经济组织也大量衍生。目前所成立的合作经济组织大多规模较小,大多是 10 户以内的小规模经营,真正意义上的有规模且有实力的合作经济组织依然匮乏。规模小带来的直接影响即是合作经济组织的抗风险能力弱、资金实力弱、与成员联系少从而难以形成利益共同体。对于农产品而言,初级农产品的获利极低,大部分利润被中介链条方所获取,要想取得更好的经济效益,需要增加农产品的附加值,加深服务的层级与强度,实现产前——产中——产后的一条龙服务。而现实中大多数合作经济组织只是进行单一的资金、劳动力的合作,形式单一,合作程度低,没有进行深层次的技术合作、市场开发合作、农产品加工合作等。合作经济组织实力较弱,有了外在的形但是缺乏内在的质,缺少对农户的技术指导与深层次服务。合作经济组织提供的多是不需要多少技术含量的初级农产品,这些产品缺乏深加工,科技

[①]　数据来源:中华人民共和国中央人民政府网站,http://www.gov.cn/shuju/2017 – 09/05/content_5222732.htm,访问时间,2017 年 10 月 27 日。

含量低,附加值不高,产品质量不能得到保障,无法形成自有品牌,缺乏竞争力,在市场中无法占据有利的地位,因而产业带动力弱,难以充分发挥其引领带动农户和服务会员群众的作用。此外,很多组织由于缺乏统一的规范和约束,职责界限不清,民主氛围不够,直接导致发展质量始终不为乐观。还有些合作经济组织往往形式单一、功能不全,因此服务功能较弱,除起到生产合作作用之外,难以实现"产供销、农工贸、产学研"一体化目标,三产融合能力不强,缺乏适应和开拓市场的能力,不能有效地按照国际、国家标准组织生产参与国际竞争,无法达到提高农民组织化程度的要求。

二、产权归属不清晰,责任归属不明

产权关系是农民合作经济组织的核心问题,目前仍没有得到很好的处理,产权制度还没有完全建立起来,在组织内部缺乏权责利的明确划分。改革开放以前,在旧体制下建立起来的信用合作社、供销合作社等组织集体所有资产占据了绝对优势,逐渐失去了合作经济组织的特征,到现在产权归属还尚未完全明晰。改革开放过程中新生的农民专业合作经济组织,又因为还处于发展阶段,大多数在成立之时就没有将产权明确到个人,对原始资产缺乏明确的界定,对财产处置和利益分配亦无章可循。再加上许多组织是通过政府有关部门、传统社区集体经济组织以及龙头企业甚至是能人大户等牵头举办,一方面,在农民占有的资产极为有限的情况下,产权关系更加无法理顺,农民的主体地位也就无法真正确立;另一方面,除了传统的资金股份合作,资源股份合作①正在兴起,分配以投资额的多少作为主要依据(陈建华,2015)。资源股份存在一个估价公正与否的问题,虽然能够请第三方机构对资源股份进行评估,但是大部分合作社都未能实施,资源评估的做法还是根据当地市场价进行一个粗略估计,便捷的背后存在着巨大的隐患,即资源股份的评价标准众多,草率行之则使得股本不一,进而使得股份占比存在问题,那么所承担的责任便不统一。

三、激励机制不完善,发展阻力较大

农民合作经济组织区别于公司、合伙企业等组织的关键在于其更加强调

---

① 资源股份合作主要是土地、林地、水面或其他生产资料。

"人合"本性,从170年的农民合作经济运动中可以看到,如何激励资本参与、激励管理人员的参与、激励农民的参与一直都是关注的焦点。"人合"的本性注重的是公平,而激励则更加偏重效率,效率与公平一直都是现代社会一对主要矛盾。如何协调好"人合"与"资合"是农民合作经济组织可持续健康发展的一个重大命题。当前,中国农民合作经济组织也不外乎如此。我们在调研中发现,许多合作社是由当地能人、种粮大户、农产品中介人、村干部等领办。从理性人的角度讲,领办合作社的动力不外乎改善自身的经济水平,当然也包括间接带动其他成员发家致富。但是,由于合作经济组织的"人合"本性,以及其坚持的一人一票制度①,极易使得主要领办人员走向两个极端。即过度集权一人说了算和索性不管不了之。后者的情况体现出合作经济组织对主要领办人员的激励不够,从而间接导致了合作经济组织的规范化发展缓慢。就农民专业合作社而言,每个成员都要自己单独设立账户②,反映了合作社法人财产与合作社社员财产并没有实现真正意义上的财产分离(管洪彦等,2017)。在实际操作中,有可能影响和限制合作社法人对合作社做决策。此外,虽然农民加入合作经济组织的意向在不断加强,但是加入之后成为"僵尸"成员的情况比较普遍,不积极主动与合作经济组织交易。换言之,农民合作经济组织对农民的激励程度不够,或者说农民合作经济组织对农民所提供的帮助不多,从而形成了发展的恶性循环。

四、信用机制不健全,金融风险放大

"重利轻义"是正规金融机构从事放贷业务的核心理念,突出表现在"无担保、无抵押,不放贷"的放贷原则上(赵晓峰,2017)。农民合作经济组织自身开展信用合作,已是大势所趋。农民合作经济组织中的小额信贷机构主要的客户群体理应是涉农的中小微企业以及四大新型农业经营主体,但能坚持

---

　　①　一人一票制度是把"双刃剑",在合作经济组织成员同质性的情况下能发挥巨大的作用,造就合作经济组织的辉煌。在当下社会变革急剧加速,农民成员分化加深,合作经济组织成员异质性凸显,一人一票制度逐渐成了阻碍,虽然《农民专业合作社法》中规定了有附加表决权,但是仍然难以协调合作社"人合"与"资合"的关系。

　　②　《中华人民共和国农民专业合作社法》第四十三条　农民专业合作社应当为每个成员设立成员账户,主要记载下列内容:(一)该成员的出资额;(二)量化为该成员的公积金份额;(三)该成员与本社的交易量(额)。

一直为这类客户群体服务的小额信贷机构却少之又少。从这类小额信贷机构的角度来看,其自身关于吸储、资金利用、信用合作利率设计等方面难以保证规范,信用机制在其内部运作存在一定程度上的失范。而从农民合作社经济组织或者说小额信贷机构的客户群体而言,其组织行为信用机制体系尚不健全。具体存在的问题是农业生产经营过程中能够用来充当抵押资产的财产种类不多,资金需求季节性、周期性强。在三权分置的试点改革中,大多数的信贷机构对农地的经营权甚至是使用权的资信偏低,原因不仅在于农业生产的天生弱质性,大宗农产品价格的持续下行,更在于农地的所有权为村集体所有,且农地用途限制严格。此外,在开展合作社信用合作的改革试点过程中,发现合作社由于风险防范机制尚未构建或不健全,以及管理者和农民成员对合作社信用业务的认识不够,致使信用合作效果堪忧,本应致力于解决的融资问题,反而无限放大。而有的合作社则脱离了原有产业,进而以信用合作为主营业务,其他合作一概没有(王曙光,2014)。

五、管理机制欠优化,交易成本高昂

组织机构健康运行的前提是拥有健全的组织机构和完善的管理制度。从这两方面来看,目前大多数农民合作经济组织缺乏健康运行的基础条件。在组织机构设置上,有的合作经济组织因为规模小、人员组成少、意识薄弱等多重原因没有设置成员大会、理事会、监事会等基本的组织机构,或是虽然设立了却没有履行其职责,只存在于书面文件中,间接剥夺了合作社成员对合作社事务的参与权、知情权和监督权。在管理制度的制定和执行上,一方面,"没有规矩不成方圆",规则的制定是为了更好地运行,在农民专业合作社中,部分合作社存在没有制定合作社章程或是未量身制定适宜的章程或是有章程而不按章执行,这些不规范的行为都导致合作社在内部管理上存在问题,进而影响自身的发展;另外,部分合作社财务管理制度混乱。2008年《农民专业合作社财务会计制度(试行)》中明确提出了合作社会计核算的基本要求,给出了具体的会计科目表并详细说明,对会计报表、凭证、账簿和档案的设置也做出了规定。2011年农业部办公厅《关于进一步加强农民专业合作社财务管理工作的意见》中进一步提出健全合作社财务管理制度、夯实财务管理基础、完善会计报表编制和报送制度。这些文件的提出可以反映合作社财务管理工作对

合作社的良性发展具有重要作用,但是实践中合作社普遍存在财务管理制度上的漏洞,例如不按要求进行会计核算、票据使用不规范、财务不透明、资金处理随意、账目不清等。

六、利益机制不合理,组织异化明显

从事农产品生产或营销的专业农户能否成为专业合作社的利益主体,这应是农民专业合作社未来走向健康与否的试金石(张晓山,2009)。农民合作经济组织设立的本质目的是增加农民收入,因而利益的分配就是首要的关注点,也是合作经济组织能否实现可持续发展的重要关节。然而,合作经济的改革是渐进性与不平衡的,这只有利于更多的具有企业家精神与富裕的农民去追求新的市场机会,因而,建立一个可持续的机制来保护甚至提高贫困农民的利益将变得更加困难(Jenny Clegg,2006)。不过由于合作经济组织成员的自身知识局限,对于合作经济组织的分配制度并不了解,不清楚合作经济组织主要是通过股金分配和利润返还来进行利益分配。而且有些合作经济组织的管理阶层不按照规定进行盈余分配,未提取固定的公积金,只看到眼前利润分配后的收入增加,没有考虑到合作经济组织未来发展所需的资金支持,一次性分光"蛋糕"制约了长期发展。另一方面,在合作经济组织设立初期,特别是在相对贫穷的地区,农民自身受限于资金、知识等很难自主设立合作经济组织,因而需要能人、大户或村干部等牵头成立。在牵头过程中,这些群体自然而然地提供了更多的入股资金、制定了合作社的运行规章制度、选择了生产经营项目等,这些选择无形中是有利于这一小部分群体的,间接导致在之后的利润分配、合作经济组织管理、经营活动等方面由此群体占据主导地位,普通的合作经济组织成员权益逐渐被弱化,进而违背了其成立的初衷,逐渐朝着异化的方向发展。

七、监督机制待加强,民主管理削弱

监督机制是整个合作经济组织各机制有效发挥作用的基石与保障。通过理事会、监事会以及普通社员主体,运用农民专业合作社社务公开、章程公开、会议记录公开、财务报表公开的方式,形成合作经济组织管理人员的监督机制。虽然在章程中,明确了监事会监督职能、权责、地位,但是实践中未能充分

发挥各类主体的监督效应。主管部门或者是合作经济组织成员难以做到一年一次的财务审查,二次返利以及盈余分配情况也难得公开。在合作经济组织的管理过程中,合作经济组织的核心成员,即主要出资者及管理人员对合作社形成了绝对的控制权,监事会的职能难以发挥其应有的作用,农民合作经济组织的经济和政治的监督机制不完善,直接侵占了农民的合法权益。

第四节 外生性问题:组织环境待优化

合作经济组织新兴的重要因素之一便是政府的大力扶持,这是其发展的助力,也是其发展的阻力。政府的大力扶持使得应该逐渐发酵以及自然生成的组织发展外部环境速成,并且形成了政府主导一家独大,其他社会力量欠缺,合作经济组织发展呈现出了"一条腿粗,一条腿细"的尴尬局面。当然,不是说政府大力扶持合作经济组织发展不好,而是想突出合作经济组织异化现象发生并持续存在的根源在于制度环境和组织安排为合作社各方参与者提供了不良激励(李云新等,2017)。一方面,政府在扶持合作经济组织的发展中存在过度指导或者政策供给不精准、管理主体混乱等问题;另一方面,则是合作经济组织的市场发育还不成熟,相关的法规、配套制度还未健全等。因而其外生性问题是合作经济组织当前发展面临的重要障碍之一。

一、政策供给不精准,管理主体混乱

许多国家在农民合作经济组织的成长过程中都采取了相应的支持措施,尤其在财政、税收、金融甚至教育等领域给予较大的政策倾斜,这些政策倾斜强力地推动了本国合作组织快速健康发展。目前,虽然中国在信贷、财政和税收等方面也给予了合作组织一定的支持,在经营方面也给予了一定的保护,但在实践过程中,由于具体的可操作性文件的缺失,其实际支持政策乏力。从税收环境角度分析,中国合作经济组织较其他国家相比,在成长过程中享受的税收优惠政策相对不足,甚至对其成员提供技术服务或劳务的收入应免征增值税等措施,也没有得到相应税务部门的认可;从金融环境角度来看,合作经济组织在向银行申请贷款时受到很大限制,即使在条件相对较好的地区也只能获得小额贷款,农民合作经济组织的特点决定其既没有足够的资产去抵押,又

没有其他组织来为其提供担保,因此有的地方对合作经济组织申请银行贷款加以很多条件,向其提供的小额信贷,根本无法满足其业务需要;从管理主体角度分析,体制不顺、权责不明、职责不清的问题得不到解决,农业、民政、工商、科协等各部门都参与其中,结果必然是多头管理、各自为政甚至是各取所需,无法形成齐抓共管、联动互促的状态。

二、行政色彩较浓厚,缺乏自主独立

虽然政府在合作经济组织的兴办中起到了很大作用,但同时也给合作经济组织带来浓郁的行政色彩,使得长期以来合作经济组织的成长,在很大程度上受到了来自各级政府及相关部门的控制,在开展业务时受到限制。现阶段的农民合作经济组织,有相当数量是由政府或其职能部门兴办的。这些组织一般都是政府及其下属单位亲自引导、领导的产物,组织中的最高领导一般都由政府指定或委派,并按政府的意愿开展业务活动。组织的经营管理决策权实际上控制在乡镇政府一级,它的管理行为实际上是一种政府代理人的行为,而不是合作经济组织的主体——广大农民的行为。这种代理关系突出的特点:一是管理决策的行政强制性,即用行政命令替代了经济手段,合作经济组织成为政府控制经济的工具;二是经营者享有决策权却不承担经营风险,而合作经济组织的成员要承担经营风险,却无权罢免作出错误决策的领导。由于经营者代表的是政府利益而非农民利益,农民没有参与决策和监督的权利,因此这使合作经济组织的发展和农民经济目标的实现受到了严重阻碍。

三、法律规定不体系,规范程度不够

合作社在中国的治理是解决围绕民主基调下的决策程序、决策参与、成员退出,利润分配等问题。从调查结果(中国)表明,所有权、决策权的分配,农民合作收益权比较偏向一小部分成员,合作社的若干治理做法不符合法律规定的要求(Liang 等,2015)。法律的支撑和保障是农民合作经济组织健康发展的必要前提,《中华人民共和国农民专业合作社法》于 2007 年颁布实施,2015 年开始对其进行修改,修订完成的《中华人民共和国农民专业合作社法》于 2018 年 7 月 1 日正式实施。本次修订调整了农民专业合作社的调整范围,承包土地经营权作价出资等内容,更加符合现阶段合作社的发展需要,但仍有

值得商榷的地方。农民合作经济组织的宗旨、性质、服务等在法律法规上缺乏相关规定,导致合作经济组织在成立和运营过程中受到很大影响:第一,法律对合作经济组织的性质、地位、设立、变更与撤销,合作经济组织及其成员的权利义务关系、管理和分配机制等目前仍没有明确规定,导致部分农民对改革开放以来成立的农民合作经济组织产生误解,更有甚者错误地认为农民合作经济组织的建立是对现有以家庭经营为基础的经营体制的某种程度上的否定,是"重蹈"中华人民共和国成立初期"合作化"运动的"覆辙"。农民产生"恐惧合作化"心理,害怕再吃"大锅饭",因而在参与合作经济组织方面很不积极,甚至存在较大抵触情绪,不利于合作经济组织的成长。第二,法人地位尚需明晰。《中华人民共和国民法总则》第九十六条①规定城镇农村的合作经济组织法人为特别法人,与营利和非营利法人作出区别。那么,对于合作经济组织的法人地位就显得有点模糊,这种中间法人的地位,使得农民合作经济组织在从事商业活动时存在权利义务不明晰的现象,致使商业活动无法平等正常进行,制约了合作经济组织的发展。第三,法律对合作经济组织的管理机制尚未规定明晰。合作的注册机构法律明确为工商管理部门,但现实中存在一些合作经济组织去民政部门登记的情况。此外,合作经济组织的管理部门不统一,给合作经济组织的经营活动带来诸多不便,对其成长造成很大障碍,同时也给政府对合作经济组织的管理工作带来了一定困难,并容易造成各部门在合作经济组织管理工作方面权责不清。法律规定的缺位导致国家的扶持政策难以落到实处,农民合作经济组织难以真正成为为农民自己谋求利益的组织,影响了其经济活动的正常开展,最终致使农民的合法权益难以得到保障。

四、市场发育不成熟,社会活动受到约束

农民合作经济组织成立的目标在于:从事农业生产的农民追求技术进步、降低生产成本和抵御市场风险。它是市场经济的产物,其发展程度取决于市场的发育程度。目前,中国市场发育尚不成熟,因此合作经济组织的发展也会受到一定程度的影响,主要表现为要素市场尚未发育成熟,如劳动力、土地等

---

① 参见《中华人民共和国民法总则》第九十六条 本节规定的机关法人、农村集体经济组织法人、城镇农村的合作经济组织法人、基层群众性自治组织法人,为特别法人。

生产要素目前仍无法完全自由流动。中国虽然通过购销体制改革取消了对粮、棉等主要农产品的统购和派购,但是计划收购权仍掌握在国家手中。这种计划收购体制在保证城镇居民用粮和工业原料供给的同时,还对合作经济组织的管理和经营产生了重大的影响。在此领域内,各种合作经济组织的活动只能维持在技术普及和推广这一层次,进入商品流通领域的相对有限,履行为成员服务的职能受到限制。加之部门或地区垄断封锁,限制了农民合作经济组织的活动区域,以及条块分割体制的约束,由于血亲和行政区域划分等方面的原因,参加合作经济组织的农民较多集中在乡的范围内,尚未打破传统的区域界限,这些都在一定程度上制约了合作经济组织的进一步成长。

五、人才培育不充足,智力供给不够

农民合作经济组织从业人员特别是合作经济组织领办人的专业知识和经营管理能力是影响合作经济组织建立和发展的内部关键因素,而目前我国的合作经济组织人才极为紧缺。首先农民合作经济组织的成员往往是以从事农业生产的农民为主,长期受小农思想的束缚,在经营管理理念以及管理行为上缺乏现代化经营管理思维,有着较强的局限性。在组织运营过程中缺乏信息接受的敏锐性,无法及时掌握市场风向作出适当的判断。其次是作为农民合作经济组织的辅导人员缺乏系统性的知识指导体系。当前,现有的合作社辅导人员多由农业局、农经站、农工委等部门的工作人员兼任。在合作经济组织的规范发展以及科学管理等方面其实是缺乏专业化、系统化的认识与能力的。另外,由于我国对发展农民合作经济组织的顶层设计遵循的是先发展、后规范、在发展中规范的思路,一些基层干部为了完成工作目标盲目组织建立合作社,重视数量而不重视质量,在运行后期对组织缺乏引导和服务,使合作社的基本功能未落到实处,导致合作社"空壳现象"频频出现。基层干部中的"不作为"行为阻碍了合作经济组织的进一步发展。农民合作经济组织的人才培育不充分问题既源于组织内部人员的思想观念保守、狭隘以及行政人员缺乏自律性,也因为引导人员在知识体系储备上的缺乏。

六、金融支持待加强,发展动力减缓

农民合作经济组织的发展归根结底是以经济发展为基础的一个组织的社

会认同感或是个人的权力获得。而权力的获得往往离不开拥有的资金存量或增量。农民合作经济组织与其他经济组织相比具有一定的特殊性,是集草根性、自发性与益贫性于一体,所以想靠其自身发展盈利是很困难的。农民合作经济组织主要的资金来源首先是政府财政支持,在近几年政府在财政支持方面有一定的强化,通过财政资金的直接划拨与专项扶持资金以及税费减免等来增强对农民合作经济组织的扶持,取得了一定的成效。其次是农户自筹,还有私人资金注入以及信贷支持,但是在当前发展中合作社依旧存在"贷款难""贷款贵"等问题。农民合作经济组织主要通过以上四种途径来完成经济基础建设,这足以证明农民合作经济组织在资金获取上对外界有很强的依赖性,缺乏独立自主,并且由于合作社一直是处于弱势状态的经济组织,所以难以实现完全独立,使得合作经济组织缺少发展动力与活力。

第六章 农民合作经济组织的
基本法律制度

第一节 农民合作经济组织法律制度的价值新取向

作为一种制度化的社会组织,其价值取向一方面源于组织本身内在的质的规定性;另一方面源于社会制度的外在赋予。按照国际合作社联盟(International Co-operative Alliance,简称 ICA)所确定的内容,合作社价值包括合作社的基本价值和伦理价值两部分。其基本价值是:自助、自担责任、民主、平等、公平和团结。伦理价值是:诚信、开发、社会责任与关怀他人。这些价值,在农民合作经济组织立法中应得到体系化的体现。与此同时,我们还应利用农民合作经济组织这种灵巧的组织形式,对其自身价值体系进行创新,进而对社会价值体系进行发展,并深深地表征于农民合作经济组织法律制度之中。

一、体现和谐价值

和谐是人类社会的至上理念,是人类所追求的一种美好的社会生活状态。伴随着社会发展和制度变迁,和谐社会已成为人类追求的崇高社会理想。人们对和谐社会的追求,最终要靠人与人、人与社会、人与自然、人与生态之间形成一种充满文明与活力的和谐关系来实现。这种和谐关系是人与人之间利益和谐的直接反映,反映在制度安排中就是体现于制度和谐,特别是分配制度的和谐。农民合作经济组织的分配制度是其实现社员利益的重要途径,是社员利益实现程度的重要体现。可以说,一个好的农民合作经济组织分配制度是农民合作经济组织的灵魂。农民合作经济组织对和谐价值的体现中,秩序价值是其价值取向的基本规定。稳定有序是农民合作经济组织对秩序价值的基本追求,公平正义是其价值取向的内核。农民合作经济组织实现的内部稳定有序,即社会稳定有序的价值内容应表征着农民合作经济组织对公平正义追求的深化——社会整体的公平正义。这种深化的公平正义应该是实质的公平正义,是协调好了各种利益关系的、可持续发展的、和谐社会的公平正义,是社会稳定有序与公平正义良性互动互促的公平正义,是有效率的、充满活力的公平正义。

二、提升竞争与合作价值

竞争与合作是社会价值体系中的又一层次的内容。农民合作经济组织是市场经济的一种制衡力量,是与市场竞争相伴而生的。竞争不仅是市场经济发展的推动力,同样是农民合作经济组织产生与发展的推动力(牛若峰,2005)。农民合作经济组织产生后,我们发现:有竞争无合作,会导致社会失态失范;有合作无竞争,会导致社会失去活力,而渐失动力。合作经济组织较好地解决了竞争与合作的关系,使合作也成为自身发展和市场经济发展的推动力。农民合作经济组织发展的实践进一步提升了竞争与合作的价值,使竞争、合作的单向价值得到和谐、互动的双向重构。农民合作经济组织制度安排中应体现这一要求,实现对竞争与合作价值的提升。

农民合作经济组织立法与价值取向的创新还应表现在民主价值的实现方式和内核的变化上,公平与效率的最佳结合和价值实现的公众参与上,以及从"二元价值对抗"向"多元价值和谐"的价值认识观上。

第二节 国际合作社联盟合作社原则的立法适用

法律原则是指作为法律规范的基础性或本原性、综合性、稳定性的原理和准则,是将法律价值付诸实践的指针。任何法律都有其特定的法律原则。法律原则是法的精神和内容的集中概括,反映了客观法律的要求,体现了法的价值目标和法律制度的基本性质,是整个法律制度的指导思想和核心。法律原则在法的实践中不仅起指导作用,而且可以弥补法律规范的空白或漏洞,成为实施法律的根据。在农民合作经济组织立法过程中,我们应当注重法律原则问题,特别是在中国对合作组织立法经验不够、合作组织处在不断发展的情况下,更应重视其特定法律原则的确定。最早的合作社原则是罗奇代尔原则。① 1995 年,国际合作社联盟百年庆典的曼彻斯特大会将合作社原则发展为七项原则。

一、自愿与开放原则的适用注意

合作社是一个自愿的组织,应向一切能够使其服务并愿承担社员责任的人们开放,没有性别的、社会的、种族的、政治的或宗教的歧视。

在立法时,我们要注意考虑到中国农民的政治经济文化等方面乃至法律等方面的现实特点,对社员资格应采取两种不同的对待方式:对农民采取无限自愿,对农民以外的人入社采取有限自愿,即采取有限开放的入社原则。要明确法律和政策在中国还是稀缺资源,对农民供给法律和政策应是我们立法的本意,是解决几亿农民问题的需要。②

二、社员民主控制原则的适用注意

合作社是由其社员控制的、民主的组织。在基层第一级合作社,社员有平等的投票权(一般应实行一人一票)。在其他层次的合作社也可以采取民主的方式。但不管何种方式,社员或其代表均应主动参与合作社的政策制定和决策,代表要对社员负责。

在立法时,我们要注意考虑合作社本质,要与村民自治作根本区别和适度衔接,要考虑中国农民的自治素质和能力,要充分考虑社会其他主体力量对农民合作经济组织民主控制的影响,用法律制度的硬约束去保证农民社员的民主控制。

三、社员经济参与原则的适用注意

社员公平地对合作社出资并民主控制其资本。该资本至少有一部分为合

---

① 罗奇代尔平等先锋社的营业原则是:自愿入社,允许退社;社内一切重大事务都必须由社员大会讨论决定,合作社管理人员由社员大会选举产生;社员不论股份多少,每人仅有一票投票权;以社员集股的办法筹集资金,股金不参与分红,股金利息不得超过市面通行的利率,营业盈余按照社员每年入社的交易额来分配;货物按照市价销售,不能和私商一样地涨价,售货保持现金交易,不赊账;货物要分量十足,品质真实,排除一切虚伪及欺诈行为。

② 考虑到叙述的简洁性和与 ICA 叙述的一致性,本部分文中出现的中国合作社、社员等与合作经济组织、合作经济组织成员同义。

作社的共同财产,社员对其为社员条件所认缴的资本通常只能得到有限的回报。社会分配后的利润盈余按以下某项或所有各项目进行分配:(1)用于发展合作社的、不可分割的公积金;(2)按社员与合作社的交易量进行分配;(3)用于社员(代表)大会认可的其他活动。

在立法时,我们要注意考虑如下几个方面的问题:第一,要注意制定合作社公积金、公益金、股金分红及合作社运行发展费用的恰当比例;第二,要注意劳动分红与资本分红、交易分红的差别和比例;第三,对不可分割的公积金等形式的财产性质、用途、处理办法应作出明确的规定;第四,要适当鼓励进行合作社公共积累;第五,要与农民社会保障、公共事业建设等事项进行制度上的对接,特别是关于国家对农业的补贴进入合作社所形成的资本及盈余,要用具体制度保证其切实落到农民身上。

四、自治与独立原则的适用注意

合作社是由社员民主控制的、自治的、自助的组织。合作社与包括政府在内达成的协议或以其他渠道筹集得到的资金,必须以确保其社员的民主控制和坚持其合作社自治为条件。

在立法时,我们要注意考虑农民及其合作经济组织进行自治、自主的现实影响力量,应考虑中国现行农村基层组织政权的架构,要与村民自治作制度上适度隔离与适度衔接。要在合作经济组织的组织机构及职责、议事规则、社员权利与义务等多方面进行制度安排。我们要防止资本力量对合作经济组织本质的异化作用。在允许新型合作组织出现、考虑新合作经济出现的同时,防止其异化成以追求利润最大化为根本目的的公司或企业。如果法律制度安排中做不到这一点,那么制定相关合作经济组织法就没有什么实际意义,适用公司法或企业法就可以了,就不会真正促进合作经济的发展。

五、提供教育、培训与信息原则的适用注意

合作社应为其社员、选出的代表、经理和雇员提供教育和培训,使其能有效地对合作社发展作出贡献。合作社要对年轻人、民意领导人(又称"舆论带头人")提供全面的信息,使其把握合作社的性质和好处。

在立法时,我们要注意考虑到这一点。对合作经济组织成员及相关人员

的教育和培训应是合作经济组织的职责。既对合作社发展有利,又对社会发展有利。在中国,特别要加强和重视对入社农民的教育和培训,提高他们为合作社服务的意识、素质和技能。应加强对合作社的社会宣传,使他们充分了解合作社的本质及优越性,为合作社的发展提供良好的环境和后续发展的动力条件。

六、合作社间的合作原则的适用注意

合作社通过构建地方的、全国的、区域的和国际的组织结构,最有效地为社员服务,促进合作社的合作,从而加强合作社运动。

在立法时,我们要注意考虑三个方面的问题:第一,根据社区性特点,注意构建符合中国国情的农民合作经济组织的组织系统,鼓励农民合作经济组织的依法联合,鼓励加强国际间的交往。第二,在组织合作社间合作的同时,应注意防止农民合作经济组织的垄断问题。目前,在中国应是促发展问题。第三,对合作中,特别是有资产实质性联合的,要注意对相关权利义务的确定、程序事项的要求作出制度规定。

七、关心社区的原则的适用注意

合作社应注意在满足社员需要的同时对社区发展作出贡献,通过社员(或社员代表)大会认可的制度促进社区的可持续发展。

在立法时,我们要注意引导合作社在满足服务社员的基础上为社区发展服务,在合作社财产制度、合作社所在社区公益事业发展的制度等方面作出必要的制度设计,促进合作社与社区的全面协调发展相结合。如有可能,还可对社员的社会保障、计划生育政策的落实等方面作出制度上的契合性安排。

第三节　农民合作经济组织法的法律原则之主张

中国在农民合作经济组织法中坚持什么样的基本原则呢?是否应拘泥于ICA基本原则呢?我们认为:首先,作为ICA的成员,我们应适用其基本原则,这是中国应尽的国际义务。我们应尊重ICA的基本原则。其次,我们要结合中国国情和广大农民创造性实践的实际,在保持基本一致的基础上,在充分尊

重 ICA 基本原则的基础上,根据中国经济社会发展的现状、价值观念和文化传统等国情,确定有中国特色的基本原则。① 中国农民合作经济组织法律制度安排的基本原则包括如下五大原则。

一、自愿入退、依法成立原则

自愿与开放,既是农民合作经济组织的组织运行特征,也是其应坚持的基本原则。它的基本含义包括两个方面:一是符合法律条件并愿意加入合作经济组织的自然人或法人都可以提出申请加入合作经济组织。农民②有选择合作的自由,也有不选择合作的自由;有参加此合作经济组织的自由,也有参加彼合作经济组织的自由;有参加一个合作经济组织的自由,也有参加多个合作经济组织的自由。任何组织和个人不得限制这种自由,更不得采取行政强制命令的做法强制撮合。二是在自由加入合作经济组织的同时,农民有依法自主退出合作经济组织的权利和自由。当然,为了保证农民合作经济组织的正常运行,应对加入、退出的程序作出具体的制度安排。

依法成立原则,是指农民合作经济组织要根据法律规定的条件和程序进行登记设立。依法成立原则是社会主义法治原则在农民合作经济组织中的具体体现。对农民合作经济组织成立的条件,特别是具有合作社法人资格的农民合作经济组织的条件要通过具体的法律规定加以确定,对登记机关、登记程序、撤销、终止乃至破产等程序均应先从法律上进行规范。依法成立仍需要以

---

① 关于中国农民经济组织的基本原则,学者意见不一。有人认为,应坚持自愿参加与自愿退出原则、民主管理原则、以服务为主要目的原则、利益共享风险共担原则(刘国臻、唐兴霖,2000)。有人认为,应坚持自愿互利原则、按经济规律办事原则、民主平等原则和资本报酬有限原则(应瑞瑶、何军,2002)。有人认为,应坚持自愿互利原则、讲求效率原则、民主管理原则和资本报酬有限原则(蔡立湘、彭新德,2003)。有人认为,应坚持市场导向原则、自成体系原则、自愿互利原则、股份合作原则、义利并重与企业化经营原则、民主管理原则、教育培训原则、合作社间的合作原则和关心社区原则(赵凯,2004)。有人认为,应坚持根据市场经济办社原则、遵循自愿互利办社与跨社区横向联合办社原则、大力扶持农民原则(田野,1998)。更有人认为,应在广义上坚持因地制宜原则、市场导向原则、以服务为宗旨原则、以效益为中心原则和以科技为支柱原则,在狭义上坚持自愿和自由原则、民主管理原则、等价交换原则、培训原则和民办公助原则(章康华,1999)。总之,这些原则的确定均是从不同角度对合作经济组织原则的归结,都有一定的科学性,有些学者确定的原则其缺陷也是明显的。

② 这里的农民,实际上隐含了合作经济组织中的其他组织成员,如农户、可以入社的法人或非法人组织。为叙述方便,将后者隐含。下同。

农民自愿为前提,不要再出现先成立后规范的情况。从某种意义上来说,依法成立就是符合法律规定的规范成立。

作为中国农民合作经济组织法重要组成部分,2006 年农民专业合作社法确立自愿入退、依法成立原则,新修订的 2017 年农民专业合作社法继续保留着此项原则。① 特别是 2017 年农民专业合作社法第一条将规范农民专业合作社组织、行为提前,新增第九条赋予农民专业合作社自愿设立或者加入农民专业合作社联合社的规定,并将原第二条第二款服务对象拆分为第三条,结合十九大报告乡村振兴战略思想法定列举出农民专业合作法服务对象等,更体现出依法治国理念下中国农民合作经济组织法原则实现的新历程。但是,新修订的农民专业合作社法在此原则的落实方面仍需继续完善。一是合作社成员资格和构成相对保守,应适当放开合作社成员资格和构成。关于农民专业合作社成员资格和构成的讨论一直都是焦点,现阶段合作社已然出现了成员异质性的现象,并且这个现象将可能长久持续。客观来讲,合作社成员异质性利弊皆有。在实践中,非农成员是合作社发展与建设的重要力量,发挥着关键性的作用。如果能够加以引导,并且构建与之相匹配的组织制度,形成相应的治理机制,那么合作社事业的发展将登上新台阶。二是合作社设立登记程序不够完善。合作社、合作社联合社的设立登记是合作社规范化健康发展的第一道防火墙。调研中发现,"空壳社""虚假社""套利社"等不规范发展的合作社"遍地开花",对国家资源造成浪费,严重影响合作社事业的健康有序发展。此外,条例中没有对农民专业合作社的经营范围进行详细的界定,这使得很多农民专业合作社设立的发起者动了"歪脑筋"。

二、民有、民管、民享原则

民有、民管、民享原则是中国学术理论界对中国合作经济组织发展基本原则生动而准确的总结。② 这一原则同当今世界各国合作经济组织发展的方向也是一致的。

---

① 2006 年《中华人民共和国农民专业合作社法》第三条、第四条,2017 年《中华人民共和国农民专业合作社法》第四条、第五条规定:入社自愿、退社自由以及依法登记,取得法人资格。

② 一些学者将"民有、民管、民享原则"称为"民有、民管、民受益原则"。笔者认为:尽管两者本质差异不大,但前者更能反映中国合作经济组织的本质。

所谓"民有",就是指农民合作经济组织资产的最终所有权应归入合作经济组织的社员所有。"民有"解决的是农民合作经济组织的资产所有权的归属问题。让农民对其合作经济组织财产享有占有、使用、收益、处分的权利是其本质的内容。当然,这种所有权的享有既不是简单的个人所有,也不是简单的共同所有或按份所有,而是一种新型的所有——约定共合所有,即"联合所有",合作经济组织成员对合作经济组织财产享有联合所有者的权益。立法中,应充分认识到"民有"的重要意义和特点,要通过依法明晰组织产权,达到明晰所有制,最终把合作经济组织真正办成农民的合作经济组织。

所谓"民管",就是指合作经济组织的经营管理要由组织内的农民共同参与进行,使农民真正成为合作经济的主人。法律上可以规定,农民通过定期或临时召开社员代表大会,选举产生合作经济组织的管理者,并决定合作经济组织的重大事项。社员(社员代表)大会是合作经济组织的最高权利机构,按照法律或合作组织章程规定须经社员(社员代表)大会决定而未经其决定的事项应该是违法的、无效的和不能成立的。在合作经济组织中的"民管"与平日所说的"民主管理"多有不同。如前文所述,这里的"民管"应该是指农民通过民主程序对合作经济组织实施控制的一种新型的法人治理机制,即民主控制。我们称其为合作社法人治理机制。

所谓"民享",是指农民合作经济组织的经营收入,由加入组织的农民共同分享。它是落实农民作为社员利益分配权的分配原则。实践中,要坚持按劳分配和按股分配等各种分配形式的结合。应该将合作经济组织与农民真正结成经济利益共同体,使其共同创造效益,做到有利共沾,风险同担,依法充分享受合作经济组织给农民在生活、生产等方面带来的好处。立法中,要注重保护农村弱势群体的经济利益,防止内部成员收入差距扩大,以保障农业专业化生产惠及更广大的农民群体(温涛等,2015)。要注意规定合适的公积金、公益金、组织发展基金和红利分配等比例,注意增加合作经济组织的公共积累,壮大合作经济,更好地使其对社会发展发挥作用。

民有、民管、民享原则是中国农民合作经济组织法中有中国特色的基本原则。实践中,要体现和落实这一原则,应注意保持法律和党的农村政策的一致性,要在确定农民所有者地位,还权于民,确保其利益的同时,坚持"一个前提",即坚持和稳定承包经营长期不变基础上的合作;突出"一个内核",即在组织、管理、分配等方面突出自愿入股、民主控制,以按量返利为主等为主要内容的合作制的基本内核;强调"一个服务",即立足农民,为农民社员提供加工、流通和生活所需的服务(王如珍,2004)。

2006年《农民专业合作社法》和新修订的2017年《农民专业合作社法》的原则与内容中都一定程度体现了民有、民管、民享原则,①特别是新修订的2017年《农民专业合作社法》不仅在原则上继承了2006年农民专业合作社法中相关的民有、民管、民享原则,在内容上,结合党的十九大报告精神、乡村振兴战略以及"三权分置"的背景,通过盘活农村土地,放宽出资形式,增加"农民专业合作社联合社"章节,规范成员入社和除名、盈余分配、法律责任等,赋予民有、民管、民享原则新的时代特征。但是,新法对"民管"内容规定仍是不科学的。联合社的发展尚且处于萌芽阶段,具体发展形式、组织制度、治理机制体系等都有待发挥人民群众的创造性。据初步统计,已有14个省(区、市)的合作社地方性法规对联合社进行了相关规制,但是仍不够成熟、完善。因而不能将联合社的相关内容作太过于严格的规定,尤其是在农民专业合作社联合社成员大会选举和表决上。合作社联合社实行一人一票制度来进行选举和表决过于保守,应当结合当下合作社的发展阶段以及联合社未来的发展趋势,进行适当的指引。并且,设置附加表决权既要考虑资本量也要考虑人的数量,进而到达实质公平。

三、合作、服务、教育原则

所谓"合作",就是指合作经济组织对内要强化合作意识,体现合作精神;对外要积极加强合作组织间的合作,加强与社会的协调与合作。合作经济组织不是农民个体劳动、资金与技术的简单相加,有较系统的运行机理,需要成员依法或依章程履行合作的义务。如前文所述,法律中应对合作经济组织的合作制内核规范作制度上的分解和安排。

所谓"服务",就是指农业合作经济组织要重视对其组织成员的服务,要强化组织对成员的服务功能,做到一切为农民服务。农民合作经济组织法的立法目的之一就是要为在市场竞争中处于弱势的农民提供法律保障,使农民

---

① 参见2006年《农民专业合作社法》第三条,2017年《农民专业合作社法》第四条规定。

权益的保护有一个与市场接轨的组织体。合作经济组织将依托其组织体在生产、交换、流通、消费等环节为农民提供服务,通过组织起来的服务将分散的农民与市场有机地连接起来。

所谓"教育",就是指农民合作经济组织要重视对组织成员,特别是农民的文化教育和培训工作,要承担起相应的义务,使农民克服"恐合"心理,弥补合作素质、能力的缺陷,成为关心组织和社会、掌握知识和能力的新一代劳动者。

合作、服务、教育原则是合作经济组织富有特色的运行原则。实践中,从2017年新修订的《农民专业合作社法》变化的内容可以看出,2017年《农民专业合作社法》增加"农民专业合作社联合社"章节,赋予农民专业合作社自愿设立或者加入农民专业合作社联合社的规定强化了合作原则;并且以列举的方式细化了服务对象,取消同类限制,满足日益多元服务的需求。在"教育"方面,2017年《农民专业合作社法》在总则与分则部分继承与完善政府引导、培训、农业技术推广等内容。但是,合作、服务、教育原则只是在《农民专业合作社法》的分则内容中零散体现,并没有在总则中完全确定此项原则,导致农民专业合作社分则中合作、服务、教育相关内容缺乏原则指导,内容体系零散。

四、市场主导与政府鼓励扶持相结合原则

可以说,中国农民合作经济组织的发展是中国市场经济发展的产物。农民合作经济组织是广大农民在市场经济条件下为弥补市场缺陷,防止政府对市场缺陷的干预可能出现的缺陷而组织起来的社会共同行动体。它可以增强抵御强势集团影响的能力,防止公平和效率的双重损失。农民合作经济组织既是市场经济的必然产物,也是农民面对市场竞争通过提高自己组织化程度来提高竞争力的重要途径。农民合作经济组织的成立、变更、发展和消灭均与市场有关。在法律制度的安排中,架构一套面对市场,尊重市场发展规律,以市场为主导的农民合作经济组织运行制度应是法律规定中的基础性原则。

政府鼓励扶持原则是基于中国农民合作经济组织发展的现状,中国经济发展的阶段性特征和面对 WTO 对中国农业发展的压力而考虑的。从某种意义上说,既然农民合作经济组织产生于市场经济,理应由市场说了算。但是,我们更应看到中国农业的发展水平,要看到中国农民自身的政治、经济、文化

特征,并由此注意中国农民的法律特征。在中国农民合作经济组织化进程中,政府既不能强化对农民合作经济组织的行政领导和控制,更不能放手不管。政府要在观念上、制度供给上积极主动地鼓励支持、扶持农民组织的发展,理顺政府与农民合作经济组织的关系。政府对农民合作经济组织的支持应包括经济、社会和政治上的支持,其中以经济上的支持最为有效。政府的经济支持包括税收、财政、政策等诸多方面。

在 WTO 允许的范围内,为了提高中国农民参与国际竞争的能力,我们应该通过减税、免税、补贴、资金扶持、农业基础项目投资、人才、教育等多种途径加强对农民组织化的支持力度,并将其制度化、法律化。正如国际劳工组织(ILO)在 2002 年的《合作社促进建议书》第 4 条中所言:"一切国家,无论其发展水平如何,都应该采取措施发挥合作社的潜能,以扶持合作社及其社员致力于……"实现八个方面的目标。① 第 6 条认为,一个平衡的社会必然有强大的公共部门和私人部门存在,同样有强大的合作社部门、互助部门与其他非政府社会部门存在。由此题中之义,政府应该提供一个符合合作社的性质与功能,以《合作社促进建议书》第 3 条所宣布的合作社价值与原则为指引的支持性政策与法律框架。这个框架要求:(1)建立一个旨在使合作社得以尽可能迅速、负担得起和高效率地进行注册的制度框架;(2)推行允许合作社内部建立适当的公积金和团结基金的政策。公积金中至少有一部分可以是不可分割的;(3)对合作社的督察措施,要以适应于合作社的性质与功能为条件,尊重合作社的自治,依据国家的法律与惯例来确定,合作社在这方面所受待遇不得低于其他形式的企业与社会组织;(4)使合作社的社员资格在合作社的结构方面便于对合作社社员的需求作出反应;(5)鼓励作为自治与自我管理的企业的合作社的发展,特别是在合作社能起重要作用的领域,或者合作社能够提供他人不能提供服务的领域。② 政府对合作社的鼓励支持措施具体体现在

---

① 八个方面的目标是:"(a)创造与开发能产生收入的活动和可持续的体面的就业;(b)通过教育与培训,开发人力资源能力,增进对合作社运动的价值、优越性与利益的了解;(c)开发他们的经营潜能,包括创业与管理的能力;(d)增强他们的竞争力,并获得进入市场与正规融资的机会;(e)增加储蓄和投资;(f)增进社会、经济福利,其中考虑到消除一切形式的歧视的需要;(g)为人类可持续发展做出贡献;(h)建立与推广一个有生存能力的、有生气的包括合作社在内的适应社区的社会、经济需要的有特色的经济部门。"

② 参见国际劳工组织《合作社促进建议书(2002)》第 6 条。

ILO 建议书的第11—13条中。①

　　我国实践中,虽然新旧农民专业合作社法没有明确将市场主导与政府鼓励扶持相结合原则作为农民专业合作社法的基本原则,但是从内容当中,无不看出市场主导与政府鼓励扶持相结合原则的影子,特别是2017年《农民专业合作社法》。市场主导体现在如下两个方面:其一,结合"三权分置",改革农村产权制度,放宽出资形式,并取消同类限制,适应市场的多元需求等方面;其二,政府鼓励扶持体现在,新法在继承原法的鼓励扶持内容基础上,增加合作社联合社制度,引导金融保险进入,规范合作社组织行为等。市场主导与政府鼓励扶持是相辅相成、缺一不可的。坚持市场主导原则是农业合作经济组织存在和发展的基础性、内在性要求,而坚持政府鼓励扶持原则是农民合作经济组织存在和发展的环境性、外应性条件,二者共同推进合作组织发展。但合作社组织内部存在明显的成员分层及成员异质性问题,法律与政策的特别支持引发了"套取政策支持"的现象(任大鹏、王敬培,2015)。"假合作社""空壳合作社""翻牌合作社"引发了人民对合作社性质的质疑(黄祖辉、吴彬,2014)。党的十九大报告明确提出,农业农村农民问题是关系国计民生的根本性问题,必须始终把解决好"三农"问题作为全党工作的重中之重。党的十九大报告释放了促进我国农业发展、提升农民生活水平的重要信号。政策理论的指导正在不断完善并陆续推出,在这个关键时期,必须重视政策层面的长效机制。《中华人民共和国农民专业合作社法》绝不是一劳永逸的,要结合我

---

① 第11条:(1)政府应该为合作社获得支持性服务的机会提供便利,以加强合作社,增强他们的经营活力和创造就业与收入的能力。(2)凡是可能的地方,这些服务应该包括:(a)人力资源开发项目;(b)研究与管理咨询服务;(c)获得融资与投资的机会;(d)会计与审计服务;(e)管理信息服务;(f)信息与公共关系服务;(g)技术与创新的咨询服务;(h)法律、税收服务;(i)营销支持服务;(j)其他适宜的支持服务。(3)政府应该为这些支持服务的创立提供便利。合作社和它们的组织参与这些服务的组织与管理,并在可行与适宜的情况下为其融资,应该受到鼓励。(4)政府应该确认合作社和它们的组织通过发展适当的手段以建立和加强全国范围和地方范围的合作社所起的作用。第12条:政府应该在适当情况下采取便于合作社筹集资金和获得贷款的措施。值得注意的是,这类措施应该:(a)允许借贷和其他融资便利得以提供;(b)简化行政程序,矫正合作社资产的任何不足状况,并减少借贷的交易成本;(c)推进合作社自治融资系统,包括储蓄与信贷合作社、银行业与保险业合作社;(d)包括对弱势群体的特殊条款。第13条:为了促进合作社运动,政府应该鼓励创造有利于发展一切形式的合作社之间的技术、商业与金融联系的条件,以便于交流经验和分担风险、分享利益。同上,见国际劳工组织《合作社促进建议书(2002)》第11—13条。

国当前的社会主要矛盾,加强顶层设计,制定以发挥市场价值规律为主、政府有限干预的政策,发挥其在"三农"领域的积极作用。

五、社员权利与义务对等原则

"没有无义务的权利,也没有无权利的义务"。马克思关于权利与义务存在的对立统一关系的思想在农民合作经济组织中体现得淋漓尽致。不管当主体既享有权利又履行义务的权利与义务表现为相结合的形式时,还是在当他履行义务而自己只享受权利的权利与义务表现为分离的形式时,它均统一于一组对立统一的关系中。权利和义务的辩证关系在对内不以营利为目的的合作经济组织中更能体现其对等性。在具体法律制度的安排上,应充分体现这一点。我国实践中,新旧农民专业合作社法都以专章的形式明确规定了成员的权利与义务,并提出遵循权利与义务对等原则。农民专业合作社设立的初衷是为了整合农业生产活动中的各种生产要素,实现规模经营、科学管理、共同富裕。当前很多农民合作社负责人"干部化",经营水平低下,都在不同程度上制约了合作社做大做强(郑丹、王伟,2011);合作社大股东控股普遍、合作社有名无实、合作社对农民并无吸引力(潘劲,2011)。从而导致合作社成员能够得到的利益也微乎其微,甚至时有亏损发生。这种问题发生的根本原因在于农民专业合作社设立时,没有明确合作社经营发展中成员权利与义务的对等性。农民是农民专业合作社的重要组成成员,《中华人民共和国农民专业合作社法》在明确成员权利与义务对等的同时,应更多体现对农民权益的倾斜性保护内容,保障农民的成员权益不受侵害。

第四节　农民合作经济组织发展立法中的基本法律制度

一、"民管"的主体制度

中国的合作经济组织发展已有近百年的历史,中华人民共和国成立后亦经历了几十年的坎坷历程,对于合作经济组织的法律性质究竟如何界定,不论是理论界还是立法和政策上都是模糊不清的。《中华人民共和国宪法》第八条规定的"农村中的生产、供销、信用、消费等各种形式的合作经济,是社会主义劳动群众集体所有制经济"只在所有制层面给了合作经济组织一个法律地位,并且混淆了合作制与集体制的界限。而《中华人民共和国农业法》第十一条又规定:"国家鼓励农民在家庭承包经营的基础上自愿组成各类专业合作经济组织。农民专业合作经济组织应当坚持为成员服务的宗旨,按照加入自愿、退出自由、民主管理、盈余返还的原则,依法在其章程规定的范围内开展农业生产经营和服务活动。农民专业合作经济组织可以有多种形式,依法成立、依法登记。任何组织和个人不得侵犯农民专业合作经济组织的财产和经营自主权。"这比以往的规定更加细致、进步,但却也回避了农民专业合作经济组织的法律性质问题。2004 年 11 月,浙江省第十届人大常委会第十四次会议通过的《浙江省农民专业合作社条例》,第四条规定:"合作社依照本条例规定登记取得法人资格,依法独立承担民事责任",可谓开了国内合作组织立法之先河。2006 年《农民专业合作社法》第四条以及 2017 年《农民专业合作社法》第五条以法律形式明确了农民合作经济组织的法人资格。① 2017 年 3 月制定的《中华人民共和国民法总则》第一百条承认合作经济组织为特别法人,②更是划时代地确立了合作经济组织的法律地位。虽然民法总则将合作经济组织归为特别法人,一定程度上起到定纷止争的作用,但是,特别法人又是什么类型的法人性质,它是事业单位法人、企业法人、机关法人还是社会团体法人?或者是社团法人还是财团法人? 民法总则并没有深层次界定。同时,《中华人民共和国民法总则》第一百条又规定,"法律、行政法规对城镇农村的合作经济组织有规定的,依照其规定";而现有的法律、行政法规关于合作经济组织的性质界定更是存在多重规定,导致合作经济组织法律性质界定又回到不明晰的原点。

法人的主要特征有:一是法人是一种社会组织。法人是两个以上的自然人组成的主体,是人与财产的集合体的有机统一,法人有自己稳定的管理机构。二是法人拥有独立的财产。法人的财产独立于法人创始人、其他法人成员的财产,此为法人人格的基础,法人对其财产享有法人所有权,对外承担无

---

① 参见 2006 年《农民专业合作社法》第四条,2017 年《农民专业合作社法》第五条的规定:"农民专业合作社依照本法登记,取得法人资格。"

② 参见《中华人民共和国民法总则》第一百条规定:"城镇农村的合作经济组织依法取得法人资格。法律、行政法规对城镇农村的合作经济组织有规定的,依照其规定。"

限责任。三是法人能独立承担民事责任。这是由法人拥有独立财产决定的，之所以它理所当然地要独立承担由自己的活动产生的债务和责任正是因为法人拥有独立的财产。四是法人能够以自己的名义参加民事活动。法人有自己的名称，能够独立于其成员和创立人进行民事活动，并且是以自己的名义参加民事活动。以上即是法人的特征，任何一个组织体如果想要取得法人资格，必须符合以上四个特征。现代社会中，除自然人权利主体外，还有各种以团体名义进行活动的组织体，故依法具有民事权利能力和民事行为能力，并能独立享有民事权利和承担民事义务的组织体即为法人。

2017 年 3 月 15 日第十二届全国人民代表大会第五次会议通过的《中华人民共和国民法总则》第五十七条对法人进行了界定，①第五十八条对法人的成立条件进行了规定。② 设立法人，法律、行政法规规定须经有关机关批准的，依照其规定。法人应当具备下列条件：(一)依法成立；(二)有必要的财产或者经费；(三)有自己的名称、组织机构和场所；(四)能够独立承担民事责任。因此农村合作经济组织是不是法人，关键看其是否符合法人的四个特征以及是否具备《中华人民共和国民法总则》所规定的条件。中国合作经济组织都有自己的名称、固定的场所、组织机构和独立的财产、自己的章程，这是其成立的基础，因此它具备了典型的法人形态，且合作组织和公司一样有规范的组织机构，由社员大会、理事会(董事会)和监事会三部分组成，其中最高权利机构是社员大会，理事会(董事会)和监事会向社员大会负责。合作经济组织独立支配的财产一般来源于成员股金、积累资金和政府贷款，也有少部分其他资金，并以这些财产独立承担民事责任，任何成员不得以是自己的股金为借口而拒绝用于对外承担债务。

综上分析，合作经济组织属于一种独立的特别法人类别，介于营利法人和公益法人之间，它既不同于社会团体法人，也有别于企业法人，因此应将其确定为"合作组织法人"，将其与企业法人进行区别，应该是农民自己管理的独

---

① 参见《中华人民共和国民法总则》第五十七条规定："法人是具有民事权利能力和民事行为能力，依法独立享有民事权利和承担民事义务的组织。"

② 参见《中华人民共和国民法总则》第五十八条规定："法人应当依法成立。法人应当有自己的名称、组织机构、住所、财产或者经费。法人成立的具体条件和程序，依照法律、行政法规的规定。"

立法人。合作经济组织应当成立自下而上的多层次的法人体制,使这个组织体系更具系统性和竞争力。因此合作经济组织立法应当将具有普遍性和竞争力的合作经济组织的法人形态进行固定化,而对于那些虽具有合作因素,但组织松散的非法人合作经济组织类似合伙,可纳入合伙企业的相关法律规范进行适当调整。

二、"民有"的产权制度

产权是指财产所有权。产权制度是一种通过社会强制力而实现的对某种经济物品的用途进行选择的权利,是所有经济制度的核心。艾尔奇对科斯产权含义作了较权威的解释,他认为:"产权是一种通过社会强制而实现的对某种经济物品的多种用途进行选择的权利。"换而言之,产权是指社会约定俗成的习惯或法律赋予人们对某种财产拥有和可以实施的一定权利。这些权利就是指人们对财产本身所拥有的占有权、使用权、支配权、处置权、相应的收益权以及人们拥有这些财产所派生出来的各种有形或无形的物品或功效的收益权和不受损害权(罗跃等,2004)。总之,产权要有社会强制才能实现,这些社会强制的主要来源就是——法律。

科斯定理(Chase Theorem)是制度经济学的基础。它的一般意义在于:揭示了产权制度安排与交易费用及资源配置效率高低之间的关系。由科斯定理我们可以得出如下结论:无论产权属于谁,只要产权界定是清晰的,市场机制便能导出最有效率的资源配置结果。换句话说,提高效率、节约交易成本的有效途径是明确确定产权。可见产权制度是在市场经济条件下进行低成本、高效率资源配置的基础。在农民合作经济组织法中最重要的制度就是如何选定产权制度。产权制度的确定是合作经济组织运行的前提。合作经济组织产权制度的架构要遵循"民有原则"。按照现代企业制度对产权制度的要求,产权制度应满足如下三项要求:一是产权明晰化和商品化;二是产权的开放性,即企业产权结构应具有开放性,以便资产重组和配置;三是产权使用的社会化,即企业产权主要应集中在企业经营主体,以适应社会化的要求。按照科斯定理的要求,要使资源配置实现"帕累托最优"的前提条件是明晰产权制度。合作制作为一种现代企业制度产生并完善于西方发达资本主义国家市场经济,在社会生活中一直表现出合作制经济的发展优势。合作制思想和理论传播到中国后,其合作制的特色被异化了,不仅优势得不到强化,其弱势反而有所上升,还不可避免地显露出小生产的天生胎记。[1] 合作经济组织的产权制度安排确实存在着一些问题:如组织成员的复杂性和多变性带来财产关系的复杂性和多变性,组织成员的产权不能转让和不能上市流通,合作经济组织积累的归属不很清晰,合作经济组织资金来源的封闭性和有限性问题等等。这些问题使合作经济组织的产权制度安排存在需要整合、规范和改革的要求,其最终目的应是建立现代合作经济组织产权制度。[2]

产权制度的确定是合作经济组织运行的必要前提。在合作经济组织中最重要的制度是如何选定产权制度。农民合作社产权制度是农户间合作的基础,农民合作社产权治理问题对合作社的健康发展与农户间、农户与合作社间的有效合作至关重要(陆倩、孙剑,2016)。中国农村的合作经济组织以产权为标准进行划分,可以分为农民合作经济组织和农民社区合作组织。合作经济组织是农户在家庭承包经营的基础上,生产和经营同类农产品的人对个人产权进行自愿联合;农民社区合作组织是以集体所有财产(如土地)为基础,将集体财产的部分或全部折股量化分配给组织内部成员,在合作制和股份制原则指导下,成立股份合作组织,统一经营集体财产,以股份为标准,并参与管理和分红(傅晨,2008)。然而,中国传统的合作组织产权制度还存在较多问题,其中产权不完全明晰表现突出,主要表现为:首先,集体股仍然存在。集体股一般为行政干预和政社、政企不分股份。由于分配和行政开支不透明,难以彻底取消隐性或显性的集体股。产权明晰是合作经济组织有别于其他计划经济体制下的经济组织的一个重要标志,明晰的合作经济组织产权具有五大功能:约束功能、激励功能、配置功能、保障功能以及收入分配功能,这是合作经济组织成员能够确立市场主体地位,理性地进行高效的生产经营活动的重要前提,同时也是使各农业生产要素进行优化配置、使劳动生产率和投资收益率得以迅速提高的基本依据。其次,个人

---

① 有学者认为:带有落后生产方式烙印和痕迹的合作经济,尽管在周围的经济环境影响下不得不采用一些先进的经营管理方式,但其根深蒂固的小生产意识没有经过充分分娩的阵痛,不可能完全根除,还在合作经济组织运转各方面显露出来(石秀和,1995)。

② 有学者认为:现代合作经济组织产权制度应包含两层含义:其一,应秉承合作制;其二,应进行创新,建立现代合作经济组织制度。

股份的产权严重残缺。由于集体股过于强大,直接导致了个人股份产权的软弱。再次,社员个人行使产权相对困难。完备的产权,不仅要求权利束的结构必须合理,还要求所有者能够充分地运用产权。社员大会是普通社员行使权利的主要机构,但这些组织大部分已经异化、形同虚设,基本上没有发挥作用(朱梓萁,2008)。

农民合作经济组织股金结构的构成,对于维持合作经济组织基本特征和完成产权制度架构是非常重要的。目前的任务,应是先对股金类别进行必要的理论归类。笔者尝试着将合作经济组织的股本分成以下几部分:一是现金股,又称社员现金股。此类股份是组织成员在组织成立时或以后投入或追加投入的现金或劳动的组成部分,这部分股份可以在遵守法律或章程的条件下流通、转让或退出。二是积累股,又称社员积累股。此类股份是合作经济组织在发展中依据章程规定通过发展积累起来的,属于组织成员所有的股份。此类股份只参与分红,是合作经济组织成员为组织所作的贡献,不能转让,不能继承。三是集体股,又称社员集体股。此类股份也是合作经济组织在发展中根据章程提取而形成的,它还包括政府扶持金、社会捐赠款所形成的部分,是最有共合所有性质的部分。组织成员对此类股份,无分红权,在社员退出前不能转让和继承。此类股份是虚拟量化的,只有在成员退出或死亡之后才能真正行使,并被转让或继承,在此前以合作集体联合共有的形式存在。四是投资股或优先股。对于合作经济组织成员外股份可以设置投资股或优先股,其权利和义务可与社员股东的权利和义务不一样。实际安排中,要防止合作经济组织异化成股份有限公司或资本支配社员劳动的其他组织体。从某种意义上来说,农民合作经济组织只能坚持有限开放的入会原则。

根据合作经济组织的特点,其产权制度的安排应是包含一种抽象的具体的安排。在制定农民合作经济组织法律制度时,对组织产权进行制度上的安排和法律上的确定时,要遵循科斯定理和现代合作企业制度的双重需要,对现代合作经济组织的产权制度进行创新。在制度安排前,我们应厘清下面四个方面的认识:(1)农民合作经济组织是劳动农民组成的集体企业,合作经济制度是社会主义制度的重要组成部分,合作制经济是社会主义劳动群众集体所有制经济的组成部分。合作制经济中的"联合所有"形式是集体所有的创新形式,同样属于社会主义集体所有制的组成部分。① (2)合作经济组织是农民走上社会主义道路、走上现代化的最好形式。② (3)产权制度的安排是合作经济组织制度配制的主要组成部分,一定要尊重农民的意愿。(4)合作经济组织的产权制度不需要绝对具体化。产权明晰不等于产权具体,同样产权具体当然也不等于产权明晰。

为了一方面维护合作经济的特征,另一方面使其产权制度有现代性,满足建立现代合作制经济的需要,克服产权不完全明晰等问题,中国农民合作经济组织的产权制度可以做以下制度安排。

第一,在产权所有制形式上,农民合作经济组织应坚持"民有"原则,这种"民有"应该是一种"联合所有"(Jointly-owned),而非共同所有(Common-owned),应是社员对合作社财产享有联合所有者的权益,即约定共同合作所有(简称"约定共合所有")(李长健、冯果,2005)。资产一旦进入到合作经济组织,合作经济组织就享有集体的终极所有权,财产的最终归属权实质上应为合作社社员联合所有。组织成员可以通过虚拟量化比例和数量来获取利益,形式上则由合作经济组织依法依章程行使。

联合所有的本质是社会主义集体所有制的一种实现形式。这种所有制方式可以很好地使社员对合作社财产享有联合所有者的权益,从而为实现权益的和谐分配架构平等、和谐的财产所有制。制度安排中,我们要明确"联合所有"是社会主义集体所有制的一种实现形式。

第二,在资金来源和产权结构上,要通过立法确定以组织成员入股金为主的多途径来源的合法性。鼓励政府、其他依法可进行投资的组织(如公司、企业、其他合作经济组织)和社会捐赠等对农民合作经济组织进行投资。如有可能,还可就外资进入合作经济组织进行立法。考虑到农民合作经济组织的本质特征,对持股比例可作如下规定:(1)农民个人持股总比例不低于50%。(2)单个成员持股不超过一定的比例。这里的成员还可以区别成:法人与自然人、农民组织成员(身份股股东)和组织成员外的投资者

---

① 有些学者认为:中国宪法中将合作制与集体制画等号,因而要修改宪法。笔者认为:此观点是不正确的。合作制经济属于集体所有制经济的重要组成部分,合作制经济不等同集体所有制经济。制定农民合作经济组织没有宪法上的障碍,不需要修改宪法的相关规定。

② 有关论述参见"列宁关于合作经济与合作社的思想"的述评部分。

（投资股股东）等,对其持股比例、投票权和其他权利义务作出适当的区别。
（3）合作经济组织不可分割的合作经济组织的共同财产——集体股的比例
不低于一定的比例,如不低于20%。（4）确定哪些资产属于合作经济组织
的集体资产。如可确定政府扶持投入、社会捐赠、有关年金的积累等属于集
体资产。

第三,在股金流动制度安排上,应允许合作经济组织内成员间进行资金流
动,向组织外成员的资金流动应该作出严格的条件限制,同等条件下组织成员
可以优先受让。按照上述分析,可将合作经济组织的股本分成社员现金股、积
累股、集体股、投资股等几部分（朱梓萁,2008）。在程序上,作出不同的制度
安排,其流动均应经社员代表大会或理事会讨论通过。

第四,在合作社产权制度安排时,我们还应处理好合作社剩余控制权和
剩余索取权之间的关系。合作社利益分配制度应对应着特有的剩余控制权
和剩余索取权的分享安排。这种分享安排同样是一种分配关系的安排。在
合作社正常运作时,组织成员应如何分配剩余控制权和剩余索取权;在合作
社出现经营风险时,债权人怎样行使剩余控制权和剩余索取权;由国家财政
直接补助形成的财产,在合作社解散、破产清算时应如何处置剩余控制权和
剩余索取权。

第五,组建社区产权流转市场,完善合作经济组织产权交易制度。产权实
现可流转标志着产权的完备。社区集体财产必须先以股份形式量化给个人,
在这之后再进行自由流转,这样有利于增强产权的可行使性,从而便于打破社
区福利主义和由产权不流动带来的封闭性。与此同时,建立与完善合作经济
组织产权交易制度,参加农民合作经济组织的产权交易。股权的不流转带来
的弊端逐渐得到人们的广泛认识,积极创办地方性的产权交易市场,促进社区
型股份合作社这一类经济组织产权交易的发展,已经成为亟待解决的课题
（傅晨,2008）。

三、"民本"的资本制度

在经济全球化、资本快速扩张和社会现代化的今天,社会赤字、深度贫困、
收入不平等、财富大量集中与大规模失业相联系的社会难题日益突出。全球
化的经济如果没有强大的社会支撑,将失去稳定性。在从宏观层面去寻找解

决办法的同时,更应该从社会微观层面去寻找对策(李长健、冯果,2005)。然而,合作经济组织就是应对全球化巨大挑战的一种超乎人们意料的、灵巧的企业形态。合作经济组织的侧重点在参与社会,体现弱势者的联合,广泛促进合作经济组织的发展对稳定社会来讲不但是一个基本要素,而且在某种意义上起着减少社会不稳定风险的巨大作用(朱梓其,2008)。

资本法定原则、资本维持原则和资本不变原则被大陆法系国家的学者概括为著名的"公司资本三原则",各国在公司立法中根据本国实际,形成了不同特色的资本制度。中国公司立法也从保护债权人合法利益和维护正常的社会经济秩序出发,采取了严格的法定资本制,并使"公司资本三原则"的适用范围在除了有限责任公司、股份有限公司以外得到扩张。

农民合作经济组织的本质是合作社,其资本制度突出地表现了合作社资本制度的特点。虽然合作社的制度边界应该随着实际的变化而调整,但底线必须坚守,这包括两个方面:一是服务社员、民主控制必须坚守,如果合作社被少数成员控制并只为少数人谋利,就失去了合作制度的独特性;二是社员自愿进退、社员使用为主、按惠顾返还利润为主等不得改变,如果合作社的使用主体不是社员、利润返还不按社员与合作社的交易额进行,那就是对合作社底线的漂移(易棉阳,2014)。中国的农户呈现弱质性,缺乏合作社运营所必需的资本,为解决这个问题,农民专业合作社将资本拥有者直接作为成员引入合作社,但由于出资者掌握所有权导致突破了合作社质的规定性也引出了一系列新问题(秦愚,2015)。合作社基于"人"的联合的本质特征决定了其资本产生的背后逻辑不同于一般投资者所有企业,决定了其"劳动雇佣资本"以及资本的辅助地位。然而,合作社与其他类型企业一样,必须面对市场经济纵向一体化与横向一体化提出的资本扩张需求。当资金需求难以满足时,对导致资本约束的合作社原则进行修订,成为当前许多合作社的应对之策(余丽燕、Jerker Nilsson,2017)。为让合作社名至实归,根据合作社须为社员民主控制的本质特征和基本原则,合作社立法须排除"资本控制"。但由于"资本控制"毕竟具有提升合作社效率功能,为抵消排除"资本控制"对合作社效率产生的消极影响,替代"资本控制"的效率提升功能,合作社立法须同时为追加资本提供激励,尤其是回应追加者的资本报酬获取诉求(张德峰,2016)。笔者认为:农民合作经济组织资本制度的内容和特征是：(1)股本中现金资本投入比例有限。① 农民合作经济组织的财产来源一般有四个方面：社员出资入股、合作社经营中的积累、国家扶持资金及他人捐赠。社员出资又有五种形式：现金、实物或技术、权利、提供劳动以及其他不违反法律、行政法规规定的形式②。毫无疑问，作为农民合作经济组织而非合作金融组织，实物或技术、权利、提供劳动应是社员出资的主要方式。在"三权分置"背景下，农民以土地经营权为出资形式对搞活经营权，实现"乡村振兴"有极大的促进作用。从某种意义上来说，这也是广大处于弱势地位者进行联合组建合作经济组织，用以抵抗大市场的风险和提高与其他市场主体竞争能力而没有组织公司的原因。当然，我们应看到股份合作制等组织出现的新趋势。还应看到，随着合作经济组织向流通领域延伸，现金资本投入的比例就会有较大提高。(2)股本的变动性。这是与公司资本制不一样的。由于社员有入社、退社的自由，合作经济组织的股本处在一个相对变化的状态下，社员的进出均影响股本的变化。(3)资本约定。即农民合作经济组织的资本总额、认缴出资方式和程序由合作经济组织章程加以约定。这一特点与有限公司的法定资本制是完全不同的。(4)资本平等。分为对内资本平等和对外资本平等。在农民合作经济组织内部虽然对出资形式有一定的限制、对主体亦有一定的比例限制，但是在满足上述条件后的所得出资是平等的；在农民合作经济组织对外投资方面，要明确农民合作经济组织的市场主体地位平等，允许农民合作经济组织依法向公司等企业投资，但以其出资额为限对所投资企业承担责任。

我国的农民合作经济组织法律制度安排中，对合作经济组织资本制度的规定要充分考虑上述四个特征，要坚持"民本"原则，强化农民出资的基础性、主体性和劳动性的地位，要针对不同类型的农民合作经济组织制定有关认缴股本、退出股本的规定。就社员退社造成股本变动而言，为了保证合作经济组织的正常运行，维护正常的市场秩序和社员的合法权益，应对退社程序作出一个时限的规定。如可规定：社员退社应在会计年度终了的三个月前向合作经济组织提出申请；其中，企业、事业单位或社会组织成员退社应在会计年度终

---

① 说得直白一点，就是入股的现金不得达100%，应体现劳动与资金的结合，否则成立合作经济组织只能是农村富人的游戏而已，脱离了合作经济组织的本质内核——劳动者的结合。

② 参见《中华人民共和国农民专业合作社法》第十三条的规定。

了前六个月提出；退出经济组织的成员资格自会计年度终了时终止；可规定：对于生产性农民合作经济组织，社员在农忙季节（如春耕、夏种、秋收时）不得提出退出合作经济组织；可规定：合作经济组织在接到退社申请后，多少天内作出决定，为社员办理退社手续等等。

四、"民治"的组织制度

合作社的自我发展是否具有可持续性，合作社在产业、规模、环节等方面发展是否均衡，在于合作社内部治理机制的完善与否（任大鹏、李存，2010）。组织制度，又称合作社治理机构制度。诺斯（Douglass North）在研究西方世界近百年变迁后告诉我们："一个有效率的组织是经济增长的关键。"制度是重要的，制度与市场各生产组织形式的变化，更能为经济增长提供空间和激励。如果我们把合作社的资本制度、产权制度和其他制度看作是合作社的规则性制度的话，组织制度所确定的组织就是适用这些规则的人，组织制度就是体现合作社意志的主体性制度。这种主体性制度对分配制度的影响是显而易见的。诺斯等新制度经济学派理论家认为：较充分明晰地界定以产权为核心的制度变迁，改善了 17 世纪、18 世纪西方世界市场经济发展初期阶段的要素和产品市场，导致市场规范扩大和更高的专业分工，从而增加了交易费用，继而带来了能降低这些交易费用的组织变迁。结果市场规模扩大，原有的产权得到更好的界定，交易成本得到根本性的降低，进一步提高了创新收益率。诺斯认为，正是这一系列相互促进、相互关联的组织形式和制度安排的变化，为西欧的科技和工业革命铺平了道路。新制度经济学家们关于制度的观点与科斯定理有某种程度的一致性，他们认为：（1）明晰界定的产权，为市场经济的扩展提供充分激励；（2）内在于市场机制中的、完善的法律框架，则为市场运行提供了规范保障；（3）代议制的民主宪政体制，会为市场条件下的运作和政府的宏观调控及操作构建合意的政治架构。总而言之，制度是重要的，制度与市场和生产组织形式的变化，为经济增长提供了空间和激励。

诺斯的理论对于我们架构农民合作经济组织的组织制度有重要意义。基于选择何种制度安排唯一的原因就是在这种制度安排下资源配置和使用过程的成本低于别的安排。在农户与农民合作经济组织这两种制度安排中，为了降低农户进入市场的交易成本，提高农户组织化程度，把小农户引入大市场，使外部经济内部化,从而获得资源配置的"帕累托最优",使农户得到其他组织与制度安排下得不到的收入,农民合作经济组织就成为一个很好的组织制度。研究表明合作社制度是否健全是影响成员合作意愿的主要因素(孙亚范、余海鹏,2012)。合作社的正式制度可以规范农民合作行为,提高农民计划主义行为可证实的概率,还可以明确农民的责任与权利,形成最终的利益分配方式(胡平波,2013)。合作社的制度越完善,成员自身的利益越能得到保障,就越能促进成员的深化合作意愿(李晓锦、刘易勤,2015)。因此,我们应高度重视农民合作经济组织的建设。

从本质上来说,一种公共产品的集体选择问题的分配制度需要组织主体的积极参与和关键性行动。农民合作经济组织视为一种有效率的资源配置方式,合作社是社员共有资产的剩余决策权和所有权的治理结构(徐旭初,2012),但中国的农民专业合作社组织内部治理机制不健全,服务功能薄弱(黄季焜等,2010),财务制度不健全、盈余界定模糊、盈余分配机制不完善且仅停留于表面(孔祥智,2014)。首先,合作社进行组织制度安排时,要坚持"民治"原则,合作社的经营管理和分配发展要由组织内的社员共同参与进行,使社员真正成为平等的合作社的主人。从各国案例来看南美洲、北美洲、大洋洲国家的农业合作社中资本没有获得控制权(Chaddad、Iliopoulos,2013),值得我们效仿和学习。这里的"民治"(democratically-controlled),即民主治理、民主控制,是指社员通过民主程序对合作社实施控制治理,体现合作社法人治理机制"民主控制"特点,而非民主管理(democratically-managed)。其次,社员应充分体现劳动者的结合,要对法人成员进行必要的人数限制或投票权利的限制,体现合作民主的实质,保证社员对合作社的控制力。《中华人民共和国农民专业合作社法》第二十条对成员的组成进行了规定。[①] 最后,要科学架构投票表决权制度。在确立"一人一票,民主决策"的基本原则的基础上,结合股金数量、交易量等建立补充的按比例投票制度,即用"一人一票+比例票"的投票方式进行投票,使社员平等享有一票的基本表决权,并

---

① 参见《中华人民共和国农民专业合作社法》第二十条规定:"农民专业合作社的成员中,农民至少应当占成员总数的百分之八十。成员总数二十人以下的,可以有一个企业、事业单位或者社会组织成员;成员总数超过二十人的,企业、事业单位和社会组织成员不得超过成员总数的百分之五。"

对一个组织或成员的投票比例作出严格的限制,如不超过5%等,从而使成员获得权益相对公平,防止合作社变成富人的"俱乐部"和法人的"提款机"(李长健,2005)。《中华人民共和国农民专业合作社法》第二十二条对成员决策程序与决定权进行了规定。① 从现有《中华人民共和国农民专业合作社法》的内容来看,只是强制性规定人员限制,即农民成员不得少于百分之八十,企业社会团体等不超过百分之五,并未规定股权如何分配,与其类似的只是有盈余分配内容,但是盈余分配份额并未有法律强制性限制,只需章程规定。这是由于农民专业合作社法更多考虑到人合性,农民专业合作社成员大会选举和表决,实行一人一票制,成员各享有一票的基本表决权,而不是因为股权所占比例决定合作社经营,资金多少和表决权不挂钩。从发展的视角看,单单从人合性方面确立产权结构,而忽视了资合性要素,会导致农民专业合作社整体经营运行效率低下②,因此,需要优化农民专业合作社法产权结构与决策机制,盈余分配优化为股权分配,形成章程修改、增加或者减少注册资本等非经营性决策由实行一人一票制,经营计划等经营性决策由股权比例决定的双轨模式。

合作社内部组织同样是一种可以带来效率变化、成本变化的制度安排,我们应在科学架构其内部组织体系的同时,明确各内部组织的职权和议事规则,防范有可能出现的组织制度风险,对组织内部各机构责、权、利进行必要的明确,使之分工配合、相互制衡、民主控制、管理科学、和谐运行。

在企业制度中产权的初始界定固然重要,但对产权的执行工作也不可小视。要达到资源优化配置,只有通过执行产权的途径才能更好地实现。现代市场经济中,随着生产社会化的发展,合作经济组织规模不断扩大,资本日益积累,所有者的能力及专业知识局限对企业经营活动方式的限制越来越突出。

---

① 参见《中华人民共和国农民专业合作社法》第二十二条规定:"农民专业合作社成员大会选举和表决,实行一人一票制,成员各享有一票的基本表决权。出资额或者与本社交易量(额)较大的成员按照章程规定,可以享有附加表决权。本社的附加表决权总票数,不得超过本社成员基本表决权总票数的百分之二十。享有附加表决权的成员及其享有的附加表决权数,应当在每次成员大会召开时告知出席会议的全体成员。"

② 农民专业合作社设立的目的就是通过能人或企业等主体带头,实现农业生产经营的规模化和现代化,能人或企业的经营能力相比农民等主体较强,但是,在经营过程中,仅仅通过人头投票的方式决策,会降低农民专业合作社的生产经营效率。

而当所有者不能再进行风险决策时,无法使生产经营活动的组织、协调和管理工作圆满完成时,就有可能去委托专业人员代理执行上述的资产经营的职能,及产生了委托代理关系,而这种资产权利委托代理关系的实现就是通过合作组织治理结构来实现的。科学的合作经济组织治理结构应当是一个有法律保障、组织章程和合同约束、制度严谨的分权、分责、制衡的体制。这种结构所形成的一套有效的委托代理关系,可以保障投资者的最终控制权,同时可以维系合作经济组织各种利害相关者之间的平衡。有效的合作经济组织治理结构可以为激励投资者、监督管理者提供体制框架。

合作经济组织的治理结构可以由会员(代表)大会、监事会、理事会和由经理人员组成的执行机构四部分构成。其中会员(代表)大会选举董事组成董事会,并将自己的资产交给董事会托管;成员(代表)同时选举监事组成监事会,负责监督检查股市的财务状况和业务执行状况;理事会则是组织的最高决策结构,拥有对经理人员的聘用、奖惩及解雇权;经理人员组成的执行机构在董事会的授权范围内负责组织的日常经营。

成员大会是农民合作经济组织的最高权力机关、决策机构,由全体成员组成,一般人数较少的合作经济组织均采取成员大会形式,会员人数超过一定数量的合作经济组织,亦可设立成员代表大会,依法设立成员代表大会的,成员代表人数一般为成员总人数的百分之十。根据各国合作组织的立法,会员(代表)大会主要行使的职能有:审议并通过对合作组织章程的修改;选举和罢免理事、监事;决定合作组织经营活动的年度报告以及理事会、监事会的工作报告;审查理事会对会员大会议案的处理执行情况;审查批准理事会关于财务、亏损处理的报告及盈余分配方案;讨论决定未来发展计划和经营方案;讨论决定合作组织的分立、合并与解散;决定聘用经营管理人员和专业技术人员的数量、资格和任期;同意成员加入、退出和开除决定;讨论决定有关合作组织的其他重大问题。在决策机制上,一般规定会员大会必须由全体成员的三分之二以上参加,决定事项必须参加人数的过半数通过,对于重大事项则需要三分之二以上参加人通过方可有效。在表决时,根据农村合作组织的民主管理原则,大都坚持实行一人一票制。

作为合作经济组织的经营管理机构,合作经济组织一般应当成立理事会,美国、韩国和意大利将合作经济组织的理事会也称作董事会,而对于规模比较小的合作经济组织,也可不设理事会,只设相当人数的理事即可。根据各国合作经济组织的立法,理事会主要行使的职权有:组织召开年度会员大会以及临时会员大会;制定合作经济组织的年度财务预算、决算方案执行会员大会的决议;制定合作经济组织的盈余分配方案和弥补亏损的方案;决定合作经济组织的经营计划和投资计划;拟定合作经济组织合并、分立、解散的方案等。除此之外合作经济组织还应当设立监事会,监事会的职责是代表全体会员监督和检查理事会的工作。规模较小组织的可只设几名监事,监事会的主要职权有:监督理事会对合作经济组织章程和会员大会决议的相关执行情况;监督组织的财务执行情况;必要时对召开临时成员大会提议。现实中虽然大部分合作经济组织已经具备了上述的治理结构,但由于缺乏统一的规范,大多数组织的治理结构并不齐全,仍有部分合作经济组织没有规范的章程,或者宗旨模糊、职责不明晰、机构设置不合理、民主氛围不够、管理制度不完善,致使组织运作不规范,内部缺乏活力。即使有的合作经济组织虽然有章程,但并不按章办事,事务不公开,运作和管理存在较大的随意性,实际上处于放任自流状态。

实践中,还应注意如下几个问题:首先,所有权到位是形成有效合作经济组织治理的重要条件。离开了产权制度的激励和约束,很难保证合作经济组织其他参与者的正常行为,所有者自身的权益就无法保证。其次,理事会是合作经济组织治理的重要机构。要优化理事会结构,包括设立外部理事、独立理事;设立以外部、独立理事为主组成的提名委员会、审计委员会、薪酬委员会等。要强化理事的个人责任,实行理事会集体决策个人负责的决策机制,强调理事会的独立性。再次,合作经济组织的目标必须集中于投资回报。合作经济组织治理的要义之一是维护投资者利益,只有将合作经济组织目标集中于投资回报,才能准确评价合作经济组织的经营业绩。最后,建立具有纠错功能的选人、用人机制。身份具有同一性是合作经济组织的特征,组织中的社员既是合作经济组织所有者,又是合作经济组织的服务者和受益者。合作经济组织虽然实行一人一票制,但是由于新的合作民主体制度尚未形成,理事会和监事会的作用有限,个人的权威以及依托组织的作用仍然强大。假如身份的同一性出现错位,合作经济组织就有可能转化为营利企业或公益企业。因此,完善合作经济组织的治理结构应注意:首先,民主选举。应由全体社员通过民主选举来决定合作经济组织的领导人以及监事会和理事会成员的人选,实行按社员一人一票制。其次,合理决策。对于合作社发展的相关重大问题,必须召开全体社员代表大会,在会上进行讨论,并慎重决策,制订合理的计划。最后,有效监督。社员可以对组织内的事件独立发表自己看法,通过大会表决形成的意见,能够代表大部分社员的利益,有利于财务管理民主化程度的提高,有利于监督的透明化,因此社员尤其是监事应具有自由言论权。

五、"民享"的分配制度

党的十九大报告指出:"中国特色社会主义进入新时代,我国社会主要矛盾已经转化为人民日益增长的美好生活需要和不平衡不充分的发展之间的矛盾。"矛盾解决的根本手段是发展,但如何在初次分配中更好地实现公平正义,亦是解决发展不平衡问题的关键。分配是社会再生产的环节,指社会在一定时期内新创造出来的价值以及体现这部分价值的产品,在不同社会集团、社会成员之间的分享。生产决定分配,没有生产,便没有分配,生产的性质决定着分配的性质。按照马克思主义的基本理论:财富(使用价值)由生产要素共同创造,价值则由劳动创造,分配却由生产关系决定。马克思认为分配关系和分配方式只是表现为生产要素的反面,他说:"分配的结构完全决定于生产的结构。分配本身是生产的产物,就对象而言如此,就形式而言也是如此,就对象说,只有生产的成果能参与分配,就形式说,参与生产的一定方式决定分配的特殊形式,决定参与分配的形式。"由此观之,各种生产要素参与分配的根据在于生产关系,在法律上则表现为产权关系。生产要素参与分配是要素所有权或产权在现实上的实行形式,是体现所有制关系或产权关系所必须具有的经济上的实现形式。因此,财产权利是分配的前提条件和经济前提。正如科斯所言:"合法权利的初始界定会对经济制度的运行效率产生影响。"(科斯,1991)

在中国农民合作经济组织立法中,有许多围绕农民合作经济组织内外部关系所设立的各种法律制度成为人们最关心的内容,也成为立法的重点。如何架构农民合作经济组织的资本制度、产权制度、组织制度、分配制度、责任制度等基本制度成为立法的关键性工作,是法学理论界和实践部门研究的重点。

因此,我们在对农民合作经济组织法的调整对象①、基本原则进行讨论的同时,更要对农民合作经济组织的各项基本制度进行必要的研讨,使立法更能满足农民合作经济组织发展和规范的需要。对农民合作经济组织分配制度的分析,便成为和谐社会背景下构建农民合作经济组织法律制度体系的重要课题,是完善相关立法的基础性工作。

(一)农民合作经济组织分配制度的价值取向

毫无疑问,在农民合作经济组织的制度中架构分配制度是非常重要的。合作社的利益分配问题不仅关系到新型农业经营主体的培育和壮大,而且对创新农业经营方式具有重要意义(邓军蓉等,2014)。分配制度决定于所有制。正如马克思指出:"分配关系和分配方式只是表现为生产要素的背面","分配的结构完全取于生产的结构。分配本身是生产的产物,不仅就对象说是如此,且就形式说也是如此。就对象说,能分配的只是生产的成果,就形式说,参与生产的一定方式决定分配的特殊形式,决定参与分配的形式。""消费资料的任何一种分配,都不过是生产条件本身分配的结果。而生产条件的分配则表现生产方式本身的性质。"由此,我们可以明确:微观经济组织的制度架构中,遵循从生产资料所有制到企业生产制度(生产结构)再到分配制度(分配结构)这一基本顺序是其必然的逻辑基础。

在分配理论方面,西方经济学家根据资本主义生产力的变化、生产要素的增多和生产过程的复杂化,进行着不断的创新和变革。17世纪末,英国经济学家威廉·配第提出"土地是财富之母,劳动是财富之父和能动要素",这一适应了农业社会需要的观点,他将土地和劳动看作财富和价值产生的两个基

---

① 对农民合作经济组织法调整对象——农民合作经济组织的定义,理论界一直没有停止过探讨。在《农民合作经济组织法(征求意见稿)》中第二条第一款是这样表述的:"农民合作经济组织是在家庭承包经营基础上,同类农产品的生产经营者、同类农业生产经营服务的提供者和利用者,自愿联合,民主控制的互助性经济组织。"在该条第二款还补充规定:"农民合作经济组织以成员为主要服务对象,提供产前、产中、产后的技术、信息、生产资料购买和农产品的销售、加工、运输、贮藏等服务。"笔者认为:征求意见稿对"农民合作经济组织"的定义有其相对合理的地方,但从法律概念定义、立法技术和农民合作经济组织发展的现实来看,这一定义尚可推敲。笔者认为:理论上,可作如下定义:"农民合作经济组织是指依法自愿联合组成以农民为主体的,不以营利为目的,实行民有、民营、民享原则为其成员提供生产经营服务的经济合作组织。"立法中,可参考《公司法》定义,将其定义为:依照本法在中国境内设立的,为其成员提供生产经营服务的经济合作组织。(李长健、冯果,2005)

本要素。19世纪初,法国经济学家让·萨伊在对第一次产业革命进行科学分析的基础上,提出了财富由土地、劳动、资本三要素创造理论,强化了资本的独立要素作用,这切合了工业社会发展的要求。19世纪末,马歇尔在对大规模工业生产中经营管理和组织的作用进行系统分析基础上提出了土地、劳动、资本和经营管理四要素理论。20世纪60年代,美国经济学家西奥多·舒尔茨建立了人力资本理论,将人力资本作为一种比物质资本更能推动财富和价值产生的资本形态。20世纪70年代,美国经济学家M.L.威茨曼在西方经济滞胀阶段提出了由劳资共享收益分配的分享经济理论。到了今天的知识经济、信息经济时代,劳动、资本、知识、技术、企业家等均成为创造财富和价值的要素。等等理论的提出①对资本主义生产关系的实质进行了一定程度的揭示,但因其天生的立场局限性,其分析不能提出合理的资本主义分配制度,只能在一定范围内调适资本主义的分配关系,缓冲资本主义的利益冲突和矛盾。马克思分配理论既包括对资本主义分配关系和本质的提示,又包括对资本主义消灭后的社会主义分配关系的分析。它是建立在坚持劳动创造价值、劳动是价值的唯一源泉的劳动价值理论基础之上的按劳分配理论。中国社会主义分配制度是马克思分配制度的继承和发展。在根据社会主义本质要求的基础上,我们先后选择了适合生产资料公有制要求的按劳分配制,并随着社会所有制结构的变化而不断完善。

分配制度问题表面上涉及的是财富和价值的分配,其实质则反映人与人之间的特殊社会关系,即利益关系,涉及的是利益分割与分享问题。利益问题一直是人类社会生活中的根本问题。利益是社会主体需要在一定条件下的具体转化形式,表现于人们对客体的一种主动关系,构成人们行为的内动力。利益的语义是指好处,存在于不同的社会领域。正如庞德所说:"它是人类个别的或在集团社会中谋求得到满足的一种欲望或要求"(庞德,1984)。人类的全部社会活动都无不与利益和人对利益的追求相关,人们之间的一切社会关系都无不是建立在利益关系基础之上的。我们可以说:利益问题是涉及人、群体存在和发展的根本性问题。正如马克思所说:"人们奋斗所争取的一切,都

---

① 除上述分配理论外,还有由1932年伯利(Berle)和米恩斯(Mcans)的"代理人说",1976年由密西尔·詹森(Michcal Jensen)和威廉姆·麦克林(William Meckling)提出的委托代理理论,以及包括新旧福利经济学、凯恩斯的政府干预、贝弗里奇计划等在内的社会保障理论。

同他们的利益相关。"人们在追求各自利益实现的过程中不可避免地存在着冲突状态,表现于矛盾与统一、冲突与协调的关系状态。利益冲突是人类社会一切冲突的最终根源,是所有冲突的实质所在。因此,在冲突可能发生或已经发生时,我们需要对其进行利益协调。利益冲突与协调问题是文明社会设立和发展制度的元问题,是文明社会的制度焦点问题。我们应该看到,利益冲突与协调推动了社会进步。当利益争夺演化为空前激烈的程度后,原有的利益关系、利益分配机制及其确立的制度就可能消解,就可能产生社会制度变迁,新的利益分配或社会关系及其确定的制度就可能确立。利益协调是人类社会和谐发展的基础,是社会能够整合且能全面发展的关键。旧的利益冲突被协调了,社会关系就和谐了,新的利益冲突又随之出现,于是就有了新的协调。人类社会就是在对利益冲突的不断协调中发展和进步的。

在急速变化和发展的 21 世纪人类社会利益冲突与协调将更加凸显。在日益开放、市场化和现代化的中国,这个问题更加突出。党的十一届三中全会之后,中国原有的较单一的利益主体模式被打破,伴随着不断发展的科学技术、经济体制变革和社会生产力水平的迅速提高,社会产生的增量利益日益庞大。为了各自的利益,不同的利益阶层与集团展开日益空前激烈的利益争夺。中国复杂的自然和社会国情使得利益关系更加复杂化。作为人类社会演进的建设性力量和内动力,利益冲突需要国家通过制度,特别是法律制度安排去控制各利益阶层之间利益冲突的产生,实现社会各方利益协调的目的。建设和谐社会,保证人民群众共享改革发展的成果,就成为我们追求的社会目标。党的十六大提出的"确立劳动、资本、技术和管理等生产要素按贡献参加分配的原则",是对社会主义初级阶段按劳分配为主体、各种分配方式并存的分配制度的完善,适应了建立社会主义市场经济的和谐社会的需要。

分配制度是一种重要的利益关系安排,是一种利益激励和价值导向。它会引领社会价值创造、价值评估、价值分配,并由此三者构成一个不断发展的有机循环的制度整体。一旦当我们根据资本制度安排获得进行利益创造的资格后,在合理产权制度的基础作用和组织制度的保障作用下,科学的分配制度就会引领人们去实现价值发展、价值创造和价值分配。价值实现以利益主体需求为起点,以其利益实现为终点。分配制度的导向功能和价值实现就在于能发展社会主体价值形成的意义,并找到关键的制度与行为的契合点,通过合理的分配制度安排,促进社会价值的增加与价值和谐。

在中国,满足人民群众的根本利益需要是社会运行的目标追求,不断地满足人民群众不断增长的整体利益要求,促进平衡充分的发展应成为在和谐社会建设中架构社会分配制度的价值目标。我们知道,和谐发展的社会是一个正确处好了人与人、人与社会、人与自然关系的充满文明和活力的社会,是一个实现以人为本、全面协调可持续发展的社会,其根本是一个人与人之间关系和谐的社会。前面分析中,我们知道,人与人之间的关系其本质是利益关系,我们要实现人与人之间的关系和谐,其实质应是实现人与人之间的利益和谐。反映在制度安排上,就是应实现制度和谐;反映在分配制度上,就是应实现分配和谐。在农民合作经济组织的分配制度安排中,我们应该追求利益和谐,实现多样的和谐利益,①体现对分配和谐的价值追求。

分配和谐,作为分配制度的价值追求,对和谐社会建设具有重要的价值指向和引领作用。分配和谐,注重社会公平,强化分配主体之间竞争起点的公平,并赋予其同等的发展机会,实现主体的平等生存权和平等发展权,从而达到分配过程和结果上的公平,实现代际内和代际间的公平,实现有效率、可持续的公平。党的十九大报告指出:"构建和谐劳动关系。坚持按劳分配原则,完善按要素分配的体制机制,促进收入分配更合理、更有序。鼓励勤劳守法致富,扩大中等收入群体,增加低收入者收入,调节过高收入,取缔非法收入。坚持在经济增长的同时实现居民收入同步增长、在劳动生产率提高的同时实现劳动报酬同步提高。拓宽居民劳动收入和财产性收入渠道。履行好政府再分配调节职能,加快推进基本公共服务均等化,缩小收入分配差距""从二○三五年到本世纪中叶,在基本实现现代化的基础上,再奋斗十五年,把我国建成富强民主文明和谐美丽的社会主义现代化强国。"分配和谐要求建立以人为本的社会基础,正确处理好分配中的价值创造与价值分配、公平与效率、和谐与可持续发展的关系;在效率和公平、奉献与和谐协调的基础上,实现价值创造与价值分配的制度协调与统一。在宏观、中观和微观领域,正确处理好效率与公平的关系,做到宏观领域应注重公平,微观领域强调效率,中观领域体现

---

① 这里的"和谐利益",不是没有冲突的、无差别的利益。利益的矛盾和冲突无时不在,只是因为有了和谐制度的保障,使得利益的协调机制和保障机制很快发生作用,使矛盾或冲突的利益很快和谐起来。

和谐与奉献。在分配领域我们应追求实现坚持效率的初次分配、注重公平的再分配和体现奉献的第三次分配的和谐分配制度体系的架构,实现和谐社会分配制度的和谐。

(二)农民合作经济组织分配制度的主要内容

分配制度是社会经济制度的重要组成部分,是所有制在分配关系上的体现,是一个复杂的政治、经济和社会问题,是一个需要从制度层面进行安排的问题。对分配制度进行丰富、完善和创新,使其与所有制结构、生产力水平,社会平衡协调发展的状况统一起来,对构建和谐社会和实现共同富裕具有重大的影响。

1. 分配形式和分配关系的明确

要和谐架构农民合作经济组织分配制度,首先,要分清和理顺农民合作经济组织的分配形式和分配关系。农民合作经济组织的分配形式及一般的次序是:依法向国家所纳的税金;支付劳动分红或章程规定的优先股股东利润;以公共积累形式在税后利润中提留一部分用于组织发展和福利的公积金、公益金;成员出资或财产份额应支付的利息或分红;按交易量或股金分红分配的盈余;其他经成员(成员代表)大会通过的分配。农民合作经济组织的分配关系体现各利益主体之间的利益关系。主要表现为外部分配关系和内部分配关系。外部分配关系包括合作经济组织与国家、社区及其他合作经济组织之间的关系,内部分配关系包括合作经济组织成员之间、成员与雇员之间的关系。这些关系蕴含着国家、集体、农民以及合作经济组织之间的利益关系,需要我们进行平衡协调。"坚持适当的分配关系,处理好各种利益关系,是合作经济发展的重要环节"(王文献、刘金石,2005)。

2. 分配原则的确立

农民合作经济组织的分配原则,往往是分配具体制度设计的基础性、指导性规则。根据农民合作经济组织的特点,立法时应确立的分配原则有:民享原则、效率与公平兼顾原则、按劳分红为基础多种分红结合原则、同股同利原则、资本报酬有限原则、无盈余不分配原则、亏损弥补原则、适当积累与发展原则等。民享原则是指农民合作经济组织的经营收入由加入组织的农民共同分享。它是落实农民作为成员利益分配权的基本分配原则。民享原则可以使农民与合作经济组织结成真正的利益共同体,形成和谐利益关系。效率与公平兼顾原则要求我们在合作经济组织内部应坚持公平优先兼顾效率的原则,特别是在合作经济组织发展初期。公平原则是当代中国利益协调的基础性原则和首要原则。它要求我们应建立一套适合农民合作经济组织发展的吸引农民加入合作经济组织的公正、合理、完善的利益协调机制,实现分配制度公平与和谐。在合作经济组织与其他社会主体之间,因其涉及的利益属于初级分配层面,我们应当坚持效率优先兼顾公平的原则。我们可以说:"农民合作经济组织的出现为实现公平和谐的提高和效率的增加提供了较好的组织体。公平与效率兼顾,促公平发展,促效率提高是农民合作经济组织制度安排的必然选择"(李长健,2005)。资本报酬有限原则是基于农民合作经济组织成员的劳动者弱势地位,要求其内部分配上应侧重于成员按劳动量或按交易量进行分配,对参与合作经济组织,现金资本的分配比例,要严格控制在有限的范围内。当然,给所有要素激励对合作社的发展至关重要,一个有效的盈余分配方式应当是赋予作出贡献的所有要素合理的剩余索取权;并且赋予所有要素剩余索取权比仅赋予部分要素剩余索取权更能提升合作社的经营绩效(周振、孔祥智,2015)。为了解决农民合作经济组织发展中所缺资本和吸引外部资金流入问题,在坚持资本报酬有限原则的基础上,可以适度对外部资金分配给予一定的优惠,适度提高其收益比例,实行"一社两制"的资本分配制度。对内部资本,采取严格的资本报酬有限原则,使成员的收益主要来源于按劳或按交易额分配;对外部资本,应在资本报酬上给予一定的优惠,以吸引更多的资本流入和资本稳定的存在于农民合作经济组织体中。当然,这种内外资本报酬的差别率应控制在一定的范围内,并且由成员民主控制来决定其具体标准。

3. 分配制度的集体选择与契约约定

社会财富在社会作了必要的扣除后是否都应归劳动者,其他生产要素是否应参与财富的分配呢?马克思根据劳动价值说作出这样的回答:在社会作了必要的扣除后,社会财富应该完全归劳动者所有。"财富的独立的物质形式趋于消灭,财富不过表现为人的活动,凡不是人的活动的结果,不是劳动的结果的东西,都是自然,而作为自然就不是社会的财富"。"财富的本质是一般的劳动"。由此可见,马克思认为只有劳动的产物才是社会财富,劳动量作为衡量社会财富的尺度,各种各样的使用价值构成财富的物质内容。在商品社会,社会是价值和使用价值的统一,社会财富由劳动创造,生产资料等只是过去创造的财富,其在新财富中只发生量的转移问题,所以,财富应当完全由劳动者所有才是公正的。因此,只有消灭生产资料私有权,使任何人不能凭借生产资料所有权参与社会产品分配,才能消灭资本对劳动剥削而产生的不公正的分配状况,劳动创造的财富才能真正归劳动者所有(程正敏、徐为列,2003)。在私有权没有消灭的情况下,通过分配制度的集体选择和制度创新,减少生产资料所有者和劳动者之间的收入差距,就可能使人们对其他生产要素参与分配减少限制,并认同其参与社会财富分配的合理性,实现分配和谐和公正。正如亚当·斯密所说:"在大部分成员陷于危困悲惨状态的社会,决不能说是繁荣幸福的社会,而且供给社会个体以衣食住的人,在自身劳动生产物中,分享一部分,使自己得到过得去的衣食住条件,才算是公正。"农民合作经济组织可以通过成员(成员代表)大会在遵守民主控制原则、自治与独立原则和民有、民管、民享原则等原则的基础上,对其分配制度进行集体选择。在集体选择中,有的是对法律规定的遵循,有的是通过新契约的约定,这是集体选择实现的方式问题,我们也应给予足够的注意。

(三)分配制度安排应处理好的几组关系

在农村合作经济组织的分配制度中,我们应以促效率、促公平的双重理念为指导对制度进行配置。在合作经济组织内部,基于合作经济组织的本质特征,应坚持公平优先、兼顾效率的原则,特别是在合作经济组织发展初期。应把公平原则作为当代中国利益协调的基础性原则,为此,我们应尽快建立一套适合农村合作经济组织发展的,吸引广大农民积极参与的公正、合理、完善的分配机制,实现制度公平。在合作经济组织与其他社会主体之间,因其利益属于初级分配层面,我们应该注意效率,此时应该坚持效率优先、兼顾公平的原则。当然,在社会主义制度下,公平与效率本质上是统一的,是一对相互联系、相互适应又相互矛盾的社会价值(朱梓萁,2008)。在具体安排农村合作经济组织的分配制度中,我们要注意处理好以下几组关系:一是合作经济组织剩余控制权和剩余索取权之间的关系。合作经济组织利益分配制度对应着其特有的剩余控制权和剩余索取权的分享安排,这种安排是一种分配关系的安排,再分配过程中要体现"民享"原则。在剩余分配权方面,合作社的剩余收益主要基于惠顾额分配,而不是基于成员投资的比例(Cook and Brad,2006)。在合作经济组织出现经营风险时,债权人应该如何行使剩余控制权、剩余索取权,是分配制度安排中不可忽视的问题。二是按交易额与投资额分配的关系。作为合作经济组织的基本分配制度的按交易额分配虽然重要,但是随着投资者进入合作经济组织,按资分配也应该得到必要的重视,投资者的权益也应得到平等保护。三是内部成员与外部投资者资本报酬的分配关系。合作经济组织的基本分配原则之一为资本报酬有限原则。但为了吸引足够的资本进入合作经济组织以解决合作经济组织发展初期的资本稀缺问题,我们不妨尝试在坚持"资本报酬有限"原则下,实行"一社两制"的资本分配制度,即允许合作经济组织对内外资本实行不同差别资本报酬分配。当然,这种内外资本报酬差别限额应控制在一定的范围内。现实生活中,合作经济组织主要运用了三种利益分配形式:其一,股金分红。即组织内部的成员可以凭股金的多少取得合作经济组织的分红。其二,参考交易额返还会员利润。这是合作经济组织分配的主要办法,可以起到激励的作用。其三,股金分红加利润返还。在公司与合作经济组织相互参股情况下,参股的会员既可以进行企业的股金分红;又可以得到合作经济组织返还的利润。

分配制度作为农民合作经济制度体系的重要组成部分,对合作经济组织的健康发展起着极为重要的作用,规范、科学的分配制度,不仅有助于建立强劲的激励机制,还有助于形成有效的制约机制,以促进合作经济组织的长远发展。在进行合作经济组织分配制度安排时,既要保证适当回报各种生产经营要素,还要保证合作经济组织的生产力水平的提高,又要维护合作经济组织合作的特征,不断增加公共积累,使其有可靠的物质保证,从而为广大成员带来持久利益。

六、"民益"的法律责任制度

完整的合作经济组织制度是不能缺少责任制度的。责任是法的重要组成部分。在传统上,法律责任是整个法律制度的核心,任何法律责任的确定都会有制度的相对受益方。"立法是紧紧围绕着法律责任的依据、范围、承担者以及法律责任的认定和执行(制裁)等问题展开的。至于司法更是以对法律责任的认定、归结和执行为其全部职能"(凯尔森,1945)。对法律概念及内涵的分析一直是分析实证主义法学的重要任务。法律责任的构造在价值的路径上体现为道义责任与社会责任的统一和融合。农民合作经济组织的发展,满足了转型变迁时代的社会需求,其特殊法律特征决定了我们对其法律责任制度的设置要与转型变迁时代的社会需求相契合,并从具体和客观的行为标准构建出发确定相关法律责任,从而实现法律评价的确定性(Determinacy)和可预期性(Anticipation)。为此,明确具体的法律责任规范的构造和全面系统的法律责任制度的建立就显得尤为重要。

法律责任存在着一个从古典责任到现代责任的转变过程,古典责任是一种以道义责任论为基础的,与报应观念相联系的责任。现代法律责任是一种将道义责任与社会责任融为一体的责任。这种由古典责任向现代法律责任转变的背景是报应主义和功利主义的融合,是在人类关系日益复杂、利益格局的多元化,以及传统最大限度地维护个人自由的法律责任的弊端日益显现的背景下产生的。是一种具有复合性质的法律责任(余军,2005)。社会责任的制度构建过程中要强化制度的预防、恢复和补偿机能。农村合作经济组织的责任制度配置中要充分体现这一点(朱梓萁,2008)。

道义责任与社会责任的统一是法律责任构造的价值路径的重要体现。转型变迁时代的社会需求推动了农村合作经济组织的发展,其法律责任制度的设置要与社会需求相契合也是由其特殊法律特征决定的,我们理应从具体和客观的行为标准的构建出发确定相关责任,从而实现法律评价的可预期性和确定性。因此,全面系统的法律责任制度的建立以及明确具体的法律责任规范的构造显得尤为重要。高效、合理的责任制度能保证理性治理的完备性,也可以防止对权利的侵害和滥用。那么,农民合作经济组织也需要规定当成员不承担相关义务时应追究其相应的民事责任、行政责任、经济责任与刑事责任,以防止对农村合作组织管理层在不履行相关善管义务和忠诚义务,以及组织内强势社员侵害弱势社员的利益(李长健、冯果,2005)。

就法人责任而言,法人责任制度经历了不断发展的过程。法人的独立责任、有限责任与法人成员的有限责任的规定已被世界各国所普遍采用。如前文所述,符合条件的农民合作经济组织属于法人的一种新形式——特别法人。特别法人与一般公司的区别在于:公司往往以资本作为企业经营和利润分配的核心,体现资本支配劳动或资本雇佣人支配劳动提供人,其目的是钱,追求利益最大化;而合作经济组织则是以"人"为核心,注重人与人的共同合作和平等,体现资本服务人,是劳动支配资本或劳动提供人支配资本雇佣人,其目的是人,追求人的平等发展和公平。特别法人属于企业,是一种特殊的企业,其相应的法律责任制度也应具有特殊性。

在法律责任制度安排中,责任主体对法律责任的有无、种类、大小有着密切关系,具有多元性的特点。责任种类应包括行政责任、刑事责任和民事责任等完整责任体系的内容。① 本书对行政责任和刑事责任不多论述,仅就农民合作经济组织法中的民事责任进行必要的讨论:(1)责任主体与范围。农民合作经济组织法中的民事责任范围从主体上来说,主要包括:合作经济组织对合作经济组织成员、投资者、债权人及社会生态环境的民事责任;合作经济组织成员对合作经济组织、投资者的民事责任;合作经济组织的机构工作人员对合作经济组织、组织成员、投资者的民事法律责任;合作经济组织成员之间的民事责任。(2)从责任归责原则来看,应遵循法律责任归责的一般原则,即责任法定原则、因果联系原则、责任相当原则和责任自负原则。至于能否采取责任约定原则问题,笔者认为:在不违反法律规定的前提下,可允许在责任制度安排上运用责任约定原则来归责。(3)关于责任形式的安排问题。法律上的民事责任形式有无限责任、保证责任、两合责任和有限责任之分。从理论上来说,这些责任形式均可以配置在合作经济组织的民事责任制度中。从合作经济组织发展历程看,在发展初期为保证债权人的债权能得到清偿,一般多采取无限责任的形式。随着合作经济组织发展后其组织发展能力和管理水平等的增强,一般都应用保证责任或有限责任的形式。从世界各国相关立法实践来看则采取无限责任、有限责任和保证责任等三种责任方式(李长健、冯果,2005)。

从我国农民合作经济组织发展的现状,鼓励农民组织起来和促进农民合作经济组织发展的目标来看,结合农民合作经济组织的本质特征,我国农民合作经济组织应采取与个人合伙企业不同的民事责任承担形式——有限责任。鉴于我国合作经济组织发展规模小、农业生产水平不高、小农占主体的客观实际,对合作经济组织和成员的民事责任承担形式可采取对于维护、保障和发展农民权益有益的"双有限责任"形式。即一般而言,农民合作经济组织和其组

---

① 对于"经济责任"问题,学界尚有争议。笔者赞成"经济责任"是一种独立的责任之主张。经济责任与行政责任、民事责任应是有区别的。因经济责任理论研究尚处发展阶段,故本书仍从传统责任分类入手研究。

织成员对外均承担有限责任。合作经济组织以其全部所有资产为限对外承担清偿责任,组织成员以其账户内记载的出资额和公积金份额为限对合作经济组织的债务承担清偿责任(李长健、冯果,2005)。

第五节　农民合作经济组织发展的配套制度安排

国内外的实践表明,没有外部的支持,农民专业合作社很难在市场竞争中生存和发展(苑鹏,2009)。农村合作经济组织的发展,要有源源不断的资金支持,享受优惠的税收政策,吸纳和培养高素质人才,增强化解风险的能力,政府在合作经济组织的资金筹措渠道上应当减免相应税收,帮助培训优秀的管理人才,在建立农业保险方面,国家鼓励保险机构为农民专业合作社提供多种形式的农业保险服务。鼓励农民专业合作社依法开展互助保险[①]以帮助合作经济组织又好又快发展。

一、促进农民合作经济组织发展的农村合作金融制度

列宁认为:"任何社会制度,只有在一定阶级的财政支持下才会产生。"合作社主体是我国农村经济建设、农业改革中重要的新型主体,是推动农业发展、改变农村贫困的重要力量,很多地区都给予合作社发展充足的金融政策支持。比如,辽宁省2010年出台《实施农民专业合作社法办法》,提出发展具有担保功能的农民专业合作社,有条件的农民专业合作社组建农村资金互助社,合法开展其他融资活动。广东省2012年出台《关于支持农业产业化龙头企业发展的实施意见》,提出鼓励和支持创新信贷服务模式,完善金融综合服务体系,支持龙头企业发展壮大。浙江省2013年出台《关于推进农民专业合作社信用体系建设的意见》,以"五化"建设为基础,组织开展育信、征信、评信、用信试点,畅通信贷融资渠道,提升农民专业合作社整体素质。西部地区,甘肃省2014年出台《关于进一步加快农民合作社发展的意见》,提出各银行业金融机构积极支持农民合作社发展。云南省2016年出台《关于促进农民合作社规范发展的意见》,提出创新金融保险支持,把农民合作社纳入银行业金融机

[①]　参见《中华人民共和国农民专业合作社法》第六十六条第三款。

构等级评定范围,各级政府扶持的担保公司要把农民合作社纳入服务范围。少数民族地区,新疆自治区政府 2011 年出台《关于加快农民专业合作社发展的意见》,提出将农民专业合作社作为农业信贷支持的重点。2016 年新疆出台《兵团关于大力促进农工合作社发展意见(试行)》,提出创新金融保险服务。把农工合作社纳入银行业金融机构信用评定范围,建立辖区内农工合作社信用档案。进一步扩大农工合作社申请贷款用于担保的财产范围和增加财产抵(质)押贷款品种。虽然,金融支持农民专业合作社在我国各地如火如荼地进行着,但是随着改革的推进,实践中发现,资金跟不上仍制约着农业合作社的发展壮大,同时,精准扶贫理念的提出,又对农村金融发展提出了新要求。精准扶贫,在于对农村主体、情况等的区分扶贫,农民专业合作社作为我国新型农业主体,对落实精准扶贫具有重大的现实意义,也是农民摆脱贫困新的路径与方式,国家要大力支持与发展农民合作经济组织。但是,如何发展就需要我们找到发展农民专业合作社的关键因子,抓住关键因子,才能做到精准扶贫。对农民专业合作社的精准扶贫在于建立金融发展权理念下完善科学的农村合作金融体系,提供金融充足支持。金融发展权不仅是经济法上的权利更是最基本的人权。农村金融支持体系建立离不开这个根本的权利指导,因此通过建立以金融发展权为核心的农村合作金融体系具有重大的意义与价值,也是促进农村经济发展的必然之路,进一步消灭贫困,落实精准扶贫,促进我国经济社会大发展。金融发展权是农村金融扶持以及对农村合作社金融支持的权益保障,同时也是我国应当长期贯彻执行的农业立法思想。近年来,国家倡导普惠金融,完善扶贫贴息贷款的相关政策,这也是金融发展权的体现,金融发展权要求国家在制定法律过程中不仅仅要看现有的农民生存权,更应当从农民生存权到农民金融发展权的过渡发展,转变原有的发展理念,满足农民的发展需求,这是顺应农村经济发展而提出的权利诉求。因此,必须建立以金融发展权为核心的农村合作金融法律制度。

政府应该向农村合作经济组织增拨财政资金以弥补农民投资的不足,下放的资金通过合作经济组织发放到农民或农村合作经济组织手里,以避免地方政府挪用。中国政府考虑借鉴日本的成功经验,建立专门农林牧渔业金融公库,目的在于向农业提供长期低息贷款。除此之外.也可以吸收农民和居民存款并向系统外其他部门提供资金,帮助农民解决富余资金的出路难等问题。

国家可以规定农村合作金融机构在贷款方面的利息要低于国有商业银行和政策性银行,存款的利率一定要高,所得的利润可以用于农业技术推广以及农民培训等等。为了协调利益和提高农村合作金融的信誉,政府也可以引导农村信用社和政策性银行通过制度创新的方式对农村合作金融进行资金注入。这样就在金融领域探索了一条寻找以"城市支持农村,工业支持农业"的新路子,利用"政策金融"导入国家资金,实现国家通过金融来推动农业发展的政策意图。我们发现光靠现在的农民自己的资金互助合作难以满足社员的资金需求,国家可以对农民经济合作组织在成员间开展内部信用合作进行资金互助的原则和监督管理部门作出规定。

目前,农民合作经济组织开展成员间内部信用合作的资金互助试点正在逐步展开,在试点成熟后可以考虑纳入法律向全国推广。国家还应该放活农村抵押担保及信贷制度,现在农村经济主体缺乏有效的抵押担保物,从而造成其在解决农业生产经营中融资问题遇到较大的困难。因此要在"三权分置"背景下,发挥政策引导、完善农地产权交易制度、完成农村土地确权颁证、流转;同时,还需要采用开发农村金融担保新产品、优化农村金融环境、完善担保市场机制等金融手段,建立以土地产权—社区金融—社区保障为核心内容的土地金融社保制度。总之,在现在农村金融改革裹足不前的情况下,我们应大胆尝试,采取自上而下和自下而上改革相结合的方式,农村合作金融的实现,必须使既得的利益集团金融部门作出让步,这也是农民合作经济组织发展的攻坚战,这关系着农民合作经济组织能否做大规模的问题。

二、促进农民合作经济组织发展的税收优惠制度

农民合作社的税收政策主要以财政部与国家税务总局联合制定发布的流转税和所得税政策为主。我国近十年的"中央一号文件"中都提到了关于农民合作社税费优惠支持政策,明确合作社单独纳税的主体地位,强调合作社税收登记制度,提出承担国家涉农项目的合作社为重点财政支持对象,重视经营农产品加工和流通业务的合作社的税费支持(张连刚等,2016)。税收政策作为国家对市场经济实施宏观调控的一种重要的经济杠杆,在发展农民合作经济组织方面有得天独厚的优势,因此,政府应落实和完善各项税收优惠政策,尽可能减轻新型农民专业合作组织及其社员的税负水平,促进新型农民专业

合作组织健康持续地发展并不断壮大。

首先,推行免税资格认定制,加强对农村合作组织的税收管理。中国农村合作组织应为认证制和登记制相结合的制度。具体操作如下:一是侧重对农村经济合作组织进行合法性考察,由工商行政管理部门办理注册登记手续;登记机关应当将农民合作经济组织的登记信息通报同级农业等有关部门;农民合作经济组织登记办法由国务院规定;办理登记不得收取费用。二是由税务部门对其免税资格申请进行严格审批。免税资格的获取应至少符合以下条件:具备公益法人资格;公益性而非互惠性或营利性的;不分配利润;在终止或解散时,其剩余财产只能用于公益事业;全部资产及其增值为公益法人所有;获得农民合作经济组织免税资格的组织可以享有免税的权利,但需定期进行税收申报并接受相应的考核,农村合作组织的非免税项目还应依法纳税。

其次,为了防止农民合作经济组织控制人利用农民合作经济组织逃税、避税或瓜分农民合作经济组织的利润以及其税收优惠政策被滥用,税法还应从以下方面进行规制:一要限制农民合作经济组织的管理人员的收入水平,防止因收入水平过高,进而瓜分合作经济组织的盈利;二要防止农民合作经济组织与营利企业利用关联交易转移利润;三要限制农民合作经济组织从事高风险商业活动,保证其的财务安全;四要规定农民合作经济组织的慈善支出比例,保证其公益性的宗旨不被偏离;五要规范农民合作经济组织发展。现实中出现的形形色色的"空壳组织""挂牌组织"等假合作组织损害了农民合作经济组织的名声,侵蚀了国家有限的财政投入。为促进农民合作经济组织的健康发展,可以规定,农民合作经济组织连续两年未从事经营活动,吊销其营业执照。

最后,以是否营利为标准对农民合作经济组织采取不同的税收政策。随着农民合作经济组织向市场化转型,筹资方式多样化以及商业活动的相应增多,中国在有关税收政策可对农民合作经济组织的活动予以区别对待:对农民合作经济组织与收益人存在服务售卖关系的活动,视为企业的生产经营活动征税;对农民合作经济组织向全社会或者特定群体提供无偿服务的活动实行免税;对农民合作经济组织资产的保值增值活动(资产运营行为),在流通环节按照企业类似活动进行征税,对其用于公益活动的收益免征所得税。

三、促进农民合作经济组织发展的教育培训服务制度

农民合作经济组织的根本宗旨就是为组织成员的生产经营提供各种服务并维护成员的利益,根本目的就是提高农民的组织化程度,增强抗御自然风险和市场风险的能力,提高市场竞争力。农民合作经济组织的形成和发展以及对农民收入的促进作用需要实施新型职业农民培育工程,对农民进行专业技术培训,以提高劳动力素质,更要强化农民接受教育与加强教育投资的认知(温涛、王小华、杨丹、朱炯,2015);国外经验表明,农民组织、民间社团和政府部门(如美国农场局)是推动合作社发展的主要力量,具有企业家精神的合作社领导人是合作经济组织实现良性运转的重要保障。我国的经验也表明,能人大户是创办合作社的重要力量。但目前由于我国处在城镇化时期,农村中有一定文化素质和能力的人绝大部分都在城市务工,留在农村的能人少,农民专业合作社管理人才欠缺。因此,引进和培养专业合作社企业家和管理人才成为当前最紧迫的任务(杨娜曼,2016)。农民作为合作经济组织的主要成员,既是组织的创造者,也是组织的发展者。农民的素质高低关系到合作经济组织发展的速度和质量,要想巩固增强农民在组织中的主体地位就必须逐步提高农民的自身素质,而合作经济组织要想逐步扩大经营规模,走上高效集约的发展道路,也离不开农民素质的提高。要为新型合作经济组织的发展提供人才支持,首先,要帮助农民转变观念,端正他们对合作经济的认识。其次,普及市场经济基本知识和法律知识,增强农民的法制观念和市场风险意识。最后,提高农民的科技文化素质。而这三个方面的实现主要靠科学的教育培训服务制度的建立。

建立科学的教育培训服务制度,通过形成相关政策制度,由高等院校、政府职能部门开展多种形式的业务培训,为农民合作经济组织发展培养出一批既能够掌握农民合作经济组织的基本理论和具体操作方法,又适应市场经济发展需要的经营管理人才。具体操作可从以下几方面入手:一是在帮助和指导农民合作经济组织制定发展规划、壮大组织规模方面,可以运用参与性项目手段推广农民合作经济组织知识的方式进行。二是构建关系农村长远发展教育体系。在基础教育上,可以学习美国的教育形式,加入农业知识的内容,将农村基础教育与城市基础教育区别开来。农业职业技术教育与农业高等教育则必须结合中国实际,并为中国培养高级农业技术、管理人才。三是将对农民

合作经济组织成员的教育与培训纳入职业技术教育规划与成人教育之中,举办各种专门针对合作组织成员的短期、定期培训班,宣讲国家有关的政策法规、农民合作经济组织的原则、价值、运行机制和实际操作方法、农业技术和现代信息技术、企业经营管理以及市场经济的基本知识等,以提高其自我组织能力和经营管理能力。同时,各级政府设立人才扶持专项基金,借鉴"大学生村官"政策,鼓励大中专毕业生到农村就业创业,领办创办合作社,完善合作社人力资本提升的引进工作机制,加强提高合作社从业人员人才的专业技能(黄佑刚,2017)。四是注重发挥党员的模范带头作用,提倡在农村合作组织中发展党员,鼓励农民党员办合作组织。五是加强基础研究与教育。加大国家农业基础研究资金投入,完善资金运用绩效,调整农业科技创新方向和重点,适应农业发展要求;整合农业科技创新资源,完善国家农业科技创新体系和现代农业产业技术体系,推进资源开放共享与服务平台基地建设。①

第六节 农民合作经济组织的社会责任制度

一、农民合作经济组织社会责任制度的责任主体

在企业社会责任的研究中,我们往往只注重研究企业社会责任相对人问题中企业对谁承担责任的问题。由于企业社会责任问题不可能像债权债务关系那样有相对应的特定责任权利人,人们只能将企业社会的相对人先虚化为"社会"后,漠然地指向不特定的"社会公众""社会整体"。责任相对人问题在农民合作经济组织社会责任中会经常遇到。笔者认为:与企业社会责任一样,农民合作经济组织社会责任的相对人应是与社会利益的享受主体一致,一般是社会公众或社会整体。农民合作经济组织作为侵权行为人,应向相对的社会公众或社会整体承担责任。有人可能会认为,社会公众或社会整体仍是表现对社会责任相对人的虚化。笔者认为:人们之所以有如此看法,是源于社会责任本质的未确定性,源于还没有让农民合作经济组织社会责任法制化,没有建立使其承担起社会责任的法律机制。如果我们用法律规定了农民合作经

---

① 参见 2017 年《中共中央　国务院:加强农业科技研发　完善农业科技创新激励机制》文件。

济组织应承担的社会责任内容,用法律赋予社会公众或社会整体监督农民合作经济组织承担社会责任的权利,明确谁来代表社会公众或社会整体行使相应的诉讼权利,并依法确定了其事前、事中、事后进行监督的程序和救济的途径,那么我们就不会再感到社会公众或社会整体的虚化。

企业社会责任研究必须解决责任的归属问题。韩国商法学教授李哲松认为,企业社会责任的责任主体是董事(李哲松著,吴日焕译,2000);国内学者则认为,董事不是企业社会责任的唯一主体,企业、控股股东等都应是企业社会责任的主体。笔者认为:国内学者的研究较为合理。农民合作经济组织是与企业有重大差异性的经济组织,其社会责任主体是谁呢? 我们可以分三个层次来探讨:第一,具备法人条件的农民合作经济组织作为责任主体。中国农民合作经济组织模式和称谓多种多样,如各类农民合作经济组织、股份合作制企业、各种类型合作社、"公司+农户""经纪人+农户"等。事实上,这些称谓中有的属于农民兴办的企业,有的属于经营形式而非组织形式,有的属于供销社、信用合作社等特殊组织形式,他们均不是处于竞争弱势地位的法人型农民联合体。从《农民合作经济组织法》的立法看,该法重点规范的应是符合合作社特点的各类农民专业合作经济组织。对具有独立人格的农民合作经济组织,理应由其自身作为社会责任的承担主体,如其以自己的财产利益、人格利益承担相应的刑事、行政和民事责任。第二,不具备法人条件的农民合作经济组织作为责任主体。由于立法滞后,中国尚存在大量的非法人型农民合作经济组织,对其社会责任应由其开办者、管理者和农民组织成员承担相应责任。有必要说明的是:农民组织成员承担的责任应是有限责任,不能像合伙组织那样承担无限连带责任。第三,理事会成员、监事会成员、经理人员及控股股东作为责任主体。这些人员未尽其职责,使农民合作经济组织违反社会义务,应先由农民合作经济组织依前述内容承担责任;与此同时,由这些成员承担相应的法律责任。如农民合作经济组织对周边环境造成损害,农民合作经济组织应承担相应的赔偿责任,并采取相应的补救措施,理事、监事等未尽职责的成员应承担取消其职务等人身责任,特定条件下也应承担相应的赔偿责任。

二、农民合作经济组织社会责任制度的具体表现

由于各个国家发展所处的历史阶段不同,受经济、政治、文化、道德等多因

素的影响,企业社会责任在不同国家及同一国家的不同历史时期的内容是不尽相同的,且随着历史进程的不断推进企业社会责任处于不断的创新发展之中。中国农民合作经济组织的社会责任更体现出这样的特点,在新型农民合作经济组织发展初期和势单力薄的时候不具备参与社会建设的能力,其社会责任和社会义务容易被忽略,但随着其发展,这种社会责任必然要体现,并且要随着其扩展(阎占定,2014)。我们追寻世界上企业社会责任发展的脚步,结合中国农民合作经济组织发展和社会责任理论发展的实际,可以归结出农民合作经济组织社会责任的主要内容。

(一)最紧密的责任——农民合作经济组织对职工的社会责任

农民合作经济组织的存在本身就是一种价值。其社会价值的体现就在于对职工提供了就业机会,并承担部分对职工的福利、教育、安全、社会保险等方面的社会义务。可以说,农民合作经济组织在尽社会责任时,最紧密的社会责任就是对合作经济组织职工的责任。职工与合作经济组织有着直接利益关系,职工利益理应得到优先保护。就中国农民合作经济组织发展的现状而言,农民合作经济组织对职工应尽的社会责任主要有:(1)建立健全职工参与合作经济组织管理活动的各项制度,使职工在与自身利益密切相关的事项中有一定的话语权。不能因为是合作经济组织而忽视职工作为生产经营管理主体作用的发挥,农民合作经济组织要为最活跃的生产要素——职工的积极性、主动性和创造性发挥创造条件。(2)按时足额发放职工工资和奖金,并随社会发展不断提高职工工资和福利水平。(3)积极改善劳动条件,防止重大安全事故发生,不断加强对职工的教育和培训,积极预防职业病,不断提高劳动者综合素质和能力。(4)丰富职工业余文化生活,培育良好组织文化,尊重职工,努力维护职工的合法权益。

(二)最普遍的责任——农民合作经济组织对消费者的社会责任

人人都是消费者。消费者作为产品和服务的最终享有者,其权益的维护应是社会永恒的主题。农民合作经济组织向社会提供的农产品或服务,与人们生活密切相关,其影响远远大于工业产品。如假种子会使农民颗粒无收,假化肥会使农作物生长困难、土地肥力下降,进而影响环境。农民合作经济组织对消费者履行社会责任,最优先的考量就是为其提供优质的农产品或满意的社会服务,通过提供这样的产品或服务,直接或间接保护消费者。与此同时,还不得欺诈消费者,不得牟取暴利,不得强迫消费者购买自己的产品或接受自己的服务等。

(三)最直接的责任——农民合作经济组织对投资者和债权人的社会责任

对农民合作经济组织而言,投资者和债权人是与其有着最直接联系的利益相关者群体。就投资者而言,农民合作经济组织是以劳动结合为主的经济组织,体现很好的人合性,其投资者的数量和份额受到很大限制。不过,我们应该看到各种农业股份合作制组织的产生,使合作经济组织从经典走向现代。资金的介入使缺资金的农村有了新的资金支持,极大地促进了农民合作经济组织的发展。对投资者的重视,必将成为农民合作经济发展的重要内容。合作经济组织对投资者的社会责任主要表现为:一方面让投资者享有应有的参与合作经济组织管理的权利,实现"合作民主",为其行使权利创造必要的条件;另一方面尽其忠实和努力的职责,为投资者尽可能提供较高的投资回报率,保证合作经济组织资产保值与增值,确保投资者在企业中的利益。当然,我们应看到农民合作经济组织以劳动结合为主的特点决定了投资者的投资回报率应受到限制。

对于农民合作经济组织的债权人而言,合作经济组织应尽可能做一个"信用人"。其对债权人应尽的社会责任有:及时准确地向债权人通报组织信息,做到不编造、不隐瞒;诚实守信,不滥用组织人格,按期主动偿还债务,使债权人及时实现债权,为债权人提供借贷安全保证。保证债权人的利息实现,是农民合作经济组织对债权人承担社会责任的最高表现,是稳定社会市场经济秩序、构建和谐信用农村社会的需要,是农民合作经济组织应尽的社会义务。

(四)最重要的责任——农民合作经济组织对生态环境的社会责任

党的十九大报告指出"加快生态文明体制改革,建设美丽中国""要坚持农业农村优先发展,按照产业兴旺、生态宜居、乡风文明、治理有效、生活富裕的总要求,建立健全城乡融合发展体制机制和政策体系";《中华人民共和国民法总则》第九条规定"民事主体从事民事活动,应当有利于节约资源、保护生态环境",首次在世界范围内确立了民法的"绿色原则"。生态文明建设,仅靠政府推进和法律原则是不够的,还需要加强社会主体的"自治"。农民合作经济组织作为农村社会中基本组织形式和基础层次,理应将对美好生态环境的追求作为最重要的社会责任内容。合作经济组织在生产过程中能够注重种养方式对土壤、水域的影响,其环境行为在市场引力和自我推力的作用下明显。同时,合作经济组织在实现经济效益的同时,也获得良好的生态效益和社会影响(刘静等,2016)。绿色发展作为习近平总书记"十三五"提出的重要发展理念,是将生态文明建设融入政治、经济、文化、社会建设各方面和全过程的全新发展理念,也是农村地区在未来发展中的重要方向指引,是农村地区社会发展、生态保育、人文和谐的重要推动力,是实现农村社会系统和自然系统协调发展的有力支撑。绿色发展体现在绿色政治、绿色经济、绿色文化、绿色环境、绿色社会五方面。

在绿色政治方面,针对农民专业合作社在农村地区内"拉关系""走后门"的现象,认真对待,公正处理,树基层管理的清正之风,保农民生活的安居乐业,深入推进党风廉政建设,加大惩治腐败分子,保持农村地区的干部清正、政府清廉、政治清明,使农民对自身的正当权益得以保障发展有充分的信心。在绿色经济方面,绿色经济是绿色发展的物质基础,要求任何发展经济的行为都要以保护环境和生态稳定为前提,即使农民专业合作社在经济发展水平较低的农村,同样不能以牺牲生态环境来发展经济;同时,在保护生态环境的过程中,也要注意生态活动的经济效益,通过保护生态环境来促进经济的发展,从而做到"既要金山银山,又要绿水青山"。在绿色文化方面,加大对绿色文化的宣传,使绿色价值观深入人心,在农民专业合作社的发展过程中,时刻不能忘记对绿色文化的培育及对绿色价值观的宣扬,只有绿色文化在农民心中扎了根,才能由内而外地践行绿色发展的理念,形成有效的机制措施,从而更有效地保障农村地区的协调发展。在绿色环境方面,农村地区有着得天独厚的生态资源,这不仅是当代人赖以生存的基础,也是后代人得以不断发展延续的源泉,对待农村地区的生态环境,不仅要防止对其的破坏和污染,更重要的是还要保持农村生态资源的特色,保留农村最原始的乡土味道,为农村之后的发展留足空间。在绿色社会方面,农民专业合作社的发展既要保证农民能够得到自身所需的物质、经济资源,也要保证农民享受生态资源的权利,要坚持合理地从自然中获取资源为社会发展服务,保持社会和自然之间的动态平衡,通过社会的进步、技术的发展加强对自然环境的保护,反过来通过自然环境的稳定也能促进社会的长效、可持续进步,从而实现农村地区社会系统和自然系统的和谐发展。

环境问题是关系到所有人利益的问题,是关系到全人类发展的大事,需要一切社会组织和个人付诸行动。为了防止环境恶化,使人类平等地享有优良环境带来的好处,人类就应摒弃人类中心主义,强化生态良知,恪尽对环境保护的社会责任。现实生活中,强势群体有能力避免环境恶化的后果,但却有可能转嫁环境恶化的责任。弱势群体要么根本没有相应的责任意识,要么有相应的责任意识却无避免环境恶化后果的能力。对此,我们决不能任凭其发展。农民合作经济组织作为弱势者的联合,理应主动承担法律以外的一系列环境保护的社会责任,如合理利用资源,防止对资源可持续利用的破坏所进行的掠夺性利用;走循环经济发展的模式;积极参与环境保护的宣传教育和服务工作,切实提高职工和组织成员的环保意识等等。

(五)最全面的责任——农民合作经济组织对社区的社会责任

社区是农民合作经济组织的社会载体。社区的政治、经济、文化、生态、社会等方面对农民合作经济组织发挥着重要的作用,农民合作经济组织对社区发展也将产生巨大的影响。社区是农民合作经济组织的利益相关者,忽视了社区发展的农民合作经济组织必将感到"唇亡齿寒"。农民合作经济组织对农村社区所尽的社会责任主要表现为:(1)经济支持和参与社区建设,如赞助社区公益设施建设等,为提高社区福利作贡献;(2)同等条件下优先招聘社区居民,为提高社区的就业率、稳定社区秩序作贡献;(3)参与社区文化建设,为形成积极多彩的社区文化而作出努力;(4)参与社区综合治理工作,争做遵守法律的社区模范。

总之,农民合作经济组织的社会责任问题是一个涉及面广、内涵丰富、不断充实、发展着的问题。研究农民合作经济组织的社会责任对建立和谐的农村社会,促进农民合作经济组织的规范和发展将起着重要的作用。当前,我们研究农民合作经济组织立法中更应考量到这一点。

第七节　农民合作经济组织发展制度的运行保障机制

一、农民合作经济组织发展的利益机制

18 世纪法学启蒙思想家霍尔巴赫明确指出:"利益是人行动的唯一动

力。"马克思说过,人们奋斗争取的一切都与他们的利益息息相关。可见利益在人类生产生活中扮演着极为重要的角色。经济利益作为人类一切经济活动的直接目的和最终目标,赋予了以人类经济活动为中心的所有社会活动以指向性和生命力,任何人类社会活动,特别是经济活动都可以找寻到经济利益的影子。在经济利益作用过程中,将利益主体、利益客体和利益载体三部分有机结合起来的利益机制处于核心地位,成为推动经济运行的关键性因素。利益机制是对利益带有原动性的有机系统。没有好的利益机制,利益是无法得到真正保护的。

(一)基础机制:农民权益保护的利益机制

在对农民权益进行架构经济法保护农民权益制度体系时,从建立利益机制体系的角度加强对经济法的研究是非常必要的,特别是在中国社会转型带来经济体制、分配方式、社会结构的深刻变化,引起社会利益格局大调整的今天,如何从制度上建立健全利益机制,平衡协调不同利益主体之间的利益,保护最广大人民群众的根本利益,对推动中国社会政治稳定和经济协调发展,建立和谐社会具有十分重要的意义。

在保护农民权益的利益机制体系中,具体应包括利益代表机制与利益表达机制、利益产生机制与利益分配机制、利益协调机制与利益保障机制三组六个方面的内容,通过制度对这些内容的安排,最终形成良好的利益机制体系,使得人们在平等享有绝对利益的同时,公平、公正、合理、合法地获取相对利益,逐步缩小相对利益的差距。只有既反对绝对平均主义,又反对极度贫富悬殊,坚持实现人民根本利益绝对性和相对性的统一,体现形式公平和实质公平的统一,才能真正代表人民的根本利益,从而切实保护农民权益。

在中国,农民合作经济组织是连接农民及其经济利益的有效利益载体,合理的安排其法律制度,形成良好的利益代表机制与利益表达机制、利益产生机制与利益分配机制、利益协调机制与利益保障机制,对发挥其保护农民权益的重要作用尤为关键。

1. 利益代表机制与利益表达机制

农民权益之所以在某些方面得不到保护,农民利益之所以存在丧失和被侵蚀的现象,其中主要原因之一是农民利益代表主体缺失。在公共经济学的公共选择理论中,有利益集团(interest group)又称压力集团(pressure group)之说。西方社会中利益集团在社会事务的公共决策中发挥着显著作用,且数量多、涵盖面广。利益集团是宏观政府与微观个体之间的桥梁,属于中观层次的范畴,其目的在于建立一个常态的制度化的利益聚合与代表机制。从农民利益角度看,西方发达国家农民人数的比重已大幅度下降,农业生产产值在国民生产总值中所占比例也不断缩小,只占很小的份额,但农民组织在国家政治生活和农业政策决定方面一直发挥着巨大作用。美国有农民协会、农民联盟、农场局三大农民团体代表农民,对政府决策显示了强大的影响力;法国有农民工会、农民协会、农会等组织代表农民利益;日本则有全国农协联盟代表日本农民利益。日本农协在保护农民利益方面发挥了巨大作用,日本农业人口不足全国总人口的5%,但控制全国25%的选票,政府的农业政策在很大程度上受到农协的制约,任何损害农民权益的行为很可能导致执政联盟的崩溃。

在当前形势下,从立法源头上确定合作经济组织的法律地位,制定促进合作经济组织事业发展的法律法规,使亿万农民在农业实践中有自己经济利益的代言人,为解决"三农"问题提供强有力的组织保证体是非常必要的。在此背景下,《中华人民共和国农民专业合作社法》已由中华人民共和国第十二届全国人民代表大会常务委员会第三十一次会议于2017年12月27日修订通过,自2018年7月1日起施行。这部法律的出台为农民专业合作社的顺利运行提供了法律保障,保护了合作社及社员的根本利益,同时也为解决"三农"问题,促进中国合作经济组织发展,保护农民权益起到了积极作用。合作经济组织可以成为代表农民利益、保护农民权益、贯彻并进而影响政府决策的值得信赖的力量。农民问题的解决归根结底离不开广大农民群众的积极参与,其问题解决的关键就在于"要使群众认识自己的利益,并且团结起来,为自己的利益而奋斗",即提高农民的组织化程度。利益代表机制的核心是依法确立能真正代表农民利益,维护农民权益的代表者、代表组织。合作经济组织可以通过宪法、行政法、经济法等法律制度在各种经济活动中真正地代表和维护农民权益,并形成能与其他利益集团抗衡的能够代表农民利益、维护农民权益的利益组织。相应提高农民组织在社会利益分割与制衡中的话语权和行动力,将成为农民权益保障与解决农民问题的客观要求。

利益代表机制与利益表达机制密切相关。对社会公正的维护需要运用对不同群体利益的一体化保护手段来实现。在利益主体日益多元化的今天,利益表达问题,特别是弱势群体的利益表达问题,是非常重要的问题。当某一群体的权益受到侵犯而得不到保护时,其利益代表者又无法通过正当的途径充分表达,难以行使其权利时,就难以体现和实现社会公正。换言之,如果说一个群体对国家政策的影响力取决于利益表达的力度和有效性的话,那么国家对一个群体权益的保护力度取决于其利益表达机制的科学性架构和有效性运行。可以说,建立起相应的利益表达机制,是建构和谐社会的重要内容。中国现阶段农民利益表达渠道脱胎于"政社合一"的人民公社时期的利益表达渠道,广大农民形成了服从上级安排,没有表达自己利益的习惯。随着社会的发展,特别是在科学发展观指导下建立以人为本的和谐社会目标推动下,农民在逐步关心国家政治,把个人利益与国家、社会发展联系起来,他们迫切需要通过多种合法渠道表达自己的利益,用制度特别是法律制度维护其自身权益。

农民利益表达机制的核心是依法确定农民利益代表者,并通过制度规定的多种渠道表达农民的利益诉求。当农民权益受到侵害时能代表农民行使表达权利,传达心声,从而使农民利益的代表者真正行使代表、表达、争取、维护农民权益的基本功能。利益表达在表达之前往往意味着已经产生冲突,利益总是产生于利益失衡乃至利益冲突。因此在安排利益表达制度时,应以社会秩序稳定为底线,以利益的准确表达为上限,以合法规范为程序的保证,不断地拓展底线与上限之间的表达空间。目前,合作经济组织在代表农民利益行使表达权利时,其表达内容并不全面、不深刻,表达方式和手段也不够规范,并没有取得良好的表达效果。究其原因,仍在于农民利益表达机制还没有真正地建立起来。只有通过建立和完善真正的农民利益的表达机制,建立合法有序的与社会主义政治文明相适应的体系化、制度化的农民利益表达机制,才能真正维护农民权益。

2. 利益产生机制与利益分配机制

"三农"问题的核心是农民问题,农民问题的实质是农民权益问题。农民权益问题解决的好坏,关系到"三农"问题解决的好坏。而要解决农民权益问题,就必须从根本上保证农民各种利益的增长,构建一套良好的利益产生机制,用制度依法促使可持续的农民利益产生,源源不断地为解决农民问题提供增量利益。

在实际情况中,农民的存量利益往往没有一套良好的机制加以保障,使得增量利益也难以保障。当前的利益产生制度存在一些问题。首先，作为农民增收的重要组织——农业合作组织，主要参与人是农民。农民合作经济组织存在种种问题，如资金、技术不足；组织的带头人大多数综合素质不高，懂技术会管理、市场开拓能力强的复合性人才缺乏；重分配、轻积累，重眼前利益、轻长远利益，自身积累相当少，扩大再生产能力有限。合作经济组织规模小，不少负责人的风险意识、忧患意识不强，对市场前景盲目乐观，对自然风险估计过低，缺乏防范和抵御风险的有效措施。大部分农民合作经济组织没有提取风险基金，也没有参加农业保险，加上合作经济组织自身融资能力有限，自身积累不足，遇到市场风险和自然风险，易亏损，易解体。从而使得农业合作组织对农民增收的保障能力大大削弱。其次，外部公司、企业通过自身对市场的把握和熟知度，极力压低农产品价格。由于农产品具有时间性，农民缺少销售渠道，无法靠自己的力量实现利润，只能低价出售给外部的公司、企业，从而使得农民生产的存量和增量利益被强势地瓜分。最后，基层政府的财政压力，对农村合作组织、农民自主创业的扶持力度不够，缺少在财政、金融、税收等优惠政策方面的供给，无法带动农业合作与农民自主创业的积极性。

由此可见，农民利益产生机制必须从三个层面加以构建，第一，以良好的政策法规对农民增收的各种方式加以鼓励，从宏观政策层面保障农民利益的持续产生；第二，构建一套可行的人才培养与引进机制，从微观层面带动农村经济组织的发展；第三，鼓励农业市场中间层组织，特别是农产品产销中介组织的发展，从中观层面推进农民增收。从而形成一套良好的农民利益产生与发展机制，满足农民利益发展的需要。

利益分配机制与利益产生机制密切相关。利益分配机制的中心是依法合理地对农业经济活动中产生的利益进行分配。它既包括农民与农民之间、农业组织与农业组织之间的利益分配关系，又包括农民与其他主体之间的利益分配关系。如在农业产业化过程中，"公司+农户""批发商+农户""中介组织+农户"等合作经济组织形式中如何分配利益、保护农民利益的问题，均可以通过经济法等法律制度作出安排。利益分配的目的是通过利益分配机制的架构保护农民利益，其落脚点还是在对农民利益保护的角度上，因而，必须把顺利益分配过程中的公平与效率问题。

在构建社会主义和谐社会背景下，利益分配中公平与效率的关系应从原来的"效率优先,兼顾公平"向"注重效率,促进公平"阶段发展。在国民收入分配的初级分配层面上,应注意效率;在再分配层面上应注意公平。《中华人民共和国农民专业合作社法》规定的是按照成员与本社的交易量(额)比例返还,有利于调动农民的积极性,有利于合作经济组织的发展壮大,集中体现了分配的效率性。然而,在现实情况中,农民在利益分配过程中却无法在效率与公平中兼顾。首先,在农业产业化链条中,农民始终处于被动的从属地位,这种地位使得农民在利益分配上无法取得更多的自主权;其次,在农业产业化环节上,农民主要承担生产、加工的具体操作,市场信息不灵,对整个产业链实现的全部利润无从知晓;最后,农户与合作经济组织本应是利益共同体,但在具体操作过程中,是合作经济组织提出方案,农户接受方案,合作经济组织往往考虑的是农户多大程度上愿意接受所提出的分配方案。

故此,农民在合作经济组织利益分配过程中未能公平地获取和享有利益。建立相应的利益共享机制,密切合作经济组织与农户之间、合作经济组织成员之间的紧密联系,形成一种稳定的利益关系,使彼此间达到"双赢",并尽可能地实现"多赢",是切实保障农民权益的关键。

3.利益协调机制与利益保障机制

按照"和谐社会"理论,决定和谐的首要因素是财富的分配,财富分配的本质就是经济利益的分配。悬殊的阶层利益分配会带来不和谐的冲突现象,但冲突可以转化为和谐。冲突产生后通过利益协调机制可以将悬殊的利益分配予以整合调整,在坚持把最广大人民的根本利益作为制定法律政策、开展实际工作的出发点和落脚点的同时,我们应通过法律制度安排重组利益关系,调整利益分配格局,正确反映和兼顾不同层面群众的利益,减少不同利益群体之间的不公平感,坚决纠正各种损害群众利益的行为。利益协调要高度重视和维护人民群众最现实、最关心、最直接的利益,综合各方面的利益,一般应按照效率优先兼顾公平的原则调节各种利益关系,最大限度地维护社会整体利益,实现经济发展和社会公平的统一。

利益协调机制的核心和实质是对利益关系进行重新合理定位,利益协调机制的直接目标应是通过利益协调缓解农民与其他利益主体之间的利益矛盾和冲突。在经济法视野下利益协调的核心目标是最终实现全社会整体利益的可持续协调发展。在经济法等制度层面上要以最大多数人的利益维护作为利益协调的基本价值取向和制度设计的主要依据,在全社会形成良好的利益协调机制,做到巩固一个基础,实现两个平衡,即巩固党的阶级基础,保持政治、经济和社会发展综合平衡,保持不同社会阶层、区域和群体间利益的系统平衡,从而实现我们党提出的建立和谐社会之目标。

利益协调涉及处理利益主体之间的关系,主要是指农户、合作组织和政府三者之间的利益关系。首先,政府与农户之间主要是"予"和"取"的关系,总的说来就是要政府"多予"和"少取",这种关系应推及政府与合作经济组织之间。农业合作经济组织具有非营利性,旨在为其成员提供服务,因而需要政府的扶持和政策倾斜。然而,政府在此方面做得还不够,干预合作经济组织,包办得过多,并参与合作经济组织利益的分割,使得合作经济组织的发展陷入困境。其次,合作经济组织与成员之间。《中华人民共和国农民专业合作社法》第四十四条规定"可分配盈余按成员与本社的交易量(额)比例返还的返还总额不得低于可分配盈余的百分之六十;返还后的剩余部分,以成员账户中记载的出资额和公积金份额,以及本社接受国家财政直接补助和他人捐赠形成的财产平均量化到成员的份额,按比例分配给本社成员"体现了公平原则,但是在现实过程中并没有真正实现利益从合作经济组织到农户的转移。最后,合作经济组织的成员之间。由于合作经济组织很多是由部门、龙头企业或涉农组织、大户牵头,他们在合作经济组织中拥有较大股份,有些还具有其他方面的优势,在利益分配中处于有利地位。

由于没有相对健全的利益协调机制,例如利益整合机制等,农民在利益分配中所处的劣势,并没有通过有效的利益协调机制给予必要的纠正和弥补。目前,为了适应中国经济发展新阶段的要求,我们应实行工业反哺农业、城市支持农村的方针,合理调整国民收入分配格局,更多地支持农业和农村发展。要围绕提高农业综合生产能力,实现粮食增产,农民持续增收,稳定、完善和强化对农业的扶持政策,从而形成良好的利益协调机制,为农民利益的保障机制打下基础。

利益保障机制的中心是依法保障农民利益。主要是指依法保障、受害保护、受损补偿三个方面的内容。首先,依法保障。中国没有关于合作组织的统一立法,在法律体系中,2017年新修订的《中华人民共和国农民专业合作社法》较以往取得了巨大的进步,但仍存在着一些缺陷和不足。它的适用范围有限,只能适用专业合作社,对其他类型的合作组织不能提供法律依据和法律保障;对于农民专业社的性质问题,是企业法人性质的经济实体,还是行业管理的机关法人,或者是农民自律性质的社会团体法人,没有明确的界定;在法律责任一章中,内容规定得抽象、概括,不具有可操作性等等。其次,受害保护,即当农民利益受到侵害时予以保护。合作组织没有从维护合作组织成员的利益出发,与社员只是简单的买卖关系,没有与农户之间建立紧密的互助合作和联合。还有些合作组织只注重保护核心成员的利益,而不顾普通成员的利益。在这些现象的背后,农民的利益都无从保护。最后,受损补偿,即当农民利益由于社会原因,特别是制度安排导致其利益受损,给予合理的利益补偿。利益补偿机制的主要内容是建立一套包括社会保险制度、社会救济制度、社会救助制度、社会优抚制度和社会保障制度为基本内容的法律制度。这些制度在中国现阶段农村并不完善,或有些虽建立但没有得到有效执行,或有些根本没有建立,可见,建立起完善的利益保障制度,包括反扭曲机制在内,具有明显的迫切性和必要性。

(二)农民合作经济组织发展的特色利益机制

随着社会的不断发展,一些传统的合作经济组织的内部制度日益成为组织趋向科学治理的障碍。立法中,必须针对原有弊病、适应形势变化作出制度的创新。具体来说,在建设一系列的制度时应该构建以下两个重要机制。

其一,合作经济组织的利益联结机制。首先,利益联结机制的创建将会增加合作经济组织内部的增量利益,为联结打下牢固基础。在农业补贴过程中合作经济组织的稳定性对争取利益补贴、创造更多利益有非常重要的作用。所以在必要加强合作经济组织的凝聚力的同时,应对合作经济组织的准入和退出作一定限制。美国在合作组织准入上把资金作为门槛,虽然中国设立资金门槛不符合农民现状,但可以把交易量作为准入门槛,在退出上作出一定的时间限制。另外,要增加组织的服务功能,扩大在线信息服务。农产品附加值和作为农业补贴中介等方面的服务,利用增加组织的服务功能可以生成更多的利益,例如:出于在利益上的联结,在提高农业补贴的效率和增加合作组织对农民的吸引力方面,农民与其他成员之间利益联系也因此越发紧密。其次,要健全利益相关者的参与机制,合作组织最主要的利益相关者有:经营者、债权人、社员和雇员,利益相关者的参与机制保证了合作组织共同治理的基础。

一般合作组织的社员只能通过社员大会来影响管理层,但社员的广泛性和流动性使得社员产生了"理性冷漠"。因此社员除了参加社员大会行使表决权之外,还可以仿效新颁的《公司法》,规定社员的财产检查权和代表诉讼权等。

其二,合作经济组织成员共同发展机制。合作经济组织虽然有着三权制衡的内部组织架构,但组织成员中包括职工、社员和管理层由于自身文化水平的限制,对合作经济组织及其所处环境的认识很有限,无法全面认识并把握合作经济组织走向自觉性治理的规律。任何发展都不能是脱离主体的抽象发展,而是同人的进步与完善分不开的,而其中个人的发展是所有发展形式的主要动力之一。因此有必要建立组织成员共同发展机制,定期对组织成员进行合作理论知识的培训,以此提高组织成员的业务素养。新农村建设中,新农民首先是知识、文化上的新农民。其中管理层尤其需要学习管理知识,把握现代管理的先进理念,从而推进合作经济组织的进步和发展。

人类迄今所取得的文明成就,在很大程度上将之定义为人类制度文明的成果;而人类迄今所面临的无法化解的难题,在很大程度上也可归咎于制度本身的安排缺陷。制度的生产、演化、变迁是人类文明发展中的永恒主题。制度是通过权利与义务来规范主体行为和调整主体间关系的规则体系,它是一种权利义务分配的体系,规定了社会成员在现实生活中的实际活动范围以及基本的行为方式。美国学者亨廷顿曾经指出,"制度是稳定、受重视和反复出现的行为模式,组织和程序在制度化程度上并不相同",而"制度化是组织和程序借以取得重要性和稳定性的过程"。这就是说制度这个概念,只有在人们的心中发生了内化作用以后,人们才会自觉地去践行这种制度安排。

法律所倡导的利益保障机制其中心之一是依法保障农民的权益。它最主要的含义就是要在法律领域里,使利益主体通过自身的合法行为来实现自身利益,而合法行为的前提是要存在完善的法律制度。而在合作经济组织发展中,人们最关心的、最重要的内容莫过于确立其中的各种制度。围绕着合作经济组织的内外部关系所设立的各种法律制度则是保证其可持续发展的关键所在,合作经济组织特殊的法人地位要求其内部制度要具有这种特殊法人的特征。

二、农民合作经济组织发展的政府保障机制

(一)政府在农民权益保护中的责任制度

农民合作经济组织是政府落实农业农村经济发展政策的抓手(徐祥临,2015),当前政府在农民权益保护中所要做的是发挥宏观层面的主导作用,坚持以实现农民的利益为本,以农业的发展为基础,以农村社会的利益和谐为最终目标,为切实维护创造良好外部环境。因此,明确政府在农民权益保护中的责任制度是政府职能的必然要求。

第一,政府承担着管理农村、农业、农民的责任。首先,政府能够通过制定宏观政策对各个领域、各个环节、各个主体进行宏观调控,以促进国家发展。作为引导者和管理者,政府有权对违法违规现象及时查处,并进行正确的引导管理。其次,政府承担的扶持农业生产渠道尚未形成,农村投资不但不足,相反,还不断向外流出。在中国反哺农业、支持农村的政策指导下,急需重塑财政和金融体制,为金融资源向农村的流动疏通渠道。政府需要加大对农业和农村非农产业必要发展的资金投入,农村中小型企业发展需要相适应的金融组织形成,例如政府应该对农村民营金融机构给予准入等。这应该成为今后金融体制和银行体制改革的一个重要目标。

第二,财税体制改革。从2004年起,全国各地开始普遍实行农业税减免政策,2005年岁末免除农业税的惠农政策以法律的形式固定下来。农业税的减免,可以说给农民带来了较大的实惠,但作为消费者,农民与城镇居民仍然是流转税的承担者;另外,与城市居民相比,农村的公共设施服务很不完善。因此,今后在现行税制改革方面应该继续努力,建立起各产业统一适用的税收体系,从制度上保证不再开征专门面向农民的税收,如特产税等,使农民作为纳税人取得与其他社会成员平等的纳税地位,从而真正解除农民的负担。只有这样,才能符合经济法的社会公平正义、宏观调控的原则。

第三,社会保障体制改革。近年来,政府出台了一系列的政策措施加大社会保障体系建设,投入了巨大的人力、物力和财力,取得了巨大的成就。目前中国覆盖城乡的社会保障体系已经基本建立起来,但是城乡之间仍然存在很大的差距。房价高、看病贵等问题仍然很严重。党的十九大报告指出:"加强社会保障体系建设。按照兜底线、织密网、建机制的要求,全面建成覆盖全民、城乡统筹、权责清晰、保障适度、可持续的多层次社会保障体系。全面实施全

民参保计划。完善城镇职工基本养老保险和城乡居民基本养老保险制度,尽快实现养老保险全国统筹。完善统一的城乡居民基本医疗保险制度和大病保险制度。完善失业、工伤保险制度。建立全国统一的社会保险公共服务平台。统筹城乡社会救助体系,完善最低生活保障制度。坚持男女平等基本国策,保障妇女儿童合法权益。完善社会救助、社会福利、慈善事业、优抚安置等制度,健全农村留守儿童和妇女、老年人关爱服务体系。发展残疾人事业,加强残疾康复服务。"未来的养老制度应该遵循老有所养原则,企业和公务员退休待遇不能差别过大。中国是一个人口大国,从长远来看,建立一个具有普遍较高收入水平的退休养老制度面临着巨大的困难和挑战,这样会给企业和社会带来沉重负担。

第四,人事制度改革。目前农村的行政管理体制极不适应改革开放以来社会主义市场经济发展的需要,在机构设置、人员配备、职责要求、运作方式等很多方面都不符合农业、农村、农民发展的要求。如果不实行乡镇政府机构和人事制度的配套改革,农民权益保护也就难以落到实处。人事制度主要存在以下几个方面的问题:首先,基层政府机构职能转换不到位。目前,许多基层政府机构角色错位,职能调整滞后,"政社合一"的旧思想仍占据一定地位,往往会出现"过度干预"的情况。中国干部制度对政绩的考核仍然具有计划经济的特色,许多干部好大喜功,华而不实,热衷于搞"政绩工程""形象工程""面子工程"而非专注于为群众办实事,严重脱离实际。一些地方和部门在农村办事要求过急过高,弄虚作假,劳民伤财。其次,少数基层干部自我定位不正确,"官本位"的思想严重,思想和工作作风问题突出,在工作中行为简单粗暴,强迫命令,甚至动用公权力到农民家里拉粮食、牵牲口、搬东西。在农村基层政权机构中存在的形式主义、官僚主义,以及滋生的种种腐败现象已经严重影响了党和政府与农民之间的关系,妨碍了农业、农村经济的发展,这种现象亟待改善。当然,我们也要认识到,精简乡镇机构,裁减人员也面临着很大的困难和阻碍,必须积极稳妥地进行。既要坚决,又要谨慎,因为乡镇政府在国家行政管理系统中处于基础位置,基础不稳定,不能正常运作,必将影响整个社会的稳定。

第五,落实产业政策。不少地方新农村建设费尽周折又回到了原点,原因是多方面的,但最根本的还是没有产业支撑。党的十九大报告把产业兴旺摆到了首要位置,还提到"构建现代农业产业体系""培育新型农业经营主体",都是强调产业的重要性。要通过做大做强产业,促进乡村振兴。政府要结合实际,因地制宜,大力发展特色小镇、旅游小镇、推进形成"一村一品"格局。党的十九大指出要"实现小农户和现代农业发展有机衔接",小农户是现阶段农业的客观现状,我们要在尊重现状的基础上,坚持以人为中心,在产业发展上,坚持尊重民意,老百姓有不同意见的不强迫,要在满足老百姓阶段性需求的同时加以积极引导。《中华人民共和国农民专业合作社法》第六十四条规定"国家支持发展农业和农村经济的建设项目,可以委托和安排有条件的农民专业合作社实施"。目前政府对农民经济合作组织的产业政策支持、项目扶持是十分到位的,但更重要的是政府在对合租经济组织进行产业政策支持、项目扶持的同时,要加强后期监督,保证产业政策和项目落实到位,精准落实。

(二)政府在合作经济组织发展及规范中的行为制度

恩格斯在《法德农民问题》一文中对合作制中政府的作用有非常明确的论述。他指出:"当我们掌握了国家权力的时候,我们绝不会用暴力去剥夺小农(无论有无报偿,都是一样),像我们将不得不如此对待大土地占有者那样。我们对小农的任务,首先是把他们的私人生产和私人占有变为合作社的生产和占有,但不是采用暴力,而是通过示范和为此提供社会帮助"(恩格斯,1894)。国外合作经济组织的成功经验表明,政府强有力的支持对合作经济组织的稳步发展,有着极其重要的作用。如日本每年大约拨款 10 亿日元补贴农业发展,间接扶持农协发展,并给予农协低利贷款援助和其他政策支持。法国在各种合作社创办时,政府给予投资津贴,平时则免去其应交的工商利润税、营业税和地产税,还给予低息贷款。美国政府在 19 世纪末就豁免了合作社的全部赋税,其后的半个多世纪里,合作社一直享受着免税待遇。农民合作经济组织在中国兴起的时间还不是很长,要得到农民群众的广泛认同和积极参与还需要一定过程。同时,其自身的发展还存在诸多不完善,具有很大的盲目性和局限性,"如果任其自然发展,那么这一弱势群体也可能在适者生存的市场法则下,被已经长大的强者扼杀在摇篮中"(诸葛剑平、刘春富,2004)。因此,政府的扶持和引导尤为重要。

建立政府在合作经济组织发展及规范中的行为制度是由中国国情决定的。中国地域广大、人口众多、很多地区交通不便,要使众多的纠纷都能及时地通过公力救济的途径解决,使人们的权利都能随时随地的受法律保护是不可能的。《中共中央国务院关于推进社会主义新农村建设的若干意见》明确提出:"积极引导和支持农民发展各类专业合作经济组织,加快立法进程,加大扶持力度,建立有利于农民合作经济组织发展的信贷、财税和登记等制度。"①在传统的合作经济中,政府往往既是引导者又是参加者,角色定位不清。借鉴国外政府促进农民合作经济组织发展的成功经验,中国政府角色应转化为服务型政府、宏观调控型政府。因此,不仅要进一步理顺管理体制,打破部门和地区壁垒,动员全社会支持合作经济组织发展,为农民合作经济组织的发展创造良好的外部环境,更要对农民合作经济组织的发展给予扶持和援助,引导和鼓励,支持农民发展合作事业。因此,中国的国情决定了必须建立政府在合作经济组织发展及规范中的行为制度,保障合作经济组织的发展不受公权力过多干涉同时也能得到公权力的救济和帮助。

第一,规范的行政管理制度。建立一套完善的监督管理制度,形成服务型管理是政府对合作经济组织实现管理的主要形式。回顾中国合作经济组织发展的风雨历程,我们很容易看到政府强势干预给合作经济组织发展带来的挫折。目前,对合作经济组织的行政干预仍然存在,这种行政干预不仅影响了合作经济组织的发展空间而且提高了合作经济组织的进入成本,乃至很多合作经济组织成为行政的附属。因此,首先必须形成规范的监督管理制度,改变政府传统的行政管理模式,让政府从直接介入微观经济活动中解脱出来,转而为合作经济组织的发展提供制度和政策支持与服务;强化合作经济组织的民主、自愿原则,完善各项监督措施,鼓励私人企业参与合作经济组织建立,与政府部门开展适度竞争,而政府部门也应适时从合作经济组织的组建中退出,成为合作经济组织运行之中的裁判员而非运动员,逐渐从行政干预转到宏观协调与规范服务中来,制定和落实各种优惠扶持政策,从税收、信贷、技术等方面加以支持。其次要通过完善质量标准体系、检验检测体系和信息服务体系,引导、监督合作经济组织严格遵守国家的农产品质量标准,鼓励合作经济组织引导和带动农民实施标准化生产,通过制定标准、加强监督检查、提供完善的信息服务来引导合作经济组织的发展。

---

① 参见《中共中央国务院关于推进社会主义新农村建设的若干意见》。

第二,合理的协调示范制度。合作经济组织的发展涉及财政、金融、工商、税收等多个部门,中国各部门之间的条块分割和部门壁垒现象,很大程度上阻碍了合作经济组织的发展。为了促进中国合作经济组织的健康稳定发展,应制定合理的协调示范制度,强化政府的综合服务职能,协调各部门利益,打破部门壁垒和条块分割,理顺各部门之间的关系。政府各部门之间应该密切配合,协调联动,要让利于农民,还利于农民,要通过建立适应市场经济的审批机制、简洁高效的工作程序来促进农民合作经济组织的健康有序发展。要提高基层干部对农民合作经济组织发展的重要性的认识,调动基层干部的积极性和主动性,投身到合作经济组织的建设中去,真正做到为民谋福利。当然在合作经济组织的发展中政府起着主导作用,但这不是意味着政府可以干预合作经济组织的活动,政府职能部门的作用是为农民服务,并对其发展加以引导和规范。政府还应发挥科技示范作用。科学技术是推动农村经济发展的强大力量,高产优质高效的农业生产技术、节本增效技术、农产品精深加工和综合利用技术、生态环境建设技术等都能有效推进农业现代化的进程。目前,中国分散的农户和正处于发展初期的农民合作经济组织都不具备推广与实施这些高新技术的条件,迫切需要政府进行科技示范和引导。政府在科技示范中的作用主要是增加科技示范经费,组织创办农业科技示范基地,提供技术服务等。此外,各级政府可以选择合作经济组织建立比较早且发展相对完善的地区作为典型,通过示范推广,使周围地区尽快走上合作经济的道路。

第三,权衡的政策倾斜制度。考虑到中国农民合作经济组织发展还处在初期阶段,作为宏观调控主体的政府,应发挥"有形的手"的作用,在农民合作经济组织的发展及规范过程中,应在利益权衡的基础上做到对农民合作经济组织的政策倾斜和扶持。中央和省、市政府要根据《中共中央关于全面深化改革若干重大问题的决定》中有关健全城乡发展一体化体制机制的总体要求,针对农民合作经济组织的发展,进一步出台配套的支持政策。

这些支持政策主要包括政策支持、资金支持、信贷支持、税收扶持、科技支持和人才支持。其一,政策支持。促进农民合作经济组织发展的政策制定应该根据当地实际进行,把发展合作经济组织纳入执行农村经济政策的体系中,并列入政府工作重要议事日程中。应明确合作经济组织在解决"三农"问题中的重要地位,把支持和引导农民合作经济组织的发展作为各级政府重要的政策选择并列入国家宏观经济规划。制订发展规划和指导计划,强化各级领导干部的责任,广泛宣传,积极引导,培植典型。其二,资金支持。鉴于当前国家财力所限,政府财政支持应主要着眼于国家重点农业工程和项目。一是根据 WTO 规则,积极贯彻落实农业补贴的"绿箱政策",将财政支农资金重点用于合作经济组织的山、水、林、田、路的综合治理和农用机械设备的购置,改善生产条件,增加农业生产的后备力量。二是设立农民合作经济组织发展基金,以周转金的形式支持合作经济组织的发展。三是把奖励资金列入财政预算,对发展较好的合作经济组织给予奖励和表彰,并作为典型予以宣传。四是对技术、良种推广和产业化在资金上给予重点支持。其三,信贷支持。新型农村金融机构是农村金融市场的新生代力量,以村镇银行为主导的新型农村金融机构为农村金融发展带来强大的推动力,应当通过国家政策进行大力支持促进金融机构内部协调。加大政策扶持力度,实行差别化的监督政策。另外,由政府出面积极协调农村信用社、中国农业银行和中国农业发展银行等金融组织的关系,调整信贷结构,降低信贷门槛,并放宽贷款条件,支持农民合作经济组织的生产和经营(李长健、朱梓萁,2006)。通过宏观调控和经济性原则,控制农村资金外流,并加大农村信贷资金的注入。其四,税收扶持。农民合作经济组织是一个特殊的企业法人,因其主要经营农产品或与农业有关的产品或服务,获得的比较利益相对较低。税收是一个调节收入分配的杠杆,因此对农民合作经济组织的税收不能等同于纯工商企业的税收,应根据不同情况实施不同的税收政策,总体构思就是实行零税负或低税负,包括对农民合作经济组织销售的自产农产品减税;对农民合作经济组织为农业生产提供技术或劳务所获得的收入免征所得税;对依托农民合作经济组织举办的农副产品加工项目,给予税收减免的待遇等措施。其五,科技支持。现代社会科学技术是第一生产力,农民经济合作组织的发展壮大离不开科技的支持,要走科技兴农的现代化道路,以科技支撑农业供给侧结构性改革。农民合作社既是农民利益的代表,也是现代农业产业技术创新转化的主体。它有利于转变农业经营方式、整合科技资源、加速科技传播、推进农业科技产业化。合作社模式是在农户不完全具备市场主体的条件下进行农业科技成果推广转化的主流模式之一,应以"农业科技成果+示范产区+专业合作社+合作示范户"的形式为特征(李湘玲,2012)。农业科技成果的转化需要政策和经济的保障支持,作为新型的农业经济组织,农民合作社的发展一直都得到了各级政府的高度关注(朴繁,2015)。"中央一号文件"明确指出,要充分发挥农民专业合作社组织在应用先进技术、发展现代农业等方面的积极作用(2012),要"扩大科技项目由合作社承担的规模"(2013)。《国家林业局关于促进农民林业专业合作社发展的指导意见》中,要求积极支持林业专业合作社承担林业工程建设项目和扶持合作社的基础设施建设,鼓励有条件的农民林业专业合作社承担科技推广技术。推动农业向高端化、集聚化、融合化、绿色化方面发展;加强基层科技创新能力建设;强化科技扶贫精准脱贫,把科技扶贫摆在科技工作重中之重的位置。其六,人才支持。全面提高合作社经营管理人员的政治道德和科学文化素质,是合作社可持续发展的基础和关键。2009年"中央一号文件"提出加强合作社人员培训,其中明确人才培养对象主要为合作社管理负责人,将辅导员纳入范围之内(张静,2016),加大对农民合作社负责人或带头人以及辅导员的教育培训力度,重点培训种养业能手、科技带头人、农村经纪人和专业合作组织领办人等(2008)。中国开启了农业人才支撑计划,每年培养1500名合作社带头人,并鼓励年轻人才参与、创办农民专业合作社(2011)。2016年,"中央一号文件"第一次明确了具体的时间节点,要求通过5年时间使新型农业经营主体的带头人基本得到培训。党的十九大报告提出要"加强农村基层基础工作,培养造就一支懂农业、爱农村、爱农民的'三农'工作队伍"。农民经济合作组织要发展壮大,"三农"工作队伍必不可少,政府要加大对农业涉农人才的培养和发展,通过各种手段鼓励涉农人才,促进农民经济合作组织的可持续发展。

(三)赋予合作经济组织以保护农民权益的职责制度

虽然《中华人民共和国农业法》第七十七条规定:"农民或者农业生产经营组织为维护自身的合法权益,有向各级人民政府及其有关部门反映情况和提出合法要求的权利,人民政府及其有关部门对农民或者农业生产经营组织提出的合理要求,应当按照国家规定及时给予答复。"实际上这一规定的可操作性很差。农民作为个体更是势单力薄,现实中许多农民集体上访都无功而返,充分说明了这一问题。因此有必要像维护消费者权益那样,建立相应利益表达机制和维护机制,要让农民自己说话。有学者提出应建立真正的农民组织,我们表示赞同,无论其名称如何,它首先必须是维护农民合法权益的组织。

建立农民权益保护组织的好处有二:其一,农民权益保护组织具有代表农民维护其权利的职责,农民的合法请求和愿望容易通过秩序化的渠道得到表达,突发事件便可以得到缓冲和调解,这比空喊保护农民权益的效果要好得多;其二,农民更容易信赖维护自身权益的组织,农民能够充分表达自己的意见,权利受损的农民依靠该保护组织敢于通过法律手段维护自己的合法权利,另一方面它还可以防范农民受到各种谣言和邪教的蛊惑,有助于整个社会的团结和稳定。

三、农民合作经济组织发展的风险化解机制

化解农业风险是所有发达国家促进农业发展的手段。国际农业保险主要有社会保障型模式,政策优惠模式,国家和私营、政府和民间相互联系的双轨制农业保险保障体系模式,民间非营利团体经营而由政府补贴和再保险扶持模式等。无论何种农业保险,一般都是政府性保险,并实行自愿保险与强制保险相结合。中国的农业保险仍然是政府指导下的商业行为,应适时将之纳入国家的农业政策支持体系。

第一,实行政府为主体力量,政策性和商业性统一协调的农业保险体系。改变现有的商业保险公司承办农业保险的状况,将农业保险过渡为政府对农业进行支持和保护的农业公共政策工具,使农业保险真正的实现承担农业多重风险甚至一切风险的普惠性精神。由政府主办并设立相关农业保险机构的经营模式,改变原有的商业保险的趋利性,过渡到政策性保险。第二,丰富政策性农业保险险种,以此拉动农业保险的有效需求。第三,健全农业保险相关的法律法规,从制度上规范农业保险,从而使农业保险有规可循。

首先,建立和健全地方性农业保险组织体系,国家鼓励保险机构为农民经济合作组织提供多种形式的农业保险服务。在建立地方性农业保险组织体系时要注重,结合商业保险,实行非营利性的政策性经营。其次,引导建立农业互助保险组织,鼓励农民经济合作组织依法开展互助保险。互助合作保险可在比较大的范围内组织和实施大规模的防灾增益及农业新技术、新品种的推广应用。在互助合作保险的基础上,政府为其提供再保险。合作保险加再保险模式既能够充分调动保险人与被保险人的积极性,又能在较大范围和程度上分散风险,既能缓解政府财政压力,又能有效为新型合作组织提供风险保

障。再次,健全农业政策性保险体系及政策。一是实行政府为主体力量,实行政策性和商业性统一协调的农业保险体系。改变现有的商业保险公司承办农业保险的状况,将农业保险过渡为政府对农业进行支持和保护的农业公共政策工具,使农业保险真正的实现承担农业多重风险甚至一切风险的普惠性精神。由政府主办并设立相关农业保险机构的经营模式,改变原有的商业保险的趋利性,过渡到政策性保险。二是健全农业保险相关的法律法规,丰富政策性农业保险险种,以此拉动农业保险的有效需求。最后,建立与完善政策性再保险与风险准备基金的风险安全屏障机制。一是建立来源充足稳定、运转规范的农业风险准备基金制度。风险准备基金是实施保险补偿职能的经济基础,农业保险安全有效运转有赖于风险基金制度的完善。按照"政策扶持、多方筹集、封闭使用、统一监管"原则,建立多级次农业保险准备基金。其中,由中央与省级财政补贴及重点政策性险种分出保费组成全国性风险准备基金;由地方财政补贴与一般政策性险种分出保费组成省级或区域性风险准备基金;非政策性险种则按商业保险方式筹集风险准备金,所有准备基金实行定向支出、节余滚存、封闭运转和统一管理。二是再保险。再保险既能扩大风险连保面,在全国范围内分摊风险,又是政策引导调节市场供求的间接扶持与调控手段,要建立政策性机构或委托代理专营、国家统一管理的农业再保险制度,将政策性险种纳入法定再保险,并按需区别不同险种的再保险比例。再保险保障资金除原保险的分出保费外,不足部分由财政补贴。

第七章　农民合作经济组织
发展的多维度保障

第一节　农民合作经济组织发展的多元主体保障

一、政府主导:以政府为主导保障其有序发展

在保护农民权益、促进合作经济组织发展中,政府占据主导地位,发挥着重要的作用。政府制定保护农民权益的政策和法规,其不但是这些政策和法规的实施者,而且还是各种与农民权益相关的经济活动的组织者、参加者、管理者以及各种利益关系的协调者。在农民权益保护方面,政府作用的发挥至关重要。首先,保护农民权益是各级政府的重要责任。一方面,长期以来,农民权益保护机制的缺失,造成了农民权益得不到很好的维护,解铃还须系铃人,这在很大程度上还需要依靠政府来解决,需要政府不断完善这方面的制度安排;另一方面,政府作为公共权力组织必须面对社会公共问题并予以解决。其次,政府在保护农民权益方面具有先天的优势。政府作为一个相对强势的集团,掌握着完善的政治资源(例如宪法秩序、权力、权威、组织,等等)和技术手段,在制度配置与完善方面政府具有很大的优越性。有学者通过在江苏省对 412 户农户的调查,认为农户对合作经济组织的低认知程度和高协调成本阻碍了合作经济组织的发展,很难通过农户的自发组织行为来促进合作经济组织的发展,合作经济组织的发展亟须政府的支持。政府主体作为法律保障模式的主导力量,今后要进行以下几个方面的转变。

第一,政府需要转变观念,对合作经济组织的作用和功能重新定位,认识到合作经济组织不是依附于政府靠政府财政供养的官方组织。合作经济组织的产生和发展能够有效弥补政府在有些职能上的不足,合作经济组织可以在农村社会治理领域发挥重要作用,把政府从复杂的农村社会管理事务中解放

出来,让政府把主要精力集中于宏观调控。社会主义新农村建设的实践历程表明,合作经济组织要发展壮大,必须得到广大农民的大力支持和农户的广泛参与。只有广大农民群众积极参与,才能真正形成合作经济组织蓬勃发展的格局。

第二,政府要加快职能转变的步伐,把一些不属于政府的职能分离出来,由各种社会组织承担原来由政府包揽的部分社会公益事业和社会事务职能。基于此,政府应当理顺与合作经济组织的关系,让合作经济组织充分发挥其服务与中介职能,使合作经济组织能够在农村经济发展中更好地发挥作用,成为促进农村经济发展、稳定农村社会关系的重要力量。考察农村实际,在中国广大农村地区,村民基层自治组织因为其在经济上依附于政府,而并没有真正达到村民自治的效果,在一定程度上仍然是具有某种行政职能的"政府机关"。政府在现代社会中无疑是一个权力巨人,但仍然不能避免在视觉上出现盲点和决策上的失误,追求绝对的控制权和完美的治理权十分容易陷入误区。政府失灵在社会治理中经常出现,明智的政府应该意识到这一点并尽量避免失灵,给予公民一定范围内选择的自由,由人民群众发挥聪明才智实施自治,顺应"小政府,大社会"的社会发展潮流,减轻政府的担子,让公民参与社会治理,也有利于激发社会发展的活力,可以加快社会主义现代化建设的步伐。

第三,当前中国合作经济组织发展的制度环境存在法律体系不健全、法律法规欠缺以及法律位阶相对较低等诸多问题,政府应该在充分考虑当前合作经济组织发展需求的前提下,尽快对现行法律法规进行补充、调整和修改,完善合作经济组织法律体系,为其发展提供坚实的法律保障基础。合作经济组织发展的前提必须以法律为保障,这个是必然的。中国作为世界上富有特色的社会主义法治国家,长期坚持在党的领导下实践依法治国方略,以建设伟大的社会主义法治社会。坚持用法律制度来调整社会生活的重要领域,重要事情都要纳入法治轨道。合作经济组织方面的法律制度体系已经基本形成,但是还是不够健全,我们要坚持在实践基础上对其不断加以完善的基本方针,努力将合作经济组织的整体环境建设好,为农民群众的互相合作发展、联合自强之路打下坚实的基础,最终解决好"三农"问题。

第四,政府在引导合作经济组织发展的过程中,一方面应当指导合作经济组织逐步建立自律和他律机制,建立内部章程审核制度,建立健全内部管理制度;另一方面,政府应该通过行政监督、社会监督和新闻舆论监督,规范合作经济组织行为,使其逐步走向成熟。

第五,政府要根据合作经济组织的特点,加快对相关的税收优惠政策、财政制度、人事制度以及社会保障等配套改革,为农民专业合作经济组织的发展创造良好的社会环境和政策环境。合作经济组织是一个现代化组织,其建设与发展必须向现代化组织标准看齐,问题是如何提高农民群众的思想觉悟与教育水平,让他们逐步意识到自身的不足并加以改进,以适应现代社会发展快速的节奏与知识更新的频率。政府可以充分发挥其教育资源优势,进一步普及基础教育,推广农村职业教育,培育现代化新型农民,使得农民能够自觉地组织起来走联合自强的道路,既可以减轻政府的压力,也可以减轻社会的负担,更可以避免人力资源的巨大浪费,从而充分发挥中国人力资源优势,促进经济社会全面发展。

二、农民主体:以农民为主体保障其自主发展

在农民合作经济组织发展法律保障模式的主体架构中,农民应该是主体力量。落实法律保障模式在实践的具体运用中,无论是农民权益保护方面,还是合作经济组织发展方面,都离不开广大农民群体的积极参与。具体而言,从市场的投资者、经营者、消费者和劳动者等方面看,市场经济的特点、农民自身的问题和有关农民主体制度上的缺失,使农民主体在生产、交换、分配、消费等环节上都存在权益缺失现象。如生产环节经营自主权的不落实,交换环节的价格歧视或其他主体的垄断或非规范行为等,国民收入再分配时的话语权不强,消费成本高、消费质量低和消费能力不足等均是阻碍农民市场主体地位完善的因素。因此在农民合作经济组织发展法律保障模式的主体架构中,要重视农民主体作用的发挥,重视农民经济利益和经营自主权,保护农民的财产权利,提升农民自我发展、自我保护的能力。第一,政府要开展大规模农村劳动力技能培训,整合农村各种教育资源,将农村劳动力培训经费纳入预算,不断加大投入,加快建立政府扶助、面向市场、多元办学的培训机制,发展农村职业教育和成人教育,提升农民整体素质,培养造就有文化、懂技术、会经营的新型农民,这不仅是农民权益保护的重要内容,同时也是合作经济组织发展的迫切需要。第二,要继续支持对新型农民进行科技培训,提高农民务农技能,促进科学种田的推广。第三,扩大农村劳动力转移培训的阳光工程实施规模,提高补助标准,增强农民转产、转岗就业的能力。开展农村劳动力技能培训的关键还是在于政府的重视与投入,农村社会经济基础薄弱,社会组织程度低,第三种力量在农村社会还是比较少的,多元的思路固然好,问题是如何落实。农村最大的优势在于人力资源,农村最大的浪费也正在于人力资源,农民作为一个人数最大的群体,却成为中国社会最大的弱势群体,这个现象是需要我们认真思考的问题。

在这个过程中,各级政府要坚持资金投入与科教投入并重、实践支持与制度供给并重、共同发展与壮大中产阶层并重、阶段发展与可持续协调发展并重的原则,促进农民主体的完善,从而建立保护农民权益的长效制度机制,真正解放和发展农民,真正解放和发展农业生产力,促进农村社会的平稳与繁荣,促进城乡协调发展。切实做到保障农民权益,促进合作经济组织发展。

三、企业牵引:以农业企业为牵引保障其高效发展

在农业产业化过程中,农业企业要牢牢抓住党中央国务院高度重视"三农"工作、农业农村经济转型升级和城市化进程不断加快和后金融危机时期企业重组变革的重大机遇,积极进取,不断壮大,为合作经济组织的发展提供可持续的推动力量,力争在中国现代农业建设中有更大作为。要大力发展综合性农业类企业,使农业企业成为乡镇企业的龙头企业。农业企业作为保障合作经济组织发展的推动力量,必须立足"三农",发挥优势,面向广大农村与合作经济组织,回馈"三农"。在推进合作经济组织"走出去"战略方面,农业企业也要发挥自身的优势,努力探索企业服务合作经济组织和"三农"的新途径,发挥农业企业在农村与合作经济组织建设中应有的影响力、控制力和带动力,为发展现代农业、促进农民增收作出重要贡献,为保障农产品供给、支持国家宏观调控发挥突出作用。

目前,中国总体上已进入加快改造传统农业、走中国特色农业现代化道路的关键时刻,但中国现代农业企业发展仍处于初级阶段,数量不足、实力不强、水平不高的问题还很突出,尚不能很好满足现代农业发展与合作经济组织建设的需要。对此,要充分发挥农业企业在合作经济组织建设中的作用,必须采取相应的措施。首先,强化农业企业的责任。农业企业在中国农业现代化进

程中肩负重大使命和责任。建设现代农业,发展现代合作经济组织,迫切需要农业龙头企业充分利用其在资金、技术、管理等方面的优势,积极发挥示范、引领和推动作用。特别是一些大型农业企业,一定要进一步增强责任感和历史使命感,在取得现有成绩的基础上,为促进农业农村经济发展发挥更大作用,作出更大贡献。其次,农业企业应抓住机遇,趁势而上。无论从中国农业发展水平和所处的阶段看,还是从中国农产品市场需求看,农业企业具有巨大的发展空间。作为民族企业,更要牢牢抓住这个机遇,积极进取,做好推进农业龙头企业建设、发展现代农业这篇大文章。再次,农业企业要做大做强。经济全球化背景下市场开放程度不断提高,农业企业要发展壮大,必须不断提升自身能力,特别是提升核心竞争力。要高度重视技术研发,加强产、学、研结合,提高自主创新能力,克服薄弱环节。要特别注重品牌建设,加强监管,保证质量,不断增强企业的市场竞争力和带动农户能力。要创新利益联结机制,坚持经济效益和社会效益并重,积极履行企业社会责任,坚持在服务农业、富裕农民中求得自身发展。最后,农业企业应坚持定位,壮大主业。作为服务农村,推动合作经济组织发展的企业,农业企业的主体业务应该是与中国现代农业建设、提高中国农业竞争力有关的战略性领域,尤其是在农产品生产加工业、渔业、重大动物疫病疫苗生产供应,拓展农资连锁、农业保险等新型农业社会化服务业,从而推动合作经济组织的不断发展和成熟。

四、农场依托:以家庭农场为依托保障其特色发展

2008 年党的十七届三中全会报告第一次将家庭农场作为农业规模经营主体之一提出。2013 年"中央一号文件"再次提到家庭农场,使得家庭农场这一体现农业经济特色的主体呈现出日趋白热化的发展态势,对发展现代农业、增强农业发展活力具有重要意义。2017 年"中央一号文件"将"完善家庭农场认定办法,扶持规模适度的家庭农场"作为重要的政策安排。家庭农场一方面可以提高农业生产效率。其主要成员为家庭成员,对农场的经营活动有充分的积极性,雇工相对较少,缩减了对雇工进行管理的代理成本;进行适度规模经营,将零散化土地整合起来,统一经营管理,提高农业资源配置效率,实现生产活动的规模效应,提高土地产出率。家庭农场的机械化、专业化水平较高,也促进了土地生产率的提高(岳正华、杨建利,2013)。另一方面,可以促

进新型职业农民的发展（Sippel、Sarah Ruth，2016）。家庭农场要实现可持续发展，就需要先进的技术、高素质的管理人才和经营人员，这就对农业生产者提出了新的要求。势必要吸引一些有能力、高素质的农业生产者回乡进行农场运作。对这部分经营者，有必要加强培训和管理，促使其尽快转变成为新型职业农民。

家庭农场目前面临着法律主体界定模糊、设立条件不够完善①、法律规范与政策支持失衡、退出与监管机制不健全等问题。对此，应积极采取措施，保障家庭农场的特色发展。第一，要明确家庭农场的法律主体地位。对于规模较小的家庭农场，将其登记为个体工商户或是个人独资企业。个体工商户是基于个人或家庭成员个体劳动并带有简单协作的初级经营组织形式。个人独资企业较之个体工商户更复杂，但二者并没有摆脱自然人投资主体、非法人性以及无限责任等共同特点。对于小规模的家庭农场来说，其从事的经营活动基本以单一类型的种植业为主，成员之间分工不明确，组织化程度低，比较适合登记为个体工商户或个人独资企业。如登记为个体工商户，则应按照我国《个体工商户条例》办理设立登记；如登记为个人独资企业，则按照《中华人民共和国个人独资企业法》办理登记。对于规模较大的家庭农场，应鼓励其登记为企业法人。企业法人的组织成本低，实行有限责任和法人人格独立。大规模的家庭农场雇佣的工人较多，并且经营活动复杂，登记为企业法人有利于明确分工，提高效率。同时，企业法人的有限责任为农场主提供了一种稳定的预期，有利于投资者的投资，法人人格独立意味着法人组织与个体成员的分离，有利于保持家庭农场经营的独立性、稳定性和长期性。

第二，优化家庭农场的设立条件。首先是家庭农场设立条件中的户籍要求，应将条件进行适当放宽，吸收城市中的返乡创业人员和剩余资金，以弥补农场的资金缺口和人才缺口。一些地方如山东②已经开始了试点。其次是设

---

① 2013年《农业部通知》提出了七点要求，这是目前我国唯一一个关于家庭农场成立条件的统一规定，也是家庭农场成立的最低条件。但是这些条件是用"通知"公布的，效力较低，且内容有不合理之处。

② 《山东省家庭农场登记管理办法》中就规定：以家庭或家庭成员为主要投资、经营者，通过经营自有或租赁他人承包的耕地、林地、山地、滩涂、水域等，从事适度规模化、集约化、商品化农、林、牧、渔业生产经营的，可以依法登记为家庭农场，取消了对经营者的户籍要求。该办法同时取消了土地相对集中连片的要求。

立条件中的量化指标。为避免家庭农场因成员构成而被限制,应取消对家庭农场雇佣工人比例的规定,只要保证了农场的所有权和决策权均由一个家庭控制,那么即使家庭农场雇佣工人再多,也不会对家庭农场性质造成影响。关于家庭农场的收入构成,放宽家庭农场的农业净收入占总收益的80%以上的限制,根据不同地区的具体情况,酌情增减该收益比例。家庭农场的主营业务收入应是农业收入,但这并不要求每个农场的成员全都从事农业生产经营。

第三,完善家庭农场的法律规范。家庭农场发展的初期,需要大量的政策进行引导、推动,鼓励其不断发展,但当政策相对稳定以后,就需要将其上升为法律来加强监督和管理。并且,法律规范的完善也有利于家庭农场自身的长远发展。但是单独为家庭农场制定单行法受到现实条件的制约,可行性不高。制定法律需要大量的人力、物力和财力,目前很难抽出足够的立法资源来单独制定一部家庭农场法。可以将有关家庭农场的法律规范纳入农业法或农业组织法体系中,以法律中的若干章节来代替单行法律,以法律具体内容而非经营主体外在形式为方向指引,来加强对家庭农场生产经营的规范。这样既节约了立法资源,也同样起到规制家庭农场、保障家庭农场长远发展的目的。

第四,健全家庭农场的市场退出和监管机制。对于家庭农场的退出,可分为自愿退出和被迫退出两种情况。自愿退出机制中,农场主按照章程或是有关文件,自主决定是否解散家庭农场,体现了家庭农场的经营自主权。决定解散后,根据家庭农场的组织形式来进行清算,并向农业行政部门报告,注销家庭农场在工商行政部门处的登记。被迫退出机制多半产生于家庭农场遭遇重大灾害无力维持或是因违反法律法规而被迫取消家庭农场资格的情况。对于被迫退出的家庭农场,程序应类比自愿退出机制。引导农场有序退出市场的过程中,要注意处理好农场主、雇工以及原土地承包方之间的利益冲突。农场退出后,对于剩余的土地本身即属于原农场主所有的,继续归其所有;对于原农场主经流转得到的土地,由原农场主和原土地承包方进行协商,决定是终止土地流转协议,土地归还给原承包方,还是由原农场主将流转得到的土地再流转给其他主体。在家庭农场的监管机制中,家庭农场的注册登记、市场交易和竞争行为由工商行政部门进行监管,定期年审和动态综合考核则由农业行政部门监管。年审每年一次,对家庭农场的生产经营情况、生态保护情况、是否符合设立条件等方面进行全面考查,对不符合条件的家庭农场限期整改,对严重违反规定,达到退出条件的,强制其退出。同时,建立健全农场的退出档案,将曾因违反规定而被迫退出市场的家庭农场登记造册,终生禁止其返回市场。

五、合作社为基础:以农民专业合作社为基础形式保障其多样发展

2007年到2013年,"中央一号文件"关于农民专业合作社的定位一直是"经营主体",到2013年,农民专业合作社定位从"经营主体"上升为"基本主体""新型主体""有效载体",2014年被定位为"新型农业经营主体",2016年被进一步定位为"新型农业服务主体",体现了其对发展农村集体经济的重要拉动作用以及创新农村社会管理的促进作用。农民专业合作社为农民合作经济组织的主要形式,在发展过程中仍面临着内外部管理不规范、合作社融资难、农民参与合作社的热情不高、合作社具有企业家精神的领导者缺乏,因此为了充分发挥农民专业合作社的组织和服务功能,保障农民合作经济组织的多样发展,今后应该进行以下几个方面的转变。

第一,规范农民专业合作社内部治理;农民专业合作社内部管理不规范是制约合作社发展的重要因素之一,尤其是对于新成立不久的合作社,日常事务的管理多依靠民间组织或临时成立的部门,缺乏正式的管理部门,导致合作社的发展缺乏合理、有效的机制(曹海林,2012)。基于此,规范农民专业合作社内部治理首先应该建立完整的合作社内部治理章程,各类专业合作社在成立之初必须立足于实际制定切实可行的章程,并在之后的实践中不断完善提高;并在此基础上提高管理层的综合素质和管理水平,注重对合作社领导层在专业管理知识、组织能力、领导艺术等方面的培训。其次,要完善农民专业合作社的运营机制和内部治理结构,在合作社的决策机制上,落实成员(代表)大会制度和投票表决制度,在"一人一票制"的基础上考虑不同股份投入对合作社重大决策的影响比重。此外,创新农民专业合作社的激励机制,充分发挥政府机构以及监察部门的作用,对外利用行政力量监督、激励合作社的经营管理行为,对内注重对管理层的考核来激发管理者工作的责任感和使命感;同时,对于普通成员,通过发放股金证、设立股金账等形式调动和激发社员的入社积极性。

第二,完善农民合作社盈余分配;一部分合作社在发展初期阶段各项制度尚不完善,合作社本身的经营收入也较少,无论是管理者还是社员的利益分配都没有得到足够重视;造成现实操作中合作社利益分配不合理、缺乏正式的分配机制、分配比例确定较随意、合作社内部会计处理不规范、监督机制不健全等问题;在实际操作过程中有必要完善、落实合作社盈余分配机制。首先,按照相关法律法规的要求优先弥补亏损,在合作社税款缴纳和亏损弥补之后再进行利益分配,以保持合作社的正常运行和可持续发展。其次,各合作社在运行过程中应注重包括提取公积金、风险基金等在内的公共积累,为合作社功能拓展和规模扩张奠定物质基础。再次,严格盈余返还,明确成员与合作社的交易量,在公开返还比例的基础上,严格按照规定比例返还盈余,并积极探索采用累进制的交易分配制度,提高合作社盈余返还的公正性和科学性。

第三,创新农民专业合作社信贷融资;资金是保障合作社正常开展经济活动、实现持续发展的第一要素;当前大部分农民专业合作社在发展过程中面临着贷款难、渠道窄、担保难等问题,使农民专业合作社依靠现有渠道难以筹集到足够的资金保障合作社的进一步发展(苏昕等,2012)。因此,有必要创新农民专业合作社的融资机制,在传统融资方式的基础上大力改革创新,通过开展合作社之间的联保贷款来共同融资,在培养合作社之间合作、互助意识的同时,拓宽资金来源渠道,为农民专业合作社的发展提供坚实的物质基础;同时完善农村金融的发展,发挥商业银行、村镇银行、资金互助社、小额贷款公司等各类组织机构对农村发展的促进作用;此外,各级政府可以从财政扶持合作社的专项资金中,拿出一部分来成立专门的合作社贷款担保基金推进农民合作社的发展。

第四,强化农民专业合作社人才支撑;农民专业合作社中的精英群体一方面与村民有着天然的紧密联系,另一方面对政策的熟悉程度和理解能力优于一般农民,多种优势使这些精英在农村经济发展中起着承上启下的重要作用。因此要重视对这一群体的培养和培训工作,首先,全面提高合作社经营管理人员的政治道德和科学文化素质,并加强对合作社负责人、财务人员和合作社内部成员的培训;注重应用互联网技术,通过电脑、手机等设备,搭建网络培训平台,帮助合作社负责人和社员打破时间、空间限制,随时随地进行学习和交流(于金富,2014);此外,广泛开展多种形式的下乡活动,组织专家、学者以及在校大学生就近开展实践活动,帮助农民解决生产、运营、管理等方面的现实问题,并围绕各自产业发展需求,设置培训专业和课程,采用工学结合、农学交替等方式,更好地完成教育培训任务。

第二节　农民合作经济组织内部规范
运作的多元制度保障

"规范是为了促进,不是为了限制"(白剑,2018)。当前,中国合作经济组织内部规范运作还存在着诸多问题,主要表现为:第一,代理机制的缺失。其代理人很多情况下是合作经济组织的初始委托人。合作经济组织发展早期,在选择合作经济组织代理人时,政府部门要么自己担任,要么选择自己的"关系户"为代理人,这样代理人的行为目标不是最终委托人的利益,而是为满足代位委托人的偏好,损害了最终委托人的利益。第二,民主决策机制的缺乏。在合作经济组织发展初期,合作经济组织规模不大,"一人一票"的决策方式基本适应合作经济组织的经营决策要求。然而随着合作经济组织规模的扩大,进行全员民主管理不太现实,合作经济组织经营管理更加依赖于专业人员。但是,如果组织的经营管理权被控制在少数管理人员手中,也会削弱了民主管理的监督作用。第三,长效激励机制的缺乏。合作经济组织实行"一人一票"的决策机制,在一定程度上实现了民主决策的目的,但是却不利于吸引外来资本加盟,以及吸引和留住有能力经营合作经济组织的精英人才。同时由于合作经济组织对社员的长效激励不够,成员在加入合作经济组织所得到的回报与预期的回报存在差距,致使后期成员的积极性迅速下降导致工作效率的低下。第四,有效监督机制的空缺。在合作经济组织的发展过程中,所有权和经营权会逐渐分离,会出现社员与经营者之间的"信息不对称"。再加上农民是弱势群体,普遍缺乏对经营者进行监督的意识和能力,容易造成监督机制的失效。第五,分配制度不科学。合作经济组织科学合理的分配制度体系应该包括股息、股金分红、利润返还以及预先提留的公益金、风险基金、救济基金、公积金、发展基金等公共积累。合作经济组织分配制度的核心原则是利润返还原则。但是中国一些合作经济组织在借鉴国外合作组织发展经验时,直接将国际经典合作社的利润分配原则中的依据交易额(量)进行利润分配的方式移植过来使用,并未考虑到中国实际国情和合作经济组织的发展现状。这种"拿来方式"并不有利于中国合作经济组织的健康发展。

内部运作存在问题必然会影响合作经济组织的运行绩效,影响合作经济组织未来长效的发展。对此,有必要对组织内部运作的核心问题施以制度的保障,以优化合作经济组织内部治理机制,规范其运作与可持续发展。主要从以下方面着手。

一、重大事项的决策:社员代表大会制度

首先,需要进一步完善社员代表大会制度。实践中多数农民合作经济组织成员大会形同虚设,因此保障成员民主参与成员大会的权利,进一步完善成员大会制度,才能确保成员大会职权的充分发挥。成员代表大会制度的建立,"可以减少农民合作经济组织进行重大决议时所需要协调的人数,降低了会议的组织成本和时间成本,有利于避免中小社员'搭便车'的现象"。有助于降低合作经济组织重大决议需要协调的人数,有利于成员民主管理的实现。世界各国合作经济组织立法通常对成员代表大会作出具体规定。如《德国工商业与经济合作社法》第43a条规定,如果合作经济组织社员超过150人,社章可以规定社员大会由社员代表组成代表大会;每一位具有完全行为能力的,并且不属于董事会或监事会成员的自然人社员都可以被选举为社员代表,如果合作社社员为法人或人合公司,则被赋予法人或人合公司法定代表权的自然人可以被选为社员代表。代表大会至少由75名经社员选举产生的代表组成,社员代表不能由代理人代理,社员代表不能被赋予复数表决权;社员代表通过共同的、直接的、平等的和不记名的选举产生,任何代表的任期都不能超过其任职之后的第四个营业年度的董事会成员和监事会成员免责作出决议之代表大会结束之时(王保树,2007)。《瑞士债法典》第116条规定,合作社社员超过三百人或者合作社内部大部分社员又构成合作社的,经章程规定,可授权代表大会代理全部或者部分社员大会权力;代表大会的构成、选举办法及召集应当由合作社章程规定;章程如无相反规定,代表大会的每一位代表享有一个投票权(吴兆祥等译,2002)。尽管我国还没有《农民合作经济组织法》,但我国的《农民专业合作社法》第三十二条规定,农民专业合作社成员超过150人的,可以按照章程规定设立成员代表大会。成员代表大会按照章程规定可以行使成员大会的部分或者全部职权。此款规定过于粗陋,对合作社成员代表的产生方式、人数要求、任职资格、任职期限等具体操作程序未有任何提及,使

该项制度如空中楼阁,在具体实践中缺乏可操作性。因此,在合作社法中应当明确规定:社员代表由全体成员民主选举产生;每一位具有完全行为能力,并且不属于理事会或监事会成员的自然人成员都可以被选举为社员代表,如果合作社社员为企业、事业单位或社会团体等组织,则被赋予企业、事业单位或社会团体法定代表权的自然人可以被选为成员代表;成员代表大会由至少占成员总数的成员代表组成;成员代表不能由代理人代理。成员代表的任职期限及职权则交由合作社章程加以规定。

其次,还需要建立完善的表决权行使的委托代理制度。原则上,社员大会应当由社员本人亲自参加,当出现本人无法参加的情形,则可允许其委托代理人通过履行相关的手续后出席。设立此制度的目的在于保护社员的合法权益,从而使得某些社员因可理解的原因无法亲自参加大会却以另一种方式行使表决权的程序。因普通成员行使表决权的积极性整体不高,法律法规也尽可能地设置相关的程序规范鼓励社员在大会中行使表决权。据此,可在合作社法中进行如下设定:成员或其法定代表人可以委托代理人出席成员大会,代理人应当向农民专业合作社提交书面的成员授权委托书,并在授权范围内行使表决权。代理人不能代理两个以上的成员。另外在合作社章程中可以规定代理人的条件,尤其可以排除向出于业务关系而希望行使表决权之人员授予代理权。

最后,完善对成员权利的救济。社员代表大会也是各利益主体之间进行利益博弈的结果,在利益的驱动下,社员代表大会有时会出现内容、程序违法或违背合作社章程的情况,损害合作社或社员的合法权益。此类存在某些瑕疵的决议,应当设立相应的司法救济制度。因此,应当通过立法赋予合作社社员更广泛的权利,包括查阅权、建议权、质询权,特别是对成员大会决议违法时的撤销权。当成员大会、董事会决议违反法律、行政法规,侵犯社员合法权益的,社员有权向人民法院提起要求停止该违法行为和侵害行为的诉讼。

二、部分重要事务的拟定:理事会制度与激励措施

我国还尚未制定农民合作经济组织法,但相关的农民专业合作社法也仍然没有明确规定理事会的职权,使得实践中理事会和成员大会的职权界限模糊,因此理事会制度完善非常重要。其制度完善的主要内容从如下三个方面进行:第一,界定好理事会权限。成员大会是农民合作经济组织的最高权力机关享有重大事项的决策权,而理事会出于经营管理需要可以就部分重大事项享有拟定权,但不享有决策权。理事会的职权应当包括:负责召集成员大会,并向成员大会报告工作;执行成员大会的决议;制定农民合作经济组织经营计划和投资方案;制定合作社年度业务报告、盈余分配和亏损处理方案;决定农民合作经济组织成员入社、退社等成员变动事项;决定合作组织内部管理机构的设置;聘任或者解聘合作社经营管理人员和专业技术人员;制定合作组织的基本管理制度。第二,完善理事任职资格的规定。理事作为合作社日常经营管理的重要环节,其个人素质的高低决定了农民合作经济组织事业经营的成败。因此,借鉴公司立法对董事、监事、经理任职资格规定的经验,对合作经济组织理事任职资格也应作出相应规范。一是要求具有完全民事行为能力的人担任理事,二是要求具有良好的道德品行,如禁止因犯有贪污、贿赂、侵占财产、挪用财产罪或者破坏社会主义经济秩序罪,被判处刑罚,执行期满未逾五年的人担任理事。另外,由于我国政府在合作经济组织发展中的引导扶持作用,政府与合作社关系非常紧密,然而过度干涉反而容易影响合作经济组织的正常发展。因此在处理政府与合作社的关系问题时,应当禁止国家公务人员兼任合作经济组织的理事、监事、经理。第三,优化理事会成员结构。由于农民合作经济组织的核心成员往往具有丰富的生产管理经验和市场运作经验,拥有一定的社会关系资源,其当选为理事的概率远远大于普通成员。这种结构堵塞了中小成员有效监督代理人行为的渠道,为避免"内部人控制"现象的发生,合作组织章程应当规定投资额和生产规模较小的农户(普通社员)在理事会中占有一定的比例,这样就确保普通成员在理事会中也有自己的代表,得以充分利用理事会这个机构表达自己的要求和意见,不仅有可能影响合作社的经营决策和分配政策,而且有利于减少合作经济组织的管理者采取机会主义行为的可能性。

对于农民合作经济组织的内部激励这一重要的组织内部事务,常常会采取物质激励与精神激励相结合的内部激励制度。一方面合作经济组织激励机制的缺失会严重影响管理人员管理的积极性,容易造成以权谋私现象的泛滥,还会影响广大成员参与组织活动的积极性,造成合作经济组织运行效率低下,利益流失严重。因此,合作经济组织应重视并加强对内部全体成员的激励。

根据目前中国合作经济组织发展现状和合作经济组织内部运行现状,以及合作经济组织成员收入状况与当前中国人均收入状况来比较分析,对合作经济组织成员进行物质激励是提高合作经济组织成员积极性,提高合作经济组织工作效率的一个重要手段。充分利用合作经济组织的盈余,优化合作经济组织盈余分配制度,运用按比例分配、按股分红以及奖金薪酬等多种方式加强对合作经济组织内部成员的物质激励力度。"不患寡而患不均",在建立激励机制时应注重公平,尽可能考虑到每位成员的需求和贡献。同时,各地区合作经济组织可以根据各地的经济发展水平及合作经济组织发展的实际情况来制定一套适合自身的激励制度,以满足社员发展并促进合作经济组织健康发展。另一方面,作为"社会人"不仅有物质上的需要,还应有精神上的追求。针对中国农村文化氛围比较淡漠、合作经济组织管理人员参加各种文化活动的机会有限的情况,加强对合作经济组织管理人员精神方面的激励也是必不可少的。一方面,加强宣传教育,重视对合作经济组织内部文化的培育,加强组织成员间的向心力;另一方面,加大对管理人员管理策略以及成员专业技能的培训。

三、财产与利益:法人财产权与利益分配制度

法人拥有独立的财产是大陆法系法人制度的题中应有之义,农民合作经济组织作为我国法律承认的法人,毫无疑问享有独立的财产。社员通过以出资合作社的方式,一方面向合作社让渡了其财产权;另一方面也取得了以交易权、盈余返还请求权等为内容的社员权。由于社员出资类型的多样化和自由化,农民合作经济组织的财产可能由社员的现金出资、实物、技术出资、土地承包经营权出资组成,这些形形色色的各种财产构成的集合体用所有权的概念已无法涵盖,社员所有权抑或合作社所有权都无法解释农民合作经济组织财产的性质。如果法律据此作出强制性的单一规定,必将对合作组织社员的出资及开展生产经营活动带来极大的困难。不仅剥夺了社员在入社时可以灵活出资的自由,而且在社员出资财产仍然归属社员所有的情况下,势必对合作社经营的目的事业造成不利后果。可见,清晰、明了的合作组织法人财产权的概念,可以更好地适用于农民合作组织的财产定性问题。因此,应当在相应的法律文件中明确因农民合作经济组织的法人地位而所具有独立的法人财产,享

有法人财产权,合作经济组织以其全部财产对组织的债务承担责任。

如何使得合作经济组织实现的利益最大限度地惠及全体成员也是一项值得着重探究的问题,其中所涉及的利益分配制度则显得尤为重要。目前合作经济组织的分配方式主要有按交易额与按股份分配相结合以及完全的按股份分配。随着合作经济组织的不断发展,大多数合作经济组织将不再是完全劳动的结合,而是劳动与资本的结合。因此,利润分配方式也应该体现这个特征,即合作经济组织的利润分配方式应当是按交易额与按股份分配相结合。其次是完全的按股份分配。少数发达国家的合作组织已经实现了完全的按股份分配的利润分配方式,当然这种分配方式需要满足一定的条件。但随着经济的持续发展,在一些经济发达的地区尝试此种分配方式也是可行的。在利益分配制度方面,可以对合作组织的管理者实行目标责任制。合作组织聘请经营者和工作人员,给予相应的报酬,同时受聘者有经营和管理好合作经济组织,完成经营目标的责任。合作经济组织实行经营管理者工资实现与经济效益挂钩,对管理者的分配方式实行年薪制。为提高管理者的责任心,受聘者在签订聘任合同时,应交一部分经营风险抵押金。对合作经济组织的普通成员,坚持公平优先兼顾效率的原则,在保证对成员分配公平的基础上,也要积极采取更加高效的措施,保证合作经济组织效率和生产力水平。

四、决策程序:决策权的分配、执行、监督和评价

中国农民合作经济组织要维持有序运行,理性的决策非常重要。但当前,合作经济组织的普通成员往往由于获取信息成本过高、自身能力不足等因素而无法进行最终决策,决策权一般掌握在少数核心成员也即管理层的手中。但对这些管理层而言,其追求"自身利益最大化"的本性会使得他们关注个人利益的获取甚于合作经济组织整体利益的保障,并忽视众多普通成员的利益。因此,要保证合作经济组织决策制定的合理性以及决策实施的高效性,就要对合作经济组织决策程序进行规范治理。主要包括以下程序。

第一,决策权分配。治理决策程序,首先需对决策权进行合理配置。充分尊重合作经济组织全体成员的利益,对其意愿进行最大限度的采纳,保证全体成员拥有合作经济组织内的最高决策权。目前合作经济组织成员实现决策权的途径主要是通过投票进行,按照"一人一票"制度,根据成员数量的多寡,表

达对决策的支持与否,充分顾及了每一位成员的想法,较为符合中国现有国情,在一个较长的时期内仍应作为合作经济组织决策的主要方式。但同时,顾虑到一些合作经济组织吸引外来资本加盟的需要,也应对资本较雄厚,对合作经济组织能够起到有效拉动作用的成员进行决策权的适当偏重,实行"一人多票"的决策方式。理事和经理作为合作经济组织的管理人员,其决策权的范畴一般由合作经济组织的章程确定,但总体来看,决策权的位阶低于全体成员意愿的组合,更多是对合作经济组织日常较重要事项的决策。监事作为监督人员,不能直接参与合作经济组织的决策,不享有决策权。

第二,决策权执行。在合理分配决策权的基础之上,要保证决策权的顺利执行。由于将所有合作经济组织成员聚在一起召开成员大会成本较高,在日常的事务处理中往往是理事或者经理进行决策。考虑到合作经济组织的内部治理以及外部环境的复杂性,理事和经理在执行决策权时就注意在内协调好合作经济组织管理层和监督机构的关系以及管理层和普通成员的关系,在外协调好合作经济组织与其他经济组织、政府机构的关系。当确有重大事件需要召开成员大会进行集体表决时,要保障每一位成员的表达权利,严格按照"一人一票"或是"一人多票"的形式进行投票表决。为了避免管理层借助权力对普通成员进行施压,可以规定成员的退出条件,作为对管理人员的约束。

第三,决策权监督。要保证决策程序的公正合理,应对决策权实施的过程进行监督和保障。监事会是合作经济组织重要的监督机构,对合作经济组织的管理人员可以起到约束和警示作用。在决策权执行的过程中,要保持监事会的完整和独立,充分发挥监事的作用,将监事分离出决策权实施的范畴,保持监事的中立性,对管理人员实施决策权进行观测和监督,避免管理人员以权谋私,利用职务便利谋取私利,保证合作经济组织决策实施的公平性。

第四,决策权评价。为确保决策程序的高效、合理,应对决策权实施的结果进行定期评价。通过及时完整的记录以及运用专业技术方法对决策权实施后的实施效果以及后续发展状况进行全方位的评估,及时发现决策不当以及决策失效等问题,总结决策权实施成功或者失败的经验教训,进行完善的备案处理,为后续决策的制定提供参考。

五、监督机制:监事会制度

因合作社的管理者并不拥有剩余索取权,因而通过改善管理所得到的收益不可能资本化为管理者的个人财产,这就导致了投机取巧行为比之其他类型的组织更易发生。可见,合作社监督机关的产生自是必然。与其他经济组织相比,合作社为减少管理者的机会主义而致使监督成本较高,这可以从合作社周密的监督制度来印证。因此各国毫无例外地均在合作社法中设立监督机关,旨在实现合作社内部的权力制衡。合作经济组织监事会的职能是负责对合作经济组织的重大战略规划和决策的监督以及选择、评价和监督经营者。因此,在合作经济组织中应该强制设立专门的监督机构——监事会,作为监督管理人员履行其忠实勤勉职责和法定义务,抑制合作经济组织不法行为的发生。监事会对合作经济组织的优化监督主要体现为:一方面,监事会对合作经济组织的重大战略规划和决策的考察和监督;另一方面,监事会对经营者的管理绩效进行评价和监督。在目前的合作经济组织的内部治理模式中,要真正发挥监事会的作用,必须明确监事会监督经营管理人员的职责,保持监事会的独立性,防止"内部人控制",明确监事会制约大股东,维护合作经济组织的整体利益,特别是中小股东的合法权益,同时充分有效地实施信息披露制度。

实践中,我国现有的关于合作社法对于监事会的相关规定过于随意,将其设为任意机关,这使得实践中合作社内部发展过程中监督机制的缺失,监事机关的监督职能根本无法有效发挥。因此对于合作社监事会制度的完善,首先便是将监事会作为法定机关进行设立,明确规定农民专业合作社设立监事或监事会的强制性。其次,还应进一步明确监事会的职权,使其监督职能的发挥更加精准、有效。法律中可以明确规定执行监事或监事会行使下列职权:一是监督合作社的财务枪口;二是对理事、经理执行合作社业务时违反法律、法规或者合作社章程的行为进行监督;三是当理事和经理的行为损害合作社利益时,要求理事和经理予以纠正;四是提起召开临时成员大会;五是合作社章程规定的其他监督职权。再次,对监事会的召开和表决的程序也应当作出规定,由合作社法或章程加以约定。一般认为,监事会由监事会主席召集,有半数以上监事出席,方能开会;出席会议的监事半数以上同意,才能决议。最后,对监事的任职资格作出规定。对监事任职资格的要求同等于理事,即上文所述要求具有完全民事行为能力且具有良好的道德品行的人,方能履行好监事的义务与责任。

此外,还应培养社员之间的监督意识。即对合作经济组织的监督在依靠监事会职能的基础之上,努力提升全体社员的监督意识,使每一个社员都参与到组织的日常运行中,保障社员的利益不受损害。在提高合作经济组织社员监督意识时应当把教育、制度同监督结合起来;加强社员监督,推行企务公开,不断完善社员大会的监督职能;应重视党组织建设,对于重大问题的民主决策,即涉及生产经营和合作经济组织改革的重大决策,应该召开全体社员大会;应坚持领导干部定期述职制度,对领导干部进行全面考核,实行民主评议;应重视财务监督,合作经济组织必须健全会计监督制度,提高会计监督水平,对违反财务制度和财经纪律、贪污受贿、挪用公款、侵占公物的行为给予抵制和揭发。

第三节　农民合作经济组织外部发展的多种培育

一、优化政府扶持,创造发展环境

农民合作经济组织虽然是由农民共同出资、共担风险、共享受益而自发组织起来的,实行"民有、民管、民享"原则并为其成员提供生产经营服务,具有一定程度自治与自主的民主理念,但农民合作经济组织的有效运行和健康发展均离不开政府的引导和扶持。尤其是目前我国合作经济组织处于初期发展阶段,一方面农民合作经济组织规范化程度较低、发展面临资金短缺和融资不畅、社员和管理者素质偏低、高素质人才短缺;另一方面我国在很长一段时间内农民合作经济组织相关法律法规的缺位和政府在农民专业合作经济组织发展过程中角色的缺失,都在很大程度上影响了我国农民合作经济组织的健康发展。政府各部门应加大对合作经济组织的服务和扶持力度,坚持立法先行,认真贯彻《中华人民共和国农民专业合作社法》的同时,完善各种配套制度措施,并通过各部门之间通力协作,为合作经济组织发展构建平台,提供保障,促进其健康、快速地发展。

第一,财政、金融等重点部门的支持工作。保障农民合作经济组织正常运行的资金主要来自组织成员入社交纳的股金、社会各级组织机构的援助性资金以及向银行的贷款;组织成员入社的股金并不都是以货币资金的形式交纳,也有社员通过库房、农机具、运输或加工设备等实物入股,并且这一部分资金份额非常小,以社员的基本股为例,基本股的农民入社必须交纳的费用,是合作社社员身份的象征,额度一般设定在 100—200 元之间;社会各级组织机构的援助性资金多为社会组织的一次性援助,社会机构自身性质和规模决定了这部分援助通常数额不大,并且带有极强的偶然性;最后银行的贷款本应该为农民合作经济组织提供较大的帮助,但银行贷款手续过于复杂,并且我国现有农民合作经济组织数量过于庞大、质量参差不齐也为银行等其他金融机构的贷款增加了难度。

鉴于此,财政、金融等部门应加大财政支农资金和农业信贷资金的投放力度,帮助解决资金"瓶颈",降低合作经济组织获取信贷的门槛、简化信贷手续,在获取信贷和偿还信贷方面优惠于一般工商企业,改革现有农村信用合作社,使它成为真正为农民服务的信用合作社,允许农民成立自己的合作银行,用于支持合作经济组织的发展。既可以规定财政、计划、银行、税务、信用社等部门安排低息或无息周转金贷款,扶持合作经济组织的发展,也可以采取无偿拨款的方式,更多地可采取贴息贷款或支持建立担保基金等形式。政府还可以以贴息方式提供专项信贷支持,以政府担保为前提,并创造宽松环境支持发展农村合作金融,同时可考虑设立合作经济组织建设专项扶持资金,纳入财政预算,专款用于教育培训、推广指导、贴息贷款和奖励等开支,考虑统筹扶贫资金、农业综合开发资金、农业产业化资金与其他支农资金等支持合作经济组织的发展。

第二,民政、工商等其他部门的协调配合。民政、工商部门应降低登记门槛,简化登记手续,帮助符合条件的合作经济组织登记办证,确立其法律地位;严格按照《中华人民共和国农民专业合作社法》在农民合作经济组织的设立和登记,成员,组织机构,财务管理,合并、分立、解散和清算,扶持政策,法律责任等方面的基本要求,准确把握相关法律的基本精神和内容,增强各级干部和工作人员的法治观念和法制意识,保障农民合法权益的实现(万江红、管珊,2014)。计划、扶贫、农业综合开发等部门应积极帮助合作经济组织申请立项,鼓励和支持符合条件和发展较好的农民合作经济组织作为项目的申报主体,在农业综合开发项目、农业基本设施建设项目、农产品优势产业、"一村一品"项目等农业财政扶持项目中,将农民合作经济组织作为优先扶持对象予以安排;并在项目可行性设计、审批、上报、建设等方面提供技术、资金扶持等有效服务。农业、林业、畜牧水产、经管、科协等部门应加强对合作经济组织的业务指导和技术指导,积极开展产销信息和技术培训方面的服务;同时,引导农民合作经济组织建立自己的品牌,走产业化经营道路,对尚未拥有自己品牌的合作组织,可在品牌创立后,通过多种多媒体渠道进行广泛宣传。交通、通信、水利等部门应加强农村道路、通信、水利等基础设施建设,改善农业生产的硬环境条件,努力提高农业综合生产能力;鼓励农业合作经济组织引进先进生产和加工设备,不断提高组织的综合竞争力。组织、人事、教育等部门应加强农村人才队伍建设,着重培养一批"懂技术、善经营、会管理"的带头人,提高合作经济组织管理人员的素质,整体提高合作经济组织的发展水平;定期开展农业技能培训帮助农民解决生产、经营过程中遇到的问题,通过制定激励措施引进外来人才,吸引高素质的农业人才致力于农民合作经济组织的健康、有序发展。

第三,在产业政策扶持方面,由于我国低附加值农产品数量较多、高附加值农产品数量较少,农业产业的总体竞争力远低于发达国家(Scott Roz-elle,2009);近年来随着经济发展进入新常态,带动我国产业发展进入追求质量、效益和高附加值的新阶段,包括经济体制改革在内的各项改革措施为产业发展营造了良好的市场化环境,人民日益提高的收入水平使得消费对经济增长的贡献率逐步提高,为产业发展带来诸多机遇;但是近几年由于适龄劳动力人口下降、用工成本上升,造成传统产业劳动力成本优势逐步丧失,并且面临着严峻的产业结构转型的挑战,原本竞争力就很薄弱的农业企业更是陷入了发展困境。

鉴于此,政府部门在制定农业发展规划、调整产业政策时,应征询合作经济组织的意见和建议,同时以市场为导向,及时了解国际和国内市场的最新动态和需求,加大对市场需求量较高的农产品的开发;注重以创新科技推动产业结构优化升级,推动农民合作经济组织由单纯追求数量向追求质量、效益和产业的可持续发展方向转移(王兴旺、张利库,2014);安排农业发展项目和扶持资金时,要把合作经济组织作为实施国家农业支持保护体系的重要方面和可以依托的组织资源,优先由合作经济组织承担或吸纳农户参与,予以农户资金支持和技术指导,加强农业科技创新和生产的有机结合,使农业科研成果能够有效地转化为现实的生产力,引导和推动农业产业结构朝着优质、高效型发展;国家应制定和完善相关的政策与法规,在对合作经济组织从事的科技推广、特色农产品注册等方面以及合作经济组织的相关基础设施方面予以支持。

第四,进一步完善农村信息网络基础设施的建设。在中国农村通信普及还不完全、整体信息网络还未建成的情况下,当务之急就是加大投资力度,因此信息网络基础建设必以政府为主导,各级政府部门要加强沟通与协调,建立一个以农业农村部及其系统为主体的跨部门、跨行业、跨地区、高效、权威的农业信息管理与协调的体系。政府有关部门和机构应向合作经济组织免费提供市场信息、贸易开拓、政策咨询等服务并加强政策引导、信息服务等公共平台建设,建立健全农产品和农用生产资料市场信息统计与发布系统,建立与各类合作经济组织的信息联系,及时、全面地为合作经济组织的经营提供必要的市场信息,支持合作经济组织提高经营管理水平和市场营销能力、建立风险防范和约束机制建设;通过整合各类农业信息资源,农业、林业、气象、广电部门加强沟通,及时将最新的信息资源反馈给基层组织和农民,努力提高农村信息化建设水平。

另外,建立相应的利益风险保障制度,筹措风险保障基金,用以补偿会员因不可预见因素造成的自然风险和市场风险。既可以从合作经济组织自身盈利中拿出一部分资金,政府补助一部分资金建立风险保障基金,也可以通过商业保险公司对会员的农业生产经营进行承保。积极借鉴国外经验,国家应为农民和合作经济组织提供农业保险,可通过涉农保险公司执行,提供的保险服务范围可涵盖种植、养殖等领域,保险责任包括干旱、洪涝、作物病虫害、禽畜疾病等。同时各地应因地制宜,加快制定推动合作经济组织发展的实施细则,有关部门要抓紧出台可行的财务审计制度和配套支持措施,建立和完善内部民主管理制度,建立健全合作经济组织公积金、公益金和风险保障金制度,保障合作经济组织持续、健康地发展。

二、完善经济体制,巩固主体地位

由于中国社会主义市场经济体制建立的时间相对较短,在许多方面还不完善,计划经济体制下的许多做法仍然制约着中国市场经济体制的正常、高效运转,特别是合作经济组织作为一种新生力量,在许多方面的发展还处于弱势地位,是否存在开放的、公正的市场经济体制环境,对其快速、健康发展尤为重要。因此,应打破现有的规则,在加强监管的基础上,形成自由竞争的局面,逐步取消各种专营,不断培育资金、劳力、土地、技术、信息等生产要素市场,推进合作经济组织市场主体地位的巩固和发展。加强市场制度与市场组织的建设,具体而言,可以从以下几方面进行。

第一,规范农产品批发市场。农产品批发市场不仅是农产品变现的重要场所,还可以通过农产品的集散和销售形成价格市场,并促使农民根据市场的变化调节生产、更新品种、提高质量;同时,大型批发市场的出现也在一定程度上改变了我们农村分散的小规模生产方式,农产品在全国范围内的大流通促使农村规模化生产方式的出现,农户组织、生产基地、农业公司等新型组织层出不穷,并按照市场中的供需关系引导农民组织生产。不可忽视的是,目前我国农产品批发市场存在很大程度的发育不良问题:首先,较短时间内农产品批发市场如雨后春笋纷纷涌现,造成批发市场性质混乱;其次,批发市场相关法律法规出台的滞后性严重影响了批发市场交易的规范化程度,一些交易和管理制度的不完善也造成了市场中买卖双方的不平等。因此规范农产品批发市场对于我国农业产业化和国民经济的发展具有重要意义,我国有必要进一步明确农产品批发市场的公益性质,完善与农产品市场规范化发展相关的法律法规;在农产品批发市场的区域规划、财政投入、市场信息收集与发布、等级标准制度等方面制定明确的政策,并在逐步完善专业批发市场的前提下向期货市场过渡。统一规范市场交易法规,严格市场操作规范,鼓励合作经济组织成为市场主体,发展共同运销,以降低交易运销成本,促进农产品流通体系的健康发展。同时应逐步以县(市)农业技术服务部门为载体,积极探索公共服务体系与合作经济组织相连接的方式,为合作经济组织提供服务。

第二,支持农村市场的软、硬件建设。改革开放以来,我国农村市场从消费总额、多元主体、流通方式以及流通体系等方面都呈现出良好的发展态势,但伴随着经济发展的不断深入,城乡融合不断推进,我国农村市场体系的建设面临着新的问题,其中较突出的是农村市场中物流体系、信息平台建设、短期融资渠道等现代经营要素的缺乏,以及农村市场自身的弱质性、过重的赋税和房租、专业人才的缺乏等因素造成的市场中小企业巨大的生存压力;因此,有必要加强顶层设计,完善农村市场的各项软、硬件建设,其中软件建设包括完善交易规则、管理规则、商品卫生检疫标准等,对进入批发市场的交易者进行严格的资格审查,完善市场的准入制度,严令禁止场外交易,实现交易方式的规范化;硬件建设包括支持交通运输条件与仓储设施的改善,推广储藏保鲜技术等,建立高效的配送体系,提高农产品在市场上的流通效率。加大这两方面的建设有利于提高农产品的分级、包装、保鲜和贮运水平,在满足本地需求与国内需求的同时进一步开拓国际市场和增强出口产品的创汇能力。

第三,政府职能转变。农民合作经济组织在发展过程中离不开政府的扶持和引导,无论是从政策制定、资金支持还是监督管理方面,政府在其中都扮演着十分重要的角色。然而现实问题却是基层政府在农民专业合作组织发展过程中存在职能缺位,例如不深入实际开展调查、不注重挖掘本地区的特色优势,只是机械地执行上级的政策指令和行政意志。要真正为农民合作组织提供增效增收的长效机制,政府应从直接介入微观活动中解脱出来,给合作经济组织自由发展空间,让社员自由选择合适的合作经济组织,为合作经济组织建设与组织参与提供制度与政策服务。通过在市场用地、信贷、税收等方面制定优惠政策,土地流转制度对农民合作经济组织的组织化、规模化发展至关重要,政府有必要规范土地流转程序,加快土地流转方面政策法规的制定;此外,将市场经营交由民间的或独立的专业性公司,实行企业化管理。与此同时,推行拍卖等集合竞价方式,提高价格形成效率,减少因价格扭曲对生产者造成的损失。

三、注重宣传引导,营造良好氛围

合作经济组织是成员自愿入股入社建立起来的自我服务组织,农民合作经济组织在我国虽然经历了几十余年的发展,但仍然还有一部分农民对这种形式多样的新型组织并不是十分了解,有的农民认为农民合作经济组织与乡村集体经济组织一样,也有农民将农民合作经济组织等同于一般农业企业,这些片面的认识导致农民对当前的农民合作经济组织信心的缺失,严重制约了农民经济合作组织的发展;同时在农民合作经济组织方面,要使广大农民自愿加入,必须做好广泛、深入的宣传工作,这也是其他发达国家着重强调农民合作经济组织教育原则的重要原因,比如在日本,除了政府重视对合作人才的培养外,农协自身也有完整的教育体系。因此,为了做好合作经济组织的宣传和引导工作,中国合作经济组织的主管部门应从以下几个方面展开工作。

首先,要培育合作经济组织发展主体的"合作"精神。单个的农民经济合作组织规模较小、组织的辐射能力有限,难以形成广泛的影响力和号召力,要提高合作经济组织的竞争力,一种较为有效的方式就是引导农业经济合作组织开展多种形式的合作:在农民经济合作组织发展较成熟的地方,鼓励乡镇范围内经营同一类产品的组织联合,统一产品的市场质量和销售价格,促进整个农产品生产、销售行业的健康、有序发展;小范围的合作经济组织联合模式取得成功后,可以以此为基础,建立区域综合性的联合组织,形成区域内较具竞争性的产业联盟。与此同时,还要从思想上提高农民对合作经济组织在新阶段农业和农村经济发展中的作用和地位的认识,增强进一步发展合作经济组织的紧迫感、责任感。从现实和长远的角度去认识合作经济组织的重要性、必要性,既要从各个方面支持合作经济组织的发展,又要积极稳妥地正确引导,帮助农民正确认识合作经济组织的性质、作用、原则,积极消除某些群众认为会重新走上人民公社的老路的疑虑,丧失生产经营自主权,进而"谈合色变"的"恐合"心理,调动广大干部群众参与合作经济组织建设的积极性,在全社会为合作经济组织的发展创造好氛围。各地广播、电视、报刊等新闻媒体应设立合作经济组织专栏,向农民介绍合作知识、介绍典型经验;主管机构应有组织地举办合作经济组织的宣传咨询活动,采取向农户分发合作知识小册子、散发传单及宣讲资料、刷墙体标语、悬挂横幅等形式,抓好合作知识的普及。

其次,大力推动各地区合作经济组织间的经验交流。发展合作经济组织并不能"闭门造车",而是应该采取"走出去,请进来"的方法,开展经验交流活动。要积极组织各地区农业农村部门的主管领导、农协骨干和农经干部赴各省市参观,学习先进经验,一起交流发展合作社的经验。要加强对发展合作经济组织各方面人才的培训,建立定期培训制度,强化合作经济组织、质量管理和经营业务培训,来培养高级技术人才和管理人才,逐步提高合作经济组织管理层人员整体素质和依法办事、照章理事的自觉性,增强合作经济组织的市场意识、合作意识、风险防范意识和法律意识。还要逐步加强与国内、国际的有关合作经济组织的研讨交流,提升合作经济组织的发展层次。可以考虑将合作经济组织相关的教育列入大学相关课程的范畴,特别是在农业大学,这非常重要,加强对基层合作经济组织负责人和管理经营人的知识培训,努力为农村建设一支高水平、知识丰富的企业家队伍。同时也可以在基层农技部门、农民中挖掘与培养一些懂技术、善经营、会管理、有威望、有奉献精神的组织带头人。

最后，要积极选择比较成功的典型进行宣传推广，总结经验。按照入社自愿、退社自由的原则，由农民在自觉自愿的基础上，创办、发展属于农民自己的真正意义上的合作经济组织，使农民真正感受到兴办合作经济组织的有利之处，用事实来说服农民，吸引农民，引导农民，为合作经济组织的发展打下良好的思想基础和群众基础。开展国家和省、市合作经济组织示范项目，使项目成为有组织制度、有合作手段、有较好规划、有明显效益的"四有"示范性合作经济组织，起到应有的示范与辐射作用。扶持新型农民合作经济组织健康发展的最有效途径就是先抓典型，开展试点示范，然后在巩固试点成果和总结经验的基础上，再逐步推开，稳步地、一批一批地办好新型农村合作经济组织，这样做既使得广大农民亲自体验或亲自看到参加新型农民合作经济组织的好处，从而调动更多农民参与的积极性，也使政府部门领导在实践中掌握指导新型农村合作经济组织发展的经验，然后再去指导实践，同时还可增加对有意兴办或参与新型农村合作经济组织的各种社会力量的吸引力。需要指出的是，在推广经验时，政府不能强迫，要以总结和宣传经验为重心，让农民自觉地接受这个新事物，自愿地选择各种发展类型，这样才最有生命力。

四、加强有效管理，强化监督制约

合作经济组织是一种新兴的市场主体，有效正确的管理可大大促进它的发展。按照合作经济组织的性质和作用，对合作经济组织的审批应在农业农村主管部门，法人登记在工商部门。各职能部门要具体明确各自的职责和权限，加强对合作经济组织的管理，规范其发展。作为一种微观组织，合作经济组织主要从事农业生产经营，利润比较低，社员又以农民为主，是弱势群众的集合，其生存能力受环境影响比较大。因此，应从保护合作经济组织的利益出发，严禁乱收费、乱罚款、乱集资、乱摊派现象的发生，打击各种不当竞争，保护合作经济组织的合法权益，让合作经济组织在优良的环境中发展壮大。必须充分发挥监督机制的作用，利用完善而公正的监督机制引导合作经济组织进行内部治理，使其走上规范、可持续发展的道路。不仅如此，还要完善合作经济组织的外部监督机制,形成内外合力监督。为了实现有效管理和发挥出制约性的监督作用,应从以下几个方面着手进行。

第一,应在合作经济组织的审批和登记上加强管理,必须根据相关法律的规定对合作经济组织的注册条件进行严格把关。针对法人类别的合作经济组织,在合作经济组织注册前可以由相关农业农村主管部门进行相关资料的审查,审查的形式不一定就是实质性审查,相关农业农村主管部门可以根据当地的实际情况采取不同的审查形式。然后登记机关还必须注意审查合作经济组织的章程,避免章程内容的显失公平。

第二,对合作经济组织的业务进行监管,指导合作经济组织按照登记的《章程》与认定的业务内容,合法经营,但政府不干预合作经济组织的具体经营事务,不任命或主导合作经济组织的人员安排。主要包括以下几个方面的监管内容:一是合作经济组织相关资金的使用情况;二是对合作经济组织相关经营信息的采集;三是对合作经济组织成就的奖惩;四是协调合作经济组织与其他相关部门的业务等等。

第三,对合作经济组织进行审计监督。农业行政管理部门特别是农村经营管理部门要主动承担起对合作经济组织的财务会计、财务管理、审计制度等建设工作,加强财务资产的审计监督力度,帮助合作经济组织建立监事会、设立专职监督员、强化成员的监督意识,健全内部监督机制。

五、建立全国性联盟,提高组织竞争力

在以往的合作经济组织发展中,中国的发展思路存在着一定缺陷,就是合作经济组织的建立和发展仅仅局限于农村基层。这种思路的问题在于,它忽视了合作制经济需要有外部物质能量作为第一推动力,在得到国家的公共资金资助的才有可能启动、维持和发展的状况。县乡一级的组织通常不可能具有这种宏观的思考,也不具备这样的财力、物力。

首先,建立全国性农业合作经济组织指标认证标准体系。20 世纪 80 年代中叶,日本的制度金融提供了农户贷款的 80%,其中,农协系统与财政资金各占一半(周玉梅,2006)。所以,建立全国性的合作经济组织体系,必须同时设计出国家财政支持合作经济组织体系的渠道和规则。国家应依据国际合作制原则设置一整套简明科学完整的指标认证体系,在各地开展合作经济组织

的培育和认证工作,依托农村社区组织,从上到下、从下到上建立合作经济组织体系。

其次,全国性农业合作经济组织要坚持"五个统一"。2006 年,河南兰考南马庄合作社成为中国第一个全国性农业合作经济组织。各地的一些公司企业也积极地参与兰考南马庄合作社的生产和销售,以合作的形式协助其进行全国性的统一管理、统一采购、统一技术、统一品牌和统一销售。兰考南马庄合作社出产的农产品直接通过消费合作社销售给市民,免除了各种中间环节,能让农民得到最大的利润。当然合作社在不断的发展过程中也暴露出不少的问题,需要在进一步的摸索进程中不断完善和进步。因此,全国性农业合作经济组织体系应有统一的管理机构,可以隶属于农业农村部。采购的方式也应该统一,统一技术有助于提高合作社对于农业发展的促进作用,统一品牌有利于提高农产品竞争力,提高农产品知名度,统一销售可以减少单个合作经济组织或者农户的销售成本。

最后,资金来源多元化。要建立全国性农业合作经济组织,资金的来源渠道应该多元化,一方面,可以由相应的合作经济组织成员交纳相应的费用;另一方面,政府也应对合作经济组织进行相应的补贴。除此之外,社会企业的捐助也可以成为全国合作经济组织资金来源的一个渠道。企业公益性的捐助,用来壮大全国性农业合作经济组织,反哺农业,充分发挥农业合作经济组织的功能。

第四节　农民合作经济组织发展的多维应对策略

一、强金融:农民合作经济组织运行与发展的经济基石

良好而完整的经济状况是农民合作经济组织发展的重要基础,是进行其他活动的前提条件。由于农民个体力量的薄弱以及农村地区发展的滞后,农民合作经济组织的经济条件始终不容乐观,资金供给大多来自政府支持,不利于组织的长期发展壮大。对此,有必要从财政扶持、金融建设方面加强对合作经济组织的资金支持,为合作经济组织的经济基础作出贡献。

在财政扶持方面,目前我国对农民合作经济组织的财政支持力度在不断加大,体现了中央对合作经济组织的重视程度,也从侧面反映了合作经济组织

在促进农村发展、实现农民富裕中的积极作用。鉴于农民合作经济组织自身发展尚未成熟,无法应对市场风险,同时也为抑制外来资本对合作经济组织资源的掠夺,应在一个相当长的时期内保持甚至加强对合作经济组织的财政扶持力度,在专项资金、财政补贴、税收优惠等方面实现政府的强效资金供给,为合作经济组织提供比较稳定的经济保障。

在金融建设方面,金融是一个国家经济的核心,没有金融的发展,国家经济的发展就无从说起。同理,离开金融谈农民合作经济组织发展,注定只能是空谈,合作金融也是合作经济最重要的因素,缺乏有效的金融合作与支持,合作经济组织的发展只能是无源之水。

第一,探索在合作经济组织成员内部开展资金互助,组建资金互助合作经济组织。单个农户或者合作经济组织成员的资金能力是有限的,在合作经济组织成员开展资金互助,可以避免因为资金少而不能进行合作经济组织经营的问题,最大限度地发挥了农户的合作功能,有利于实现大的收益。

第二,允许合作经济组织吸纳社会资金入股。在广大的农村社会,闲散的资金是有限的,也是比较少的,大部分资本是在城市间流动。要使合作经济组织得到快速发展,单靠农村资本远远不够。因此,必须允许合作经济组织吸纳社会资金入股,使得合作经济组织有较为充裕的资金发展自己,进而更大限度地实现农民的经济权益。

第三,允许农村合作经济组织以合作经济组织资产、农村四荒地和符合法律规定的集体土地使用权、地面附着物作价抵押贷款,或以其成员联保形式办理贷款手续。由于农民经济地位的弱势性,其所拥有的财产有限,因此其在合作经济组织中的财产也是有限的。这种金融举措还是为了使得合作经济组织有更多的资金发展自身,避免受到资金不足的限制。

第四,对合作经济组织进行信用等级评估,给予合理的授信额度。合作经济组织要得到长远的资金信赖和金融支持,逐步建立自己的信誉是十分重要的。合作经济组织可以与银行以及其他金融机构不断合作,银行和其他金融机构可以在考察合作经济组织信用的多种指标后,授予合作经济组织一定的信用额度。这样合作经济组织就可以在以后的融资过程中减少一些不必要的麻烦,而且还可以增加融资的数额。

第五,各级政策性担保平台,应将合作经济组织纳入担保范围,并加快

"村镇银行"的试点建设。合作经济组织在产生之初非常脆弱,生存力不强。政府理应为合作经济组织提供更多的担保,使其可以在复杂的市场经济条件下存活下来并不断壮大。除此之外,加快"村镇银行"建设,可以为合作经济组织发展提供专门的服务银行,合作经济组织可以利用"村镇银行"得到更多的便利来发展自己。

二、强法治:农民合作经济组织运行与发展的法律保障

农民合作经济组织的健康发展不仅需要从财政扶持、金融建设方面加强资金支持,也需要完善相关的法律法规,我国 2006 年颁布实施的《中华人民共和国农民专业合作社法》(2017 年修订)对规范农民合作经济组织的发展起到了巨大的促进作用;但新时期下农民合作经济组织的发展仍需要进一步完善有关农民合作经济组织的法律体系,尤其是要从基于民事责任的制度完善,以及基于维护自治权益的制度完善两方面出发,构建农民合作经济组织运行与发展的法律保障。

基于民事责任的合作经济组织责任制度完善分析,法律责任具有多元性的特点,责任主体对法律责任的种类、有无、大小有着十分密切的关系。概括来说,责任种类应包括刑事责任、行政责任和民事责任等完整责任体系的内容(针对"经济责任"问题,学界尚有一些争议。我们认为"经济责任"是一种独立的责任。经济责任与民事责任、行政责任应当是有区别的。基于经济责任理论研究尚处于发展阶段,所以本项目仍从传统责任的分类进行研究)。本研究在刑事责任和行政责任方面不多论述,仅就农民合作经济组织法中的民事责任进行必要的研究。

第一,责任归责原则方面。合作经济组织的责任归责原则应遵循法律责任归责的一般性原则,即责任法定原则、责任相当原则、因果联系原则以及责任自负原则(李长健,2005)。除此之外,对于能否采取责任约定原则,结合合作经济组织的发展实践,我们认为,在不违反法律规定的前提下,可以完善相关的责任制度安排,允许在合作经济组织内运用责任约定原则来进行归责。第二,责任主体与范围方面。从《中华人民共和国农民合作经济组织法》中可以看出,民事责任的主体范围主要包括:合作经济组织对投资者、债权人以及合作经济组织成员的民事责任;合作经济组织成员对投资者、合作经济组织的民事责任;合作经济组织的机构工作人员对合作经济组织成员、投资者、合作经济组织的民事法律责任;合作经济组织成员相互之间的民事法律责任。第三,责任形式方面。法律上的民事责任形式有多种,有着保证责任、两合责任、无限责任和有限责任之分。从理论上来讲,这些责任形式都可以配置在合作经济组织的民事责任制度中。从合作经济组织发展的历程来看,在发展初期,为了保证债权人的债权能得到清偿,一般采取无限责任的形式。随着合作经济组织发展后其组织发展能力和管理水平等的增强,一般都应用保证责任或有限责任的形式。世界各国相关立法实践大都采取无限责任、有限责任和保证责任等三种责任方式。我们认为:从中国农民合作经济组织发展的现状,鼓励农民组织起来和促进农民合作经济组织发展的目标来看,结合农民合作经济组织的本质特征,中国农民合作经济组织应采取与个人合伙企业不同的民事责任承担形式——有限责任。鉴于中国合作经济组织发展规模小、农业生产水平不高、小农占主体的客观实际,对合作经济组织和成员的民事责任承担形式可采取"双有限责任"形式。即一般而言,农民合作经济组织及其组织成员对外均承担有限责任。合作经济组织以其全部所有资产为限对外承担清偿责任,组织成员以其所认缴的股金或保证金为限,对合作经济组织的债务承担清偿责任。

基于维护自治权益的具体对策分析,合作经济组织是农民的自治组织,民主管理是合作经济组织的生命之所在,在实现民主管理的同时协调合作经济组织内部各种权力之间的关系,防止其滥用造成对农民权益的侵害。合作经济组织实现自治还应明确对内服务的理念与原则,对外参与市场竞争,不断提高自身的信誉,促进合作经济组织健康稳定发展。

其一,坚持民主管理,完善民主机制。民主管理是近现代合作制理论中的一个基本原则,也是现代合作制实践中的一项基本的制度安排。民主管理是合作经济组织的根本原则,实行民主选举、民主决策、民主管理和民主监督是合作经济组织运营过程中必备的条件。自主治理程度高的组织能更好地与其他资源配置机制进行多方面的合作,进而促进整个社会治理机制的完善。自治性合作经济组织必然是农民积极参与、谋求农民共同利益的组织。由于合作经济组织多为基层政府部门或者涉农企业或者大户牵头兴办的,这种准政府和准企业组织不是以谋取农民共同利益为最终目的,更多的是扮演着政府和企业延伸机构的角色,它们不是农民的自治组织,在代表农民利益、维护农民的权益方面的作用还较小,农民对此两类组织的信任度不高、参与度较低。整体而言,现阶段中国合作经济组织的自治化程度还不高,表现出对政府部门和对市场组织较强的依赖性,合作经济组织自治化程度需要通过自身的发展进一步加强。我们需要在合作经济组织里建立民主管理的长效机制上下功夫,引导合作经济组织在发展中不断优化内部运行机制,强化内部规范管理,为社会主义新农村的"民主管理"营造氛围。公民社会发展程度高的地区,社会较为平等,民主政治发展水平较高,公民积极参与社会政治生活,政治平等,社会团结,这些都为合作经济组织发展提供一些必备的社会条件。

其二,合理配置合作经济组织内部治理中的各种权力。合作经济组织从政府主导型向农民自治型转变的过程中,行政权力的主导地位是逐渐消退的,直到完全的自主治理,最终实现重大事务的自决。重大事务的决定应通过成员大会投票通过,且赞成票的票数应当远远高于人数最多的宗族的投票人数,这就可以遏制小集团不法人员的非法企图,最终达到自我管理的目的。合作经济组织内部治理中的各种权力主要包括以下基本自治权力:财务自主权、日常事务决策权、民主监督权、管理自主权。由于广大农民素质相对低下等现实性问题,合作经济组织容易出现个别决策人独断专行,重视短期效益而无视长期效益的情况,不利于合作经济组织的可持续发展。因此,合作经济组织建设应明确以经济效益、社会效益、生态效益统筹协调发展为目标,促进人与社会、人与自然的和谐发展。首先要制定科学合理的合作经济组织民主治理制度,强化运行程序。同时建立民主监督机制,实现合作经济组织治理透明化。其次,要不断提升农民的综合素质,强化农民的权利意识。最后,健全合作经济组织民主制度的有关法规和制度。针对各地合作经济组织发展状况的不平衡,以及由此产生的相关法规和制度不健全等问题,合作经济组织应该坚持在有关政策法规的基础上,健全事务公开制度,强化合作经济组织的监督制约机制,不断加强社员自治的法制建设,确保组织内部成员真正享有知情权、参与权、表达权、监督权。

其三,坚持对内提供服务对外参与竞争,完善信誉机制。合作经济组织对内要牢固树立服务意识,积极创造条件,为组织成员提供各种服务,不以营利为目的;对外要树立市场竞争意识,积极参与国际国内市场竞争,要提高农产品质量和附加值,实现利益最大化。同时,还应建立完善的信誉机制。在合作经济组织内部广泛开展"我为人人,人人为我"的合作制理念教育,培养社员的互助合作精神。在资金流通、运转秩序等方面建立起利益紧密、相互服务、相互支持的良好关系。在对外经营活动中,要履行合同,信守承诺,树立良好的社会信誉。

三、强文化:农民合作经济组织运行与发展的文化灵魂

"没有文化的军队,是愚蠢的军队"。同样不以文化为支撑的组织是难以持续发展、壮大的组织,任何一个组织必须充分发挥组织文化的灵魂作用,以组织文化激励和引导组织成员为组织的改革发展和稳定大局提供强有力的支撑;而农民合作经济组织发展过程中也应该着重以文化建设和人才建设两方面为抓手,来丰富农民合作经济组织运行与发展的文化灵魂。

加强合作经济组织文化建设;在社会主义新农村建设中,合作经济组织的发展离不开文化建设,充分发挥农村文化的整合功能和引导功能,使农民在合作经济组织发展中实现自身利益协调。首先,通过改变农民的传统思想、观念、习惯、行为方式等来促进农民权益的整合,并通过文化的整合、驱动和导向机制来实现农民利益的和谐。目前,中国农村文化不发达的现状制约了农村的发展和农民自身利益诉求的实现,大力发展先进的农村文化是促进中国农村发展和保障农民利益的根本要求。合作经济组织的长远发展,应着力寻求与当地文化的契合点。其次,在实践中,要努力发掘农村特色文化,建立农村文化品牌。政府在支持合作经济组织发展的同时,应当大力弘扬传统文化,对一些农村的仪式、风俗、习惯、信仰给予尊重,让这些传统优秀文化成为我们新农村建设的文化基础并发挥新的贡献和作用。健全合作经济组织的教育和培训制度。合作经济组织使个体农户联结成有力的群体。再次,要通过各种途径、利用各种形式在全社会搞好宣传活动,包括利用广播、电视、报纸、杂志等媒体工具,利用农村黑板报、村民会议等传统方式,向社会公众特别是广大农民宣传正确的合作思想,帮助他们逐步消除对合作经济的种种误解,并在此基础上树立正确的合作观,提高他们的合作积极性。在所有可以利用的宣传方法和途径中,尤其要重视典型合作经济组织的宣传作用,这种以感性认识为主的宣传对农民的合作意识的刺激往往是最深刻的,相对于其他形式的宣传来

说,可以起到事半功倍的作用。最后,各级政府尤其是县、乡(镇)两级基层政府应尽其所能地对农民进行合作运动的教育和培训,向他们介绍国外合作社运动的发展状况以及国内合作经济组织的成功经验,从历史和现实的角度分析新型合作经济组织应有的内涵,提高他们对合作经济组织的认识,增强他们的参与意识和民主管理意识,为合作经济组织的发展营造良好的社会氛围。通过培训使农户整体素质有所提高,除了外部的培训授课之外,内部农户之间也应经常进行及时的经验交流,有力地促进合作经济组织的发展。

加强合作经济组织人才建设:合作经济组织不仅承载了农业产业化的发展,也承载了对新型合作经济组织的人才培养。首先,以专业技术人员为主体,重组技术力量,形成整体合力,充分利用电子显示屏、触摸屏、科技农坊、在线网站、农情信息和各种专业合作经济组织等有效载体,组织广大农民深入开展学科技、讲科技、用科技的实践活动,加强对合作经济组织人才的培养和指导,从而带动合作经济组织的发展,促进农民增收致富。其次,分类确定培养方向和目标。将年龄在18—25岁之间的初、高中或中专毕业的回乡青年,列入后备农村人才培养;对25—35岁的从业青年农民,重点培养有一技之长的、并能向非农产业转移的专业技能型人才;对35—55岁的中、壮年农民,着重培养立足服务当地经济建设的实用技术型人才,做到因人制宜,因才施用。再次,建立适合合作经济组织发展实际的用人机制。经严格筛选后列为合作经济组织人才队伍的人员,一律实行聘任制,给他们下任务指标、压担子、挑重任,让这些上岗的"土专家"当好"二传手",成为活跃在农业生产第一线引导和指导农民大力发展农业经济的生力军。最后,建立合作经济组织人才激励机制。对聘用的合作经济组织人才在政治上享受村"两委"干部待遇,并按工作业绩考评结果兑现奖惩;在技术、项目、资金上给予优先安排和倾斜;在申报农民技术职称上,同等条件下予以优先评聘;在工作中表现突出、业绩显著的给予通报表彰,激发合作经济组织人才的工作热情。

四、强社会:农民合作经济组织运行与发展的社会枢纽

农民合作经济组织对于农民有系统、有组织接受先进农业发展理念和思路,密切小农户和大市场联系有极大的促进作用,而农民合作经济组织在发展过程中除了要依赖资金支持、法律保障、文化支撑外,必须还要有社会力量的

参与,无论是在合作联盟、社区发展,还是在城乡统筹、协调合作等方面,都应该采取配套措施健全农民合作经济组织运行与发展的社会枢纽。

(一)基于合作联盟建设的具体对策分析

当前,中国合作经济组织蓬勃发展,在提高农民组织化程度、推进农业产业化经营、完善农业社会化服务体系等方面发挥了重要作用,得到了中央和各级地方党委、政府的重视和支持。但从整体上看,合作经济组织还普遍存在规模小、实力弱、功能不强、管理不规范等问题,迫切需要在更大范围、更高层次上实行合作经济组织之间的联合与合作。合作经济组织联盟建设主要是加强合作经济组织之间互动,通过合作经济组织之间的资金、人才、农产品等资源的交换配置,充分发挥合作经济组织的"合作"功能,使农民经济利益实现最大化。

一方面,以农产品、社区等要素为基础,建立合作经济组织联盟。加强合作经济组织之间的组织建设,建立合作经济组织联盟,是农民合作经济组织顺应中国时代发展需求和经济全球化的必然选择。首先,合作经济组织联盟是各个合作经济组织自愿组成的共同体,它是合作经济组织在"合作"上发展的另一高级形式。合作经济组织联盟属非营利性、行业性合作经济组织。该联盟的宗旨应该体现为:农村资源互补、共同发展、保障行业公平竞争、建立行业服务标准、促进行业健康发展、维护组织会员合法权益。其次,加强合作经济组织不同农产品生产、不同社区、不同国家合作组织、其他农村相关组织的横向联合,加强农业技术、人才、活动的交流。发挥组织联盟内团体会员的各种资源优势,合理地进行资源整合。不断挖掘农民合作经济组织发展的区域潜力,提升农民合作经济组织在国内国际上的整体影响能力,从而提高农民合作经济组织的社会地位,最大限度地体现共享、互利、多赢的合作理念。合作经济组织联盟应以"合作经济组织1+1>10"为目标,不断增加自己的影响力,壮大自身实力,更好地为农民增收、农村发展服务。再次,合作经济组织联盟可以以农产品供应链为核心,开展农民合作经济组织农产品产销一体化经营。合作经济组织联盟"产销一体化"是以合作经济组织联营形式把一些合作经济组织和其他一些合作经济组织联合,形成垂直型销售系统。通过契约的关系规定了合作经济组织只能把农产品交给合作经济组织联盟销售,而作为合作经济组织联盟的中间商亦只能在销售系统里生产合作经济组织的农产品而不得销售系统外的农产品。各种合作经济组织的联合,目的是促进农产品的销售。"产销一体化"是市场竞争战略中"一体化"战略的重要组成部分。对于一个农产品生产者来说,"产销一体化"有助于合作经济组织的农民种植更多种类的农产品,同时也有利于摆脱农产品初级市场上的价格导向的竞争。除此之外,合作经济组织联盟建设离不开农村社区作用的发挥。由于农民受教育程度总体偏低、综合素质不高,这在世界范围内都是不争的事实。但中国农村的特点是农民总量多,人口比重也大。在这种情况下发展合作经济组织联盟首先要强调对农村社区成员的教育。不仅向农民灌输农业技术,更重要的是要帮助他们树立平等、互助、合作的价值观念,培养他们的参与意识、民主意识,把合作经济组织壮大的意识,为合作经济组织联盟的发展奠定基础。当前农村社区不是没有教育,而是社区教育缺乏实用性、形式主义严重,不能适应农村经济社会发展要求,农民参与度不高。强化农村社区教育,提高中国农民的组织化程度,是中国农村稳定和发展的重要措施。因此,合作经济组织联盟的建设也要以农村社区为依托。

另一方面,加强合作经济组织之间的国际化合作。当前,从全球来看,经济一体化不断加深,从中国来看,经济开放程度不断提高。因此,合作经济组织之间的国际化合作要顺应两大趋势:一是顺应全球经济一体化的趋势。二是顺应中国改革开放的趋势。首先,合作经济组织应加强同发展中国家合作经济组织之间的合作。由于同属于发展中国家,相互之间贸易壁垒较少,合作经济组织之间展开合作可以避免相互之间的资金、技术和基础设施不足的制约。合作经济组织之间可以把农业作为相互之间合作的重要内容。在此背景下,与发展中国家开展农业合作,相互之间传授农业技术和管理经验,可以实现互利共赢、共同发展。其次,合作经济组织应加强同发达国家合作经济组织之间的合作。由于发达国家合作经济组织成立较早,其组织自身的水平比较高,治理制度比较完善,与发达国家加强合作可以汲取他们合作经济组织建设的先进经验,弥补我们自身合作经济组织治理的不足。这种合作可以是多层次的,可以展开合作经济组织文化、合作经济组织经济、合作经济组织治理等方面的交流。

(二)基于社区发展的农民合作经济组织具体对策分析

总的来说,新农村社区的发展,需要农村各种专业合作经济组织的支持;

同样,农村各种专业合作经济组织的发展,也离不开新农村社区的依托。合作经济组织的发展与新农村社区发展是相互促进、相互服务的。在农民合作经济组织发展法律保障模式的主体架构中,新农村社区是农民权益法律保障模式的组织化载体,新农村社区能够提升农民的组织化程度,落实农民权益保护的实践功效。要在以下几个方面加强合作经济组织建设。

第一,增强新农村社区对合作经济组织的服务功能。传统合作经济组织的功能只在于产、供、销等中介服务,在增加农产品附加值和信息服务等方面做得不够。增加新农村社区的服务功能不仅可以产生更多的利益,而且可以提高合作经济组织对农民的吸引力和农民对组织的关注度,农民与其他成员之间的利益联系也会变得更加紧密,更利于农民之间利益上的联结。新农村社区的服务对象就是农民,社区可以通过各种途径吸引农民群众加入到合作经济组织中来,运用利益机制进行引导,在社区内建立和完善相应的诚信机制,让农民群众对合作经济组织放心。

第二,在新农村社区内设立合作经济组织的成员共同发展机制。合作经济组织缺乏相应的发展机制,造成了农民个人发展存在着困境,不仅不能推动合作经济组织的发展,而且还成为合作经济组织治理不断趋于理性的障碍,所以,必须在社区内建立和完善合作经济组织成员的共同发展机制。在社区内,应定期对合作经济组织成员加强合作理论知识的培训,进而提高组织成员的业务素养。在当前新农村建设的背景下,新农民首先应该是知识、文化上的新农民,其中合作经济组织的管理层特别需要学习相关管理知识,掌握对组织在形成期、发展期和成熟期应分别采取的不同治理模式和方法(江晓华等,2006)。众所周知,在知识经济时代和信息网络社会的今天,西方各国企业均提出建设学习型组织以适应时代潮流的需要。合作经济组织作为一个现代化组织必然要能适应于21世纪的时代环境,以建设学习型组织为目标,将组织的发展与农民的成长紧密联系起来,使得个人与组织水乳交融,和谐共生,这样的合作经济组织也才会更有活力。

第三,在新农村社区不断改进合作经济组织的分配制度。平衡合作经济组织对内公平与对外效率是分配制度最重要的制度。在新农村社区内,应该设立以交易返还为主与按股权分红为辅的制度,把一定比例的提留资金用于发展壮大合作经济组织和激励管理层,这有利于进一步解决合作经济组织发展资金不足的难题。不断改进合作经济组织的分配制度能够更好地发挥其利益调节的作用,但必须注意改进分配制度必须有一定的限度,不能违背合作经济组织发展的基本原则(江晓华、李长健等,2006)。

第四,在新农村社区内创建合作经济组织的关系产权的协调机制。在农村现实生活中,对于产权问题常常是模糊的、不确定的、象征性的,并还会在谈判与博弈过程中被不断地界定。我们认为,产权不仅仅是一种权利还是一种关系。此种关系产权的观点给我们在新农村社区内完善合作经济组织现有的产权制度提供了新的思路,我们在明确产权明晰与独立的原则下,也要关注产权自身所承载的关系,建立产权控制者间的利益协调、关联机制,努力协调农户与合作经济组织、合作经济组织与其他主体之间的产权关系,建立和完善关系产权获取资源的法定渠道,提高合作经济组织的市场化程度来缩小关系产权的广度(江晓华、李长健等,2006)。

(三)基于城乡统筹的农民合作经济组织发展对策分析

对中国农业和农村发展来讲,一个关键的事实是,中国农户规模小,在生产上获益的潜力比较弱,城乡差距日益扩大,农民成为社会的弱势阶层,我们研究农业与农村发展,就是研究怎么给农民找一个长远的出路,告诉他们这种情况是可以改变的。我们把重心放在了农民合作经济组织体系的建设上。统筹城乡发展,必须调动各方力量,协调各类主体,整合各种资源,全方位地配置和构建对农业、农村发展的支持、保护、服务的载体,形成"统筹"合力。合作经济组织就是这样一个具有为农服务的独特优势和新生气象的组织载体,在统筹城乡发展中,通过各类农民合作经济组织的作用,把城市与乡村要素、城市与乡村产业、城市与乡村市场联结,一方面将城市的资本、技术、管理和农用物资、工副食品引入农村;另一方面,将农村的农产品引入城市,把千家万户的农民与千变万化的市场联结起来,把千家万户的居民与千姿百态的消费联结起来,有效促进城乡生产要素的流动重组和物资交流,从而推动城乡经济渗透、融合和互动。

首先,工商登记。简化工商登记手续,可以允许合作经济组织凭借村组盖章证明的《社员花名册》办理合作经济组织工商登记,允许合作经济组织相互之间的联合或跨区域联合,登记组建合作经济组织联盟。免费办理"登报公告"和"核名查询",并不强烈要求加入合作经济组织。放宽合作经济组织成员范围,可以允许一些城镇职工和居民、大中专毕业生、下岗工人领办和参与合作经济组织发展。放宽经营范围,允许合作经济组织自主选择农产品以及农业生产和生活资料等经营服务项目。允许并支持合作经济组织直接向农贸市场、超市配送农产品,发展农村连锁经营、电子商务等现代流通业务。其次,土地使用。对合作经济组织修建养殖场、加工厂、农产品交易市场、科研推广设施和管理房屋等用地,可以视为农业用地,允许合作经济组织承租农民流转的土地,有偿使用外出务工农民的宅基地和空置房屋用于生产经营,允许合作经济组织优先进入工业园区,兴办农产品加工企业。允许农民承包土地和地面附着物,依照合作制的原则,作价入股组建合作经济组织。农村集体土地优先向合作经济组织集中。鼓励合作经济组织发展生态农业、观光农业。对合作经济组织承包、租赁、入股的集体土地,相关国土资源部门免费登记备案。探索完善国家农业直接补贴政策,国家对农业的有关补贴政策应该由土地直接经营者享受。最后,市场准入。允许合作经济组织进入政府采购服务范围,政府应扶持合作经济组织开展决策咨询、科技咨询、技术培训等活动,允许和支持合作经济组织承担政府的公共财政扶持项目、农村基础设施项目、农业新技术、新品种推广应用等项目建设。

(四)基于协调合作经济组织利益冲突的矛盾化解方式归结

以利益为纽带联结起来的组织难免发生利益冲突,为协调当前合作经济组织内部及外部之间的利益冲突,我们要积极探索改革发展进程中各种矛盾化解的途径和办法。

首先,建立以乡镇司法所为核心的调解机构。调解工作在化解矛盾纠纷中的重要作用,既符合中华民族“和为贵”的传统美德,又符合“以人为本”的理念和构建和谐社会的要求,是缓解社会矛盾、减少社会对抗、化消极因素为积极因素的有效途径(李长健、曹俊,2007)。在中国农村,司法所是设置于乡镇人民政府的国家司法行政机关,是县司法局派出机构,司法助理员则是基层政权的司法行政工作人员,他们是中国司法行政机关的神经末梢。乡镇司法所扎根农村,熟悉农民经常面临的法律问题,而且能够较快作出反应,能够较及时地化解合作经济组织内部和外部产生的纠纷。严格调解程序,规范调解申请、受理、登记、调查、听证、调解、笔录、协议书制作等环节,切实做到有事必调,调必有果,有效解决。

其次,充分发挥农村仲裁部门的职能。仲裁启动程序简单,运转成本低,处理纠纷更为快捷简便,能有效维持乡土社会的人际关系。仲裁应以人为本,全面落实科学发展观,遵循公开公平公正、依法独立仲裁、及时便民的原则,将合作经济组织内部及外部产生的纠纷纳入仲裁范围,明确当事人的权利义务。一是严把立案关,首先由申请人提出书面申请,承办人审查受案条件,对符合受理条件的,填写立案审批表,报请仲裁委员会主任批准,避免仲裁的盲目性。二是做好开庭前的准备。及时告知被申请人答辩权,依法送达有关法律文书。三是依法开庭审理。调查、陈述、答辩、举证、辩论、最后陈述、裁决,各个环节都要严格遵循。四是注重协调,提高办案实效。严格执行仲裁程序,规范操作,依法仲裁及时解决合作经济组织内部及外部的纠纷。

再次,充分发挥诉讼的作用,努力实现诉讼与其他方式的协调与整合。诉讼是最直接、最有效、终局性的纠纷解决策略,是调解与仲裁的结果得以执行的有力保障。但由于诉讼本身程序烦琐、成本较高,加之乡土社会人们的厌诉心理、举证能力差等客观原因,直接导致了人们普遍不愿意选择诉讼作为纠纷解决方式。合作经济组织作为农村社会的重要组成部分,为当地的农业产业及服务业的发展注入了很大的活力,但纠纷的产生在所难免。司法机关在审判形式上应该有所创新,探索出适合中国农村的纠纷司法解决方式,第一,应继续加强农村法律知识的普及。在农村的法律普及过程中,可以有针对性地加强对农村当事人的举证指导。在农村社区解纷中心,服务人员可以帮助居民提前仔细审查起诉状与答辩状,有针对性地对诉辩双方分别作以举证指导,并告知对方以减少盲目举证。积极开展巡回审判,由法官把庭审开到农村的院落或者田间地头,邀请周边的群众旁听,通过庭审普及法律知识,让乡村群众了解相关证据规则,明白证据在诉讼中的重要意义,增强他们的证据意识,从而逐渐提高他们的举证能力。第二,应注重农村纠纷举证指导的技巧性。农村当事人的文化素质、认识理解问题的能力都存在不同程度的区别。文化素质较高,理解能力较强的当事人,在指导举证时说清缘由,对方容易领会。对农村中那些文化程度偏低,理解能力差的当事人就应做到耐心细致,不厌其烦地指导举证。在语言表述上要通俗易懂,并将应举证据以书面形式交给当事人本人,同时讲明可以委托他人代理诉讼或找其他人协助举证。对举证确实有困难或不便由当事人举证的,由人民法院的审判人员调取证据。第三,在指导农村民事诉讼当事人举证时,注意司法公平性、公正性和严肃性。要使其懂得依法举证的严肃性和作假证、伪证所产生的法律后果,以确保所举证据的客观真实性。另外,应在广大农村广泛地建立健全当事人举证联系网,推选农村当事人举证联络员制度。在农村乡镇党委政府的支持下,通过基层人民法院在其所派出的法庭、农村司法解纷中心、各级人民调解委员会培训司法举证联络员。通过各级联络员发挥作用帮助农村当事人举证,意在解决农村当事人举证难问题,使法律赋予农民的一切合法民事权益能够得到充分的保护。

最后,政府要为农民提供利益表达的制度化平台,使农民在多元利益社会中的合理利益诉求,能够通过正当规范的渠道上通下达,供决策者参考、汲取,从而推出得到社会普遍支持的公共政策。要结合具体实际,尽快建立诸如民意调查制度、决策听证制度、政务公开制度、协商谈判制度等。要健全城乡基层民主管理与自治制度,实行村务公开、厂务公开、政务公开、民主评议、质询等直接民主形式,保证广大农民有知情权、发言权和监督权,使其获得更多议事决策的机会和渠道。

五、强生态:农民合作经济组织运行与发展的生态文明后盾

进入新时代后,社会主要矛盾发生了变化,人们对美好生活的理解和需求在不断丰富。过去不注重生态保护,随意获取生态资源行为的后遗症已开始显现。农村地区的生态环境长期受到轻视,自然资源被随意攫取,农药、化肥以及地膜的过度使用和不恰当处理使得农村地区成为面源污染的重灾区。一个良好、和谐的生态环境不仅可以为合作经济组织提供舒适的环境,还可以在长期发展中降低合作经济组织的生产成本,提高附加效益。对此,有必要在绿色发展理念的指导下,对农民合作经济组织的生态文明进行构建和培育,形成农民合作经济组织发展的强大生态后盾。

首先,培育生态意识。农村地区经济发展水平较为落后,在对生态保护方面就更是刚刚起步。农民普遍缺乏生态保护的意识,因此在合作经济组织发展和建设的过程中,注意对成员环保意识的培养。通过开展讲座、广播宣传、张贴标语等方式对合作经济组织成员进行教育,宣扬保护环境、节约资源的重要性,培养成员加强资源保护、修复生态环境的意识,形成良好、积极的生态保护氛围。

其次,加强生态防治。要在合作经济组织不断发展、不断利用农业资源的过程中对其进行生态防治,就要在前期注意生态环境的保护,减少污染物质投入;中期避免对环境有害物质的使用,并注意保持生态环境的稳定;后期加强对废旧物的回收利用,必要时借助政府力量,整合社会资源,对合作经济组织经营发展过程中产生的废物进行处理。同时,大力促进绿色有机品牌的产生和推广,提高绿色产品的利润,实现合作经济组织生态效益和经济效益的双赢。

再次,明确生态责任。在对合作经济组织的生态环境进行保护的过程中,确定利益相关者的职责范围,规定组织不同成员的生态职责,明确在合作经济组织运行和发展的过程中,各部分成员应当履行的责任。通过明晰成员的生态责任,加强成员对生态保护的重视程度,以更好地对生态环境进行保护。

最后,规范生态监管。要规范合作经济组织的生态监管制度,确定对生态环境进行监管的部门及其职能,在日常生活中,注意生态环境的变化,时刻保持警惕,一旦发生生态破坏事件,按照相关规定及时联合有关部门进行生态修复,并对责任人进行相应的处罚,通过切实有效的监管刺激合作经济组织对生态保护的积极性。

参 考 文 献

一、中文著作

[1]李长健:《中国农村矛盾化解机制研究:一种权益保护与社区发展的视角》,人民出版社 2013 年版。

[2]李长健主编:《新编经济法通论》,中国民主法制出版社 2004 年版。

[3]李长健:《中国农业补贴法律制度研究:以生存与发展权平等为中心》,法律出版社 2009 年版。

[4]董和平、韩大元、李树忠:《宪法学》,法律出版社 2000 年版。

[5]金耀基:《从传统到现代》,中国人民大学出版社 1999 年版。

[6]程同顺:《中国农民组织化研究初探》,天津人民出版社 2003 年版。

[7]何怀宏:《公平的正义——解读罗尔斯〈正义论〉》,山东人民出版社 2002 年版。

[8]黄平、崔之元主编:《中国与全球化:华盛顿共识与北京共识》,社会科学文献出版社 2005 年版。

[9]隽鸿飞:《发展:人之生存方式的变迁》,社会科学文献出版社 2004 年版。

[10]刘翠霄:《天大的事——中国农民社会保障制度研究》,法律出版社 2006 年版。

[11]刘俊海:《公司的社会责任》,法律出版社 1999 年版。

[12]刘连煜:《公司治理与公司社会责任》,中国政法大学出版社 2001 年版。

[13]刘云升、任广浩:《农民权利及其法律保障问题研究》,中国社会科学出版社 2004 年版。

[14]黎昕主编:《中国社区问题研究》,中国经济出版社 2007 年版。

[15]李昌麒:《经济法——国家干预经济的基本法律形式》,四川人民出版社 1999 年版。

[16]梁慧星:《民法总论》,法律出版社 1996 年版。

[17]梁治平编:《法律的文化解释》,生活·读书·新知三联书店1997年版。

[18]林来梵:《从宪法规范到规范宪法》,法律出版社2001年版。

[19]林纪东:《比较宪法》,五南图书出版公司1980年版。

[20]林树德主编:《西方近现代政治思想史》,华东师范大学出版社1989年版。

[21]卢代富:《企业社会责任的经济学与法学分析》,法律出版社2002年版。

[22]卢洪友:《政府职能与财政体制研究》,中国财政经济出版社1999年版。

[23]卢现祥:《西方新制度经济学》,中国发展出版社1996年版。

[24]马长山:《国家、市民社会与法治》,商务印书馆2003年版。

[25]孙亚范:《新型农民专业合作经济组织发展研究》,社会科学文献出版社2006年版。

[26]慕永太主编:《合作社理论与实践》,中国农业出版社2001年版。

[27]牛若峰、夏英编著:《农村合作经济发展概论》,中国农业科技出版社2000年版。

[28]齐延平主编:《社会弱势群体的权利保护》,山东人民出版社2006年版。

[29]孙宪忠:《德国当代物权法》,法律出版社1997年版。

[30]唐兴霖主编:《公共行政组织原理:体系与范围》,中山大学出版社2002年版。

[31]世界环境与发展委员会:《我们共同的未来》,王之佳、柯金良等译,吉林人民出版社1997年版。

[32]王红一:《公司法功能与结构法社会学分析——公司立法问题研究》,北京大学出版社2002年版。

[33]王建芹:《第三种力量——中国后市场经济论》,中国政法大学出版社2003年版。

[34]王全兴:《经济法基础理论专题研究》,中国检察出版社2002年版。

[35]魏杰主编:《经济学》上册,高等教育出版社1995年版。

[36]吴锦良:《政府改革与第三部门发展》,中国社会科学出版社2001年版。

[37]吴藻溪编:《近代合作思想史》,棠棣出版社1950年版。

[38]武玉英:《变革社会中的公共行政——前瞻性行政研究》,北京大学出版社2005年版。

[39]杨伟民主编:《规划体制改革的理论探索》,中国物价出版社2003年版。

[40]张文显主编:《法理学》,法律出版社1997年版。

[41]张宏杰:《中国人的性格历程》,陕西师范大学出版社2008年版。

[42]张宏生、谷德春主编:《西方法律思想史》,北京大学出版社1990年版。

［43］张乃根:《西方哲学史纲》,中国政法大学出版社 1993 年版。

［44］赵凯:《中国农业经济合作组织发展研究》,中国农业出版社 2004 年版。

［45］中国企业管理年鉴编委会编:《中国企业管理年鉴 1990》,企业管理出版社 1990 年版。

［46］刘智等:《数据选举:人大代表选举统计研究》,中国社会科学出版社 2001 年版。

［47］［德］柯武刚、史漫飞:《新制度经济学:社会秩序与公共政策》,韩朝华译,商务印书馆 2001 年版。

［48］蒋颖:《中国农村合作社法律制度发展研究》,中国农业科学技术出版社 2009 年版。

二、中文期刊

［1］罗富民、段豫川:《农业集约化发展的内在机理与制约因素分析》,《华中农业大学学报(社会科学版)》2013 年第 3 期。

［2］梅凤乔:《论生态文明政府及其建设》,《中国人口・资源与环境》2016 年第 3 期。

［3］孙新章、王兰英、姜艺、贾莉、秦媛、何霄嘉、姚娜:《以全球视野推进生态文明建设》,《中国人口・资源与环境》2013 年第 7 期。

［4］姚石、杨红娟:《生态文明建设的关键因素识别》,《中国人口・资源与环境》2017 年第 4 期。

［5］冯果、辛易龙:《公用企业社会责任论纲——基于法学的维度》,《社会科学》2010 年第 2 期。

［6］孙迪亮:《近十年来我国农民合作社发展政策的实践创新与理论思考——以"中央一号文件"为中心的考察》,《中国特色社会主义研究》2017 年第 4 期。

［7］王文凤:《试论农民专业合作社财务的规范化管理》,《经贸实践》2017 年第 7 期。

［8］鑫颖、侯淑霞:《农民专业合作经济组织发展模式国际比较及对中国西部地区的启示》,《物流科技》2017 年第 4 期。

［9］田昕加:《农村合作经济组织发展基础研究》,《林业经济》2017 年第 3 期。

［10］闫玉琴:《论农村专业合作经济组织与土地流转的结合》,《农民致富之友》2017 年第 6 期。

［11］陆倩、孙剑、向云:《不同模式农民合作社形成的影响因素研究——基于农户

生产过程特征视角的分析》,《中国农业大学学报》2017 年第 2 期。

[12]郭家栋:《国外农民合作社政策支持的经验与借鉴》,《世界农业》2017 年第 2 期。

[13]潘斌、侯淑霞、汤晓丹:《基于农民专业合作经济组织的营销渠道成员利益共生机制研究》,《湖北农业科学》2017 年第 2 期。

[14]马哲鹏:《河北农民合作经济组织发展分析》,《经贸实践》2017 年第 1 期。

[15]秦利、田雨虹:《美国政府对农民专业合作社发展的政策支持》,《世界农业》2017 年第 1 期。

[16]王晓云:《农民合作经济组织发展的现状、问题和对策》,《中国集体经济》2017 年第 1 期。

[17]罗明忠、陈江华:《农民合作社的生成逻辑——基于风险规避与技术扩散视角》,《西北农林科技大学学报(社会科学版)》2016 年第 6 期。

[18]张连刚、支玲、谢彦明、张静:《农民合作社发展顶层设计:政策演变与前瞻——基于中央"一号文件"的政策回顾》,《中国农村观察》2016 年第 5 期。

[19]刘刚、张晓林:《农民合作社的规模、治理机制与农产品质量安全控制——基于集体行动理论的视角》,《农业现代化研究》2016 年第 5 期。

[20]陆倩、孙剑、向云:《农民合作社产权治理现状、类型划分及社员利益比较——中国为何缺乏有效的农民合作社》,《经济学家》2016 年第 9 期。

[21]李长健、张伟:《农民土地权益的利益结构与利益机制研究——基于农村社区的发展》,《华中农业大学学报(社会科学版)》2016 年第 1 期。

[22]王海龙、吴怀琴:《农民合作社联合社的发展模式及思考》,《经济纵横》2015 年第 11 期。

[23]吴天龙、刘同山、孔祥智:《农民合作社与农业现代化——基于黑龙江仁发合作社个案研究》,《农业现代化研究》2015 年第 3 期。

[24]陆倩、孙剑:《农业合作经济组织协同的结构特征、运行机制及驱动因素研究》,《农业现代化研究》2015 年第 3 期。

[25]周建芬:《新农村农民合作经济组织探讨》,《南方农业》2017 年第 33 期。

[26]任梅:《农民合作社政府规制的国际经验及启示》,《财经理论研究》2014 年第 1 期。

[27]徐旭初:《农民合作社发展中政府行为逻辑:基于赋权理论视角的讨论》,《农业经济问题》2014 年第 1 期。

[28]韩国明、张佩:《西北地区与东部地区农民合作社生成条件的比较分析》,《农

村经济》2012 年第 5 期。

[29]孙迪亮:《论农民合作社与新农村建设的三维契合》,《郑州大学学报(哲学社会科学版)》2012 年第 2 期。

[30]李尚勇:《农民合作社的制度逻辑——兼谈其发展存在的问题》,《农业经济问题》2011 年第 7 期。

[31]濮雄:《农业合作经济组织对促进农业经济发展的影响》,《南方农业》2017 年第 30 期。

[32]徐志刚、张森、邓衡山、黄季焜:《社会信任:组织产生、存续和发展的必要条件?——来自中国农民专业合作经济组织发展的经验》,《中国软科学》2011 年第 1 期。

[33]黄季焜、邓衡山、徐志刚:《中国农民专业合作经济组织的服务功能及其影响因素》,《管理世界》2010 年第 5 期。

[34]田易加:《农民专业合作社规范化建设的思考》,《江苏农村经济》2017 年第 10 期。

[35]李中华、辛德树、兰澄世:《农民专业合作经济组织发展条件研究》,《青岛农业大学学报(社会科学版)》2007 年第 2 期。

[36]阴文清:《新常态下农村两委与合作经济组织:从有限互动到深化合作》,《经济研究导刊》2017 年第 24 期。

[37]李长健、李胜蓝:《建立农村循环经济促进法律体系的思考》,《西华师范大学学报(哲学社会科学版)》2007 年第 1 期。

[38]李长健、伍文辉:《社会主义新农村建设中的文化创新研究》,《东南学术》2006 年第 6 期。

[39]孔祥智、郭艳芹:《现阶段农民合作经济组织的基本状况、组织管理及政府作用——23 省农民合作经济组织调查报告》,《农业经济问题》2006 年第 1 期。

[40]张开华:《农民合作经济组织发展的国际比较及其启示》,《中南财经政法大学学报》2005 年第 2 期。

[41]任红霞:《马克思主义合作经济思想对农民专业合作社治理的理论指导》,《华北理工大学学报(社会科学版)》2017 年第 5 期。

[42]潘劲:《农产品行业协会发展中的政府行为分析》,《中国农村观察》2004 年第 6 期。

[43]杨继瑞、韩立达:《发展我国农民专业合作经济组织的再思考》,《福建论坛(经济社会版)》2003 年第 7 期。

[44]尤庆国、林万龙:《农村专业合作经济组织的运行机制分析与政策影响评价》,《农业经济问题》2005 年第 9 期。

[45]应瑞瑶:《合作社的异化与异化的合作社——兼论中国农业合作社的定位》,《江海学刊》2002 年第 6 期。

[46]杜吟棠、潘劲:《我国新型农民合作社的雏形——京事作组织案例调查及理论探讨》,《管理世界》2000 年第 1 期。

[47]潘劲:《中国农民专业合作社:数据背后的解读》,《中国农村观察》2011 年第 6 期。

[48]于洋:《关于"社会责任论"的思考》,《青年记者》2013 年第 7 期。

[49]邓衡山、王文烂:《合作社的本质规定与现实检视——中国到底有没有真正的农民合作社?》,《中国农村经济》2014 年第 7 期。

[50]虞明:《社会责任论的提出背景及发展研究》,《青年记者》2010 年第 23 期。

[51]陈力丹:《自由主义理论和社会责任论》,《当代传播》2003 年第 3 期。

[52]蔡立湘、彭新德:《发展农村合作经济组织的思考》,《科技导报》2003 年第 4 期。

[53]章康华:《对建立新型农村合作经济组织的探讨——试论"农协"的创立与发展》,《农村发展论丛》1999 年第 12 期。

[54]刘国臻、唐兴霖:《农村合作经济组织法论纲》,《学术研究》2000 年第 10 期。

[55]应瑞瑶、何军:《中国农业合作社立法若干理论问题研究》,《农业经济问题》2002 年第 7 期。

[56]唐宗焜:《中国合作社政策与立法导向问题——国际劳工组织〈合作社促进建议书〉对中国的意义》,《经济研究参考》2003 年第 43 期。

[57]张晓燕:《论中国农业可持续发展的制约因素与发展对策》,《生态经济》2007 年第 5 期。

[58]傅晨:《我国农村社区合作经济组织的产权制度安排》,《农村经营管理》2008 年第 11 期。

[59]李长健、李昭畅:《论我国农村社区三元互动利益机制的建构》,《长江民政职业技术学院学报》2007 年第 4 期。

[60]罗跃、许世诚、肖泰明:《全面把握科斯定理的本质完善现代企业制度》,《特区经济》2004 年第 12 期。

[61]石秀和:《现代企业制度建设与合作经济的发展》,《当代经济研究》1995 年第 3 期。

［62］田野:《关于发展农村专业合作社的几点思考》,《中国农村经济》1998 年第 10 期。

［63］李长健、李昭畅、黄岳文:《利益驱动视角下的新农村建设问题研究》,《政法论丛》2007 年第 1 期。

［64］李长健、朱梓萁:《农村信用社改革的困境和出路》,《中国合作经济》2006 年第 8 期。

［65］牛若峰:《发展合作社与构建和谐社会》,《中国合作经济》2005 年第 9 期。

［66］陈东荣:《日本农业合作经济组织的考察及借鉴》,《发展研究》2003 年第 7 期。

［67］王如珍:《关于农民合作经济组织立法的思考》,《中国合作经济》2004 年第 8 期。

［68］李长健、冯果:《我国农民合作经济组织立法若干问题研究(下)》,《法学评论》2005 年第 5 期。

［69］阎占定:《新型农民合作经济组织乡村社会建设参与分析》,《理论月刊》2014 年第 8 期。

［70］王果、周煜川:《演化博弈视角下农民合作经济组织参与乡村治理研究》,《江西社会科学》2016 年第 10 期。

［71］刘静、高静、张应良:《产业链视角下农民合作经济组织亲环境行为研究》,《农村经济》2016 年第 8 期。

［72］王留鑫、何炼成:《专业化分工与农民合作经济组织:一个分析框架》,《宁夏社会科学》2016 年第 4 期。

［73］王山、奉公:《联盟化与虚拟化:农民合作经济组织模式的创新选择》,《探索与争鸣》2016 年第 6 期。

［74］胡霞、贾晓薇:《我国农民合作经济组织发展的改革思路——基于偏离"规范化"发展的现状》,《现代经济探讨》2016 年第 2 期。

［75］温涛、王小华、杨丹、朱炯:《新形势下农户参与合作经济组织的行为特征、利益机制及决策效果》,《管理世界》2015 年第 7 期。

［76］徐祥临:《借鉴日本农协基本理论与经验发展我国三位一体农民合作经济组织》,《马克思主义与现实》2015 年第 1 期。

［77］阎占定:《嵌入农民合作经济组织的新型乡村治理模式及实践分析》,《中南民族大学学报(人文社会科学版)》2015 年第 1 期。

［78］王永龙:《农民合作经济组织融资信任机理——基于社会资本视角的分析》,

《经济学家》2014 年第 9 期。

[79]万江红、朱良瑛:《中国农民合作经济组织研究:视角、维度及其反思》,《武汉大学学报(哲学社会科学版)》2014 年第 4 期。

[80]杨娜曼:《农民专业合作经济组织的缺陷及改进对策》,《管理学刊》2016 年第 1 期。

[81]胡良荣、侯溢萍:《我国农民合作经济组织发展的法律困境及其出路》,《江苏大学学报(社会科学版)》2014 年第 3 期。

[82]易棉阳:《改革开放以来新型农民合作经济发展的理论辨析——基于研究文献与政府政策的讨论》,《财贸研究》2014 年第 2 期。

[83]徐旭初:《农民专业合作社发展辨析:一个基于国内文献的讨论》,《中国农村观察》2012 年第 5 期。

[84]苑鹏:《部分西方发达国家政府与合作社关系的历史演变及其对中国的启示》,《中国农村经济》2009 年第 8 期。

[85]余军:《法律责任概念的双元价值构造》,《浙江学刊》2005 年第 1 期。

[86]程正敏、徐为列:《马克思的价值理论与收入分配制度的集体选择》,《经济评论》2003 年第 1 期。

[87]施国庆、伊庆山:《现代家庭农场的准确认识、实施困境及对策》,《西北农林科技大学学报(社会科学版)》2015 年第 2 期。

[88]徐会苹:《德国家庭农场发展对中国发展家庭农场的启示》,《河南师范大学学报(哲学社会科学版)》2013 年第 4 期。

[89]王春来:《发展家庭农场的三个关键问题探讨》,《农业经济问题》2014 年第 1 期。

[90]江维国:《家庭农场贷款融资担保机制探究》,《财会通讯》2015 年第 8 期。

[91]高强、刘同山、孔祥智:《家庭农场的制度解析:特征、发生机制与效应》,《经济学家》2013 年第 6 期。

[92]王晓宾:《家庭农场发展困境及对策分析》,《2016 年第二届今日财富论坛论文集》2016 年。

[93]郭熙保、冯玲玲:《家庭农场规模的决定因素分析:理论与实证》,《中国农村经济》2015 年第 5 期。

[94]王勇:《家庭农场和农民专业合作社的合作关系问题研究》,《中国农村观察》2014 年第 2 期。

[95]李长健、刘义林:《农村土地流转中工商资本的规制研究》,《农业经济》2016

年第 8 期。

[96]黄延廷:《家庭农场优势与农地规模化的路径选择》,《重庆社会科学》2010 年第 5 期。

[97]李双鹏、陈永富:《论家庭农场的法律属性》,《浙江农业学报》2014 年第 5 期。

[98]张照新、赵海:《新型农业经营主体的困境摆脱及其体制机制创新》,《改革》2013 年第 2 期。

[99]张士云、江激宇、栾敬东、兰星天、方迪:《美国和日本农业规模化经营进程分析及启示》,《农业经济问题》2014 年第 1 期。

[100]于华江、李欣:《美国农场政策性信贷法律制度的借鉴和启示——基于美国〈农业和农村联合发展法案〉的研究》,《中国农业大学学报(社会科学版)》2015 年第 3 期。

[101]童彬:《农村土地规模化经营的理论构建与制度创新研究——以家庭农场的经营模式和制度构建为例》,《理论月刊》2014 年第 8 期。

[102]肖鹏:《日本家庭农场法律制度研究》,《亚太经济》2014 年第 6 期。

[103]马洪伟:《试论中国家庭农场的法律规制》,《河南师范大学学报(哲学社会科学版)》2014 年第 3 期。

[104]苏昕、王可山、张淑敏:《我国家庭农场发展及其规模探讨——基于资源禀赋视角》,《农业经济问题》2014 年第 5 期。

[105]胡光志、陈雪:《以家庭农场发展我国生态农业的法律对策探讨》,《中国软科学》2015 年第 2 期。

[106]诸葛剑平、刘春富:《政府在农村合作经济组织发展中的定位》,《新疆农垦经济》2004 年第 3 期。

[107]闫占定:《嵌入新型农民合作经济组织的乡村治理研究》,《江南大学学报(人文社会科学版)》2011 年第 5 期。

[108]闫占定:《新型农民合作经济组织参与乡村治理的影响分析》,《河南师范大学学报(哲学社会科学版)》2011 年第 3 期。

[109]岳正华、杨建利:《我国发展家庭农场的现状和问题及政策建议》,《农业现代化研究》2013 年第 4 期。

[110]金太军:《市场失灵、政府失灵与政府干预》,《中共福建省委党校学报》2002 年第 5 期。

[111]王东彬:《产权结构与现代企业制度》,《特区经济》2005 年第 9 期。

[112]周环:《合作社原则的异化及思考》,《世界经济文汇》1994 年第 4 期。

［113］曹利群:《农村组织形态创新:现状与问题》,《农业经济问题》2000 年第 10 期。

［114］曾宪影、李钦:《农村合作经济组织是农业领域产业组织的新发展》,《农业经济问题》2000 年第 8 期。

［115］陈剩勇、林龙:《权利失衡与利益协调——城市贫困群体利益表达的困境》,《青年研究》2005 年第 2 期。

［116］李长健、张锋:《新农村建设中社区发展研究:基于利益逻辑与社区建设的双重视角》,《贵州师范大学学报(社会科学版)》2007 年第 2 期。

［117］李长健、朱梓萁:《中国新农村建设中农村社会保障制度研究——基于经济法与经济学的双重视野》,《广西社会科学》2006 年第 12 期。

［118］周丹、杨为学:《村民自治组织功能机制研究——基于新农村建设的视角》,《华中师范大学研究生学报》2006 年第 3 期。

［119］李长健、李昭畅、黄岳文:《新农村建设中利益和谐的建构——利益驱动原理的导入》,《湖南公安高等专科学校学报》2007 年第 2 期。

［120］李长健:《农民合作经济组织社会责任研究》,《法商研究》2005 年第 4 期。

［121］李长健:《论农民权益的经济法保护——以利益与利益机制为视角》,《中国法学》2005 年第 3 期。

［122］李长健、冯果:《我国农民合作经济组织立法若干问题研究(上)》,《法学评论》2005 年第 4 期。

［123］陆倩、孙剑:《农民合作经济组织演进轨迹与国际镜鉴》,《改革》2016 年第 12 期。

［124］王文献、刘金石:《中国农村合作经济组织发展的难点与对策》,《重庆工商大学学报·西部论坛》2005 年第 6 期。

［125］仝志辉、温铁军:《资本和部门下乡与小农户经济的组织化道路——兼对专业合作社道路提出质疑》,《开放时代》2009 年第 4 期。

［126］施国庆、伊庆山:《现代家庭农场的准确认识、实施困境及对策》,《西北农林科技大学学报(社会科学版)》2015 年第 2 期。

［127］张照新、赵海:《新型农业经营主体的困境摆脱及其体制机制创新》,《改革》2013 年第 2 期。

［128］韩冬、韩立达、史敦友、王艳西:《农村集体经济组织法人治理的构建与完善》,《中国土地科学》2017 年第 7 期。

［129］兰勇、周孟亮、易朝辉:《我国家庭农场金融支持研究》,《农业技术经济》

2015 年第 6 期。

[130]黄祖辉、吴彬、徐旭初:《合作社的"理想类型"及其实践逻辑》,《农业经济问题》2014 年第 10 期。

[131]朱启臻、胡鹏辉、许汉泽:《论家庭农场:优势、条件与规模》,《农业经济问题》2014 年第 7 期。

[132]何海兵:《中国城市社区治理模式:比较与分析》,《珠海潮》2005 年第 1 期。

[133]罗光华:《新型农民合作经济组织与乡村治理——一个社会资本的分析框架》,《农业经济》2014 年第 11 期。

[134]王兴旺、张利庠:《我国农村市场体系建设的新难题与新思路》,《现代管理科学》2014 年第 11 期。

[135]于金富:《股份合作农场:当代中国农业生产组织发展的目标模式》,《经济纵横》2014 年第 10 期。

[136]万江红、管珊:《"国家—社会"视野中的农民专业合作社发展分析》,《贵州社会科学》2014 年第 2 期。

[137]曹海林:《失衡的引擎:农民经济合作组织发展困境之根》,《社会科学研究》2012 年第 6 期。

[138]赵鑫、李龙珠:《中国农民专业合作经济组织的经济效用分析》,《求是学刊》2010 年第 3 期。

[139]庄小琴:《农民合作经济组织发展与政府角色定位》,《兰州大学学报(社会科学版)》2006 年第 6 期。

[140]李明贤、樊英:《经营模式、经营特性与农民专业合作社的发展研究——基于湖南省浏阳市三家典型蔬菜类合作社的研究》,《农业经济问题》2014 年第 2 期。

[141]石婷婷、张日波:《股份经济合作社助推城郊城市化——以宁波市江东区的"一化三改"为例》,《浙江社会科学》2014 年第 7 期。

[142]管洪彦、孔祥智:《农民专业合作社法人财产权:规范解释与修法思路》,《农业经济问题》2017 年第 5 期。

[143]陈建华:《农民合作社的产权结构与运行机制》,《中国合作经济》2015 年第 8 期。

[144]王图展:《农民合作社异化对自生能力的影响研究》,《财贸研究》2017 年第 4 期。

[145]赵晓峰:《农民合作社信用合作的生长机制分析》,《西北农林科技大学学报(社会科学版)》2017 年第 6 期。

[146]王曙光:《构建真正的合作金融:合作社信用合作模式与风险控制》,《农村经营管理》2014 年第 5 期。

[147]李云新、王晓璇:《农民专业合作社行为扭曲现象及其解释》,《农业经济问题》2017 年第 4 期。

[148]张晓山:《理想与现实的碰撞:〈农民专业合作社法〉修订引发的思考》,《求索》2017 年第 8 期。

[149]高海:《〈农民专业合作社法〉修改的思路与制度设计》,《农业经济问题》2017 年第 3 期。

[150]徐旭初、吴彬:《〈农民专业合作社法〉的规范化效应检视》,《东岳论丛》2017 年第 1 期。

[151]苑鹏:《关于修订〈农民专业合作社法〉若干问题的再思考》,《东岳论丛》2017 年第 1 期。

[152]张晓山:《农民专业合作社的发展趋势探析》,《管理世界》2009 年第 5 期。

[153]肖鹏:《论农业经营主体制度的构建——以〈民法总则〉为视角》,《首都师范大学学报(社会科学版)》2017 年第 5 期。

[154]段宏磊:《供给侧改革视野下农村合作金融的法制改进》,《山西农业大学学报(社会科学版)》2018 年第 2 期。

[155]陈彤:《亚太国家农民合作组织的农业技术创新服务研究》,《亚太经济》2017 年第 6 期。

[156]崔宝玉、王纯慧:《论中国当代农民合作社制度》,《上海经济研究》2017 年第 2 期。

[157]赵晓峰、赵祥云:《规则意识、合作权能与农民合作社法治建设——社员的视角》,《人文杂志》2016 年第 8 期。

[158]王宇雄:《农民现代化的一个路径:农民合作助推农民转型》,《西北农林科技大学学报(社会科学版)》2016 年第 2 期。

[159]李长健、胡月明:《城乡贫困代际传递的比较研究》,《财经问题研究》2017 年第 3 期。

[160]罗斌:《农村合作金融组织形式创新研究》,《农村经济》2016 年第 5 期。

[161]曹利群:《农村组织形态创新:现状与问题》,《农业经济问题》2000 年第 10 期。

[162]夏英:《2017 年我国农民合作社发展现状、导向及态势》,《中国农民合作社》2018 年第 1 期。

[163]段红艳:《协同创新视阈下农村专业合作经济组织发展研究》,《绿色科技》2017年第18期。

[164]杨曙:《农村合作经济组织融资模式创新研究》,《时代金融》2016年第35期。

[165]张璇:《关于农民专业合作社发展问题的分析与思考》,《山西农经》2016年第12期。

[166]赵晓峰、邢成举:《农民合作社与精准扶贫协同发展机制构建:理论逻辑与实践路径》,《农业经济问题》2016年第4期。

[167]徐长春:《农业生产全程社会化服务体系建设的调研与思考——以凤阳县为例》,《农业科技管理》2017年第6期。

[168]韩天舒:《让绿色理念引领经济发展》,《山东经济战略研究》2017年第9期。

[169]郭晓鸣、宋相涛:《以制度创新促进农民合作组织可持续发展——"〈农民专业合作社法〉颁布后中国农民合作组织发展新动向"国际研讨会综述》,《中国农村经济》2008年第11期。

[170]余丽燕、Jerker Nilsson:《农民合作社资本约束:基于社会资本理论视角》,《中国农村观察》2017年第5期。

[171]张德峰:《合作制保障与效率提升:我国合作社"资本控制"法律规制研究》,《法律科学(西北政法大学学报)》2016年第2期。

[172]周振、孔祥智:《盈余分配方式对农民合作社经营绩效的影响——以黑龙江省克山县仁发农机合作社为例》,《中国农村观察》2015年第5期。

[173]秦愚:《农业合作社的资本问题——基于相关理论与实践的思考》,《农业经济问题》2015年第7期。

[174]李晓锦、刘易勤:《合作社成员深化合作的意愿及其影响因素分析——基于浙江省农民专业合作社的调查数据》,《湖南农业大学学报(社会科学版)》2015年第3期。

[175]孔祥智、周振:《分配理论与农民专业合作社盈余分配原则——兼谈〈中华人民共和国农民专业合作社法〉的修改》,《东岳论丛》2014年第4期。

[176]邓军蓉、祁春节、汪发元:《农民专业合作社利益分配问题调查研究》,《经济纵横》2014年第3期。

[177]孙亚范、余海鹏:《农民专业合作社成员合作意愿及影响因素分析》,《中国农村经济》2012年第6期。

[178]胡平波:《农民专业合作社中农民合作行为激励分析——基于正式制度与声

誉制度的协同治理关系》,《农业经济问题》2013 年第 10 期。

[179]任大鹏、王敬培:《法律与政策对合作社益贫性的引导价值》,《中国行政管理》2015 年第 5 期。

[180]王敬培、任大鹏、李晓聪:《典范逻辑:对一个农民专业合作示范社的追踪调研》,《西北农林科技大学学报(社会科学版)》2014 年第 6 期。

[181]任大鹏、李存:《通过财政扶持引导农民专业合作社持续均衡发展》,《中国农民合作社》2010 年第 7 期。

三、硕士论文

[1]李胜蓝:《中国农民合作经济组织社会责任研究》,华中农业大学 2007 年硕士学位论文。

[2]李伟:《基于社区发展权理论的农民权益保护法律问题研究》,华中农业大学 2007 年硕士学位论文。

[3]朱梓萁:《基于农民权益保护的我国农民合作经济组织法律问题研究》,华中农业大学 2008 年硕士学位论文。

[4]李昭畅:《中国农民利益诉求法律问题研究》,华中农业大学 2009 年硕士学位论文。

[5]李三虎:《农民合作经济组织治理模式研究》,西北农林科技大学 2008 年硕士学位论文。

[6]周传亮:《新农村建设背景下的农民合作社文化建设研究》,曲阜师范大学 2015 年硕士学位论文。

[7]宋哲庆:《基于农村社区发展的农民合作经济组织法律问题研究》,华中农业大学 2011 年硕士学位论文。

[8]李强:《农民专业合作社运行及管理问题研究——以临沂市为例》,山东农业大学 2007 年硕士学位论文。

[9]肖哲:《我国农民合作经济组织法律地位初探》,湖南师范大学 2005 年硕士学位论文。

[10]卢凯:《我国农村合作经济组织法律地位研究》,首都经济贸易大学 2006 年硕士学位论文。

[11]席晓丽:《产业融合视角下的现代农业发展研究》,福建师范大学 2008 年博士学位论文。

[12]郭嘉:《郑州市农业产业化利益联结问题研究》,河南农业大学 2010 年硕士学

位论文。

[13]宋杨:《当前我国农业集约化发展问题研究》,南京大学 2016 年硕士学位论文。

[14]杨丹:《农民合作经济组织对农业分工和专业发展的促进作用研究——基于中国家庭生产方式背景的分析》,西南大学 2011 年博士学位论文。

[15]任红霞:《中国农民专业合作社治理改进研究》,河北师范大学 2017 年博士学位论文。

[16]张天石:《我国农民合作经济组织内部治理结构研究》,吉林农业大学 2017 年硕士学位论文。

[17]孙亚聪:《我国农民专业合作社治理结构法律问题研究》,河北经贸大学 2015 年硕士学位论文。

[18]潘茜:《泉州市供销社参与农业社会化服务体系建设研究》,华侨大学 2017 年硕士学位论文。

四、译文译著

[1][美]R.科斯等:《财产权利与制度变迁——产权学派和新制度学派译文集》,上海三联书店 1991 年版。

[2][德]汉斯·H.缪恩克勒:《合作社法律原理十讲》,西南财经大学出版社 1991 年版。

[3][美]约翰·罗尔斯:《正义论》,何怀宏、何包钢、廖申白译,中国社会科学出版社 1988 年版。

[4][美]乔治·恩德勒:《面向行动的经济伦理学》,高国希、吴新文等译,上海社会科学院出版社 2002 年版。

[5][美]E.博登海默:《法理学:法律哲学与法律方法》,邓正来译,中国政法大学出版社 1999 年版。

[6][美]科恩:《论民主》,聂崇信、朱秀贤译,商务印书馆 1988 年版。

[7][日]金泽良雄:《当代经济法》,刘瑞复译,辽宁人民出版社 1988 年版。

[8][美]亚当·斯密:《国民财富的性质和原因研究》,郭大力、王亚南译,商务印书馆 1972 年版。

[9][德]马克思、恩格斯:《马克思恩格斯全集》第 1 卷,人民出版社 1972 年版。

[10][德]马克思、恩格斯:《马克思恩格斯全集》第 2 卷,人民出版社 1972 年版。

[11][德]马克思、恩格斯:《马克思恩格斯全集》第 4 卷,人民出版社 1972 年版。

[12][美]理查德・A.波斯纳:《法律的经济分析》,蒋兆康译,中国大百科全书出版社 1997 年版。

[13][美]尼古拉斯・麦考罗、斯蒂文・G.曼德姆:《经济学与法律——从波斯纳到后现代主义》,吴晓露、潘晓松译,法律出版社 2005 年版。

[14][英]J.C.亚历山大:《国家与市民社会:一种社会理论的研究路径》,邓正来译,中央编译出版社 2002 年版。

五、外文文献

[1]P.Battigalli and G.Bonanno,"The Logic of Belief Persisitence",*Economics and Philosophy*,1997,13,pp.39−59.

[2]Edwin M.Epstein,"The Corporate Social Policy Process:Beyond Business Ethics,Corporate Social and Corporate Social Respon-sibility and Corporate Social Responsiveness",*California Man agement Review*,1987(3),pp.132−133.

[3]Archie B.Carroll and Ann K.Buchholtz,"Business and Society:Ethics and Stakeholder Management,4th ed.Cincinnati",Ohio:south-Western Publishing Co.,2000,p.35.

[4]H.J.Paton,The Moral Law,"Kant's Groundwork of the Metaphysic of Morals:First Published",17 85.London:Hutchinson,1948.

[5]A.J.M.Milne,"Human Rights and Human Diversity-An Essay in the Philosophy of Human Rights",London:Macmillan,1986,pp.163−165.

[6]Paul Hunt,"Reclainming Social Rights",*Dartmouth Publishing Company*,1996,p.7.

[7]Hisatoshi Hoken,Hiroshi Sato,"Economic Roles of Farmer's Specialized Cooperatives under A-groindustrialization in Rural China:An Empirical Analysis Based on Household and Administrative Village Surveys",Institute of Economic Research,Hitotsubashi University,Global COE Hi-Stat Disc-ussion Paper Series,September 2009.

[8]Hrvoje Volner,"A Newspaper For the Protection of Peasants' Interests(Summary)",Portal of Scientific Journals of Croatia,Institute of Croatian History,Vol.37 No.37 October 2005,pp.233−253.

[9]Francisca Castilla-Polo,M.Isabel Sánchez-Hernández,Dolores Gallardo-Vázquez,"Assessing the Influence of Social Responsibility on Reputation:An Empirical Case-Study in Agricultural Cooperatives in Spain",*Journal of Agricultural and Environmental Ethics*,2017,Vol.30(1),pp.99−120.

[10] Clegg J., "Rural Cooperatives in China: Policy and Practice", *Journal of Small Business & Enterprise Development*, 2006, 13(2), pp.219-234.

[11] Liang, Q., Hendrikse, G., Huang, Z., & Xu, X., "Governance Structure of Chinese Farmer Cooperatives: Evidence from Zhejiang Province", *Agribusiness*, 2015, 31(2), pp. 98-214.

[12] Cook M L, Brad P., "Collective Entrepreneurship: An Emerging Phenomenon in Producer-Owned Organizations", *Journal of Agricultural & Applied Economics*, 2006, 38(2), pp.421-428.

[13] Chaddad F., Iliopoulos C., "Control Rights, Governance, and the Costs of Ownership in Agricultural Cooperatives", *Agribusiness*, 2013, 29(1), pp.3-22.

[14] "Policy Support and Emerging Farmer Professional Cooper-atives in Rural China", Hengshan Deng, Jikun Huang, Zhigang Xu, Scott Roz-elle. 2009.

[15] Geyer HS, Jr., Geyer HS, du Plessis DJ, et al., "Differential Urbanisation Trends in South Africa-regional and Local Equivalents", *Environment and Planning A*, 2012, 44(12), pp.2940-2956.

[16] James D., "Citizenship and Land in South Africa: From Rights to Responsibilities", *Critique of Anthropology*, 2013, 33(1), pp.26-46.

[17] Acharya, Viral V., Myers, Stewart C., Rajan, Raghuram G., "The Internal Governance of Firms", *The Journal of Finance*, 2011(66), 3, pp.689-720.

[18] Sippel, Sarah Ruth, "Breaking Ground: Multi-family Farm Entrepreneurs in Moroccan Export Agriculture", *Journal of Rural Studies*, 2016, 45, pp.279-291.

责任编辑:茅友生

封面设计:胡欣欣

图书在版编目(CIP)数据

中国农民合作经济组织制度研究/李长健等 著. —北京:人民出版社,2020.8

ISBN 978 - 7 - 01 - 020277 - 8

Ⅰ.①中… Ⅱ.①李… Ⅲ.①农业合作组织-经济制度-研究-中国

Ⅳ.①F321.42

中国版本图书馆 CIP 数据核字(2019)第 004332 号

中国农民合作经济组织制度研究

ZHONGGUO NONGMIN HEZUO JINGJI ZUZHI ZHIDU YANJIU

李长健 等 著

人民出版社 出版发行

(100706 北京市东城区隆福寺街99号)

北京盛通印刷股份有限公司印刷 新华书店经销

2020 年 8 月第 1 版 2020 年 8 月北京第 1 次印刷

开本:710毫米×1000毫米 1/16 印张:20.75

字数:298千字 印数:0,001-5,000 册

ISBN 978 - 7 - 01 - 020277 - 8 定价:88.00 元

邮购地址 100706 北京市东城区隆福寺街99号

人民东方图书销售中心 电话 (010)65250042 65289539